Friedrich Strauß • Tanja Ratsch • Dorothe

BALKON UND TERRASSEN TRÄUME

Gestaltungsideen für alle Jahreszeiten

Balkon- und Kübelpflanzen im Porträt

blv

INHALT BALKONTRÄUME

INHALT
TERRASSENTRÄUME

BALKONTRÄUME

Willkommen in der wundervollen Welt der Balkonträume! Mit diesem Buch möchten wir Sie in die verschiedensten kleinen und großen Alltagsoasen entführen, die Genuss und Entspannung, Abwechsung und Naturerlebnis verheißen.

Der Balkon ist für viele ein unverzichtbarer Bestandteil der Wohnung. Was im Erdgeschoss die Terrasse ist, bietet in den darüber liegenden Geschossen der Balkon. Hier wird gelebt und gegärtnert. Die Kultur von einjährigen Balkonblumen, Gehölzen, Stauden, Kletterpflanzen, Zwiebelgewächsen und Kübelpflanzen in Töpfen, Kästen und Ampeln eröffnet ungeahnte Möglichkeiten. So entsteht ein üppiger Rahmen für den Sitzplatz, einem der beliebtesten Wohnräume in den Sommermonaten. Ihm Wohlfühlatmosphäre einzuhauchen, ist ein Ziel, das sich mit etwas Feingefühl schnell verwirklichen lässt.

Ein Sommertraum! Sonnenblumen *(Helianthus annuus)*, Husarenknöpfchen *(Sanvitalia procumbens)* und die kletternde Schwarzäugige Susanne *(Thunbergia alata)* leuchten mit der Sonne um die Wette.

Bezaubernde Gestaltungen

Das Buch gliedert sich nach den Jahreszeiten: So lässt sich im Frühling das großartige Erwachen der Natur anhand von Zwiebelblumen aus aller Nähe beobachten, seinen Höhepunkt erreicht jeder Balkongarten dann in den Sommermonaten. Das Pflanzenangebot ist besonders abwechslungsreich, und es gibt eine Fülle von Möglichkeiten, sich das open-air-Zimmer stimmungsvoll blumig einzurichten. Herbstliche Laubfärbung und Fruchtschmuck versprechen einen farbenfrohen Ausklang der Balkonsaison, und im Winter ruht der Balkon, doch schmücken ihn immer noch einige frostharte Gehölze.

Den Schwerpunkt in diesem ideenreichen Ratgeber bildet das Thema »Sommer«. Verschiedenste Möglichkeiten, den sommerlichen Balkon zu gestalten, werden vorgestellt. Schließlich soll das Zusammenspiel der verwendeten Pflanzen ausgewogen und harmonisch sein. Die Farbe steht in dieser Jahreszeit im Mittelpunkt, wobei auch Wuchs- und Blattstrukturen nicht außer Acht gelassen werden dürfen.

Duftpflanzen, Rosenschönheiten und Pflanzen für schattige Lagen finden in diesem Ratgeber für das Feierabendparadies ebenso ihren Platz wie Balkone, auf denen Kletterpflanzen, mobile Wassergärten und kulinarische Genüsse im Mittelpunkt der

Pflanzenauswahl stehen. Unterschiedlichen Stilrichtungen werden vorgestellt, inspirieren zum Nachmachen und regen zu fantastischen Dekorationen auf dem eigenen Balkon an.

Pflanzen, Accessoires und Möbel ergänzen sich zu stimmungsvollen Szenerien, die Anregungen für jeden Geschmack bieten und die Kreativität anregen. Dazu können Sie mit Hilfe kleiner Pflanzpläne viele der im Bild vorgestellten Pflanzenkombinationen nachgestalten. Die dabei verwendeten schmalen Balkonkästen sind das Herzstück des Balkons und das Blumenbeet des Balkongärtners. Sie rahmen jeden Balkon wie eine blumige Girlande ein und sind bei entsprechender Gestaltung das ganze Gartenjahr über eine Zierde.

Die wichtigsten Pflanzen

Am Ende eines jeden Kapitels finden Sie Porträts von den Pflanzen, die für das jeweilige Gestaltungsthema von besonderer Bedeutung sind. Neben dem Aussehen werden Standort, Pflege und Sorten aufgeführt. Natürlich sind die Angaben zu Größe und Farbe in Abhängigkeit von den Gegebenheit zu sehen. Ein gewisser Spielraum ist immer vorhanden. Die Wasser- und Düngermengen gelten für die entsprechende Wachstumszeit.

Besonderheiten zur Pflege oder Anzucht finden sie im Extra-Tipp. Eine ganze Reihe von Symbolen helfen Ihnen, rasch einen Überblick über die Pflanzen und den notwendigen Pflegeaufwand zu bekommen.

Dahlien *(Dahlia)*, Löwenmäulchen *(Antirrhinum)* und Fleißiges Lieschen *(Impatiens)* verwandeln diesen Balkon in eine Oase der Ruhe.

Die Sortenangaben

Von fast jeder Pflanze gibt es Sorten, die sich durch bestimmte Eigenschaften hervorheben. Jedes Jahr kommen neue, verbesserte Sorten in die Gärtnereien. Deshalb werden Sorten in diesem Buch nur angegeben, wenn sie für den Pflanzeneinkauf wichtig sind und man Ihnen in Ihrer Gärtnerei oder im Samenfachhandel mit dieser Angabe wirklich weiterhelfen kann.

Ein reicher Erfahrungsschatz

Die stimmungsvollen Aufnahmen der Balkone und Pflanzenkombinationen stammen von dem bekannten Pflanzenfotografen Friedrich Strauß. Alle Pflanzen hat der Gartenbau-Ingenieur zusammen mit seinen Mitarbeitern in seiner Spezialgärtnerei angezogen, gepflanzt und gepflegt, zu traumhaften Arrangements zusammengestellt und professionell mit der Kamera festgehalten. Die Texte stammen von Dorothée Waechter, Gartenbau-Ingenieurin und Fach-Journalistin. Sie beruhen auf ihrem Fachwissen und unzähligen Alltagserfahrungen mit Balkonpflanzen im eigenen Topfgarten.

FRÜHLING

BLUMIGER START IN DIE SAISON

Endlich erwacht die Natur aus dem Winterschlaf. In der Tristesse der kalten Jahreszeit hat sich die Sehnsucht nach Farbe breit gemacht und so wird jede kleine Regung der Pflanzen intensiv wahr genommen. Eine kleine grüne Nase, die sich aus der braunen Erde in die Höhe reckt, schenkt der Hoffnung auf den nahenden Frühling Nahrung. Aus dem kleinen Geheimnis einzelner zarter Blüten von Schneeglöckchen und frühen Krokussen wird schließlich im Laufe der Frühlingswochen ein farbenfrohes Fest: Satt leuchtende Blüten schmücken Töpfe und Kästen auf dem Balkon. Sie sorgen für ein gemütliches Ambiente an ersten sonnigen Tagen und wirken bei bedecktem Wetter wie eine angenehme Farbtherapie.

Oben: Farbenfroher Frühling – leuchtend rote Ranunkeln harmonieren mit violetten Stiefmütterchen, gelben Hornveilchen und zartem Duftsteinrich.

Links: Tulpen, Goldlack, Vergissmeinnicht und Trollblumen schmücken diesen Balkon und laden zum Verweilen ein.

Die kräftigen Farben von Hornveilchen und Ginster, Rhododendron und Ranunkeln leuchten um die Wette und verbreiten ein Gefühl von Fröhlichkeit und guter Laune. Durch die gezielte Wiederholung von satten Gelbtönen erhält diese bunte Mischung optischen Halt und wirkt dadurch sehr harmonisch.

Temperamentvoll in die neue Saison

Mit leuchtenden Farben, großen, dicht nebeneinander angeordneten Blüten und köstlichen Düften verzaubern Frühlingsblüher den Balkon. Sie lassen den Winter rasch enden und verbreiten gute Stimmung bis zum Sommeranfang.

Zwiebelblumen wie Narzissen und Tulpen, Hyazinthen und Ranunkeln gedeihen problemlos in Balkongefäßen und können bereits im Herbst in die Kästen gelegt werden. Man überwintert sie etwas geschützt, achtet aber darauf, dass sie weder zu nass noch zu trocken stehen. Wer diese Mühe scheut, verwendet vorgetriebene Pflanzen, wie sie im Frühjahr angeboten werden. Auch im Frühling wirken Pflanzungen, die dichte Farbkleckse zeigen, am schönsten. Selbst großblütige Arten wie Hyazinthen sollte man immer in Gruppen von mindestens drei Zwiebeln setzen, damit sie gut zur Geltung kommen.

Hübsch ergänzen lassen sich die Zweijährigen wie Vergissmeinnicht, Bellis und Hornveilchen. Dank ihrem buschigen Wuchs füllen sie die Lücken zwischen den meist aufrecht wachsenden Zwiebelblumen. Zugleich tragen sie zahlreiche kleine Blüten, die über viele Wochen Farbe versprechen.

Zwiebelblumen pflanzen

Im Spätsommer ist eine reiche Auswahl an Zwiebeln und Knollen in den Gärtnereien zu finden. Man sollte dann recht bald mit den Frühlingsvorbereitungen beginnen, damit die Pflanzen rasch Wurzeln bilden können und gut anwachsen. Wählen Sie nur Zwiebeln aus, die kräftig, gesund und unbeschädigt sind sowie noch nicht getrieben haben. Anschließend werden sie gepflanzt. Für die Pflanzung eignen sich am besten frostfeste Gefäße und normale Blumenerde. Bedenken Sie bei der Auswahl der Gefäße, welche Zwiebelblumen darin Platz finden sollen, denn je größer die Zwiebeln, desto tiefer müssen sie gelegt werden. Legen Sie nun auf das Abzugsloch im Topfboden eine Tonscherbe, füllen Sie

Schöne Balkone zum Nachpflanzen

(Bild siehe Seite 14/15)

① Tulpe, gelb *(Tulipa)*
② Goldlack, gelb/rotbraun *(Cheiranthus)*
③ Vergissmeinnicht *(Myosotis)*
④ Trollblumen *(Trollius)*
⑤ Stiefmütterchen *(Viola-*Wittrockiana-Hybride)
⑥ Maiglöckchen *(Convallaria majalis)*

Erde ein und setzen Sie die Zwiebeln auf die Erde. Anschließend wird der Topf bis auf einen zwei bis drei Finger breiten Gießrand mit Erde aufgefüllt und angegossen. Sollen die Blütenstiele dicht wie in einem Blumenstrauß stehen, empfiehlt es sich, Zwiebeln in zwei oder drei Schichten übereinander zu legen. Dabei wird immer nur gerade so viel Erde auf die unteren Zwiebeln gegeben, dass die Spitzen bedeckt sind. Dieses Verfahren empfiehlt sich vor allem für Tulpen und Narzissen.

Ein Auftakt mit Mehrjährigen

Der Frühling gehört wie der Sommer zu den blütenreichen Jahreszeiten. Daher gibt es zwischen März und Mai auch zahlreiche Sträucher und Stauden, die ihre Blütenpracht zeigen. Und viele von ihnen gedeihen problemlos in Töpfen und Kästen. Gute Düngung und regelmäßiges Gießen garantieren jährlich neuen Blütenzauber.

Forsythien *(Forsythia)* und Zierquitten *(Chaenomeles × superba)* zeigen ihre Blüten noch bevor die Blätter erscheinen, wodurch die Blütenfarbe besonders intensiv wirkt. Auch das Astgerüst prägt die Gestaltung, insbesondere dann, wenn es so markant wie das einer Trauerweide *(Salix caprea* 'Pendula') ist. Zugleich schaffen die Frühlingssträucher optische Verbindungen zu den einzelnen Töpfen mit Zwiebelblumen und Zweijährigen. Pflanzen Sie die Gehölze in hochwertige Kübelpflanzenerde, damit die Struktur der Erde über mehrere Jahre stabil bleibt und man lediglich alle zwei bis drei Jahre ans Umtopfen denken muss. Zugleich sollte der Topf groß genug sein, um genügend Raum für den Wurzelkörper zu gewährleisten.

Nach ihrer Blüte werden die Gehölze als grünes Gerüst in der Balkongestaltung, als Sichtschutz und Schattenspender weiter-

Wie eine Fontäne versprüht die weiße Spiree zwischen Hornveilchen und Narzissen ihre duftigen Blütchen.

Auf diesem Balkon macht sich österliche Buntheit breit.

Oben: Einen Hauch von Weiß bring diese Hochstamm-Azalee auf den Balkon. Frühjahrsblüher begleiten sie.

hin genutzt. Sehr dekorativ wirkt auch der Blauregen *(Wisteria sinensis)*. Diese Kletterpflanze wird häufig als Hochstämmchen mit schirmförmig erzogener Krone angeboten, ihre langen, violettblauen Blütentrauben verbreiten einen herrlichen Duft in der warmen Frühlingssonne.

Auch unter den mehrjährigen Gartenblumen, den Stauden, sind zahlreiche Frühlingsblüher vertreten. So werden zum Beispiel das Tränende Herz *(Dicentra spectabilis)*, Bergenien *(Bergenia*-Hybriden) und Günsel *(Ajuga reptans)* im Herbst in die Gefäße gepflanzt und im Topf an einem geschützten Platz überwintert. Strohmatten und Vlies schützen vor zu starken Frösten. Zeigen sich die ersten Blüten, werden die Blätter etwas ausgeputzt. Damit die Pflanzen gesund bleiben und sich weiterhin kräftig entwickeln, brauchen sie regelmäßige Düngergaben und das ganze Jahr hindurch – auch an frostfreien Wintertagen – genügend Wasser. Dann wachsen sie viele Jahre zuverlässig und bereichern mit ihrem Blatt- und Blütenreichtum jeden Balkon.

Schöne Balkonkästen zum Nachpflanzen

(siehe Bild links)

① Narzisse 'Bridal Crown'
② Hyazinthe 'Multiflora weiss'
③ Traubenhyazinthe *(Muscari aucheri)*
④ Blausternchen *(Scilla mischtschenkoana)*
⑤ Stiefmütterchen *(Viola* 'Sorbet F_1')

Sanfte Frühlingsboten

Die Frühaufsteher der Natur sind zarte Geschöpfe. Schneeglöckchen *(Galanthus nivalis)*, Blausternchen *(Scilla bifolia)* und Elfenkrokus *(Crocus tommasinianus)* sind solch kleine Wunder und dürfen auf dem Balkon nicht fehlen. Für sie reicht meist eine kleine Schale aus, die man im Herbst vorbereitet hat. Etwas erhöht aufgestellt, kann man das wundervolle Erwachen der Natur in Augenhöhe beobachten. Es sind erste Schritte in eine neue Saison, die oft noch ein wenig durch Frost und Schnee gebremst werden.

Es wird immer bunter

Spätestens wenn die ersten Primeln *(Primula)* in den Gärtnereien auftauchen, verspürt man Lust, dem Balkon sein Frühlingsgewand anzuziehen. Und je zahlreicher die Blüten erscheinen, umso bunter wird die Pracht: Ihre runden Blüten leuchten aus den frisch grünen Blattrosetten in klaren Farben, mal gelb, mal rot, mal pink oder violett. Zur Auflockerung eignen sich Stiefmütterchen und Hornveilchen *(Viola × wittrockiana, V. cornuta)*. Das Hornveilchen – die kleinblumige Schwester des Stiefmütterchens – ist ein Geheimtipp für alle, die Pflanzen suchen, welche bis zum Sommeranfang durchhalten. Mit Efeu oder einigen Kräutern wie Salbei, Zitronenthymian und Rosmarin kombinert man die Frühlingsblüher in Schalen und Körben. Eine einladende Dekoration, die farbenfroh auf das Balkonjahr einstimmt.

Wie eine zarte Frühlingswolke breiten sich die Blütchen des Pfirsichs (links) und der Zierkirsche (rechts) über den rosa Bellis aus. Für einen betörenden Duft sind die Hyazinthen auf dem Tisch zuständig, während die weißen Narzissen wie Sahnehäubchen wirken.

Links: Ein außergewöhnlicher Saisonstart! Die Blüten des straff aufrecht stehenden Seidelbasts, untermalt von Winterheide, Traubenhyazinthen, weißen Tulpen und kleinen Narzissen, bilden einen echten »Hingucker«.

Maßliebchen, Bellis
(Bellis perennis)

Das Maßliebchen ist eine Kulturform des Gänseblümchens und zählt zu den zweijährigen Sommerblumen.
Wuchs: Kompakte, niedrige Blattrosetten, 15–20 cm hoch.
Blüte: März bis Mai. Pomponartige, gefüllte oder halb gefüllte Blüten, einzeln auf einem Stiel, je nach Sorte weiß, rosa oder verschiedene Rottöne.
Standort: Sonnig bis halbschattig; frisches bis feuchtes Substrat, vor Frost schützen.
Pflege: Im Frühling vorgezogene Pflanzen setzen. Welke Blüten regelmäßig ausknipsen. Wenn es wärmer wird, wöchentlich dem Gießwasser Flüssigdünger beimischen.

Extra-Tipp: Werden die Pflanzen bereits im Herbst gepflanzt, sollten sie mit Laub und Fichtenreisig gut abgedeckt werden, um Schäden durch Kahlfröste zu vermeiden. In rauen Lagen ist keine Überwinterung möglich, Pflanzen im Frühjahr neu kaufen.

Hyazinthe
(Hyacinthus-Orientalis-Hybriden)

Attraktive Zwiebelblumen mit wundervoll duftenden Blüten.
Wuchs: Eintriebige Zwiebelpflanze, die 20–30 cm hoch wird.
Blüte: März/April. Einzelblüte glockenförmig mit zurückgeschlagenen Blütenblättern in dichten, endständigen Trauben auf aufrechten Stielen.
Standort: Sonnig, warm; durchlässiges Substrat.
Pflege: Die Zwiebeln werden im Herbst gepflanzt. Nach der Blüte den Stiel abschneiden. Zwiebeln mit Laub können in den Garten umgepflanzt werden und kommen jährlich wieder.

Extra-Tipp: Stecken Sie frühzeitig neben den treibenden Blütenstand einen Holzstab oder Ähnlichem und binden Sie den jungen Blütenstand daran fest, sobald sich die ersten Blüten öffnen. So wird verhindert , dass sie unter ihrer eigenen Last umkippen.

Sorten: 'Ostara' – leuchtend blau; 'Blue Jacket' – violett; 'L'Innocence' – weiß; 'Queen of the Pinks' – rosa; 'City of Harlem' – gelb; 'Amsterdam' – karminrot.

Narzisse
(Narcissus-Hybriden)

Frühlingsklassiker mit großer, abwechslungsreicher Sortenvielfalt.
Wuchs: Ein- oder mehrtriebig aus Zwiebeln, Höhe 20–50 cm.
Blüte: Februar bis April. Zweiteilig, außen ein sternförmiger Blütenkranz (Hauptkrone), innen ein trompeten- bis tellerförmiger Blütenkranz (Nebenkrone), meist unterschiedlich gefärbt: weiß, gelb, lachsfarben bis orange.
Standort: Sonnig bis halbschattig, mäßig trocken bis feucht, frostempfindlich.
Pflege: Pflanzung im Herbst, je nach Größe 10 bis 15 cm tief. Im zeitigen Frühling gießen, sonst bilden sich papierartige Knospen, die sich nicht öffnen. Nach dem Austrieb düngen. Welke Blüten abschneiden, Laub gelb werden lassen. Die Zwiebeln über Sommer trocken lagern und im Herbst erneut pflanzen.

Extra-Tipp: Im Frühling ist das Angebot vorgetriebener Narzissen groß.

Sorten: 'February Silver' – weiß, 'Peeping Tom' – gelb; 'Thalia' – weiß; 'February Gold' – gelb; 'Tête-à-Tête' – gelb.

Kissenprimel
(Primula-Vulgaris-Hybriden)

Farbenfrohe Frühlingsblüher.
Wuchs: Niedrige, frischgrüne Blattrosetten, 10–15 cm hoch.
Blüte: Ende Februar bis April. Runde Blütenteller, kurz gestielt oder in einer gestielten Dolde. Goldgelb, schwefelgelb, rot, orange, violett, weiß, rosa, meist gelbe Mitte, selten gefüllt.
Standort: Halbschattig, im Frühling auch sonnig; frische bis feuchte Erde.
Pflege: Im Frühling pflanzen. Vor starken Frösten mit einem Pappkarton oder Eimer schützen. Trockenheit des Wurzelballens unbedingt vermeiden. Verblühtes knipst man vorsichtig mit den Finger aus.

Tulpe
(Tulipa-Hybriden)

Ein Klassiker unter den frühlingsblühenden Zwiebelblumen.
Wuchs: Meist eintriebig aus der Zwiebel, 15–50 cm.
Blüte: Becherförmige Kelche auf kräftigem Stiel, verschiedene Formen, z. B. lilienblütig, gefüllt, papageienartig gefranst, anemonenartig gefüllt, weiß, gelb, rosa, rot, orange, lila, schwarzrot.
Standort: Sonnig, mäßig trocken bis frisch während der Blüte, im Sommer auch trocken.
Pflege: Zwiebeln im Herbst in die Gefäße legen, anschließend geschützt aufstellen; zeigen sich die ersten grünen Spitzen, beginnt man mit dem Gießen und Düngen. Einjährige Kultur ist zu empfehlen.

Extra-Tipp: Verwenden Sie in Kästen lieber kurzstielige Sorten, die bei Wind nicht so leicht umknicken. In windgeschützten Ecken sehen dagegen Kübel mit hohen Sorten attraktiv aus.

Sorten/Arten: 'Abba' – scharlachrot, gefüllt, früh; 'Peach Blossom' – dunkelrosa, gefüllt, früh; 'Purple Prince' – purpur; 'Red Emperer' – hellrot, früh, niedrig; 'Concerto' – weiß, früh, niedrig; 'Toronto' – zartrosa, mehrere Blüten an einem Stiel; *Tulipa tarda* – botanische Tulpe, gelb mit weißem Rand, meist 5 Blüten pro Stiel.

Hornveilchen
(Viola cornuta)

Die kleine Schwester des Stiefmütterchens zeigt sich blütenreich und lang blühend.
Wuchs: Kleine halbkugelige Büsche, die 10–20 cm hoch werden.
Blüte: März bis Ende Juni. Typische unregelmäßige Stiefmütterchenblüten auf kurzen Stielen, bis 2 cm groß, zum Teil feine Zeichnung, große Farbvielfalt: gelb, violett, blau, weiß, auch zweifarbig.
Standort: Sonnig, frische Erde.
Pflege: Im Frühjahr pflanzen, gleichmäßig feucht halten und regelmäßig düngen. Staunässe vermeiden. Verblühtes gelegentlich ausputzen, damit sich neue Knospen bilden.

Extra-Tipp: Hornveilchen eignen sich gut zur Unterpflanzung von Gehölzen, für Töpfe und Blumenampeln ebenfalls gut geeignet.

SOMMER

MIT FARBEN PERFEKT GESTALTEN

Wenn der Sommer naht, verwandelt sich der Balkon zum Wohnzimmer im Freien. Jetzt wird dieser Raum vielseitig genutzt: Es wird gespielt, gefeiert, relaxt, gegessen und gearbeitet. Beste Voraussetzung für das rege Treiben auf dem Balkon ist eine angenehme Atmosphäre. Dabei gehören blühende Pflanzen grundsätzlich zu den sommerlichen Stimmungsmachern, die durch ausgewählte Blütenfarben und Blattschmuck das Ambiente bestimmen. Vor allem der persönliche Geschmack spielt eine wichtige Rolle, wenn es darum geht, einen fröhlich bunten Blütenmix, eine romantische Symphonie der Pastelltöne oder einen eleganten und dezenten Blütentraum in reinem Weiß oder klarem Blau zusammenzustellen. Schließlich muss man sich rundum wohl fühlen und den Sommer kompromisslos genießen können.

Pantoffelblumen, Eisenkraut und Elfenspiegel bilden einen fröhlichen Farbdreiklang.

Dieser Farbkreis weicht von der Theorie ab, da er Weiß und Pastelltöne berücksichtigt. Sie sind jedoch für die praktische Gestaltung von Bedeutung.

Bild S. 25 links zeigt die Grundfarben Rot, Blau und Gelb, kombiniert mit neutralem Weiß.

Die Farbenlehre

Bei der sommerlichen Balkongestaltung gewinnt die Welt der Farben besondere Bedeutung, weil wir sie spontan wahrnehmen. Farben lösen in jedem Menschen unterschiedliche Gefühle aus, und jeder Stil hat seine eigenen Favoriten: Weiß verbindet man mit Eleganz, Rosa mit Romantik und Blau mit einem mediterranen Lebensgefühl. Deshalb ist es wichtig, Blütenfarben behutsam auszuwählen und harmonische Kombinationen zu suchen.

Was ist nun »Farbe«? Physikalisch versteht man unter den so genannten Spektralfarben Lichtstrahlen mit unterschiedlichen Wellenlängen, die zusammen weißes Licht ergeben. Erst wenn die Lichtstrahlen gebrochen werden, sind die Unterschiede erkennbar. Das ist zum Beispiel bei einem Regenbogen der Fall. Farben werden auch sichtbar, wenn Licht auf einen Gegenstand trifft. Hier wird ein Teil der Strahlen von den Farbstoffen, auch Pigmente genannt, aufgenommen, der Rest des Strahlenbündels wird reflektiert und damit sichtbar. Der Mensch sieht kurzwelliges Violett, Blau, Grün über Gelb bis zu Orange und langwelligem Rot.

Weiß und Schwarz nehmen – nun leicht verständlich – eine Sonderstellung ein: Bei einer weißen Fläche werden alle Lichtstrahlen ausnahmslos reflektiert, Schwarz sieht man dagegen nur, wenn eine Substanz alle Strahlen aufnimmt und nichts zurückgestrahlt wird.

Der Farbkreis

Hinter den Farben verbirgt sich also ein naturwissenschaftlich zu erklärendes Beziehungsgeflecht. Um praktisch zu gestalten, verwendet man den Farbkreis. In diesem Schema sind die Spektralfarben nebeneinander kreisförmig angeordnet. Die Grund- oder Primärfarben Gelb, Rot

Schöne Balkone zum Nachpflanzen

(Bild siehe Seite 24/25)

① Strauchmargerite *(Argyranthemum)*
② Husarenknöpfchen *(Sanvitalia)*
③ Blaues Gänseblümchen *(Brachyscome)*
④ Edellieschen *(Impatiens-*Neuguinea-Hybride)
⑤ Kaugummipflanzen *(Satureja douglasii)*
⑥ Begonien *(Begonia)*
⑦ Kapuzinerkresse, buntlaubig *(Tropaeolum)*

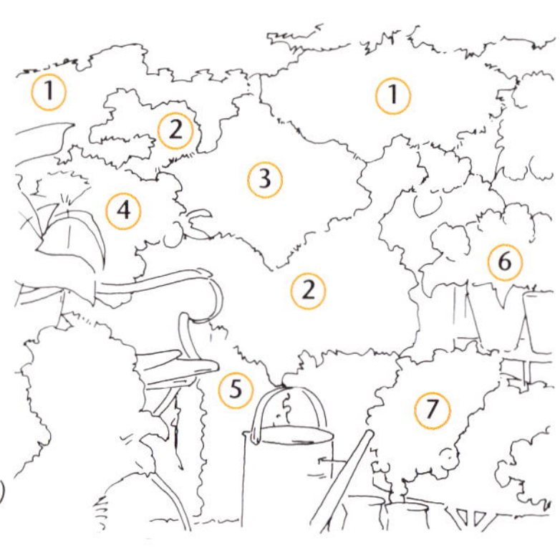

und Blau bilden die Spitzen eines im Kreis angeordneten Dreiecks. Auf den Kreisabschnitten zwischen ihnen liegen die Misch- oder Sekundärfarben. Sie ergeben sich jeweils aus den Grundfarben. Zwischen Gelb und Blau liegt Grün, zwischen Blau und Rot liegt Violett und zwischen Rot und Gelb Orange. Mit Hilfe dieses Farbkreises findet man leicht heraus, welche Farben gut harmonieren und als angenehme Kombination empfunden werden.

Harmonischer Kontrast

Sucht man zwei Farben, die gut zueinander passen und sich dennoch unterscheiden, legt man durch den Mittelpunkt des Farbkreises eine Linie. Die Farben, die auf diese Weise verbunden werden, nennt man Komplementärfarben. Sie bilden einen Kontrast, der als angenehm empfunden wird. Ein solches Paar bildet zum Beispiel Blau mit Orange, also eine Primär- mit einer Sekundärfarbe. Analysiert man die

Schöne Balkonkästen zum Nachpflanzen

(Bild oben und unten)

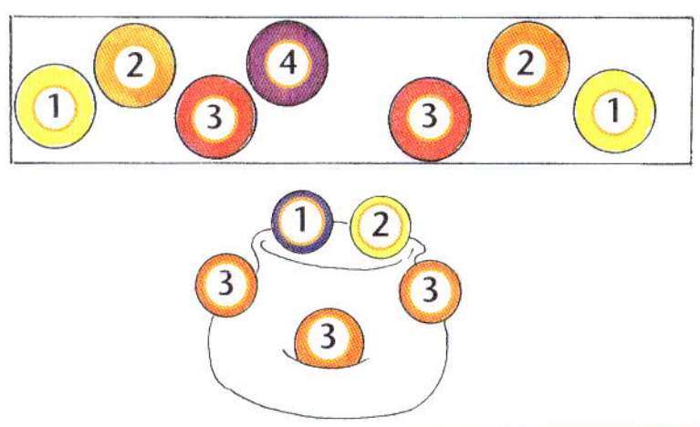

① Goldzweizahn
② Strohblume
③ Eisenkraut
④ Petunie

① Lobelie, blau
② Strauchmargerite
③ Wandelröschen

Die Balkongestaltung spielt mit dem Farbmuster des Dreiklangs, der sich aus den Grundfarben zusammensetzt. Gelbe Nachtkerzen, rote Zauberglöckchen und Geranien sowie die Blaue Mauritius ergänzen sich perfekt. Weiße Pelargonien und Schneeflockenblumen frischen die Situation zusammen mit den silbrigen Blättern des Lakritzkrautes auf.

Mischfarbe, zeigt sich, dass Komplementärkontraste immer alle drei Grundfarben beinhalten. Im genannten Beispiel setzt sich Orange aus Gelb und Rot zusammen. Zudem gibt es Hell-Dunkel-Kontraste: Gelb ist unter den Spektralfarben der hellste Ton, Violett der dunkelste.

Zauberhafte Trios

Legt man nun statt einer Linie ein gleichseitiges Dreieck in den Kreis, ergeben sich automatisch harmonische Farbkombinationen. Sie wirken ausgewogen, weil Grund- bzw. Mischfarben optisch ansprechend miteinander verbunden werden. Mit zunehmender Buntheit entsteht in jeder Pflanzung Unruhe, so lange das Verhältnis der Farben nicht ausgewogen ist. Nicht außer Acht lassen sollte man Farbeinflüsse durch bauliche Elemente oder Einrichtungsgegenstände, die die Farbharmonie stören können.

Sanfter Gleichklang

Verwendet man in einer Gestaltung Farbtöne, die im Farbkreis nebeneinander liegen, so spricht man von Ton-in-Ton-Gestaltungen. Wachsen zum Beispiel gelbe Bidens, orange blühende Kapuzinerkresse und rote Geranien zusammen, so verbreitet diese Gestaltung Ruhe, bleibt aber zugleich durch kleine Farbabstufungen spannungsreich. Es ist gut möglich, nur die Helligkeit beziehungsweise die Farbintensität zu verändern. Dann wirkt eine Gestaltung von zum Beispiel violettem Eisenkraut, fliederblauen Petunien und tief lilafarbener Vanilleblume ansprechend.

Wer sich für einfarbige, so genannte monochrome Gestaltungen entscheidet, sollte bemüht sein, Eintönigkeit zu vermeiden. Legen Sie deshalb bei der Pflanzenauswahl großen Wert auf unterschiedliche Blütenformen, denn ein gelber Balkonkasten, in dem man nur margeritenförmige Blüten von Bidens, Gazanie, Husarenknöpfchen und Strauchmargerite findet, wirkt langweilig. Spannung baut sich dagegen auf, wenn man zum Beispiel Löwenmäulchen, Goldknöpfchen und gelblaubiges Lakritzkraut zu Strauchmargeriten und Husarenknöpfchen gesellt. Kombinieren Sie eine hübsche blaue Glaskugel dazu – der gelungene Farbkontrast begeistert.

Die Temperatur der Farbe

Farben vermitteln unterschiedliche Empfindungen, was sich bereits in der Sprache zeigt: »Weiß wie der Schnee«, »eisblau«, »feuriges Rot«, »Gelb wie die Sonne«, ... Entsprechend wird das Spektrum von Gelb über Orange bis hin zu Rot den »warmen« Farben zugeteilt, Blau, Weiß und Grün sind dagegen »kalte« Farben. Und dieses Gefühl vermitteln die Farben auch. So wird man auf einem Balkon mit vorwiegend weißer Farbgestaltung am Abend eher zu einer kuscheligen Wolldecke greifen als auf einem, der ein paar gelbe oder rötliche Tupfer zeigt. Auch wärmen gelbe Blüten angenehm in einer Loggia, in der sich die Sonne rar macht. Andererseits empfinden wir kühle Farben in der heißen Mittagssonne sehr angenehm. Gezielte Farbwahl beeinflusst also die Wohlfühl-Atmosphäre.

Schöne Balkonkästen zum Nachpflanzen

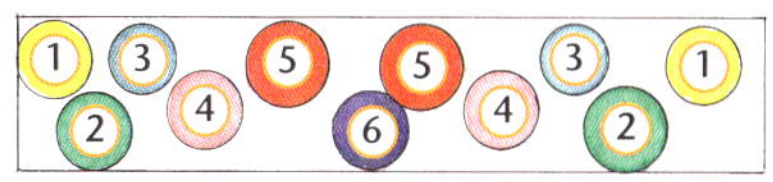

(Bild oben und unten)

① Pantoffelblume
② Hängepetunie
③ Chinesische Nelke, weiß
④ Chinesische Nelke, rosa
⑤ Dahlie
⑥ Blaumäulchen

① Lakritzkraut
② Kartoffelstrauch
③ Geranie
④ Goldzweizahn
⑤ Strauchmargerite
⑥ Kapmargerite

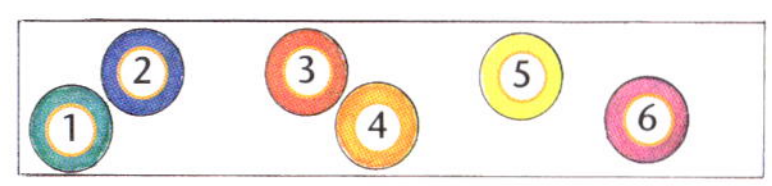

LIEBELEI MIT ROSA UND WEISS

Traumhaft zart und verspielt wirken die Töne von rosafarbenen und reinweißen Blüten, die viel Raum für romantische Fantasien lassen. Wie ein Sommernachtstraum erscheinen uns die feinen Farben, gepaart mit Blütenformen von Anmut und Eleganz. Und diese zarten Pastelltöne mit ihrem hohen Weißanteil können gerade auf sehr begrenztem Raum kleine Wunder vollbringen, denn ihre Blüten bilden einen gazeartigen Schleier, der die wahre Tiefe verschwimmen lässt und den Hintergrund des Himmels geschickt mit einbezieht. Dadurch entsteht eine ungeahnte räumliche Größe, und die feinen Blütenwolken werden nie lästig, weil sie sich dezent im Hintergrund halten.

Diese Kombination verleitet zu märchenhaften Träumereien. Rund um die rosafarbene Dahlie blüht der Elfensporn (oben) im gleichen Farbton, begleitet vom Weiß der Schneeflockenblume (links) und des Duftsteinrichs (rechts).

Etwas Luxus gefällig? Die überschäumenden Blütenberge weißer Knollenbegonien, Hängepetunien und Schmuckkörbchen sowie das Silberlaub des Lakritzkrautes 'Goring Silver' lassen den Alltag schnell vergessen.

Die Eleganz von reinem Weiß

Von den meisten Balkonblumen gibt es eine Sorte mit weißen Blüten, und so gibt es bei kaum einer Farbe so viele Kombinationsmöglichkeiten wie bei dieser. Weiße Balkongestaltungen wirken edel und kühl, ohne sich besonders stark in den Vordergrund zu spielen. Weiß passt immer, weder bauliche Elemente noch farbige Einrichtungsgegenstände stören sich an dieser Blütenfarbe. Im Gegenteil: Es verbleibt sogar eine gewisse Freiheit bei der Gestaltung, kann man doch mal die blauweiße Tischdecke auflegen, mal mit pinkfarbenem Geschirr eindecken oder bunte Sitzkissen verwenden.

Bei der Pflanzenauswahl empfiehlt es sich, gewisse Schwerpunkte zu setzen und bewahrt trotz aller Eleganz den natürlichen Charme. Weiß blühende Klassiker wie Strauchmargeriten *(Argyranthemum frutescens)*, Sauerklee *(Oxalis)*, Schneeflockenblumen *(Sutera diffusus)* und weiße Lobelien *(Lobelia erinus)* ergänzen sich perfekt. Die zahlreichen Blüten geben der Eleganz eine liebliche Note, welche durch den weiß blühende Elfenspiegel *(Nemesia frutescens)* und die Präriekerze *(Gaura lindheimeri)* unterstützt wird. Mit Hilfe größerer Blüten, etwa von Kosmeen *(Cosmos bipinnatus)*, Dahlien *(Dahlia*-Hybriden) und gefüllten Begonien *(Begonia)*, entsteht ein luxuriöser Eindruck. Anmut und Perfektion bringen Pflanzen wie die Lilie *(Lilium*-Hybriden) sowie Rosen *(Rosa*-Hybriden) ins Spiel.

Schöne Balkone zum Nachpflanzen

(Bild siehe Seite 30/31)

① Petunie, hängend *(Petunia)*
② Mehlsalbei, dunkelblau *(Salvia farinacea)*
③ Mehlsalbei, hellblau *(Salvia farinacea)*
④ Fleißiges Lieschen *(Impatiens walleriana)*
⑤ Lobelie, weiß *(Lobelia erinus)*
⑥ Spanisches Gänseblümchen *(Erigeron karwinskianus)*
⑦ Mexikanische Minze *(Agastache)*
⑧ Schmucklilie *(Agapanthus)*

Erfrischend kühl

Das grün-weiße Farbenspiel von Blüten und Blättern lässt sich durch Pflanzen mit weißer Blattzeichnung, der so genannten Panaschierung, noch verstärken. Schmuckblattpelargonien *(Pelargonium)*, Gundermann *(Glechoma hederacea)* und Mottenkönig *(Plectranthus coleoides)* besitzen auffällige Blattmuster, und die weißbunten Blätter der Funkien *(Hosta)* passen sehr gut zu Pflanzungen an kühlen Standorten.

Ein Hauch von Farbe

Bei allem Sinn für Eleganz kann das strahlende Weiß aber auch blenden und sehr distanziert wirken – es fehlt die herzliche Note. Elfenbeinfarbene Töne schaffen hier Abhilfe: Die schmalblättrige Zinnie 'White Star' *(Zinnia angustifolia)* und hellgelbe Petunien *(Petunia)* durchbrechen die Kühle, und auch die cremefarbene Blattzeichnung des Küchensalbei 'Icterina' *(Salvia officinalis)* sowie des Lakritzkrautes 'Rondello' *(Helichrysum petiolare)* dämpfen den strahlenden Eindruck.

Hier geben sich verschiedenste weiße Blüten ein Stelldichein: Dahlien (*Dahlia*-Hybriden), Petunien (*Petunia*-Hyriden), Ziertabak *(Nicotiana sylvestris)* und Duftsteinrich *(Lobularia maritima)* leuchten um die Wette. Selbst in der größten Mittagshitze bleibt dieses Refugium angenehm kühl, und wenn die Sonne am Abend untergegangen ist, spiegelt sich das Mondlicht in den Blüten der Nachtschattengewächse *(Solanum bonariensis* und *S. jasminoides).*

Die Vielfalt des Pflanzenreiches bietet reichlich Abwechslung, und so trifft man immer wieder auf weiße Blüten, die einen Hauch Andersfarbigkeit ins Spiel bringen. So verfärbt sich zum Beispiel das Spanische Gänseblümchen *(Erigeron karvinskianus)* während der Blüte, womit sich zartes Himbeerrosa in das Farbkonzept mischt. Die Kapmargerite *(Dimorphoteca)* schmückt sich mit einem himmelblauen Kranz in der Blütenmitte und das weiße Wandelröschen (*Lantana-Camara*-Hybriden) bringt gelbe Farbtöne hervor. Wiederholt man diese Farben an einzelnen Stellen, werden sie in ihrer Wirkung verstärkt. In einem Kasten mit Kapmargeriten können sich ein paar hellblaue Lobelien *(Lobelia erinus)* mit Mehlsalbei *(Salvia farinacea)* zusammenfinden, zum Spanischen Gänseblümchen *(Brachyscome)* setzt man eine weiß blühende Hängepelargonie (*Pelargonium*-Peltatum-Hybriden), deren Blütenmitte eine rosafarbene Zeichnung trägt, und zu den Wandelröschen passt Mutterkraut *(Tanacetum parthenium)*, in dessen Blüte sich Gelb und Weiß wiederholen.

Lichterspiele am Abend

Einen besonderen Reiz hat die Gestaltung mit weißen Blüten vor allem auf dem Feierabend-Balkon. Wer das Freiluftwohnzimmer tagsüber wenig nutzt und bevorzugt am Abend die laue Sommerluft genießen will, ist mit weiß blühenden Balkonblumen gut bedient. Sie reflektieren auch in Dämmerung noch relativ viel Licht, und wenn der Mond scheint, kommt ein magischer Touch dazu.

Diese Idee lässt sich auch gut auf halbschattige bis schattige Balkone übertragen. Neben der schattenverträglichen Schneeflockenblume *(Sutera diffusus)* kommen Hortensien *(Hydrangea)*, Begonien *(Begonia)* und Fleißige Lieschen *(Impatiens walleriana)* mit wenig Sonnenlicht aus und lassen am Abend die Lichter tanzen.

Die pastellfarbene Palette

Pastellfarben unterscheiden sich von den Spektralfarben dadurch, dass sich der reine Farbton mit Weiß mischt. Dies lässt die Farben weich und angenehm wirken. Sehr häufig finden sich hierbei die Kombinationen Weiß mit Rot sowie Weiß mit Violett.

Rosa- und Fliedertöne harmonieren jeweils monochrom gestaltet eben so gut, wie sie dies in der Kombination tun. Da der Blauanteil bei den Farben Mauve und Flieder höher ist, wirken diese Gestaltungen in der Regel dunkler und ruhiger. Rosa dagegen spielt sich fröhlich in den Vordergrund, wirkt aber nur sehr selten wirklich lästig. Beide Farben lassen sich grundsätzlich auffrischen, indem man einzelne weiß blühende Pflanzen dazwischen setzt.

Schöne Balkonkästen zum Nachpflanzen

(Bild oben und unten)

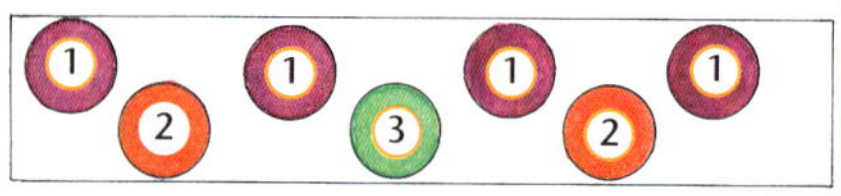

① aufrechte Geranie
② Elfensporn
③ Schneeflockenblume

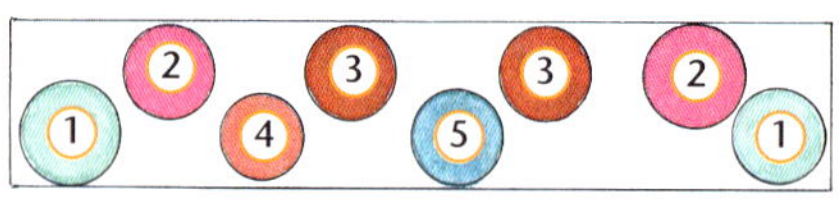

① Petunie, weißblühend
② Petunie, rosarot
③ Geranie
④ Eisenkraut 'Tapien'
⑤ Lakritzkraut

Sommerfantasien in Rosa

Balkongestaltungen in Rosatönen verbreiten guten Laune. Man fühlt sich zwischen den rosigen Blütenwolken von Elfensporn *(Diascia)*, Pelargonien *(Pelargonium)* und rosa Strauchmargeriten *(Argyranthemum frutescens)* wie auf einer rosaroten Wolke. Dabei spielt der tatsächliche Rotanteil eine nicht unbedeutende Rolle: Je heller und zarter die Farbe ist, desto lieblicher und weiblicher wirkt die Gestaltung. Eisenkraut *(Verbena)*, Sommerastern *(Callistephus chinensis)* und Schmuckkörbchen *(Cosmos bipinnatus)* gibt es in den schönsten Rosatönen, und auch mancher Blattschmuck stimmt sich auf diese Farbe ein. Mit dem Küchensalbei 'Tricolor' *(Salvia officinalis)* sowie dem Flamingoblatt *(Oenanthe japonica)* lässt sich geschickt der rosafarbene Eindruck verstärken.

Legt man den Schwerpunkt dagegen eher auf ein kräftiges Pink, so setzt sich eine modische Note durch. Surfinia-Petunien *(Petunia)* und Zauberglöckchen *(Petunia*-Hybriden) sorgen hier mit leuchtenden Blütenkaskaden für viel Schwung.

Ausgesprochen weiblich und luxuriös stellen sich Gestaltungen dar, die zartes Lachsrosa aufgreifen. Elfensporn *(Diascia)*, Kapkörbchen *(Osteospermum ecklonis)* und einige Pelargoniensorten *(Pelargonium)* haben diese Farbe in ihrem Repertoir. Neben Rot und Weiß mischt sich etwas Gelb unter, was diesen Ton auf den ersten Blick fast fremd wirken lässt. Man kann ihn aber hervorragend mit dem Rotbraun von Terrakottagefäßen kombinieren, so dass der Balkon einen mediterranen Touch erhält.

Ein Hauch von Mauve

Mischt sich dagegen mehr Blau in das Rosa, entsteht der Eindruck von einem hellen Lila. Das Blaue Gänseblümchen *(Brachyscome multifida)*, Eisenkraut *(Verbena*-Hybriden), Blaue Mauritius *(Convulvulus sabatius)* und Petunien *(Petunia*-Hybriden) unterstreichen die blaue Nuance und schenken dem Balkon eine etwas sachlichere Note als einem Balkon in verspieltem Rosé. Zudem kombiniert sich Mauve sehr gut mit blauen Einrichtungselemen-

Schöne Balkonkästen zum Nachpflanzen

(Bild oben)

① Männertreu
② Geranie, weißblühend
③ Eisenkraut
④ Mehlsalbei
⑤ Leinblättriger Gauchheil

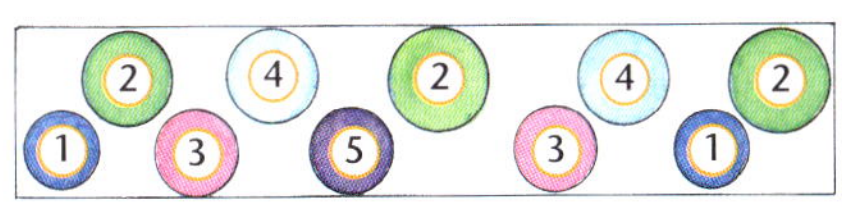

① Duftwicke
② Männertreu
③ Eisenkraut
④ Zauberglöckchen

Kräftige Pastelltöne lassen die blauen Accessoires leuchten. Petunien, Lavendel und Elfenspiegel passen sich dem pinkfarbenen Oleander im Hintergrund an.

ten, farblich perfekt ausgewählte Möbel, Stoffe und Gefäße verstärken das Zusammenspiel. Und tauchen dann hin und wieder einige rosafarbene Blütentupfer im blauen Blütenmeer auf, bleibt die Komposition trotzdem harmonisch, denn das Blau kann sich dann nicht zu stark in den Vordergrund spielen.

Klare Akzente setzen

Auf kleinen Balkonen kann sich die Verwendung von Pastelltönen als geschickt erweisen, weil sie die räumliche Weite nicht eingrenzen. Wer jedoch einen größeren Balkon besitzt oder mehrere Meter Balkongeländer mit einem rosafarbenen Blütenband schmücken will, der ist gut beraten, hin und wieder einen neuen Akzent einzubauen. Dabei wählt man in erster Linie Hell-Dunkel-Kontraste und kann sogar bei einer Pflanzenart bleiben. Setzen Sie zum Beispiel zwischen hellrosa Schmuckkörbchen *(Cosmos bipinnatus)* ein pinkfarbenes Exemplar oder zwischen die Blütenkaskaden der Surfinia-Petunie *(Petunia*-Hybriden) eine hellrosa Sorte und lockern Sie die Strukturen damit auf. Sie werden feststellen: Ein echter Eyecatcher!

Kombinationen mit Grau

Viele Baumaterialien wie Alu und Beton besitzen die Farbe Grau, einer eher sachlichen Farbe, die häufig langweilig wirkt. Allerdings ist sie auch praktisch, da man Schmutz nicht zu schnell sieht. Mit Hilfe von Pastellfarben lassen sich graue Elemente harmonisch in das Balkonkonzept einbinden. Wählt man eine Mischung aus Schwarz und Weiß zum Leitfaden, bieten sich Zinkgefäße an und eine Möblierung mit Bistrostühlen aus Edelstahl. Das wirkt jung und pfiffig. Silberlaubige Pflanzen runden die Gestaltungen ab: Kleines Lakritzkraut *(Gnaphalium microphyllum)*, Küchensalbei *(Salvia officinalis)* und Currykraut *(Helichrysum italicum)* veredeln dieses Farbkonzept mit ihren silbrigen Blättern.

Treiben ein buntes Farbenspiel mit Pink- und Rosatönen: Petunien, Kapkörbchen und Verbenen.

Strauchmargerite

(Argyranthemum frutescens)

Kaum eine Pflanze verbindet Eleganz und Natürlichkeit so unkompliziert wie die Strauchmargerite, die es in den verschiedensten Größen gibt.

Wuchs: Dichtbuschiger Strauch mit fein zerteiltem Laub, das je nach Sorte blaugrau bereift oder matt grün ist.

Blüte: Grundform ist die klassische Margeritenblüte mit weißen Zungenblüten und gelber Mitte; es gibt inzwischen auch einfache, halb gefüllte und dicht gefüllte Formen in Rosa.

Standort: Vollsonnig, extrem windige Standorte meiden.

Pflege: Regelmäßiges Düngen, da die Pflanzen einen hohen Nährstoffbedarf haben. Welke Blüten abschneiden.

Überwinterung: Größere Exemplare können an einem kühlen (5–10 °C), hellen Platz überwintert werden. Ab September nicht mehr düngen. Im Frühling werden die Pflanzen kräftig zurück geschnitten.

Extra-Tipp: Bei Zugluft kommt es oft zu Blattlausbefall.

Sorten: 'Butterfly' – hellgelb; 'Summer Melody' – rosa gefüllt.

Sommernelke

(Dianthus-Chinensis-Hybride)

Die botanischen Wurzeln dieser Sommerblumen sind in China. Sie verbreiten ein ländliches Flair auf dem Balkon.

Wuchs: Kompakte, niedrige Blattbüsche, über denen die gestielten Blüten stehen, Höhe zwischen 20 und 30 cm.

Blüte: Typische gefranste Nelkenblüten in Weiß, Rosa und verschiedenen Rottönen, zum Teil auch zweifarbig.

Standort: Vollsonnig, regengeschützt.

Pflege: Eine durchlässige Erde sollte bevorzugt werden, gegebenenfalls mischt man zusätzlich etwas Sand in die Blumenerde; Staunässe unbedingt vermeiden. Etwa alle 14 Tage mäßig düngen. Welke Blüten werden abgeschnitten. Krankheiten, wie Blattläuse und Nelkenrost, treten vor allem bei zu feuchter Erde und zu hohen Gaben an Stickstoffdünger auf.

Extra-Tipp: Nelken kann man im Februar/März auf der warmen Fensterbank (18 °C) aus Samen anziehen. Hübsch wirken die Pflanzen als Mix aus ähnlichen Farben.

Elfensporn

(Diascia vigilis)

Ein Newcomer mit üppigen Blütenständen und natürlichem Charme.

Wuchs: Lockere Büsche aus aufrechten, bisweilen überhängenden Trieben, zwischen 20 und 30 cm hoch.

Blüte: Rachenförmig, dicht in endständigen Trauben in verschiedenen Rosatönen und Korallenrot.

Standort: Sonnig bis halbschattig. Allerdings nimmt die Blühintensität bei geringerem Sonnenschein ab.

Pflege: Pflanzung in leicht saures Substrat. Mäßig düngen und gießen. Staunässe vermeiden. Lässt die Blütenbildung nach, schneidet man die Büsche zurück, so dass sich neue Blütenstände in den folgenden 3 Wochen aufbauen können.

Extra-Tipp: Bei feuchter Witterung kommt es leicht zu Fäulnis.
Es sind verschiedene andere Arten, wie *Diascia barberae*, mit kleinen, altrosa Blüten im Handel.

Sorten: 'Elliot's Variety' – hellrosa; 'Ruby Fields' – großblumig, dunkelrosa; 'Strawberry Sundae' – erdbeerrosa; 'Coral Belle' – korallenfarben.

Spanisches Gänseblümchen

(Erigeron karvinskianus)

Diese charmante Blume kennt man aus südlichen Gefilden, wo sie wild an Mauern und auf Schotter ihre Blütenwolken entfaltet.

Wuchs: Breitet sich kriechend aus, reich verzweigt, Höhe 20–30 cm.

Blüte: Ähnlich wie das heimische Gänseblümchen, allerdings verfärben sich die Blüten im Verblühen von Weiß nach Rosa bis Rot.

Standort: Sonnig, wärmeliebend.

Pflege: Mäßig gießen und düngen. Nehmen die welken Blüten überhand und wirken störend, entfernt man sie mit der Schere.

Extra-Tipp: Ein robuster und pflegeleichter Dauerblüher für Anfänger.

Duftsteinrich

(Lobularia maritima)

Kleine, unkomplizierte Polsterpflanze, deren Blüten einen honigartigen Duft verbreiten.

Wuchs: 10–15 cm hohe, in die Breite wachsende Polster.

Blüte: Kleine, weiße, rosa oder purpurviolette Einzelblüten, die dicht nebeneinander stehen. Sie bedecken nahezu die ganze Pflanze, so dass sie wie eine kleine Schaumkrone aussieht.

Standort: Sonnig, warm.

Pflege: Mäßig gießen und düngen. Wenn die ersten Blüten welken, schneidet man die Polster einmal kräftig zurück. Nach einer zwei- bis dreiwöchigen Erholungsphase hat sich der Flor prachtvoll regeneriert.

Extra-Tipp: Die kleinen kompakten Büsche sind nicht nur ideale Lückenfüller und Randpflanzen für Balkonkästen, sondern auch hübsch zur sommerlichen Unterpflanzung von Hochstämmchen. Duftsteinrich gedeiht auch in relativ flachen Gefäßen problemlos.

Elfenspiegel

(Nemesia fruticans)

Immer öfter sieht man die aus Südafrika stammenden Schönheiten im Handel. Sie eignen sich sehr gut für lockere Gestaltungen mit Balkonblumen ähnlicher Farbtöne.

Wuchs: Locker buschig, bisweilen leicht übergeneigt, zwischen 40 und 60 cm hoch.

Blüte: Kleine, gespornte Rachenblüten, je nach Sorte in Weiß, Blauviolett, Hellrosa, typisch ist ein kleiner gelber Fleck in der Mitte.

Standort: Sonnig, warm, gut windverträglich.

Pflege: Regelmäßig gießen und düngen, aber Staunässe unbedingt vermeiden, sonst kümmern die Pflanzen und Wurzelfäule wird gefördert. Welke Blütenstände werden entfernt, um die Neubildung anzuregen.

Extra-Tipp: Besonders wertvoll ist die weiß blühende Form, da sie einen süßlich-fruchtigen Duft verbreitet, der angenehm, aber unaufdringlich ist.

Sorten: 'Innocence'– weiß, überhängend, duftend; 'Blue Bird' – blauviolett, aufrecht; 'Melanie' – hellrosa, aufrecht.

Ziertabak

(Nicotiana × sanderae)

Eine reich blühende Sommerblume, die man auch aus Samen selber anziehen kann.

Wuchs: Dichtbuschig, die Blütenstände bauen sich über dem Blattwerk auf.

Blüte: Sternförmige Röhrenblüten in einer dichten Traube, rosa, rot, weiß, grünlich gelb.

Standort: Sonnig, warm.

Pflege: Regelmäßig und reichlich gießen, hoher Nährstoffbedarf, verwelkte Blüten ausknipsen. Werden Blütenstände unansehnlich, schneidet man sie ab, damit sich neue bilden können.

Extra-Tipp: Hohe Sorten kann man auch sehr schön in größere Töpfe setzen. Dabei kommen sie besonders gut zur Geltung, wenn man die Farben etwas vermischt.
Aussaat im Februar/März. Ziertabak zählt zu den Lichtkeimern, daher die Samen nicht mit Erde abdecken. Im April werden die Sämlinge vereinzelt und ab Mitte Mai ausgepflanzt.

Arten: *N. sylvestris* – weiße Blüten mit sehr langer Röhre, meist in lockerer Traube überhängend, angenehmer Duft in den Abendstunden, Höhe 100–150 cm.

Kapkörbchen, Kapmargerite

(Osteospermum ecklonis)

Ein wahrer Sonnenanbeter, denn nur ganz moderne Sorten öffnen ihre Blüten auch bei bedecktem Himmel. Die klassischen Formen entfalten die Blüten nur bei voller Sonne.

Wuchs: Dichte, kompakte Blatthorste, aus denen die Blütenstiele in die Höhe wachsen; 20–35 cm hoch.

Blüte: Margeritenförmig mit weißen, hellgelben, lachs- oder pinkfarbenen Zungenblüten, zum Teil bizarr geformt, in der Mitte meist schwarzblau gefärbt; Blüten sitzen einzeln auf kräftigen Stielen über dem Laub. Erst im Hochsommer (Juli/August) stehen die Pflanzen üppig in Blüte.

Standort: Vollsonnig, warm, keine anhaltende Nässe, ideal sind Plätze nicht unter freiem Himmel.

Pflege: Mäßig gießen und darauf achten, dass die Erde immer wieder abtrocknet, regelmäßig düngen; Verblühtes entfernen.

Extra-Tipp: Durch den blauen Rand in der Mitte lässt sie sich gut mit blauen Blüten und Elementen kombinieren.

Schneeflockenblume

(Sutera diffusus)

Eine überhängende Pflanze, die immer gepflegt aussieht und sich als sehr robust, anpassungsfähig und langlebig erweist.

Wuchs: Zunächst flache Polster, die im Laufe des Sommers über den Gefäßrand wachsen, meist nicht höher als 10 cm, nicht selten aber bis zu 20 cm lang überhängend.

Blüte: Kleine Einzelblüten zwischen den Blättern, meist in strahlendem Weiß, auch in Hellrosa und hellem Violett.

Standort: Sonnig bis schattig, allerdings ist die Anzahl der Blüten im Schatten deutlich geringer.

Pflege: Regelmäßig gießen und düngen. Staunässe und anhaltende Trockenheit vermeiden. Sehr pflegeleicht.

Extra-Tipp: Die Pflanzen blühen bis in den späten Herbst. Die Sorten mit farbigen Blüten sind meist nicht ganz so robust wie Sorten mit weißen Blüten. Sie reagieren empfindlich auf feuchte Witterung und haben eine geringere Toleranz gegenüber vorübergehender Trockenheit.

GOLDGELBE SYMPHONIE DER SONNE

Gelb als Symbol für Sonne und Wärme verheißt unbeschwerte Lebensfreude. Mit der Farbe Gelb wählt man also einen echten Stimmungsmacher für den Balkon, der sich selbst an trüben Tagen mit seiner guten Laune durchsetzt. Und das gilt nicht nur für einfarbige Gestaltungen aus den verschiedensten Balkonblumen-Sortimenten, sondern auch für andere malerische Farbkombinationen. Zusammen mit Rot und Blau ergibt sich ein klassischer Farbdreiklang, Violett stellt den Komplementärkontrast zu Gelb dar. Mit knalligem Pink entsteht ein peppiges Duo, das jung und modern wirkt. Und temperamentvoll zeigen sich Farbverläufe von hellem Gelb bis hin zu tiefem Orange.

Von gelben Studentenblumen, Strauchmargeriten, Begonien und Pantoffelblumen heben sich lila Vanilleblumen und Petunien ab: Ein Spiel der Komplementärfarben.

Zwischen den gelben Blütenwolken von Goldzweizahn und Strauchmargeriten lugen leuchtend rote Blüten von aufrechten und hängenden Geranien hervor.

Strahlende Schönheiten

In dem reichhaltigen Sortiment der Balkonblumen entdeckt man zahlreiche Arten, deren Blüten wie kleine Sonnen aussehen. An erster Stelle seien hier die Sonnenblumen *(Helianthus annuus)* genannt. Hohe Sorten wachsen am besten in standfesten Töpfen. Achten Sie darauf, dass die Pflanzen nicht durch den Wind abgeknickt werden können – also entweder windgeschützt aufstellen oder an einem Bambusstab festbinden. Neben den typisch eintriebigen Sorten, die meist nur eine Blüte tragen, gibt es verzweigte, die am Ende eines jeden Triebes eine Knopse haben. Sie füllen die Situation nicht nur besser, sondern haben auch eine längere Blütezeit, da sich nicht alle Blüten auf einmal öffnen. Die niedrigen Formen kann man dagegen auch in den Balkonkasten pflanzen, denn sie werden kaum höher als eine buschige Strauchmargerite. Sonnenblumenblüten hinterlassen, unabhängig von der Höhe der Pflanze, einen intensiven Farbfleck, der jede Gestaltung bestimmt, denn der Durchmesser eines einzelnen Blütentellers misst ohne weiteres zwischen 8 und 15 Zentimetern.

Im Vergleich dazu kommt einem die Einzelblüte von Husarenknöpfchen *(Sanvita-*

Schöne Balkonkästen zum Nachpflanzen

(siehe Bild links)

① Strauchmargerite *(Argyranthemum procumbens)*
② Goldzweizahn *(Bidens ferulifolia)*
③ aufrechte Geranie *(Pelargonium)*
④ Hänge-Geranie *(Pelargonium)*

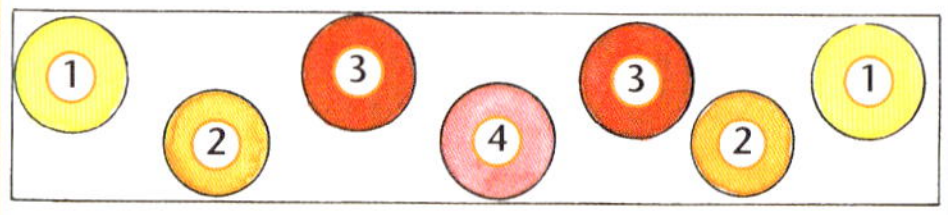

Schöne Balkone zum Nachpflanzen

(Bild siehe Seite 40/41)

① Sonnenblume *(Helianthus annuus)*
② Husarenknöpfchen *(Sanvitalia procumbens)*
③ Strauchmargerite *(Argyranthemum frutescens)*
④ Zauberglöckchen *(Petunia-*Hybride)
⑤ Geranie, weiß *(Pelargonium-*Hybride)
⑥ Kapuzinerkresse *(Tropaeolum)*
⑦ Petunie *(Petunia-*Hybride)
⑧ Mittagsgold *(Gazania-*Hybride)

lia) und Goldzweizahn *(Bidens ferrulifolia)* geradezu winzig vor. Doch da die Blüten sehr dicht sitzen, entsteht auch hier ein intensiver Farbeindruck. In das sonnige Farbenspiel fallen Strauchmargeriten *(Argyranthemum frutescens)*, Gelbes Gänseblümchen *(Thymophylla tenuiloba)*, Gazanien *(Gazania)*, Dukatentaler *(Anteriscus maritimus)*, Zinnien *(Zinnia)* und Sonnenhut *(Rudbeckia hirta)* mit ein. Sie lassen sich gut kombinieren, doch so richtig kommt das Sonnen-Arrangement erst dann zur Geltung, wenn man auch anders geformte Blüten einplant. Sehr gute Partner sind Löwenmaul *(Anthirrinum majus)* und Zauberglöckchen *(Petunia)*, Nachtkerze *(Oenothera)* und Wandelröschen *(Lantana*-Camara-Hybride).

Ein kraftvoller Farbenmix

Rot heizt die Stimmung an. Meist reichen einige rote Tupfer von Zinnien *(Zinnia)* oder Feuersalbei *(Salvia splendens)* aus, um zwischen gelben Blüten kräftige Akzente zu setzen. Allerdings muss man die beiden Partner etwas bändigen und ist gut beraten, die Blütenformen nicht allzu stark zu variieren. Rote Geranien *(Pelargonium)*, hängend und aufrecht, und dazu gelbe Margeritenblüten von Goldzweizahn *(Bidens)* und Strauchmargeriten *(Argyranthemum frutescens)* wirken wohltuend ausgewogen.

Verbindet man gelbe Blüten mit Pinktönen, macht sich ein modischer Touch bemerkbar. Zauberglöckchen *(Petunia)*,

① Sonnenhut *(Rudbeckia* 'Marmelade')
② Spanisches Gänseblümchen *(Erigeron karvinskianus)*
③ Borretsch *(Borago officinalis)*
④ Mehlsalbei *(Salvia farinacea* 'Strata')
⑤ Basilikum *(Ocimum basilicum)*
⑥ Feuersalbei *(Salvia* 'Scarlet Bicolor')
⑦ Zitronenmelisse *(Melissa officinalis)*
⑧ Tomate *(Lycopersicon)*

Schöne Balkonkästen zum Nachpflanzen

(Bild oben und unten)

① Petunie 'Cherry' *(Petunia)*
② Sterntaler *(Melampodium paludosum)*
③ Ziertabak 'Dynamo White' *(Nicotiana)*
④ Ziertabak 'Tuxedo Red' *(Nicotiana)*
⑤ Blaumäulchen 'Large Blue' *(Torenia fournieri)*
⑥ Husarenknopf *(Sanvitalia procumbens)*

Surfinia-Petunien *(Petunia)* und Wunderblumen *(Mirabilis jalalpa)* fügen sich in die sonnigen Blütenwolken von Zweizahn *(Bidens)* und Pantoffelblumen *(Calceolaria integrifolia)* ein. Das optische Verhältnis sollte möglichst ausgewogen sein, damit das Rosarot die romantische Harmonie unterstreicht und keine Dominanz entsteht.

① Nachtkerze 'African Sun' *(Oenothera)*
② Männertreu *(Lobelia)*
③ Pantoffelblume *(Calceolaria)*
④ Schmalblättrige Zinnie *(Zinnia angustifolia)*
⑤ Steinsame *(Lithodora diffusa)*

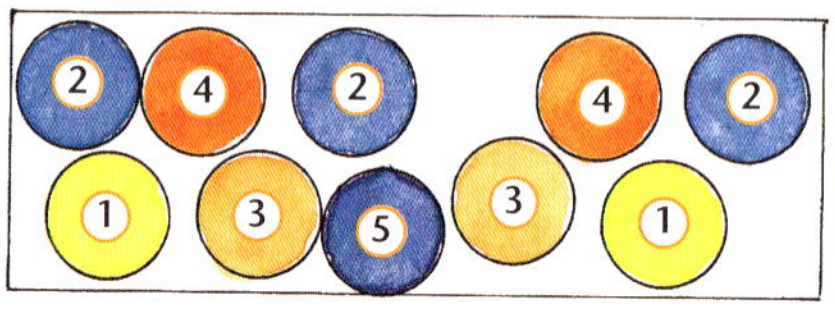

Schöne Balkonkästen zum Nachpflanzen

(Bild oben und unten)

① Schmalblättrige Zinnie *(Zinnia)*
② Zauberglöckchen 'Terracotta' *(Petunia)*
③ Männertreu *(Lobelia)*

Ein Ausflug ins Orange

Je mehr Rot sich in das Gelb mischt, desto dunkler wird das Gelb und geht schließlich zu Orange über. Viele der gelb blühenden Balkonpflanzen haben orange blühende Sorten, so dass man das Gefühl von angenehmer Wärme verstärken und etwas Exotik ins Spiel bringen kann. Studentenblumen *(Tagetes)*, Zinnien *(Zinnia)*, Kapuzinerkresse *(Tropaeolum)* und Ringelblumen *(Calendula officinalis)* zählen zu den typischen Vertretern in orangefarbenem Blütenkleid. Die verschiedenen Sorten zeigen schöne Farbverläufe von Gelb nach Orange.

Ein starker Kontrast

Zusammen mit blauen Blüten kühlt sich das warme Orange wieder etwas ab. Dieser Komplementärkontrast verlangt nach einem reinen Blau, wie es nicht allzu viele Balkonblumen haben. Männertreu *(Lobelia)*, Leinblättriger Gauchheil *(Anagallis monellii)* und Azur-Salbei *(Salvia patens)* sind die richtigen Partner für derartige Farbgegensätze. Doch es gibt noch eine weitere Möglichkeit: Die Verwendung blauer Gefäße. Viele glasierte Tongefäße

besitzen genau das stählerne Blau, das den Kontrast zu Orange sucht. Damit Sie nun aber keine allzu strenge Polarisierung zwischen orangefarbenen Blüten oben und blauem Topf unten bekommen, planen Sie eine oder zwei Pflanzen Männertreu *(Lobelia)* in die Gestaltung aus Ringelblumen *(Calendula)* und Zinnien *(Zinnia)* ein.

Eine zarte Abkühlung

Je enger der Platz ist, desto schneller wirkt er mit kräftigen Farben überfüllt. Um die Situation aufzulockern, kommen die zitronigen Gelbtöne gerade richtig, bei denen ein kräftiger Schuss weißer Farbe mitmischt. Mit Hilfe hellgelber Petunien *(Petunia*-Hybriden), cremefarbener Studentenblumen *(Tagetes*-Erecta-Hybriden) und hellgelber Strauchmargeriten *(Argyranthemum frutescens)* wirkt jede leuchtend gelbe Blüte frischer und gleichzeitig dezenter. Zu den Pflanzen, die ihre Farben sehr großzügig versprühen, gehören zum Beispiel die Petunien *(Petunia*-Surfinia-Hybride), sie hängen kaskadenförmig herab, ganz ähnlich wie die Kapuzinerkresse *(Tropaeolum*-Hybride), welche es ebenfalls in hellgelben Sorten gibt. Strauchmargeriten *(Argyranthemum frutescens)* bilden locker aufgebaute Büsche, und die straff aufrecht wachsenden Studentenblumen *(Tagetes*-Erecta-Hybriden) tragen tennisballgroße Blüten zur Schau. Dazu lassen sich gut ein paar orangefarbene Töne von Schmalblättrigen Zinnien *(Zinnia angustifolia)* und terrakottafarbenen Zauberglöckchen *(Petunia)* als Gegenpol setzen.

Das helle Gelb der Petunien und Studentenblumen nimmt die Farbe der Möbel auf. Löwenmaul und Milchstern sind eine perfekte Ergänzung, und die Blüten der Schwarzäugigen Susanne leuchten in kräftigem Orange entgegen.

Goldzweizahn

(Bidens ferulifolia)

Eine wüchsige, reich blühende Pflanze mit buschig überhängendem Wuchs. An dieser Pflanze haben auch Anfänger viel Freude.

Wuchs: 50–60 cm hoch, buschig, überhängende Triebe mit feingliedrigem Laub.

Blüte: Kleine, goldgelbe Blütensterne von Anfang Mai bis Oktober.

Standort: Vorzugsweise sonnig, aber auch für halbschattige Plätze geeignet, allerdings lässt die Blühfreudigkeit bei schlechteren Lichtbedingungen nach.

Pflege: Hoher Nährstoff- und Wasserbedarf aufgrund des üppigen Wachstums. Nach vier Wochen einmal in der Woche düngen oder Langzeitdünger für Balkonpflanzen verwenden.

Extra-Tipp: Die buschigen Pflanzen wirken gut als Solitär in einer Blumenampel. In Kästen benötigen sie viel Platz, um sich entfalten zu können und die Nachbarpflanzen gleichzeitig nicht zu bedrängen. Ist letzteres doch der Fall, lassen sich die Pflanzen problemlos zurückschneiden.

Pantoffelblume

(Calceolaria integrifolia)

Hübsche, niedrige Pflanze, die mit ihren Blüten einen satten Farbklecks bildet. Verträgt keine pralle Sonne.

Wuchs: Kompakte, etwa 30 cm hohe Büsche.

Blüte: Kugelig oval, goldgelb, in doldentraubigen Rispen, reich blühend.

Standort: Helle, halbschattige Lagen, regengeschützt.

Pflege: Reichlich gießen, aber nur mäßig düngen. Die Pflanzen sind empfindlich hinsichtlich zu hoher Nährstoffkonzentrationen im Substrat. Welke Blütenstände müssen entfernt werden, damit sich neue Knospen bilden.

Extra-Tipp: Die leuchtend gelben Blüten sind ein wunderschöner Farbtupfer im Halbschatten. Sie wirken elegant zwischen dunkelgrünen Blattschmuckpflanzen wie Efeu und zusammen mit weißen Blüten, z.B. Eisbegonien *(Begonia)*, Fuchsien *(Fuchsia)*.

Mittagsgold, Gazanie

(Gazania-Hybride)

Wenn die Sonne scheint, öffnen sich die zum Teil raffiniert gezeichneten Blüten.

Wuchs: Leicht überhängende Polster, die bis 25 cm hoch werden. Die Blätter sind schmal, unterseits schimmern sie silbrig. Die Blüten stehen über dem dichten Blattwerk.

Blüte: Große, margeritenförmige Blüten, meist gelbe Mitte, orangefarbene, weiße oder gelbe Zungenblüten mit klar begrenzter roter oder schwarzbrauner Streifung beziehungsweise Zeichnung, Mai bis Oktober.

Standort: Vollsonnig, wind- und regengeschützt.

Pflege: Wichtig ist ein durchlässiges Substrat, da die Pflanzen nur mäßige Feuchtigkeit vertragen. Wöchentlich düngen oder Langzeitdünger geben. Welke Blüten entfernen.

Extra-Tipp: Die Pflanzen gedeihen auch im Halbschatten, wenn es dort sehr hell ist.

FÜR ORANGE-GELBE GESTALTUNGEN

Sonnenblume

(Helianthus annuus)

Ein Klassiker für den Sommer. Vor allem die niedrigen Sorten eignen sich gut für die Verwendung auf dem Balkon.

Wuchs: Aufrecht, selten verzweigt, zwischen 30 und 250 cm hoch.

Blüte: Körbchenblüten in allen Variationen: gefüllt, einfach, halb gefüllt, goldgelb, hellgelb, rotbraun, auch zweifarbig, Juli bis Oktober.

Standort: Vollsonnig, warm, geschützt.

Pflege: Regelmäßig gießen, aber Staunässe vermeiden, selbst gezogene Pflanzen müssen reichlich mit Nährstoffen versorgt werden, knospige Fertigware braucht dagegen regelmäßig geringe Nährstoffgaben. Hohe Sorten sollten mit einem Bambusstab gestützt werden, damit sie bei Wind nicht umknicken.

Extra-Tipp: Die Blütezeit ist bei wenig verzweigten Sorten eher gering, daher sollte man zwei Sätze ab März in einem Abstand von vier bis sechs Wochen aus Samen anziehen.

Niedrige Sorten (ca. 30–60 cm hoch): 'Pacino' – mehrere Blüten pro Pflanze; 'Gelber Knirps' – gefüllt; hohe Sorten (100–160 cm hoch): 'Sonja' – verzweigt; 'Icarus' – zitronengelb; 'Valentin' – hellgelb; 'Musikbox' – Mischung in Braunrot, auch geflammt.

Strohblume

(Helichrysum bracteatum)

Sommerblume, die sich in der Trockenfloristik einen Namen gemacht hat und typisch für den ländlichen Stil ist.

Wuchs: Aufrecht, horstartig, Höhe zwischen 30 und 100 cm.

Blüte: Kleine, halbgefüllte Blütenköpfchen, die sich papierartig anfühlen. Alle Farben außer Gelb, Weiß, Orange, Rotbraun, Dunkelrot und Rosa.

Standort: Sonnig, warm.

Pflege: Regelmäßig gießen, Boden darf mäßig trocken sein, nur alle zwei Wochen mäßig düngen. Verblühtes entfernen, um die Knospenbildung anzuregen.

Extra-Tipp: Für die Bepflanzung von Kästen verwendet man niedrige, maximal 40 cm hohe Sorten. In Kübeln und Töpfen können auch höhere Sorten Verwendung finden, wenn man ihnen mit Bambusstäben etwas Halt gibt.

Nachtkerze

*(Oenothera-*Hybride 'African Sun')

Eine Nachtkerze, die auch am Tag ihre zitronengelben Blüten öffnet.

Wuchs: Polsterartig, bis 30 cm hoch.

Blüte: Schalenförmig, leuchtend Gelb, reich blühend, Anfang Juni bis Oktober, bei schlechter Witterung bleiben die Blüten geschlossen.

Standort: Sonnig, warm.

Pflege: In durchlässige Erde pflanzen, regelmäßig gießen, wöchentlich niedrig dosiert düngen, verträgt kurzzeitige Trockenheit.

Überwinterung: An windgeschützten Stellen überwintern, Schutz vor Trokkenheit und Kahlfrost. Neuaustrieb im Frühling vor Spätfrösten schützen.

Extra-Tipp: Die Schönheit gehört zurzeit noch zu den Liebhaberpflanzen. Dennoch sollte man nach ihr suchen, denn die Pflanzen sind gesund und robust. Sie füllen Lücken in Balkonkästen und eignen sich zur Unterpflanzung von Hochstämmchen.

Husarenknöpfchen

(Sanvitalia procumbens)

Seine Blüten erinnern an winzige Sonnenblumen, die dicht verstreut hängende Triebe zieren.

Wuchs: Überhängende, dichte Polster mit kleinen, oval-lanzettlichen Blättern.

Blüte: Kleine gelbe Sonnenblumenblüten, braune oder grüngelbe Mitte, Durchmesser etwa 1 cm.

Standort: Sonnig.

Pflege: Durchlässige Erde; mäßig gießen und düngen; welke Blüten abschneiden; werden die Triebe struppig, kürzt man sie um zwei Drittel ein, damit sie sich wieder dicht und kompakt aufbauen.

Extra-Tipp: Husarenknöpfchen eignen sich gut für die Ränder von Blumenkästen, so dass sie ihre überhängenden Triebe locker nach unten wachsen lassen können. Man kann sie auch als Ampelbepflanzung und für so genannte »hanging baskets« verwenden. Wichtig: Im Handel werden unterschiedlich kompakt wachsende Sorten angeboten. Daher beim Kauf fragen, wie sich die jeweilige Pflanzen entwickelt.

Studentenblume

(Tagetes-Hybride)

Robustheit, Blühfreudigkeit und Formenreichtum hat diesen Balkonblumen zu einem der ersten Plätze auf der Beliebtheitsskala verholfen.

Wuchs: Kompakt buschig, aufrecht, zwischen 20 und 30 cm hoch.

Blüte: Je nach Gruppe wildblumenartig klein und zierlich *(T. tenuifolia)*, mittelgroß *(T.*-Patula-Hybride) oder fast tennisballgroß und pomponartig gefüllt *(T.*-Erecta-Hybriden), gelb, orange oder rostrot, teilweise zweifarbig.

Standort: Sonnig bis halbschattig; an warmen Standorten entwickeln sich die Pflanzen üppiger.

Pflege: Regelmäßig gießen und düngen; welke Blüten entfernen.

Extra-Tipp: Tagetes brauchen große Pflanzabstände zu den Nachbarn, da sich die Büsche in den ersten Sommerwochen sehr schnell entwickeln. Sie lassen sich leicht aus Samen anziehen, Aussaat zwischen Januar und März auf der warmen Fensterbank. Studentenblumen verströmen einen herben Duft, daher nicht zu nah neben den Sitzplatz pflanzen.

Gelbes Gänseblümchen

(Thymophylla tenuiloba)

Pflegeleichter, selbst putzender Lückenfüller, der leider noch sehr selten und daher eher ein Geheimtipp ist.

Wuchs: Breit wüchsig, niedrig, wird etwa 20 cm hoch.

Blüte: Kleine Gänseblumenblüten in leuchtendem Goldgelb, Durchmesser etwa 2 cm.

Standort: Sonnig, warm.

Pflege: Mäßig gießen und nur schwach dosiert düngen; sitzen viele welke Blüten an den Triebspitzen, schneidet man die Büsche einmal bis zu den Blättern zurück, um den Neuaustrieb anzuregen.

Extra-Tipp: Diese Pflanze breitet sich dekorativ am Fuß von Hochstämmchen aus. Sie passt gut zu gelben Rosen, orangegelben Wandelröschen *(Lantana)* und gelben Strauchmargeriten *(Argyranthemum)*. Die kompakten Kissen kann man aber auch gut zu Studentenblumen *(Tagetes)* pflanzen oder mit Blauen Gänseblümchen *(Brachysome)*, Hängeverbenen *(Verbena)* und Pantoffelblumen *(Calceolaria)* kombinieren.

Kapuzinerkresse

*(Tropaeolum-*Hybriden)

Die Kapuzinerkresse erfreut sich großer Beliebtheit und es gibt ein großes Angebot verschiedenster Sorten. Ihre Blüten schmücken nicht nur den Balkon, sondern auch Sommersalate und kleine Snacks, denn sie sind essbar.

Wuchs: Buschig überhängend mit bis zu 2 m langen Trieben *(T.*-Majus-Hybriden); buschig, kompakt, etwa 30 cm hoch *(T.*-Nanum-Hybriden).

Blüte: Trichterförmig, asymmetrisch, gelb, orange, verschiedene Rottöne, zum Teil dicht gefüllt.

Standort: Sonnig bis halbschattig, allerdings bilden sich bei geringerem Sonnenlicht weniger Blüten; windgeschützte Standorte sind zu bevorzugen, da die zarten Triebspitzen bei Blattläusen sehr beliebt sind.

Pflege: Reichlich gießen, allerdings die Erde immer wieder abtrocknen lassen; mäßig düngen, dabei auf Stickstoff betonte Dünger verzichten, da sich sonst viel Blattmasse entwickelt aber nur wenige Blütenknospen. Verwelkte Blüten entfernen; sind die Triebe voller Blattläuse, empfiehlt es sich, die Spitzen komplett abzuschneiden und anschließend mit einer Brennnesselbrühe zu spritzen. Wichtig ist in diesem Fall auch, den Standort zu verändern und Zugluft zu vermeiden. Kletternde Kapuzinerkresse benötigt eine Kletterhilfe, an der die Triebe Halt finden.

Extra-Tipp: Die meisten Sorten der Kapuzinerkresse kann man aus Samen selber ziehen. Die Körner werden im April direkt in den Topf gelegt oder im März gesät und auf der Fensterbank vorgetrieben. Gefüllte Sorten lassen sich nicht aus Samen ziehen. Besonders dekorativ sind Sorten mit unregelmäßig gelb gefleckten Blättern. Manche rot blühende Form besitzt raffiniert rotgrüne Blätter, die besonders gut zu Ton-in-Ton-Kombinationen passen.

Sorten: 'Alaska' – verschiedene Blütenfarben, 20 cm hoch, cremefarben marmorierte Blattzeichnung; 'Empress of India' – dunkelrote Blüten, 20 cm, dunkelgrünes Laub mit rötlichem Hauch; 'Whirlybird Cream' – hellgelbe Blüten, 30 cm hoch; 'Strawberries and Cream' – hellgelb mit orangeroten Saftmalen auf den Blütenblättern.

Zinnie

(Zinnia elegans)

Dankbare Sommerblume, die auf dem Balkon das Flair bunt blühender Gärten verbreitet.

Wuchs: Buschig, kompakt, zwischen 15 und 20 cm hoch.

Blüte: Rund, zum Teil ballförmig gefüllte Blüten in Weiß, Gelb, Grün, Rosa, Rot, Orange.

Standort: Sonnig, warm, windgeschützt.

Pflege: Pflanzung erst Ende Mai; Erde gleichmäßig feucht halten, regelmäßig düngen, dabei auf ein ausgewogenes Verhältnis zwischen Stickstoff und Phosphor achten, nicht Stickstoff betont düngen; welke Blüten entfernen, um die Knospenbildung anzuregen.

Extra-Tipp: Als Lückenfüller wirken die Sorten von *Zinnia angustifolia*, die ungefüllt orange beziehungsweise cremeweiß blühen, besonders dekorativ. Sie blühen sehr zuverlässig.

Sorten: 'Peter Pan-Serie' – 30 cm hoch, große Blüten; 'Dreamland-Serie' – bis 25 cm hoch, sehr große Blüten, Durchmesser 10 cm; 'Thumbelina' – 15 cm hoch, dahlienförmige Blüten.

AUF EINER ROSAROTEN WOLKE

Kaum eine Farbe zeigt sich so tempramentvoll wie das leuchtende Rot. Mit dem Grün der Blätter bringt sie auch gleich ihren Komplementärkontrast mit. Wer mit der Farbe der Liebe gestaltet, muss wissen, dass sie alles andere als dezent ist und sich immer wieder bewunderungsheischend in den Vordergrund drängt. Das hat auch nicht unbedeutenden Einfluss auf die räumliche Wirkung rot blühender Pflanzen: Sie engen optisch ein, da sie in der Regel den Blick auf sich ziehen und keine Distanz ermöglichen. Auf kleinen Balkonen muss also ein Partner gefunden werden, der Abkühlung verschafft. Weiß erweist sich hier als perfekt und es entsteht eine Kombination, die Lust auf den Sommer macht.

Ein Blütenpotpourri aus Petunien, Geranien, Margeriten und Duftsteinrich in zartem Weiß sowie Dahlien und Geranien in verschiedenen Rottönen. Die roten Blüten oben wirken rein und feurig warm, während die unteren mit ihrem stärkeren Blauanteil kühl wirken.

Scharlach-Salbei und rote Petunien sorgen für ein Farbenfeuerwerk auf dem Balkon. Eine diplomatische Verknüpfung zum weißen Ambiente schaffen zart weiße Schneeflockenblumen.

Leuchtende Signale setzen

Mit roten Blüten wird der Sommer garantiert feurig. Dabei wirkt das reine Rot – frei von kühlenden Blauanteilen – besonders klar und warm. Dieser Farbton findet sich recht häufig im Sortiment der Balkonblumen: Geranien *(Pelargonium)*, Feuer- als auch Scharlach-Salbei *(Salvia splendens* und *S. coccinea)*, sowie Petunien *(Petunia*-Hybride) und Eisenkraut *(Verbena*-Hybride) spielen mit der Farbe der Liebe. Sie treffen mit ihren Sorten immer wieder den gleichen klaren Ton und können deshalb ohne Probleme großflächig verwendet werden. Auch an einem trüben Tag setzen die Blüten ein fröhliches Signal. Allerdings braucht es für Gestaltungen ganz in Rot ein maßvolles Händchen, um von so viel Farbe nicht überwältigt zu werden.

Geschickt lassen sich ein paar weiße Blüten von Schneeflockenblumen *(Sutera diffusus)*, Duftsteinrich *(Lobelia maritima)* und gefüllt blühenden Strauchmargeriten *(Argyranthemum frutescens)* einstreuen, damit sich das leuchtende Rot etwas abkühlt. Perfekt zeigen sich Balkongestaltungen, bei denen auch die Einrichtung in dieses Farbenspiel mit einstimmt. Über weiße Stühle und Wände werden rot-weiße Stoffen drapiert, der Sichtschutz trägt ein rot-weißes Streifenmuster und die Gießkanne leuchtet feuerrot.

Wer ganz bewusst die Situation anheizen will, kann Strukturpflanzen mit Blättern, die mehr rot als grün wirken, in die Pflanzung mit einbauen. Rotlaubige Sorten der Kapuzinerkresse *(Tropaeolum*-Hybriden), Buntnesseln *(Solenostemon)* und Zierklee *(Oxalis repens)* sind hierfür gut geeignet. Zudem bietet sich ein kleiner Ausflug in das Reich der mehrjährigen Gartenblumen an: Purpurglöckchen *(Heuchera*-Hybride) warten mit einem variantenreichen Sortiment auf. Wer Platz für einen Kübel hat, bepflanzt ihn mit dem Indischen Blumenrohr 'Tropicanna' *(Canna indica)*, dessen Blätter reizvolle Farbmuster mit orangeroten Tönen präsentieren, wenn die Abendsonne hindurchscheint. Auch Orange lässt sich in die Bepflanzung aufnehmen, indem man einige Zinnien *(Zinnia*-Hybride) oder Studentenblumen *(Tagetes patula)* zu den feurigen roten Blumen ergänzt.

Wenn es durch und durch feurig auf dem Balkon zugehen soll, bieten sich Chili *(Capsicum frutescens)* zwischen den rot blühenden Pflanzen an. Ihre schmalen, länglichen Schoten verfärben sich von Grün

Schöne Balkone zum Nachpflanzen

(Bild siehe Seite 50/51)

① Eisenkraut *(Verbena)*
② Knollenbegonie *(Begonia)*
③ Duftsteinrich *(Lobularia maritima)*
④ Elfenspiegel *(Nemesia frutescens)*
⑤ Vanilleblume *(Heliotropium)*
⑥ Blaue Mauritius *(Convolvulus sabatius)*

nach Rot und leuchten den ganzen Sommer. Wenn Ihnen das zu »heiß« wird, können Sie einen ähnlichen Farbeffekt auch mit einer kleinfrüchtigen, buschigen Balkontomate *(Lycopersicum)* erzielen.

Von Rustikal bis britisch

Bei allem Temprament, das rote Pflanzkombinationen versprühen, kann die Farbe sehr wohl auch Stil prägend sein. Was wäre zum Beispiel ein sommerlicher Balkon im Bayern-Look ohne die opulenten Blütenbälle aufrechter Geranien *(Pelargonium*-Zonale-Hybriden) und dicht gefüllter Hängebegonien *(Begonia*-Elatior-Hybriden). Auch ein paar kugelige Zinnienblüten *(Zinnia*-Hybriden) in klarem Rot, Feuersalbei *(Salvia splendens)* und Dahlien *(Dahlia*-Hybriden) leuchten dem weiß-blauen Sommerhimmel entgegen.

Stellt man sich ein traditionelles englisches Karomuster vor, so gesellt sich – unabhängig davon, ob der Untergrund blau oder grün ist – immer ein roter Streifen mit dazu. Er gibt den, allerdings dezenten, Pfiff. Entsprechend wird man auf einem britisch angehauchten Balkon immer ein paar rote Blütentupfer zwischen den grünen Blättern finden. In diesem Fall darf es auch mal etwas Ausgefallenes sein, etwa die Schwester des Zigarettenblümchens, die Mickymaus-Pflanze *(Cuphea llavea* 'Tiny Mice'), aber auch die Maskenblume *(Alonsoa × meridionalis)*. Englische Eleganz unterstreicht der Scharlach-Salbei *(Salvia coccinea)* mit locker aufgebauten und zier-

Schöne Balkonkästen zum Nachpflanzen

(Bild oben und unten)

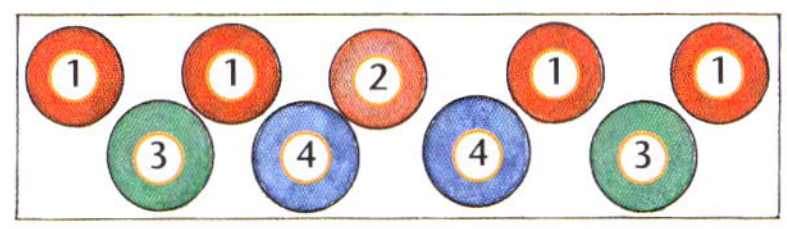

① Geranie
② Hängegeranie
③ Nachtkerze
④ Leinbl. Gauchheil
⑤ Geranie
⑥ Edellieschen
⑦ Nierembergie
⑧ Blaue Mauritius

Wie eine rote Blütengirlande, die sich klar vom Hintergrund absetzt, überspannen die Edellieschen dieses Arrangement. Rechts und links entfaltet jeweils eine Surfinia-Petunie mit blauvioletten Blüten ihre Kaskade, und als farblicher Ruhepol legen sich die drahtigen Triebe des kleinblättrigen Lakritzkrautes besänftigend dazwischen.

lich wirkenden Blütenständen. Der blau blühende Azur-Salbei *(Salvia patens)* sowie das kirschrote Zauberglöckchen *(Petunia*-Hybride) wirken »very british«.

Wohlklingendes Trio

Der klassische Dreiklang lebt von der Harmonie der Grundfarben Gelb, Rot und Blau. Zusammen in einem Balkonkasten verwendet, verbreiten diese Blütenfarben eine fröhliche Stimmung. Dabei ist es wichtig, auf ein ausgewogenes Verhältnis zwischen den Farben zu achten und sie gleichmäßig zu verteilen. Wählt man zum Beispiel ein blauviolette Hängepetunie *(Petunia*-Hybride), so ergänzt man sie vorzugsweise durch aufrechte Geranien *(Pelargonium*-Zonale-Hybride) und füllt die Lücken mit Nachtkerzen *(Oenothera)*. Bevorzugt man dagegen eine rote Kaskade von hängenden Geranien *(Pelargonium*-Peltatum-Hybride) und Eisenkraut *(Verbena*-Hybride), lassen sich sehr gut gelbe Strohblumen *(Helichrysum bracteatum)* als aufrecht wachsende Pflanze dazu kombinieren und die Lücken dazwischen mit den kleinen Kissen des Männertreu *(Lobelia erinus)* füllen.

Die Farbe der Liebe

Wenn es etwas sanfter und gefühlvoller zugehen soll, wird man sich auf Blüten besinnen, bei denen sich die Farbe Blau in das Rot mischt. Das kühlt zwar den Farbton etwas ab, wirkt jedoch im Vergleich zu glühenden Rottönen sehr viel weniger aufdringlich und bringt eine wohlige Wärme mit sich. Bei Geranien *(Pelargonium)*, Edellieschen *(Impatiens*-Neuginea-Hybriden) und Petunien *(Petunia)* findet sich diese sanfte Farbvariante. Unterstreicht man sie mit einigen pinkfarbenen Tupfern von Hortensien *(Hydrangea macrophylla)* und Dahlien *(Dahlia*-Hybriden), wird der Balkon bald in eine rosarote Wolke eingehüllt sein. Der fliederfarbene Akzent, den die Blaue Mauritus *(Convulvulus sabatius)* mitbringt, wirkt belebend auf das Arrangement.

Ein kunterbunter Mix aus pinkfarbenen Surfinia-Petunien, rosaroten Geranien sowie knallrotem Feuersalbei und Geranien-Sorten in unterschiedlichstem Rot! Goldgelbe Blütchen der Strohblume leuchten dazwischen wie kleine Sterne hervor und unterstreichen die Frische dieser modernen Farbkomposition.

Maskenblume

(Alonsoa × meridionalis)

Eine bezaubernde Rarität, für die man sich die Mühe der Aussaat machen sollte, da sie nur sehr selten im Handel ist.
Wuchs: Locker buschig, bis 50 cm hoch.
Blüte: Unregelmäßig, trichterförmig, ähnlich wie Elfensporn *(Diascia)*, Blütendurchmesser 3 cm; verschiedene Rottöne, lachsfarben und weiss.
Standort: Sonnig, warm, geschützt.
Pflege: Pflanzung in lockere, nährstoffreiche Erde; mäßig feucht halten; regelmäßig düngen; die jungen Triebspitzen werden ausgeknipst, damit die Pflanzen buschiger werden; welke Blütenstände entfernen.

Extra-Tipp: Die Pflanzen werden im Februar/März ausgesät, dabei die Samen nur dünn bedecken; anschließend gleichmäßig feucht halten und bei 15 °C hell aufstellen; je später die Pflanzen ausgesät werden, desto später beginnt die Blüte; frühestens Mitte Mai auspflanzen, wenn kein Frost mehr zu erwarten ist.

Zigarettenblümchen

(Cuphea llavea 'Tiny Mice')

Den Namen »Mickymaus-Pflanze« verdankt dieser Halbstrauch seinen raffiniert geformten Blüten. Die Schwester dieser Neuheit ist *Cuphea ignea*, das lange, orangerote Röhrenblüten trägt, die an der Spitze einen weiß-schwarzen Ring tragen, der Ähnlichkeit mit einer brennenden Zigarette hat.
Wuchs: Dicht buschig, aufrecht bis leicht überhängend, 30–50 cm hoch.
Blüte: Rotviolette Röhrenblüten, 3–4 cm lang, an der Spitze zwei große, scharlachrote Kronblätter, die an Mäuseohren erinnern.
Standort: Sonnig bis halbschattig, bei weniger Licht nimmt die Blühfreudigkeit ab.
Pflege: Pflanzung in strukturstabile, leicht saure Erde; reichlich gießen, doch Staunässe vermeiden, regelmäßig düngen.

Extra-Tipp: Durch den leicht überhängenden Wuchs eignen sich die Zigarettenblümchen sehr gut für die Ampelbepflanzung. Gelegentlicher Rückschnitt wird gut vertragen, der Blütenreichtum leidet darunter nicht.

Feuersalbei

(Salvia splendens)

Diese in Brasilien beheimatete *Salvia*-Art spielt mit roter Farbe. Je nach Sorte kann diese mal violett mal feuerrot sein. Feuersalbei hat wenig Ähnlichkeit mit Küchen- oder Sommersalbei.
Wuchs: Buschig, kompakt, wird zwischen 20 und 25 cm hoch.
Blüte: Kegelförmige, lange Blütentrauben, die sich aus den roten Lippenblüten zusammensetzen.
Standort: Sonnig, warm, wind- und regengeschützt.
Pflege: Gleichmäßig feucht halten, allerdings sollte Staunässe unbedingt vermieden werden, regelmäßig schwach dosiert düngen; braun werdende Blütenstände entfernen, damit die Pflanzen neu durchtreiben können.

Extra-Tipp: Die Blütenfarbe hat eine starke Signalwirkung, die mit klaren Farben wie dem Goldgelb von Goldzweizahn *(Bidens)* und dem leuchtenden Blau des Männertreu *(Lobelia)* gut zu kombinieren ist. Allerdings sollte man nie zu viel von den roten Blüten einplanen, da sie sich in den Vordergrund spielen.

Pelargonie, Geranie

(*Pelargonium*-Hybriden)

Die Geranie ist der Inbegriff sommerlicher Balkonblumen. Sie ist robust und pflegeleicht, blüht zuverlässig und unermüdlich. Der Fachmann spricht meist von Pelargonien und meint damit dieselbe Pflanzengruppe wie der Volksmund. Mit den botanisch als »Geranium« bezeichneten heimischen Storchschnäbeln verbindet die Pelargonien aus Südafrika eine eher weitläufige Verwandtschaft.

Es gibt unzählige verschiedene Sorten, zu denen jedes Jahr ein paar neue hinzukommen. Sie lassen sich recht übersichtlich in Gruppen einteilen. So gibt es zum Beispiel die aufrecht wachsenden Geranien (*Pelargonium*-Zonale-Hybriden), Hänge-Geranien (*Pelargonium*-Peltatum-Hybriden) mit kaskadenbildenden Trieben, Blattschmuckgeranien, die auffällig gezeichnetes Laub besitzen, Duftpelargonien mit duftenden Blättern und Wildgeranien mit filigranem Blattwerk und fein zerteilten Blüten (Porträt siehe Seite 83). Innerhalb der letzten beiden Gruppen lässt sich die Abgrenzung nicht ganz streng ziehen. Immer beliebter werden auch einige in England verbreitete Sorten, die sich durch kleine Blätter und verhältnismäßig große Einzelblüten auszeichnen.

Wuchs: Bis auf die Hängegeranien (*P.*-Peltatum-Hybriden) mit überhängenden Trieben, wachsen alle Pelargonien buschig. Die aufrechten Sorten (*P.*-Zonale-Hybriden) bleiben meist sehr kompakt (Höhe bis 30 cm), ebenso die Blattschmuckgeranien. Englische Pelargonien verzweigen sich stark, wachsen aber nur langsam und bleiben deshalb

Oben: Ein blütenreicher Sommer. Unten von links nach rechts: 'Mexikaner', 'Alba', 'Bravo'.

recht kompakt (Höhe etwa 30 cm). Spezielle Kulturmaßnahmen ermöglichen auch meterhohe Säulenspaliere und Hochstämmchen von Hänge- beziehungsweise aufrechten Pelargonien.

Blüte: Die Farbpalette der Pelargonien umfasst das gesamte Spektrum von Rot- und Rosatönen. Daneben gibt es weiße Sorten. Die Blüten stehen in einer Dolde auf festem Stiel. Diese ist bei aufrechten Sorten und Hängegeranien sehr ausgeprägt, zum Teil fast ballförmig. Bei den anderen Formen treten die Dolden weniger auffällig und meist recht locker in Erscheinung. Grundsätzlich unterscheidet man gefüllte, halb gefüllte und ungefüllte Blüten. Ein wichtiges Kennzeichen für die Blütenqualität aus Sicht der Züchter ist die Selbstreinigung der Blütenstände, sprich, ob die Blütenblätter von alleine abfallen, was wünschenswert ist, oder trocken an den Stielen haften bleiben.

Standort: Vollsonnig, warm, gerne auch trocken, heiß, im Halbschatten weniger blütenreich; Blattschmuckpelargonien brauchen ausreichend Licht für eine gute Ausfärbung, bei praller Sonne können die weißen Blattpartien aber auch verbrennen.

Pflege: Mäßig gießen, gelegentliche Trockenheit verkraften die Pflanzen sehr gut. Anhaltende Feuchtigkeit und Staunässe beeinträchtigen Wachstum und Blühfreudigkeit. Regelmäßig und ausreichend mit Nährstoffen versorgen. Ausputzen welker Blütenstände; Dolden mit Stiel abschneiden.

Überwinterung: Es gibt mehrere Möglichkeiten der Überwinterung. Zum Beispiel schneidet man die Pflanzen im Herbst zurück und stellt sie kühl und hell auf. Für dunkle Überwinterungsplätze lässt man die Erde abtrocknen, topft die Pflanzen aus und schüttelt die Erde ab. Anschließend werden die Triebe eingekürzt und die Pflanzen kopfüber an Bast aufgehängt. Im März schneidet man die Pflanzen stark zurück, topft sie ein und treibt sie auf der sonnigen, hellen Fensterbank wieder an. Oder Sie lassen im Hochsommer Stecklinge bewurzeln und überwintern sie dann kühl und hell. Diese Mühe lohnt sich vor allem für seltene Raritäten (siehe Seite 159).

Extra-Tipp: Pelargonien, die nicht recht blühen und gelbe Blätter bekommen, stehen in der Regel zu nass. Lassen Sie die Erde gut abtrocknen und gießen Sie mit Maß.

Oben: Hänge-Geranien in Rosa und Rot. Unten: Pelargonien sind sehr abwechslungsreich.

EIN HAUCH ROMANTIK BLÜHT AUF

Wer mediterrane Urlaubsstimmung auf dem Balkon verbreiten will, ist mit Blautönen gut beraten. Schließlich verbindet man mit dem kühlenden, klaren Farbton nicht nur die Farbenspiele des Meeres, sondern kann in seinen Balkonträumen noch ein wenig die weißen Häuser und blauen Fensterlaibungen Griechenlands oder die lilablauen Lavendelfelder der Provence vorbei ziehen lassen. Kein Wunder, dass Blau – die Farbe der Treue – auf dem Balkon besonders beliebt ist. Das kühl erscheinende Blau wirkt auf sonnig heißen Balkonen angenehm, und mit dem rötlichen Abendlicht der untergehenden Sonne macht sich eine bezaubernde, fast magische Stimmung breit.

Machen Sie doch mal »blau«! Mit Hilfe von Kornblumen, Leberbalsam, Fächerblume, Blauer Mauritius und Blauen Gänseblümchen verbreitet sich das gute Gefühl von unendlicher Weite und traumhaften Sommerurlauben.

Schöne Balkonkästen zum Nachpflanzen

(siehe Bild links)

① Männertreu *(Lobelia erinus)*
② Studentenblume *(Tagetes)*
③ Husarenknöpfchen 'Atztekengold' *(Sanvitalia)*
③ Elfenspiegel *(Nemesia frutescens)*

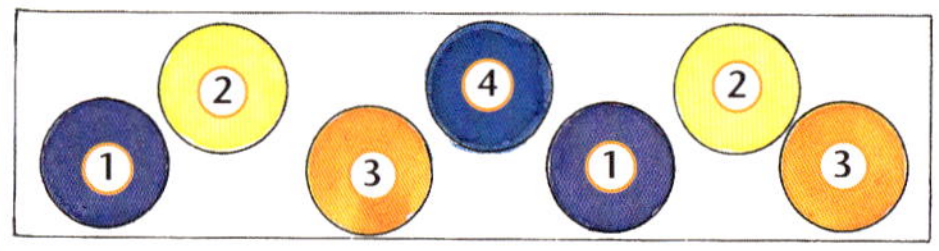

Das sieht nach einem wunderschönen Sommermorgen aus. Blaues Männertreu schmückt die Ecken des Balkonkastens, während in der Mitte unzählige Husarenknöpfchen ihre sonnigen Blüten aufspannen. Die farbliche Beziehung zu den aufrecht wachsenden Pflanzen überkreuzt sich: Rechts und links blühen gelbe Studentenblumen, und in ihrer Mitte mischt ein blau blühender Elfenspiegel mit.

Wie der Himmel und das Wasser

Während sich die blauen Blüten im sommerlichen Blumengarten rar machen, zeigt sich das Sortiment für den Balkongärtner vielfältig und abwechslungsreich. Viele dieser Arten haben einen überhängenden Wuchs. Petunien *(Petunia-*Hybriden) und Blaue Mauritius *(Convulvulus sabatius)*, Fächerblume *(Scaevula saligna)* und Männertreu *(Lobelia erinus)* bilden malerische Kaskaden, die zum Schwelgen und Träumen einladen. Zugleich entstehen im Laufe des Sommers große blaue Farbkleckse, die mit Azur-Salbei *(Salvia patens)* und Kapastern *(Felicia amelloides)* einen dezenten, aufrechten Gegenpol bekommen. Als Lückenfüller gesellen sich Männertreu *(Lobelia erinus)*, Blaues Gänseblümchen *(Brachyscome)* und die lilablauen Sorten des Duftsteinrichs *(Lobularia maritima)* dazu, so dass man auch die Zwischenräume mit kleinen, kompakten Polstern füllen kann.

Schöne Balkone zum Nachpflanzen

(Bild siehe Seite 58/59)

① Gauchheil *(Anagallis monelli)*
② Petunie *(Petunia-*Hybr.)
③ Lakritzkraut 'Mini Silver' *(Helichrysum)*
④ Männertreu, weiß *(Lobelia erinus)*
⑤ Lavendel 'Dwarf Blue' *(Lavandula)*
⑥ Strauchmargerite *(Argyranthemum)*
⑦ Leberbalsam *(Ageratum houstonianum)*
⑧ Bougainvillea *(Bougainvillea glabra)*
⑨ Sternblume *(Triteleia laxa)*
⑩ Schmucklilie *(Agapanthus-* Hybride)

Die nordische Kombination

Klares Blau und strahlendes Gelb sind die Farben der schwedischen Flagge, mit diesem Duo kommt skandinavische Stimmung auf den Balkon. Zusammen mit ihrer Mischfarbe, dem Grün, liegen die beiden Spektralfarben auf dem Farbkreis nebeneinander, so dass man für diese Farbkombination automatisch Harmonie empfindet. Bei der Pflanzenauswahl für die nordische Kombination unterstreichen klare Blütenformen das Bild unbeschwerter Frische. Zwischen dichten Polstern aus Männertreu *(Lobelia erinus)* und einer blauvioletten Sorte des Elfenspiegels *(Nemesia fruticans)* entwickeln sich duftige Wolken von Goldzweizahn *(Bidens ferrulifolia)* und Husarenknöpfchen *(Sanvitalia procumbens)*. Die lockeren Blütenähren des Azur-Salbei *(Salvia patens)* ragen aus den leuchtenden Büschen von Nachtkerzen *(Oenothera)* und gelb blühenden Strauchmargeriten *(Argyranthemum frutescens)* heraus. Niedrige Sonnenblumen-Sorten *(Helianthus annuus)* werden von hängendem Eisenkraut *(Verbena*-Hybride) umspielt. Zu der pflanzlichen Kombination passen blau gestrichene Weichholzmöbel, und als Dekoration stimmen ein paar blaue Holzfische oder Muscheln auf die Mittsommernacht auf dem Balkon ein.

Wählt man statt gelber Blüten orangefarbene aus, so entsteht ein Komplementärkontrast, der ebenfalls als angenehm empfunden wird, zugleich aber etwas mehr Temperament ins Spiel bringt. Prunkwinden *(Ipomoea purpurea)* klettern zusammen mit dem orangefarbenen Glockenwein *(Thunbergia gregorii)* an einem Spalier empor, während sich zu ihren Füßen die Polster von Männertreu *(Lobelia erinus)* und schmalblättriger Zinnie *(Zinnia angustifolia* 'Classics') breit machen. Auch eine Mischung von Studentenblumen *(Tagetes tenuifolia)* und Kapuzinerkresse *(Tropaeolum*-Hybride) in Orange sowie dem blau blühenden Leinblättrigen Gauchheil *(Anagallis monellii)* ergibt diesen Kontrast.

Schöne Balkonkästen zum Nachpflanzen

(siehe Bilder oben)

① Zauberglöckchen *(Petunia)*
② Sommersalbei, mehrjährig *(Salvia)*
③ Hängende Geranie *(Pelargonium)*
④ Nierembergie *(Nierembergia)*

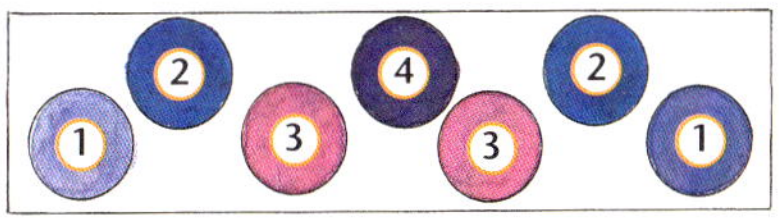

① Geranie *(Pelargonium)*
② hängende Petunie *(Petunia)*
③ Leberbalsam *(Ageratum)*
④ Fächerblume *(Scaevola)*

Wie eine blaue Wolke schwebt die Ampel auf dem Balkon. Zwischen lilablauen Petunien und violettem Eisenkraut hellt eine rosa farbene Geranie zusammen mit den erst weißen und später rosafarbenen Blüten des Spanischen Gänseblümchens die Kombination auf. So werden die unterschiedlichen Strukturen schon von Weitem sichtbar.

Magisch verzaubert

Farbmischungen von reinen Blau- und zarten Lilatönen laden zum Träumen einen. Die roten Farbpigmente geben dem meist kühlen Königsblau etwas Wärme und verbreiten einen Hauch von Romantik. Bezaubernde Tuffs entstehen, wenn man in einem Ampelkorb fliederblaue Petunien *(Petunia*-Hybriden) mit lilablauem Eisenkraut *(Verbena*-Hybriden), Blauer Mauritius *(Convulvulus sabatius)* und der duftigen Wolke des Blauen Gänseblümchens *(Brachyscome multifida)* arrangiert. Wie in einem klassischen »hanging basket« nach englischem Vorbild ergänzen sich die Blüten- und Wuchsformen zu einem bezaubernden Ensemble.

Diese hohen Glockenblumen *(Campanula pyramidalis)* bilden einen perfekten Sichtschutz für das lauschige Plätzchen und spenden zudem wohltuenden Schatten. Ihre Rispen bringen immer neue Blütenknospen hervor.

Angenehm erfrischend

Je kühler das Blau der Blüten ist, desto »eisiger« wirkt es. Dort, wo die Sonne den Balkon kräftig aufheizt, kann diese Farbstimmung für angenehme Abkühlung sorgen. Die zarten Töne des Leberbalsam *(Ageratum houstonianum)* stimmen darauf ein. Dazu gesellen sich Mehlsalbei *(Salvia farinacea)*, der die Stiele seiner königsblauen Blütenähren mit einem mehligen Belag verziert, und Männertreu *(Lobelia erinus)* in wässrigem Blau. Mit hellblauen Hängepetunien *(Petunia*-Hybriden) erreicht man eine angenehme Fülle, und platziert man ein paar Blaumäulchen *(Torenia*-Hybride) dazwischen, spiegelt sich das Farbenspiel des Hell-Dunkel-Kontrastes in jeder einzelnen Blüte wider. Damit sich die blaue Farbe nicht zu stark in den Vordergrund spielt, möbliert man entweder nur mit filigranen Eisenstühlen oder verwendet naturbelassene Korbmöbel. Allerdings wirkt es sehr ausgewogen, wenn sich in Stoffen und einzelnen Accessoires, wie Töpfen oder Wasser spendenen Glaskugeln (siehe Bild

Seite 151 unten Mitte), der blaue Zauber malerisch wiederholt.

Da kommt Urlaubslaune auf

Reicht der Platz aus, kann man attraktive Kübelpflanzen ergänzen und auf diese Weise mit Ferienerinnerungen spielen. Schmucklilien *(Agapanthus*-Hybriden) mit ihren langgestielten, stahlblauen Blütenbällen und wasserblauer Bleiwurz *(Plumbago auriculata)* gedeihen in ausreichend großen Kübeln sehr gut. Und mit dem Kartoffelstrauch *(Lycianthes rantonnetii,* Syn. *Solanum)* lässt sich sogar eine Lücke auf dem Balkon großzügig füllen.

Vor dem Kauf dieser Exoten sollte man allerdings klären, ob ein Winterquartier zur Verfügung steht, das den Ansprüchen genügt. Die drei genannten kommen mit einem kühlen, hellen Platz, zum Beispiel im ungeheizten Hausflur oder Schlafzimmer, aus. Die Schmucklilie *(Agapanthus)* gibt sich sogar mit einem dunklen Platz zufrieden. Dieser darf jedoch maximal 8 °C warm sein, denn nur bei kühler Überwinterung entwickelt sie auch im folgenden Jahr wieder zahlreiche Blütenknospen.

Wer sich nicht sicher ist, findet in blau blühenden Hortensien *(Hydrangea macrophylla)* eine bezaubernde Alternative. Sie können mit einem guten Winterschutz im Freien stehen bleiben. Winterharter Lavendel *(Lavandula angustifolia)* verbreitet im Sommer seine typischen Duftwolken. Die graulaubigen Halbsträucher gedeihen problemlos in halbhohen Kübeln. Allerdings sollte man sie nach der Blüte kräftig zurückschneiden, damit die Büsche kompakt bleiben und nicht struppig werden.

Petunien-Variationen: Die wunderschönen Blütenkissen von hängenden Surfinia-Petunien schmücken den Balkon. Damit sie so üppig werden, benötigen sie reichliche Düngergaben.

Leberbalsam

(Ageratum houstonianum)

Ein Klassiker aus dem Sommerblumenbeet füllt mit seinen niedrigen Sorten Lücken in Balkonkästen und bringt zarte Fliedertöne ins Spiel.

Wuchs: Breitbuschig mit aufrechten oder leicht übergeneigten Trieben wachsend, 10–70 cm.

Blüte: Viele Einzelblüten, die wie eine kleine Quaste aussehen, in enständigen, schirmförmigen Trugdolden, verschiedene Pastelltöne von Rosa bis Lila und Weiß.

Standort: Sonnig, warm.

Pflege: Regelmäßig gießen, Staunässe vermeiden, regelmäßig düngen; Verblühte Triebe abschneiden.

Extra-Tipp: Aussaat ab Februar auf der hellen, warmen Fensterbank, im Mai auspflanzen.
Für die Bepflanzung von Töpfen und Balkonkästen sind die niedrigen, kompakten Sorten zu bevorzugen. Höhere Sorten fallen meist unschön auseinander und brauchen Halt durch kräftige Nachbarpflanzen im Beet.

Leinblättriger Gauchheil

(Anagallis monelli)

Eher selten findet man diese Pflanze im Handel, dabei sind die enzianblauen Blüten wirklich ein blaues Wunder, das man sich nicht entgehen lassen sollte.

Wuchs: Buschig kompakt, überhängende, bis zu 40 cm lange Triebe.

Blüte: Rund geformt, ähnlich einer Primelblüte, Durchmesser 2 cm, sitzen an den Triebspitzen dicht zwischen den Blättern, leuchtend enzianblau, bei schlechtem Wetter und nachts sind die Blüten geschlossen.

Standort: Hell, nicht vollsonnig, lichter Halbschatten; windgeschützt.

Pflege: Regelmäßig gießen, verträgt keine Staunässe, Wurzelballen nicht austrockenen lassen; regelmäßig düngen; die Pflanzen werden komplett zurückgeschnitten, wenn die Blühfreudigkeit im Hochsommer nachlässt und/oder die Büsche struppig auseinanderfallen.

Extra-Tipp: Die Pflanzen eignen sich sehr gut als Solitär in einer Ampel oder in einem Wandgefäß an der sonnenabgewandten Seite des Balkons.

Blaues Gänseblümchen

(Brachyscome multifida)

Diese kleine Polsterpflanze erinnert mit ihren Blüten an ein Gänseblümchen. Sie braucht zuverlässige Pflege und gleichmäßige Wachstumsbedingungen, um ihre Schönheit voll zu entwickeln.

Wuchs: Polsterförmig kompakt, zum Teil bis zu 50 cm lange, überhängende Kissen.

Blüte: Margeritenförmig, filigrane, fliederblaue oder rosafarbene Zungenblüten um eine gelbe Mitte, Blütendurchmesser etwa 3–4 cm.

Standort: Sonnig bis halbschattig.

Pflege: Bevorzugt werden sollte eine leicht saure Erde, z. B. Surfinia-Erde, um dem Vergilben der Blätter durch Chlorose vorzubeugen; regelmäßig gießen und düngen; bei hellen Triebspitzen zusätzlich mit einem Eisenpräparat düngen; kalkhaltiges Gießwasser vermeiden; Blüten putzen sich selbst aus.

Extra-Tipp: Beim Einkauf darauf achten, dass die Pflanzen einen gesunden Eindruck machen. Kümmernde Pflanzen sind häufig von Thrips (Blasenfüssen) befallen, die man mit dem bloßen Auge kaum wahrnimmt.

Blaue Mauritius

(Convulvulus sabatius)

Mit den windenartigen Blüten verbreitet diese Hängepflanze einen Hauch von Eleganz und Luxus.

Wuchs: Buschig überhängend, meist nicht höher als 20 cm, die Triebe werden aber bis zu einem Meter lang.

Blüte: Trichterförmig, flach, in zartem Lilablau; schließen sich in den Abendstunden.

Standort: Sonnig.

Pflege: Regelmäßig gießen, gute Nährstoffversorgung ist wichtig, damit die Triebe auch im unteren Bereich kräftig werden; anhaltende Feuchtigkeit vermeiden, weil die Pflanzen sonst anfällig für Pilzkrankheiten sind.

Überwinterung: Können hell und kühl (5–6 °C) überwintert werden.

Extra-Tipp: Die Pflanzen eigenen sich für gemischt bepflanzte Ampeln, allerdings sollte man darauf achten, dass die Partner nicht zu stark wuchern, da die Blaue Mauritius sonst verdrängt wird.

Kapaster

(Felicia amelloides)

Die Ähnlichkeit mit Gartenastern ist unverkennbar, und in ihrer südafrikanischen Heimat wächst diese Pflanze mehrjährig.

Wuchs: Dichte Laubhorste, über denen die langgestielten Blüten stehen; Höhe bis zu 60 cm.

Blüte: Margeritenförmig, lilablaue Strahlenblüten stehen um die gelbe Scheibenblüte, Durchmesser 3–4 cm; auf drahtigen, etwa 15 cm hohen Stielen.

Standort: Vollsonnig.

Pflege: Leicht saure Substrate, z. B. für Surfinia-Petunien, sind zu bevorzugen, so beugt man Chlorosen vor; regelmäßig gießen, Ballen nicht austrocknen lassen; gute Nährstoffversorgung und bei gelben Blattspitzen mit Eisenpräparat der Chlorose entgegenwirken; Verblühtes regelmäßig abschneiden.

Überwinterung: Zurückgeschnittene Exemplare können hell bei etwa 10 °C überwintert werden.

Extra-Tipp: Wenn man die Triebe immer wieder entspitzt, wachsen die Pflanzen buschiger.

Männertreu

(Lobelia erinus)

Aus dem kleinen blauen Lückenfüller ist in den letzten Jahren eine beliebte Ampelpflanze geworden.

Wuchs: Kompakte Polster aus niederliegenden Trieben, kaum höher als 15 cm. Hängelobelien haben überhängende Triebe von bis zu 25 cm Länge.

Blüte: Klein, in verschiedenen Blautönen, Violett, Rosa, Weiß, zum Teil mit einem kleinen hellen Auge; Hauptblütezeit von Juni bis Juli, Nachblüte durch Rückschnitt.

Standort: Sonnig bis halbschattig.

Pflege: Regelmäßig gießen, Ballen nicht austrocknen lassen; schwach dosiert düngen; wenn die erste Blüte nachlässt, die Pflanzen kräftig zurückschneiden (siehe Seite 154). Danach blüht das Männertreu ein zweites Mal.

Extra-Tipp: Männertreu kann aus Samen gezogen werden. Dazu werden die Samen zwischen Januar und März ausgesät, aber nicht mit Erde bedeckt, denn es sind Lichtkeimer.

Kompakte Sorten: 'Cambridge' – azurblau; 'Kristallpalast' – dunkelblau; 'Kaiser Wilhelm' – kornblumenblau; 'Schneeball' – weiß; 'Rosamunde' – rosa , weißes Auge
Überhängende Sorten: 'Cascade Mischung' – rosa, violett, lila, weiß geäugt; 'Hamburgia' – lilablau

Petunie

*(Petunia-*Hybride)

Kaum eine Balkonpflanze hat in den letzten Jahren so viel Begeisterung mit seinen neuen Formen ausgelöst wie die Petunie. Das Sortiment hat sich geradezu sensationell vergrößert, nachdem sich bereits vor über hundert Jahren Gärtner und Züchter für diese Pflanze interessiert haben.

Viele moderne Sorten haben Ihren Ursprung in Japan. Man unterscheidet zwischen **Grandiflora-**, **Multiflora-** und **Hänge-Petunien.** Auch die erst in den 90er Jahren in den Handel gekommenen kleinblumigen **Zauberglöckchen**, die zum Teil botanisch als *Calibrachoa*-Hybriden verbreitet sind, zählen zu den Petunien.

Wuchs: Aufrecht buschig, leicht auseinander fallende bis übergeneigte Triebe bei **Grandiflora**- und **Multiflora**-Sorten, zwischen 20 und 35 cm hoch; bei den **Hänge**-Petunien wachsen die Triebe überhängend, zum Teil über einen Meter lang, **Surfinia**-Petunien, die zu den **Hänge**-Petunien zählen sind sehr starkwüchsig.

Blüte: Trichterförmig, weit geöffnet, Durchmesser variiert bei den verschiedenen Typen zwischen 4 und 8 cm; zum Teil süßlich duftend. Viele Farben: Weiß, Hellgelb, Lilablau, Hellblau, Rot, Purpurrot, Pink, Hellrosa, verschiedenste Blütenzeichnungen von geadert, über gesternt bis fein gepunktet, auch gefüllte Blüten.

Die Blüten der **Zauberglöckchen** sind deutlich kleiner und etwas länglicher gestreckt. Sie schließen sich bei Regen und in der Dämmerung. Die Farbpalette reicht von Violett über Kirschrot bis hin zum Orange, Pink und Weiß.

Standort: Sonnig bis halbschattig; **Grandiflora**-Petunien sind nicht wind- und regenfest; kleinblumige **Multiflora**-Sorten sind dagegen recht windfest; **Zauberglöckchen** sind etwas empfindlicher, vor allem bezüglich der Regennässe.

Pflege: Grundsätzlich sind Petunien pflegeleicht, weil sie sich selbst ausputzen. Sie müssen regelmäßig gegossen werden, damit die Erde gleichmäßig feucht bleibt. Die buschigen Petunien können in ein normales Substrat gepflanzt werden. Für Hänge-Petunien, z. B. Surfinia, empfiehlt sich jedoch eine spezielle Erde mit einem niedrigen pH-Wert. Sie wird zu Saisonbeginn im Fachhandel angeboten. Der niedrige pH-

Bild oben zeigt verschiedene kugelige Petunienbüsche, Bild Mitte Surfinia-Petunien in Kombination mit Fächerblumen und Bild unten eine halb gefüllte Petunie.

Wert ist wichtig für eine gute Eisenversorgung der Pflanzen, anderenfalls werden die Blätter gelb, der Fachmann spricht von Chlorose (siehe Seite 163). Auch das Gießwasser hat einen Einfluss auf den pH-Wert. Wer die Kosten für die Erde nicht scheut, sollte konsequenterweise ausschließlich mit weichem Wasser, z. B. Regenwasser, gießen. Je wüchsiger die Sorten sind, desto häufiger muss gedüngt werden. Die starkwüchsigen **Hängepetunien** sollten sogar bei jedem Gießen gedüngt werden. Die Dosierung wird entsprechend niedrig gewählt. Wenn sich die ersten gelblichen Blattspitzen im Hochsommer zeigen, sollte man mit einem speziellen Eisen-Dünger den Mangel beheben. Meist erholen sich die Blätter anschließend innerhalb von wenigen Tagen.
Zauberglöckchen sind ähnlich zu pflegen. Allerdings muss man wissen, dass die Pflanzen sehr empfindlich auf Staunässe reagieren. Sie können innerhalb weniger Tage welk werden. Daher beim Standort auf einen regengeschützten Platz achten.

Extra-Tipp: Damit der Eisenmangel bei den Zauberglöckchen, insbesondere bei der weiß blühenden Form kein Problem ist, sollte man vorsorglich einmal im Monat die Pflanzen mit einem Eisendünger versorgen. Selbstverständlich sollte eine Erde mit niedrigem pH-Wert verwendet werden.

Bild oben links: Ungewöhnlich sind die orangebraunen Blüten des Zauberglöckchens 'Million Bells Terracotta'.
Bild oben rechts: Verschiedene Farben der Zauberglöckchen aus der Serie 'Million Bells'.
Bild unten: Die pinkfarbenen Blüten des Zauberglöckchens 'Celebration Pink' haben einen interessant gezeichneten Schlund.

BALKONPFLANZEN

Mehl-Salbei

(Salvia farinacea)

Das klare Blau macht diese Salbei-Art aus dem Sortiment der Sommerblumen auch als Balkonpflanze sehr wertvoll. Der Name beschreibt den mehlig weißen Flaum auf den Stängeln.

Wuchs: Aufrecht, horstig, reich verzweigt, zwischen 50 und 80 cm hoch.

Blüte: Lippenblüten, die in dichten Ähren am Ende der Stängel über dem Blattwerk stehen, verschiedene Blautöne und Weiß.

Standort: Sonnig.

Pflege: Gute, gleichmäßige Versorgung mit Wasser und Nährstoffen; abgeblühte Blütenstände schneidet man ab, um die Neubildung von Blüten zu fördern.

Überwinterung: Generell an einem hellen Platz möglich; die Pflanzen blühen dann bereits im Mai.

Extra-Tipp: Mehl-Salbei kann aus Samen gezogen werden. Man stellt die Aussaatgefäße im März auf die Fensterbank und bringt die Pflänzchen nach den Eisheiligen ins Freie.

Sorten: 'Victoria' – dunkelblaue Blüten, reichblühend; 'Unschuld' – silbrig, weiß.

Fächerblume

(Scaevula saligna)

Sie kam vor gut 20 Jahren in den Handel, entwickelte sich wüchsig, blütenreich und pflegeleicht, so dass sie nicht mehr aus dem Sortiment von Ampel- und Kastenpflanzen wegzudenken ist.

Wuchs: Kräftige, bis einen Meter lange Triebe, die leicht übergeneigt abstehen, lockere Erscheinung.

Blüte: Fächerförmig, an den Triebspitzen dicht nebeneinander stehend, lilaviolett mit einem weißen Punkt in der Mitte, selten auch weiße Sorten.

Standort: Sonnig, auch an exponierten Plätzen, im Halbschatten etwas geringerer Blütenbesatz.

Pflege: Pflanzung in ein saures Substrat (z. B. Surfinia-Erde) beugt chlorotischen Blättern durch Eisenmangel vor; regelmäßig gießen, Staunässe vermeiden, wöchentlich düngen; Blüten putzen sich selbst aus.

Extra-Tipp: Trotz unbändiger Wuchskraft behaupten sich auch schwachwüchsige Nachbarn, besonders hübsch sieht die Fächerblume mit Goldzweizahn *(Bidens ferrulifolia)* oder Hängeverbenen 'Tapien' *(Verbena*-Hybride) aus.

Blaumäulchen

(Torenia-Hybride)

Die Hängepflanze erobert seit wenigen Jahren das Sortiment der Balkonblumen und bringt Abwechslung in das Angebot blauviolett blühender Arten. Reizvoll ist das Farbenspiel unterschiedlicher Blautöne in jeder Blüte.

Wuchs: Dicht buschig, überhängend mit etwa 30 cm langen Trieben.

Blüte: Rachenblüten, die 3–4 cm lang sind; in Blau oder Violett; wenn es im Spätsommer kühl ist, endet die Blütezeit relativ früh.

Standort: Sonnig warm, geschützt, möglichst keine pralle Mittagssonne.

Pflege: Die Pflanzen gedeihen in einer leicht sauren Erde, z. B. für Surfinia-Petunien, besonders gut; sie sollten erst Mitte bis Ende Mai ausgepflanzt werden; regelmäßig gießen, allerdings vorzugsweise mit abgestandenem Regenwasser, das nicht zu kalt ist; regelmäßig düngen, der Dünger sollte ein reiches Angebot an Spurenelementen haben.

Extra-Tipp: Bei anhaltend kühler Witterung werden die Pflanzen leider kränklich: Chlorotische Blätter, Blattflecken und Wurzelerkrankungen treten auf.

Eisenkraut

(*Verbena*-Hybride)

Vielfalt ist bei dieser Gattung groß geschrieben. Es gibt hunderte von verschiedenen Arten, die die Züchter immer wieder zu neuen Formen anregen. Während eine lange Zeit vor allem ungewöhnliche Farbmuster wie Streifen in der Blüte das Sortiment bereicherten, liegt momentan der überhängende Wuchs im Mittelpunkt des Interesses.

Wuchs: Je nach Sortengruppe breitbuschig aufrecht (Höhe 20–30 cm), flach kriechend (Höhe 20 cm) oder überhängend mit bis zu 40 cm langen Trieben.

Blüte: Rundliche kleine Einzelblüten mit einem Durchmesser von 1 cm stehen dicht in einer doldenartigen Ähre zusammen; in der Mitte der Blütenstände öffnen sich immer wieder neue Knospen, während die äußeren meist unbemerkt abfallen; in Weiß, Rosa, Lachs, Pink, Rot, Purpur, Blau und Violett, manchmal auch zweifarbige Blüten, häufig zarter, angenehmer Duft.

Standort: Sonnig, verträgt windige Plätze problemlos.

Pflege: Pflanzung in nährstoffreiches Substrat; gleichmäßig gießen, aber Staunässe vermeiden; regelmäßiges Düngen insbesondere bei starkwüchsigen Formen; abgeblühte Dolden unbedingt abschneiden, da sich dann rasch neue entwickeln; ein kräftiger Rückschnitt der Triebe zum Beispiel nach dem Urlaub führt zu einem raschen Durchtreiben der Pflanzen; Schlechtwetterperioden bereiten häufig Probleme, da die Pflanzen schnell von Echtem Mehltau befallen werden.

Extra-Tipp: Die lockeren Triebe der Hänge-Verbenen passen sehr gut zu Lakritzkraut *(Helichrysum)*. Diese Blattschmuckpflanzen mit silbrigen Blättern legen ihre langen Zweige zwischen die Blütenkaskaden der Hänge-Verbenen und geben ihnen zusätzlich Volumen.

Die jüngsten Neuheiten unter den Verbenen heißen 'Tapien' und 'Temari'. Es sind Hänge-Verbenen in verschiedenen Farben. Die 'Tapien'-Sorten besitzen einen filigranen Wuchs und kleine Blüten, die natürlich wirken, während 'Temari'-Verbenen in allen Teilen größer sind und sehr kompakt erscheinen.

Bild oben: Aufrechtes violettes Eisenkraut zusammen mit Hängegeranien, Männertreu, Duftsteinrich und Leberbalsam. Bilder unten: *Verbena*-Hybride 'Tapien' in Violett (links), *Verbena*-Hybride 'Temari Lilac' in Lila (Mitte) und *Verbena*-Hybride 'Temari Violett Star' mit sternförmiger Zeichnung (rechts).

SCHMÜCKENDE BLATTSTRUKTUREN

Grün – als Farbe der Blätter – mischt grundsätzlich in den Gestaltungen mit. Wir verknüpfen den Frühling und das Wachsen mit dieser Farbe, und in der Symbolik ist Grün die Farbe der Hoffnung. Lässt man grüne Flächen längere Zeit auf sich wirken, macht sich wohltuende Ruhe breit. Laub ist in einer Gestaltung unverzichtbar, wenn es darum geht, zu vermitteln und zu dämpfen. Dabei rückt die Schönheit von Blättern in den letzten Jahren immer stärker in den Vordergrund, denn im Gegensatz zu den Blüten bleibt der Laubschmuck vom Anfang bis zum Ende einer Saison erhalten.

Das graulaubige Lakritzkraut ist der ideale Partner für die blaue Hänge-Verbene. Durch die Struktur des Lakritzkrautes beginnen die Blütchen der Verbene zu leuchten. Gute Begleiter sind Ziertabak und Mehlsalbei.

Manche Pflanzen haben sich als so genannte »Blattschmuckpflanzen« einen Namen gemacht, weil sie schön geformte oder besonders gezeichnete Blätter besitzen. Größe, Ränder und Anordnung spielen bei der Beurteilung eine Rolle, ebenso ungewöhnliche Farben und Muster. Und so manche Pflanze besticht durch ihre sehr glatte, tief gefurchte oder ungewöhnlich flaumige Oberfläche. Selbstverständlich müssen diese Eigenschaften immer mit einer ausgewogenen Wuchsform in Einklang stehen.

Für die Balkongestaltung kommt dem Blattschmuck eine wichtige Bedeutung zu, ist er doch Verbindungsglied zwischen blütenreichen Pflanzen und Umgebung: Der Balkonkasten wird zur Minirabatte, Blumenampeln schweben wie charmante Blütenbälle und tosende Kaskaden. Dekorative grüne Blätter lassen sich eigentlich nur durch kräftiges Rot aus der Ruhe bringen. Durch diesen Komplementärkontrast entsteht ein temperamentvolles Duo, das alle Blicke auf sich zieht.

Die silbrigen Blätter des Lakritzkrautes leuchten mit den lilablauen Petunien um die Wette. Zudem gaukelt uns das Grau des Laubes mehr Volumen in der blauen Blütenwolke vor.

Grüne Diplomaten, graue Eminenzen

Chlorophyll – dieser grüne Farbstoff ist für die Energiegewinnung der Pflanzen notwendig und damit auch die Basis des pflanzlichen Wachstums. So wie die Blütenfarben variieren, spielt auch das Grün der Blätter mit heller und dunkler Farbe. Neben der Zusammensetzung der Farbpigmente spielt die Oberflächenstruktur der Blätter eine nicht unwesentliche Rolle in der Wirkung auf den Betrachter. Wenn Sie diese Gegebenheiten berücksichtigen, können Sie der Gestaltung eine ganz besondere Note verleihen.

Schöne Balkone zum Nachpflanzen

(Bild siehe Seite 70)

① Blaumäulchen *(Torenia)*
② Süßkartoffel *(Ipomea batata)*
③ Gundermann *(Glechoma)*
④ Fleißiges Lieschen *(Impatiens walleriana)*
⑤ Mottenkönig *(Plectranthus)*

Farbiges Begleitprogramm

Bunte Blätter kommen dadurch zustande, dass die Farbstoffe in den Zellen unregelmäßig verteilt sind. Dort, wo fast kein grünen Blattfarbstoff enthalten ist, erscheint das Blatt weiß. Sind dagegen rote Pigmente vorhanden, so trägt das Weiß einen zarten Hauch von Rosa, wie dies gut beim Flamingoblatt *(Oenanthe)* oder bei dreifarbigem Ziersalbei *(Salvia officinalis* 'Tricolor') zu sehen ist. Diese Farbvariante harmoniert besonders gut mit rosaroten Blüten. Weiß gemusterte Blätter besitzen zum Beispiel Taubnesseln *(Lamium)*, Efeu *(Hedera)*, Zierminze *(Mentha suaveolens)* sowie Blattschmuckpelargonien *(Pelargonium*-Hybriden). Sie passen gut in lichtarme Ecken, die sie aufhellen, und bauen in der Regel zu allen Blütenfarben ein harmonisches Verhältnis auf. Durch ihre Farbneutralität mildern diese weiß panaschierten Blätter so manchen Farbkontrast auf dem Balkon.

Hübsch sind auch feine Härchen, sie lassen die Blätter silbrig schimmern. Ein typisches Beispiel hierfür ist das Lakritzkraut *(Helichrysum petiolare)*. Seine Blattfarben unterstützen kühle Pastell- und Blautöne besonders schön. In der Gestaltung setzt man das silbrige Laub am besten wohl überlegt und gezielt ein.

Hübsches Grau bietet die Silberwinde *(Convulvulus cneorum)*. Sie wächst als Halbstrauch und blüht in der Regel bereits im späten Frühling mit weißen Blütentrichtern, die einen Hauch von Rosa tragen. Im Hochsommer schimmern ihre länglichen Blätter dekorativ zwischen weißen Verbenen *(Verbena*-Hybriden) und Strauchmargeriten *(Argyranthemum frutescens)*. Lavendel *(Lavandula angustifolia)* übernimmt mit seinen graublauen Blättchen eine ähnliche Funktion, denn seine Blütezeit ist im Vergleich zu den meisten anderen Balkonpflanzen relativ kurz. Besonders zwischen den wasserblauen Blütenbechern der Nierembergie *(Nierembergia hippomanica)* und Blauen Gänseblümchen betonen niedrige Lavendelkissen den Rhythmus der Bepflanzung.

Bezaubernde Strukturen

Mit den feinen Strukturen von Gräsern lassen sich vertikale Akzente in die Bepflanzung einstreuen. So passt der Blau-Schwingel *(Festuca glauca)*, dessen feines Laub an erfrischende Fontänen erinnert, gut zu blau blühenden Polstern wie Männertreu *(Lobelia erinus)* und violett blühendem Leberbalsam *(Ageratum houstonianum)*. Und die Halme mancher Seggenart *(Carex*-Arten) wirken dank schmaler weißer Streifen noch eleganter. Aber auch lang herunterhängende Kaskaden von Gundermann *(Glechoma)* und Mottenkönig *(Plectranthus)* wirken von der Ferne wie ein vertikaler Strich und verleihen der Gestaltung Spannung und Harmonie zugleich.

Oben: Kontrastreich zeigen sich die Blattschmuckpelargonien sowie der buschige, großblättrige Mottenkönig. Die roten Blüten lockern auf, und Gundermann verleiht dem lebendigen Mustermix ruhigen Halt.

Diese Ampel besticht durch das Spiel mit Blattstrukturen. Efeu, Ziersalbei, Heiligenkraut und Günsel ergänzen sich aufs Beste.

Gundermann

(Glechoma hederacea 'Variegata')

Lang und dicht hängen die Triebe des Gundermann, einer winterharten, heimischen Staude, aus Kästen und Ampeln.

Wuchs: In der Natur dichte, flache Matten; bei Pflanzung im Gefäß hängen die Triebe bis zu zwei Meter herunter.

Blätter: Rundlich mit gezähntem Rand, Durchmesser 3–4 cm, an etwa 5 cm langen, drahtigen Stielen, von den Rändern bis zur Mitte unregelmäßige weiße Zeichnung und Fleckung.

Standort: Halbschattig bis schattig; in der Sonne brauchen die Pflanzen viel Aufmerksamkeit, die weißen Blattanteile werden leicht braun.

Pflege: Regelmäßig gießen und düngen; bei Sonnenschein sollte man das Wasser nicht über die Blätter gießen, sonst kommt es zu Verbraunungen.

Überwinterung: Im Spätsommer einige Stecklinge bewurzeln und diese geschützt überwintern, gelegentlich gießen.

Extra-Tipp: Kräftige Pflanzen in Ampeln sehen wie Säulen aus.

Lakritzkraut

(Helichrysum petiolare)

Sortenreiche Blattschmuckpflanze mit langen, überhängende Trieben.

Wuchs: Breitbuschig, ständiger Neuaustrieb aus Rhizomen, aufrechte bis überhängende Triebe, die sparrig steif wirken können.

Blätter: Spitz, eiförmig, silbrig behaart, je nach Sorte unterschiedliche Größen; zwischen 0,5 und 2,5 cm lang; silbrig oder cremegelb gefärbt, zum Teil auch cremegelb mit silbriger Mitte.

Standort: Sonnig bis halbschattig; die rein gelben Sorten sollten ausschließlich halbschattig bis schattig verwendet werden.

Pflege: Pflegeleicht, regelmäßig gießen und schwach dosiert düngen; Rückschnitt bei starkem Wachstum.

Extra-Tipp: Die Pflanzen vertragen kurzfristige Trockenheit problemlos. Ihre Triebe lockern Ampelpflanzen dezent auf.

Sorten: 'Silver' – silberlaubig, sehr wüchsig; 'Rondello' – cremegelb mit silberner Mitte, starkwüchsig (siehe Bild links); 'Goring Silver' – silberlaubig, kleinlaubig, kompakt; 'Gold' – gelblaubig; 'Silver Mini' (Syn. *Gnaphalium microphyllum)* – sehr kleine, silbrige Blätter, sparrig verzweigt, überhängend buschig.

Taubnessel

(Lamium maculatum 'White Nancy')

Eine winterharte Polsterstaude, die Balkonpflanzen im Schatten mit ihren grünweißen Blättern aufhellt.

Wuchs: Kriechende Ausläufer; in die Breite wachsende, nicht wuchernde Kissen und Polster, im Kasten auch überhängend.

Blätter: Eiförmig, gezahnt mit einer Zeichnung, die vom Blattrand zur Mitte immer heller wird.

Standort: Halbschattig bis schattig.

Pflege: Pflanzung in frische, lockere Erde, gleichmäßig gießen und düngen; werden die Polster unansehnlich, kann man sie problemlos zurückschneiden, sie treiben rasch neu aus.

Überwinterung: Nur an mäßig feuchten Standorten möglich, die winterliche Feuchtigkeit führt zu Fäulnis.

Extra-Tipp: An zu sonnigen Standorten bekommen die Blätter leicht braune Flecken. Im Frühsommer bilden sich kleine weiße Lippenblüten an den Triebspitzen.

Zierminze
(Mentha suaveolens)

Reibt man die Blätter zwischen den Fingern, macht sich ein erfrischender Duft breit.
Wuchs: Buschig aufrecht, später überhängend, bildet unterirdische Ausläufer, extrem starkwüchsig.
Blätter: Oval länglich, gefurchte, matte Oberfläche, cremefarbene Zeichnung an den Rändern der stumpfgrünen Blätter.
Standort: Sonnig bis halbschattig.
Pflege: Regelmäßig gießen, mäßig düngen, ein kräftiger Rückschnitt wird von den Pflanzen problemlos vertragen, allerdings verstärkt man auf diese Weise das Wachstum zusätzlich.

Extra-Tipp: Zierminze sollte nur mit Pflanzen kombiniert werden, die sich dem Ausbreitungsdrang der Pflanzen widersetzen können. Die Triebe können als Gewürz für Saucen und zum Dekorieren erfrischender Desserts beziehungsweise Getränke Verwendung finden.

Zieroregano
(Origanum vulgare 'Aureum')

Die kleinen Büsche hellen goldgelbe und blaue Balkonkastengestaltungen auf.
Wuchs: Buschig aufrecht, kompakt, später locker überhängend.
Blätter: Klein, oval, helles, gelbgrünes Laub.
Standort: Halbschattig bis schattig; an sonnigen Plätzen werden die Blätter schnell braun, in der Folge werden die Pflanzen unansehnlich.
Pflege: Mäßig feucht halten und gleichmäßig mit Dünger versorgen. Die Triebspitzen sollten von Anfang an immer ausgeknipst werden, damit die Pflanzen dicht wachsen. Verträgt einen kräftigen Rückschnitt problemlos.

Extra-Tipp: Die Blätter können in der mediterranen Küche verwendet werden, zum Beispiel für Tomatensaucen und zum Würzen von Grillfleisch.

Mottenkönig
(Plectranthus coleoides 'Variegata')

Seine Blätter duften herbwürzig, ähnlich wie Weihrauch. Die Pflanze hat besonders in ländlichen Gebieten eine lange Tradition.
Wuchs: Buschig überhängende Triebe, die über einen Meter lang werden, extrem starkwüchsig.
Blätter: Länglich gezahnt, filzige Blattoberfläche, kantige Stiele, unregelmäßige weiße Blattränder.
Standort: Sonnig, verträgt aber auch Halbschatten gut.
Pflege: Mäßig gießen und regelmäßig düngen, Rückschnitt problemlos.
Überwinterung: Stecklinge können leicht im Spätsommer bewurzelt werden und auf der hellen, kühlen Fensterbank überwintern.

Extra-Tipp: Der Mottenkönig sieht dem Gundermann sehr ähnlich, hat aber weichere Blätter. Diese Blattschmuckpflanze lässt sich gut mit robusten Blütenpflanzen kombinieren. Schwache können leicht verdrängt werden. *Plectranthus amboinicus* 'Niro' hat kupferbraunes Laub und gedeiht im Halbschatten.

DER FEINE DUFT VON FEIERABEND

Manche Balkonpflanze bezaubert nicht nur durch ihre Blüten, Blätter und die Wuchsform, sondern auch mit einem feinen Duft. Diese Eigenschaft ist ein Geschenk, mit dem die Blüten Mensch und Tier in ihren Bann ziehen. Da es eine ganze Reihe von Nachtfaltern gibt, die in der Dämmerung das Farbsignal nicht wahrnehmen, nutzen die Pflanzen feine Düfte, um auf sich aufmerksam zu machen, denn sie wollen bestäubt werden. In der lauen Abendluft schweben Wohlgerüche wie auf Wolken und lassen den Menschen nicht unberührt. Wenn es etwas zu schnuppern gibt, werden die Gefühle angesprochen. Vielleicht weckt der süßliche Duft von Levkojen Erinnerungen an Großmutters Garten, während wohlriechende Lilienblüten die schönen Gefühle des ersten Rendezvous wach werden lassen?

In den Abendstunden verströmt der Ziertabak seinen süßlichen Duft auf dem Balkon. Warme Luft und Windstille fördern die Intensität.

Engelstrompeten haben sich als wundervolle Duftpflanzen einen Namen gemacht. Sie zählen zu den Kübelpflanzen, benötigen viel Wasser und sind an halbschattigen Plätzen bestens aufgehoben.

Betörende Blütenparfüms

Ein heißer Sommertag geht zu Ende, Ruhe und Entspannung treten ein. So mancher Feierabend wird mit einem erfrischenden Getränk eingeläutet, Freunde kommen, die Familie sitzt zusammen oder man lässt sich zu einem weiteren spannenden Kapitel des Lieblingsbuches auf der Liege nieder. Und zur abendlichen Entspannung tragen die feinen Parfüms der Blüten bei, die sich in der schwülwarmen Sommerluft besonders gut ausbreiten.

Bei der Gestaltung mit Duftpflanzen liegt das Hauptaugenmerk nicht auf dem Aspekt, ein vielseitiges Potpourri an extravaganten Düften zu komponieren. Das Ziel besteht darin, sich für Lieblingsdüfte zu entscheiden, also für Blütenparfüms, die man gerne riecht und mit denen man etwas Positives verbindet.

Würzig herbe Duftnoten

Es gibt ganz unterschiedliche Duftrichtungen. Würzige Düfte sind typisch für Kräuter und Pflanzen aus dem Mittelmeerraum, etwa das halbstrauchige Currykraut *(Helichrysum italicum)*, Rosmarin *(Rosmarinus officinalis)* und Salbei *(Salvia officinalis)*. Meist regen diese Düfte den Appetit an, und in der Regel ist es das Blattwerk, das diese herben Noten verbreitet, wenn man es zwischen den Finger reibt. Für Blüten sind diese Duftnoten eher untypisch.

Ein blumiges Erlebnis

Eine blumige Note tragen viele Rosen *(Rosa)*, Lilien *(Lilium)*, Levkojen *(Matthiola incana)* sowie der Elfenspiegel *(Nemesia frutescens)*. Dabei unterscheidet man die eher

Schöne Balkone zum Nachpflanzen

(Bild siehe Seite 76/77)

① Petunie
② Lakritzkraut
③ Sternjasmin
④ Sommerphlox
⑤ Mondwinde
⑥ Wunderblume
⑦ Duftwicke
⑧ Sterngladiole
⑨ Lilie
⑩ Elfenspiegel
⑪ Sternbalsam, Nachtphlox
⑫ Ziertabak

leichten, blumigen Düfte, die eine beschwingte Atmosphäre vermitteln, und die orientalischen Parfüms, die intensiv und schwer wirken und romantische Träume wecken. Diesen typischen Duft besitzen der Ziertabak *(Nicotiana)* sowie die im Frühling blühende Hyazinthe *(Hyacinthus orientalis)*. Ein feiner Vanilleton mischt sich bei der Vanilleblume *(Heliotropium)* darunter. Engelstrompete *(Brugmansia)* und Jasmin *(Jasminum)* aus dem Reich der Kübelpflanzen werden den süßlich schweren Düften zugeordnet. So angenehm diese Wohlgerüche erscheinen, so maßvoll sollte man sie einsetzen. Direkt am Sitzplatz kann die Duftwolke aber auch als störend empfunden werden. Kräftig duftende Balkonpflanzen sollten deshalb besser einen Platz am Rande erhalten.

Die Schärfe der Minze

Die mentholartigen Düfte der Pfefferminze *(Mentha piperita)* erweisen sich als Muntermacher. Reiben Sie die Blätter zwischen den Fingern, atmen Sie tief durch – und fühlen Sie die Frische. Auch manche Duftpelargonien *(Pelargonium)* können dies.

Ein Balkon stimmt sich auf die Düfte des sonnigen Südens ein. Lavendel riecht nach Südfrankreich. Lorbeer- und Majoranduft entstehen durch sanftes Reiben der Blätter.

Die Wunderblumen öffnen erst im Laufe des Nachmittags ihre Blüten, so dass sie die perfekten Begleiter für den Feierabendgarten sind. Diese ungewöhnlichen, etwas buschigen Gewächse, die mitunter verschieden farbige Blüten an einer Pflanze tragen, lassen sich leicht aus Samen selber anziehen.

Streicht man mit den Händen zart über die Blätter der Duftpelargonien, entfalten sich wundervolle Duftwolken von zitronig frisch bis hin zu rosig blumig.

Zitronige Frische

Sehr willkommen für die wärmsten Wochen des Jahres sind die zitronigen Düfte, die angenehm erfrischend wirken. Meist sind die Blätter dafür zuständig, zitronige Blütendüfte sind eher selten. Doch Taglilien *(Hemerocallis citrina)* hüllen ihre gelben, trompetenförmigen Blüten in ein zitroniges Parfüm. Die Staude lässt sich problemlos im Kübel kultivieren. Meist trifft man die fruchtig-frische Duftnote bei Blättern, was häufig bereits der Name verrät: Zitronenthymian *(Thymus × citriodora)*, Zitronenmelisse *(Melissa officinalis)* und Duftpelargonien *(Pelargonium)* bereichern die Balkongestaltung mit der Zitrus-Frische. Zugleich mischen sie sich nicht in die Farbgestaltung ein.

Der Schluss liegt zwar nahe, dass auch Zitrusgewächse mit ihren Blüten die Duftrichtung treffen, doch er trügt. Die kleinen weißen Blüten von Orangen, Limonen und Co. verbreiten einen blumigen Wohlgeruch. Allein die Früchte schmücken sich mit der fruchtigen Note. Wer Zitronenduft schätzt, der pflanzt einen Zitronenstrauch *(Aloysia)*. In den Sommermonaten schmückt er sich mit winzigen weißen Blüten, die in einer kleinen Rispe am Ende der Triebe stehen. Das nicht winterharte Gehölz besitzt besonders aromatische Blätter. Aus frischem oder getrockenetem

Balkonkästen zum Nachpflanzen

(siehe Bild links)

① Vanilleblume 'Mini Marine' *(Heliotropium)*
② Vanilleblume *(Heliotropium)*
③ Strohblume *(Helichrysum apiculatum)*
④ Buntminze 'Variegata' *(Mentha suaveolens)*
⑤ Duftendes Eisenkraut 'Turmalin' *(Verbena)*

Wundervolle Duftpflanzen für die Balkongestaltung

Deutscher Name *(Botanischer Name)*	Blütenfarbe	Wuchsform	Bemerkung	Seite
Hyazinthe *(Hyacinthus orientalis)*	lila, weiß, rosa	aufrecht	Frühlingsblüher, Zwiebel	20
Zierminze *(Mentha suaveolens)*	unscheinbar, violett	überhängend	duftende Blätter	75
Wunderblume *(Mirabilis jalalpa)*	orangegelb, pink, weiß	buschig, aufrecht	Knollenpflanze	79
Elfenspiegel *(Nemesia fruticans)*	weiß, rosa, violett	aufrecht, locker	nur die weiße Form duftet	38
Petunie *(Petunia-*Hybride)	rosa, violett, weiß, rot	überhängend	nur bestimmte Sorten duften	66
Rosen *(Rosa-*Hybride)	rosa, gelb, weiß, rot	verschieden	sehr große Vielfalt	85 ff.
Resede *(Reseda odorata)*	grüngelb	buschig	unscheinbarer Lückenfüller	
Zitronenthymian *(Thymus × citriodorus)*	rosalila	polsterförmig	duftende Blätter	
Eisenkraut *(Verbena-*Hybride)	weiß, lila, rosa, rot	überhängend	nur bestimmte Sorten duften	69

Laub wird in Frankreich der so genannte »Verveine«-Tee gebrüht. Zur Überwinterung eignet sich ein kühler, aber heller Standort.

Der Duft des Südens

Werden auf dem Balkon zahlreiche mediterrane Duftpflanzen angesiedelt, entwickeln mediterraner Süden und Balkonien viele Gemeinsamkeiten. Eine wichtige Rolle für den Urlaub zuhause spielt der Lavendel *(Lavandula angustifolia)*. Bereits im Frühjahr bekommt man in den Gärtnereien die kleinen Sträucher angeboten. Ab Ende Mai strecken sich die Blütenrispen und im Juli entfalten sie ihre lilablauen Lippenblüten. Wählt man den Lavendel als Basis für das sommerliche Dufterlebnis, lassen sich gut einige würzige Kräuternoten dazu gesellen. Rosmarin *(Rosmarinus officinalis)* und Salbei *(Salvia officinalis)*, Thymian *(Thymus vulgaris)* und Currykraut *(Helichrysum italicum)* verkörpern den Duft der halbstrauchigen Vegetation an der Riviera. Setzen Sie blaue Blüten und graulaubige Pflanzen dazwischen, etwa fliederfarbene Hängepetunien, Eisenkraut 'Tapien' *(Verbena-*Hybride) sowie Blaue Mauritius *(Convulvulus sabatius)* und ergänzen die stimmungsvolle Inszenierung mit den verschiedenen Sorten des Lakritzkrautes *(Helichrysum petiolare)*.

Duftwicken gedeihen sehr gut im Balkonkasten. Es gibt besonders intensiv duftende Sorten und solche, die buschig kompakt wachsen.

Vanilleblume

(Heliotropium arborescens)

Wie der Name bereits vermuten lässt, duften die Blüten angenehm süßlich nach Vanille.

Wuchs: Buschig, verzweigt, aufrecht; der kompakte Wuchs wird durch Stauchemittel gefördert. Daher werden selbst gezogene Pflanzen langtriebiger und lockerer. Dichtes, runzeliges, dunkelgrünes Blattwerk; Höhe zwischen 20 und 60 cm.

Blüte: Stecknadelkopf große Einzelblüten stehen dicht neben einander in einer flachen Trugdolde, Farben von lilablau bis lavendelblau.

Standort: Sonnig, warm, windgeschützt.

Pflege: Mäßig gießen, Trockenheit vermeiden; regelmäßig düngen; Verblühtes mit der Schere entfernen, damit sich neue Blütenstände entfalten können.

Extra-Tipp: Die Pflanze ist in allen Teilen sehr giftig.

Man kann die Vanilleblume auch als Hochstämmchen ziehen. Die Entwicklung dauert mehrere Jahre, deshalb werden die Pflanzen am besten kühl und hell überwintert.

Duftwicke

(Lathyrus odoratus)

Wicken sind die Kletterkünstler unter den Parfümeuren und eignen sich auch als Schnittblume. Die Pflanzen zählen zu den Einjährigen.

Wuchs: Rankend an Drahtgerüsten; rasch wachsend, Höhe zwischen 1 m und 2 m, einige Sorten wachsen buschig und kommen ohne Kletterhilfe aus.

Blüte: Schmetterlingsblüten zwischen 2,5 und 5 cm groß, jeweils 3 bis 7 Stück sitzen an kräftigen Stielen; rot, rosa, violett, blau, weiß.

Standort: Sonnig, hell, pralle Mittagssone und Hitze vermeiden, windgeschützt.

Pflege: Gleichmäßig gießen und regelmäßig mit Nährstoffen versorgen; abgeblühte Stiele und Samenschoten entfernen, damit sich neue Knospen bilden.

Extra-Tipp: Duftwicken zieht man leicht aus Samen selber. Dazu werden die Samen im März in Töpfe gesät. Nach den Eisheiligen die Jungpflanzen in die Balkongefäße setzen.

Sorten: 'Apricot Spirit' – aprikot; 'Chatsworth' – lavendelblau; 'Matucana' – blaue Blüte mit purpurnem Flügel, intensiver Duft.

Lavendel

(Lavandula angustifolia)

Dieser wundervolle Halbstrauch unterstreicht die sommerliche Stimmung in jeder mediterranen Gestaltung.

Wuchs: Buschig, verzweigt, aufrecht, halbstrauchig; zwischen 25 und 60 cm hoch.

Blüte: Kleine Lippenblüten in lang gestielten Ähren über dem blaugrauen Laub; violett bis lila.

Standort: Sonnig, warm.

Pflege: Gleichmäßig gießen, vor anhaltender Bodenfeuchtigkeit wie vor Trockenheit schützen, mäßig düngen; ohne Schnitt verkahlt Lavendel. Tipp: Schnittgut für Stecklinge nutzen.

Überwinterung: An einem geschützten Standort auf dem Balkon, gelegentlich gießen, mit Tannenzweigen vor Frost und Wintersonne schützen. Auf Füße stellen.

Extra-Tipp: Die Pflanzen werden in Kübelpflanzenerde gesetzt und alle 2 bis 3 Jahre umgetopft.

Sorten: 'Hidcote Blue' – dunkelblau, kompakter Wuchs; 'Munstead' – hellblau, 40 cm; 'Grappenhall' – mittelblau, lange Blütenstiele, 50 cm hoch.

Lilie

(Lilium-Hybride)

Die Blüten dieser Zwiebelblume überzeugen durch Schönheit, Größe und einen intensiven Wohlgeruch.

Wuchs: Eintriebig, straff aufrecht, aus einer Zwiebel, Höhe zwischen 50 und 150 cm.

Blüte: Spitz oder flach trichterförmig, seitlich abstehend, bisweilen auch nahezu schalenförmig geöffnet, mit zurückgeschlagenen Blütenblättern von einer sehr festen Substanz, wohlriechend, weiß, rosa, orange, rot, mit Streifen oder feinen Punkten, große Staubgefäße.

Standort: Sonnig bis halbschattig, warm, bevorzugt Plätze mit hoher Luftfeuchte.

Pflege: Zur Pflanzzeit (März) Zwiebeln auf eine dicke Schicht aus Sand und Kies legen, Blütenstiel bei hohen Sorten mit einem Bambusstab stützen; abgeblühten Stiel abschneiden.

Überwinterung: Ohne Erde im Haus oder in wintermilden Lagen an einem geschützten Platz.

Extra-Tipp: Staubgefäße abschneiden, da sie auf Stoffen Flecken bilden, die schwer zu entfernen sind.

Levkoje

(Matthiola incana)

Sie ist eine echte Duftschönheit aus dem Repertoire der ländlichen Gartenblumen, die man auch als Schnittblume kennt.

Wuchs: Aufrecht, kaum verzweigt, zwischen 30 und 100 cm hoch.

Blüte: Rundlich, offen, Durchmesser etwa 2 cm, in endständigen Trauben, zum Teil gefüllt, in Rosa, Weiß, Cremegelb, Rot, Violett.

Standort: Sonnig, warm.

Pflege: Gute Wasser- und Nährstoffversorgung, Boden gleichmäßig feucht halten; Verblühtes regelmäßig entfernen.

Extra-Tipp: Ab Ende Februar kann man Levkojen aussäen. Die Töpfe sollten hell und mäßig warm aufgestellt werden. Im April die Sämlinge pikieren und im Mai die Pflanzen in Balkongefäße pflanzen.

Sorten: 'Großblumige Erfurter Prachtmischung' – 35 cm hoch, buschig, 'Cinderella'-Serie – für Gefäße, 20–25 cm hoch, buschig.

Duftpelargonien

(Pelargonium)

Im Vergleich zu den meisten anderen Duftpflanzen überzeugen Duftpelargonien nicht durch ihr Blütenparfüm, sondern durch das Aroma ihrer Blätter.

Wuchs: Viele Sorten mit stark gekrausten oder zerschlitzten Blättern, Höhe zwischen 25 und 60 cm.

Blüte: Steht hinter dem Duft und Farbenschmuck der oft mehrjährigen Blätter zurück.

Standort: Sonnig, warm, windverträglich, trockene Standorte.

Pflege: Alle 7–14 Tage düngen; welke Blütenstände entfernen; verträgt kräftigen Rückschnitt, auch im Sommer.

Überwinterung: Vor dem ersten Frost einräumen. Wichtig sind lichtreiche Winterquartiere. Jährlich in frische Balkonblumenerde umtopfen.

Extra-Tipp: Der Duft entfaltet sich auch, wenn man mit der Hand über die Blätter streicht. Einige eignen sich getrocket als Teemischung.

AUSSICHT AUF ROSIGE ZEITEN

Rosen gehören zu den Pflanzen, die nicht nur im Garten eine wichtige Rolle spielen. Auch in Töpfen haben sie sich einen Namen gemacht. Allerdings muss man für einen erfolgreichen Rosensommer auf dem Balkon die richtige Sortenwahl treffen. Beginnen wir mit der Wuchsform: Während man Kletter- und Wildrosen zunächst außen vor lässt, finden sich im Bereich der Bodendecker-, Strauch-, Beet- und Hochstammrosen eine Vielzahl von Schönheiten, die ihre Pracht im Kübel entfalten. Ein besonderer Tipp sind die Miniaturrosen, da sie gut mit dem geringen Wurzelraum eines Balkonkastens auskommen. Das Augenscheinlichste jedoch sind die Blüten. Bei richtiger Sortenwahl können wir uns an einer langen Blütezeit bei gleichzeitig geringer Krankheitsanfälligkeit erfreuen, so dass die Schönheiten den ganzen Sommer über im Mittelpunkt stehen.

Mini-Rosen wie diese sind willkommene Topfpflanzen für Tische und Wandregale. Aber auch in Balkonkästen entfalten sie problemlos ihre Blütenpracht. Zarte Tuffs von Schleierkraut umspielen die runden Köpfchen der Zwergrosen.

Rosa Strauchrosen und ein Hochstämmchen blühen um die Wette. Während der Rittersporn die vertikalen Linien betont, füllen Glockenblumen und Funkien dezent die Zwischenräume und schaffen traumhaft schöne Verbindungen.

Die Königin der Blumen lässt bitten

Die Rose zählt zu den beliebtesten Blütenschönheiten. Und immer öfter ist sie auf dem Balkon anzutreffen, denn ihr Formenreichtum bietet eine Vielzahl von Verwendungsmöglichkeiten. In Balkonkästen, Ampeln, Kübeln und Töpfen machen Zwergrosen wie auch Bodendecker-, Strauch- und Beetrosen eine gute Figur. Allerdings brauchen diese uralten Kulturpflanzen optimale Pflege, um dauerhaft Freude zu machen.

Voraussetzung für den ungetrübten Erfolg sind Plätze ohne gleißende Mittagshitze. Hohe Töpfe sind zu bevorzugen, damit sich die Wurzeln langgestreckt entfalten können. Im Fachhandel findet man deshalb so genannte Rosentöpfe, sie sind speziell auf die Rosen-Bedürfnisse abgestimmt. Damit sich die Gefäße nicht zu stark aufheizen und die Wurzeln verbrennen, sollten sie nicht zu dunkel sein. Regelmäßiges Gießen und eine gute Nährstoffversorgung sind unerlässlich für gesundes Wachstum und üppige Rosenblüten. Achten Sie darauf, dass überschüssiges Wasser gut abfließen kann, denn Staunässe macht dem Wurzelwerk der Königin der Blumen das Leben schwer. Eine Dränageschicht aus Blähton, ein großes Abzugsloch und die Aufstellung der Töpfe auf fingerdicken Leisten oder Tonfüßchen sind Hilfsmittel für ein langes Rosenleben.

Die mobilen Rosen überwintern im Freien, doch ausreichende Frosthärte stellt sich nur ein, wenn man die Düngung bereits in der zweiten Juli-Hälfte drosselt. Nur so reifen die Triebe aus. Sobald das Laub abgefallen ist, schützt man die Wurzelballen mit einer dicken Isolierschicht. Diese kann aus Luftpolsterfolie, Laub oder Kokosvlies bestehen. Zugleich sollte man den Rosen einen geschützten Platz geben, der nicht

Schöne Balkone zum Nachpflanzen

(Bild siehe Seite 84/85)

① Hochstammrose 'Piroschka' *(Rosa)*
② Rose 'Bonica '82' *(Rosa)*
③ Zypresse, spindelförmig *(Cupressus)*
④ Funkie *(Hosta)*
⑤ Rosmarin *(Rosmarinus)*
⑥ Glockenblume *(Campanula)*

zu stark besonnt ist, oder die Triebe mit einer Schilfrohrmatte schattieren. So können die Temperaturschwankungen den Rosen im Winterschlaf nichts anhaben. Im späten Winter wird es Zeit, die Pflanzen in frische Erde zu setzen. Dabei die Wurzel gegebenenfalls etwas einkürzen, damit sie sich wieder gut entfalten kann, und die Triebe um etwa zwei Drittel kürzen, damit sich die Krone neu aufbaut.

Rosenschönheit en miniature

Zwergrosen sind in allen Teilen kleiner als die üblichen Sorten. Dadurch eignen sich diese maximal 40 cm hohen Sorten besonders gut zur Bepflanzung von Balkonkästen. Sorten wie 'Orange Meillandina', 'Pink Symphonie', 'Sonnenkind' und 'Zwergkönig '78' eignen sich ebenso gut wie die englischen Sorten, die auch als Patio-Rosen bekannt sind. Auch die beim Floristen angebotenen Sorten für das Zimmer gedeihen auf dem Balkon. Man kann sie hübsch mit schwach wachsendem Efeu *(Hedera helix)* und Männertreu *(Lobelia erinus)* ergänzen. Nur zu dicht sollten die Pflanzen nicht stehen, da sich bei feuchter Witterung Pilzkrankheiten ausbreiten.

Gartenklassiker in Kübeln

Die Favoriten auf dem Balkon sind die Beetrosen. Bei der Auswahl sind zum einen die Wuchsform, zum anderen die lange Blütezeit interessant. Robust sind zum Beispiel 'Bonica '82', 'La Sevilliana' und 'Mountbatten'.

In dem edlen Metallgefäß blühen Zwergrosen in den verschiedensten Farben. Aufgelockert werden die Sorten 'Ramona', 'Dream-Hit', 'Isabel-Hit' und 'Royal Palace' von den graulaubigen Trieben des kleinblättrigen Lakritzkrautes.

Unter den Strauchrosen gibt es zahlreiche Sorten mit dem nostalgischen Charme historischer Rosen, sie bieten sich für romantische Gestaltungen an. 'Heritage' in Rosa, die perlmuttfarbene 'Eden Rose '85' und 'Abraham Darby' in einem feinen Aprikot

Das weiß blühende 'Schneewittchen' entfaltet sich prächtig in diesem bauchigen Gefäß, die Zwischenräume füllen zarte Blütenrispen der Bergminze. Läßt man die welken Rosenblüten am Rosenstrauch, schmückt er sich im Herbst mit roten Hagebutten.

Der Formenreichtum der Rosen ist wunderschön. Wer keinen Platz für Rosen im Topf hat, kann den Zauber als Blumenstrauß genießen. Die duftenden, gefüllten Blüten halten mehrere Tage, wenn man sie mittags in den Schatten rückt und nachts kühl stellt.

unterstreichen die sommerliche Stimmung, zumal die Blüten einen köstlichen Duft entfalten. 'Ghislaine de Féligonde' ergänzt die mobile Rosengesellschaft anmutig und zugleich sehr natürlich mit gelben Blüten. Bei diesen hohen Rosen versteht es sich von selbst, dass das Gefäß nicht nur hoch, sondern auch ausreichend groß sein muss.

Auch Bodendeckerrosen machen sich auf dem Balkon beliebt. Sorten wie 'Mirato', 'Heidetraum' und 'The Fairy' fügen sich mit ihrem buschigen Wuchs harmonisch in Balkongestaltung ein. Niederliegende Sorten, zum Beispiel 'Scarlet Meidiland', 'Snow Ballet' und 'Heidekönigin' schmücken mit ihren elegant überhängenden Trieben gerne Ampeln.

Wer unbedingt die Wände mit Kletterrosen schmücken will, findet zwar nicht allzu viele Sorten, die ausreichend robust sind, aber mit der weißen 'Ilse Krohn superior', der leuchtend rosafarbenen 'Rosarium Uetersen' und 'New Dawn' in zartem Rosaweiß erfüllt sich auch dieser Traum. Es ist nur zu bedenken, dass das Klima vor einer Südwand aufgrund der geringen Luftzirkulation nicht besonders empfehlenswert ist.

Das Rosen-Hochstämmchen

Stammrosen haben sich für das Balkonvergnügen bewährt, denn sie lassen sie sich wegen ihrer besonderen Wuchsform Platz sparend verwenden. Um ihre Schönheit gebührend bewundern zu können, platziert man sie je nach Stammhöhe etwas

Die Blüten der Zwergrose 'Baby Maskerade', hier auf einen Stamm veredelt, sind außen rosa und in der Mitte orangegelb gefärbt. Dieses raffinierte Farbenspiel greift die rotgelbe Akelei im Frühsommer auf.

unterhalb oder oberhalb des Balkongeländers, auf jeden Fall aber so, dass man im Sitzen die Blüten perfekt sieht. Diese Höhe bleibt über die Jahre gleich, da die Krone immer wieder eingekürzt wird.

Rosen-Hochstämmchen nutzen nicht nur die Fläche des Balkons optimal, sondern setzen deutliche Akzente in der Gesamtgestaltung. Zwei oder drei gleich hohe Stämmchen der selben Sorte können Symmetrien unterstreichen. Rechts und links eines Sitzplatzes platziert, entsteht ein duftender, blumiger Rahmen.

Um die Wuchsform gut zur Geltung zu bringen, empfiehlt es sich, den Fuß der Stämmchen zu bepflanzen. Dabei haben Blumen den Vorrang, die sich in ihrer Wirkung den Rosen unterordnen, wie zum Beispiel mehrjährige Teppich-Glockenblumen *(Campanula poscharskyana)* oder Männertreu *(Lobelia erinus)*, niedrige Sorten des Leberbalsam *(Ageratum houstonianum)* sowie Duftsteinrich *(Lobularia maritima)* aus dem Reich der Einjährigen.

Zusammen mit weißem Sommerphlox und Bartfaden schmückt die gelbe Strauchrose 'The Pilgrim' diesen Sitzplatz. Die weißgrüne Grünlilie, eigentlich eine Zimmerpflanze, fügt sich mit ihren grasartigen Blättern malerisch in die Situation ein.

Die schönsten Rosen für Kübel, Tröge, Kästen und Ampeln

Sorten (Gruppe)	Blüte	Wuchsform	Verwendung
'Abraham Darby' (Strauchrose)	apricot, gefüllt	überhängend	Kübel
'Bonica '82' (Beetrose)	rosa, gefüllt	buschig	Kübel, Tröge
'Eden Rose '85' (Strauchrose)	rosa, gefüllt	aufrecht	Kübel
'Heidetraum' (Bodendeckerrose)	rosa, halb gefüllt	überhängend	Kübel, Ampeln
'Heritage' (Strauchrose)	rosa, gefüllt	buschig	Kübel
'Louise Odier' (Strauchrose)	rosa, gefüllt	überhängend	Kübel
'Mirato' (Bodendeckerrose)	rosa, gefüllt	buschig	Kübel, Tröge
'Orange Meillandina' (Zwergrose)	orangerot, gefüllt	aufrecht	Balkonkästen
'Pink Symphonie' (Zwergrose)	rosa, gefüllt	aufrecht	Kübel, Balkonkästen
'Rose de Resht' (Beetrose)	rosarot, gefüllt	aufrecht	Kübel
'Sommerwind' (Bodendeckerrose)	rosa, halb gefüllt	buschig	Tröge
'Swany' (Bodendeckerrose)	weiß, gefüllt	überhängend	Tröge, Ampeln
'Sonnenkind' (Zwergrose)	gelb, gefüllt	aufrecht	Balkonkästen
'The Fairy' (Bodendeckerrose)	rosa, gefüllt	buschig	Kübel, Ampeln

WENN SICH DIE SONNE RAR MACHT

Den wahren Wert des Schattens lernt man erst dann zu schätzen, wenn sich im Hochsommer eine Schönwetterperiode breit macht. Während alle Besitzer eines Sübdbalkons die Rolläden geschlossen halten und ihn erst ab dem frühen Abend nutzen können, lassen die Besitzer von Schattenbalkonen keine Siesta aus. Denn zwischen üppigen und gesunden Blütenpflanzen entstehen auch dort wunderschöne Sitzplätze, wo die Sonne zu den Ausnahmen gehört. Schließlich sind Schattenlagen ganz natürliche Lebensräume mit einer reichen Auswahl an Pflanzen. Viele Sonnenanbeter kommen gut mit etwas weniger Licht aus. Und Schatten bedeutet schließlich nicht, dass die Sonne nie zu sehen ist.

Sternförmige Blütenzeichnungen vertreiben die Tristesse im Schatten. Vor allem die Fleißigen Lieschen sorgen pausenlos und unermüdlich für frischen Blütennachschub.

Eine rosarote Symphonie ergibt sich aus dicht gefüllten Knollenbegonien in der Mitte und Edellieschen an den beiden Außenseiten. Überhängende Fuchsien verdecken den Balkonkasten nahezu vollständig.

Die Wohltat des schattigen Balkons

Wenn man von einer schattigen Lage spricht, wird in der Regel stark verallgemeinert. Nur ein Balkon, der an der Nordseite eines Hauses liegt, kann bedingungslos als **Schattenbalkon** bezeichnet werden. Häufiger haben Balkone ihre Ausrichtung nach Osten oder Westen. Sie kommen morgens oder abends in den Genuss der Sonnenstrahlen. Diese Lagen werden auch als **wechselsonnig** bezeichnet. In der Regel sind sie zur Mittagszeit unbesonnt. Und während man auf einem Ostbalkon das Frühstück in der warmen Morgensonne genießen kann, ist es schön, auf einem Westbalkon den Tag mit dem Sonnenuntergang ausklingen zu lassen. Nun gibt es aber Balkone, die zwar nach Süden ausgerichtet sind, jedoch im Schatten einer großen Baumkrone liegen. So mancher Sonnenstrahl dringt hindurch, das pralle Sonnenlicht wird aber fern gehalten. Diese **halbschattigen Lagen** ergänzen sich perfekt und schenken dem Balkongärtner eine wundervolle Atmosphäre.

Bei der Gestaltung sind die Pflanzen wichtige Helfer, um der Tristesse des Schattens keine Chance zu geben. Verwenden Sie deshalb Pflanzen mit hellen Blüten, die viel Licht reflektieren und fast wie kleine Scheinwerfer wirken. Verspiegelte Glaskugeln sowie Glaskristalle von alten Kronleuchtern blitzen zwischen den Blättern auf und reflektieren die seltenen Sonnenstrahlen. Natürlich macht es gerade im Schatten viel Sinn, die Wände des Balkons hell zu streichen und helles Mobiliar auszuwählen.

Während man auf sonnigen Balkonen regelmäßig gießen muss, darf die Erde im Schatten getrost etwas abtrocknen, damit

Schöne Balkone zum Nachpflanzen

(Bild siehe Seite 90/91)

① Begonie 'Dragon Wing' *(Begonia)*
② Buntnessel *(Solenostemon)*
③ Trichterwinde *(Pharbitis)*
④ Weißblaues Veilchen *(Viola hederacea)*
⑤ Pfennigkraut *(Lysimachia nummularia)*
⑥ Efeu *(Hedera helix)*
⑦ Buntsegge 'Evergold' *(Carex)*
⑧ Heuchera *(Heuchera*-Hybride)
⑨ Günsel *(Ajuga reptans)*

»Blaue Stunde« auf dem Nordbalkon. Späte Sonnenstrahlen lassen die Fuchsienblüten leuchten und eine Hochstamm-Zypresse gibt Sichtschutz, während bunte Glasplättchen die Sonne einfangen.

sich die Wurzeln gut entfalten können und nicht faulen. Denn in Schattenlagen verdunstet das Wasser langsamer.

Blüten in Hülle und Fülle

Fuchsien *(Fuchsia)*, Begonien *(Begonia)* und Fleißige Lieschen *(Impatiens)* gehören zu den Favoriten für einen bunten Flor im Schatten. Was die Geranien *(Pelargonium)* für den sonnigen Balkon sind, bedeuten die Fuchsien für den Schatten. Auch bei ihnen unterscheidet man zwischen aufrecht wachsenden und hängenden Formen. Die Blüten, deren Hauptfarben von Weiß bis Rot mit verschiedensten Zwischentönen von Lachs über Rosa bis Lilaviolett liegen, zeigen sich sehr variabel. Mal erscheinen sie als kugelig runde Glocken, mal als zierliche spitze Glöckchen, mal zeigen sie die Form von mehrere Zentimeter langen Röhren. Einfach oder prall gefüllt, Ton-in-Ton oder mehrfarbig – es bleiben keine Wünsche offen. Das Angebot reicht von Hochstämmchen und Ampelpflanzen bis hin zu Kübel- oder Kastenpflanzen. So kommen zuverlässig und pausenlos Blüten auf den Balkon, die sich in der Höhe hintereinander staffeln lassen.

Leuchtende Farben bringen Begonien *(Begonia)*, insbesondere die Knollenbegonien *(Begonia*-Knollenbegonien-Hybriden) auf den Balkon. Die überhängenden Pflanzen besitzen große gefüllte Blüten in verschiedenen Rosa- und Rottönen, aber auch in Gelb, Weiß und Orange. Fleißige und Edel-Lieschen *(Impatiens walleriana*, und *I.*-Neuguinea-Hybriden) blühen ebenfalls reich, ihr Laub ist dann kaum noch zu sehen.

Peppige Frische bringen die verschiedenen Sorten der Buntnesseln auf den Balkon, der in gelben und orangeroten Tönen gestaltet ist.

In die Sommerfrische hat es Zimmerpflanzen wie Birkenfeige, Drachenbaum und Zimmerhopfen gelockt.

Von den Multitalenten

Obwohl sich viele Balkonpflanzen nur in der Sonne prachtvoll entwickeln, kann man einige auch für halbschattige oder wechselsonnige Plätze begeistern. Im Repertoire der gelb blühenden macht sich zum Beispiel der Goldzweizahn *(Bidens ferrulifolia)* gut, auch wenn man die Erwartungen an Zuwachs und Blütenmenge etwas nach unten korrigieren muss. Die Schneeflockenblume *(Sutera diffusus)* dagegen entwickelt sich im kühlen Schatten nahezu ebenso prächtig wie in der Sonne. Kapuzinerkresse *(Tropaeolum)* und Studentenblume *(Tagetes)* erobern den Halbschatten zusammen mit den verschiedenen Formen des Männertreu *(Lobelia)* und der Fächerblumen *(Scaevola saligna)*.

TIPP

Zimmerpflanzen erholen sich bei einer sommerlichen Frischluftkur hervorragend. Doch sonnige Plätze sind meist zu hell. Im Halbschatten und Schatten dagegen fügt sich der Blattschmuck von Grünpflanzen perfekt ein und füllt geschickt die Lücken.

Zauberhafte Blätter

Blattschmuck hat im Schatten seinen großen Auftritt. Mit Pflanzen wie der Buntnessel *(Solenostemon scuttelarioides)*, Efeu *(Hedera helix)* und den unzähligen Formen der Funkie *(Hosta)* lässt sich raffiniert gestalten. Das Repertoire der Formen bereichern Farne und schattenliebende Gräser, zum Beispiel Seggen *(Carex)*. Die vielen verschiedenen Grüntöne ergänzen sich und dürfen durch einige kleinblumige Fuchsien *(Fuchsia magellanica)* und hübschen Zierklee *(Oxalis)* aufgelockert werden.

Knollenbegonien

(Begonia-Knollenbegonien-Hybriden)

Leider haben Begonien einen leicht verstaubten Ruf. Aufgrund ihrer großen, gefüllten Blüten und ihrer ganz unterschiedlichen Wuchsformen sollte man die Vorurteile vergessen und sich von der bezaubernden Schönheit dieser schattenverträglichen Pflanzen überzeugen lassen.

Wuchs: Je nach Sortengruppe stehend, halb oder stark hängend; zu der letzten Gruppe zählen vor allem die **Girlanden-Begonien**; die Trieblänge variiert zwischen 25 und 45 cm.

Blüte: Rundlich, mit fast fleischigen Hüllblättern, sehr substanzreich, zum Teil gefüllt, auch gekräuselte Blattränder; Durchmesser je nach Sortengruppe 3–8 cm, in Weiß, Orange, Gelb, Rosa, Rot, auch andersfarbige Randzeichnung.

Standort: Hell bis halbschattig; regen- und windgeschützt; sonnige Standorte sind nur möglich, wenn die Erde gleichmäßig feucht gehalten werden kann.

Pflege: Erst auspflanzen, wenn es angenehm warm ist, etwa Mitte Mai; gleichmäßig feucht halten, wobei die Blätter beim Gießen nicht zu nass werden sollten, regelmäßig düngen; welke Blüten regelmäßig ausputzen, da sich sonst leicht Grauschimmel bildet.

Überwinterung: Knollen können überwintert werden; dazu die Pflanzen bis zum Frost im Freien lassen, Erde gut abtrocknen lassen, die Knollen vorsichtig reinigen, keine Verletzung riskieren, bei 5–10 °C luftig aufstellen, bei gelegentlicher Kontrolle faulig weiche Knollen entsorgen.

Extra-Tipp: Die überwinterten Knollen im Februar antreiben. Dazu legt man sie auf feuchten Torf an einen hellen, warmen Platz. Wenn Blätter treiben, die Knollen umtopfen und allmählich abhärten.

Verschiedene Knollenbegonien: 'Illumination' (oben); 'Nonstop Goldorange' (Mitte links); 'Illumination Lachsrosa' mit der Sorte 'Pin up' (Mitte rechts); 'Dragon Wing' (rechts).

Sorten: 'Illumination'-Serie – Girlandenbegonie; 'Dragon Wing' – überhängende Triebe, locker aufgebaute, kleine Blüten, rot; 'Panorama'-Serie – gefüllte Blüten, halbhängend; 'Pin Up Flamme' – einfache Blüten, hellorangefarben; 'Tenella'-Begonien – schmale Blütenblätter, dadurch ganz eigener Charakter, spitzes Laub, überhängender Wuchs.

Fuchsie

(Fuchsia-Hybriden)

Das Sortiment ist für den Laien kaum noch zu überschauen, denn die Züchter bringen ständig neue Formen ins Spiel, so dass es mit Fuchsien im Schatten garantiert nie langweilig wird.

Wuchs: Stehend oder hängend, reich verzweigt, zwischen 25 und 60 cm hoch, Hochstämmchen auch bis 1 m.

Blüte: Glockenförmig, länglich gestreckt bis kugelig aufgeplustert, zum Teil gefüllt, Blüte ist zweiteilig und besteht aus hochgeschlagenen Kelchblättern und einer fast geschlossenen Blütenkrone, meist sind die beiden Blütenblattkreise unterschiedlich geformt und ausgefärbt; Staubgefäße stehen nadelartig aus der Blütenkrone heraus; traubige Blütenstände, Farben von Rosa, Lachs, Orange, Weiß bis zu verschiedenen Rottönen und/oder Violett.

***F.*-Triphylla-Hybriden** haben sehr schlanke Blüten, die in dichten Büscheln zusammen stehen.

Standort: Hell bis halbschattig, manche Sorten vertragen auch einen sonnigen Platz, allerdings darf sich das Klima in den Mittagsstunden nicht übermäßig aufheizen.

Pflege: Gleichmäßig feucht halten, schwach dosiert, aber regelmäßig düngen; bei Pflanzen, die überwintern sollen, ist das Düngen im August einzustellen; Fruchtansätze müssen regelmäßig entfernt werden.

Überwinterung: Man kann die Pflanzen hell und kühl oder dunkel und kühl überwintern. Die Temperaturen sollten dabei nicht höher als 8 °C sein. Bei der dunklen Überwinterung wird das Laub abgeworfen. Im März die Pflanzen dann hell und auch etwas wärmer stellen, damit sie nach dem Rückschnitt wieder kräftig durchtreiben. Die Überwinterung lohnt sich vor allem für Hochstämmchen und größere Büsche.

Extra-Tipp: Wenn die Fuchsien blühfaul werden, ist es ratsam zu überprüfen, ob eventuell unter den Blättern Früchte heranreifen. Damit das Blühen nicht versiegt, müssen diese gründlich abgeknipst werden. Innerhalb weniger Tage sprießen dann neue Knospen.

Verschiedene Fuchsien: Die Sorten 'Lilian Ray' und 'Vielliebchen' (oben); hängende Fuchsie als Ampelbepflanzung (Mitte links); Fuchsien zusammen mit dem Blattschmuck der buntlaubigen Segge *(Carex hachijoensis)* (Mitte rechts); Hochstämmchen einer typischen *Fuchsia*-Triphylla-Hybride (links).

Hortensie

(Hydrangea macrophylla)

Hortensien verleihen dem schattigen Balkon mit ihre bezaubernden Blütenbällen ein üppige und großzügige Note.
Wuchs: Aufrecht, buschig, reich verzweigt, Höhe im Topf zwischen 40 und 70 cm, ältere Exemplare auch höher.
Blüte: Doldenrispen, kugelig mit einem Durchmesser von 15–20 cm, große sterile Blüten mit intensiv gefärbten Kelchblättern; rosa, rot, weiß, blau.
Standort: Halbschattig.
Pflege: Pflanzung in eine Rhododendronerde mit niedrigem pH-Wert (saure Bodenreaktion), regelmäßig mit abgestandenem Wasser oder Regenwasser gießen, im Frühsommer mehrmals düngen, bei mehrjährigen Pflanzen lediglich tote Triebspitzen und überalterte Äste abschneiden.
Überwinterung: Möglichst frostfrei, z.B. in einer Garage, oder mit Jute und Schilfrohrmatten einpacken, vorher unbedingt das abgefallene Laub absammeln.

Extra-Tipp: Wer dauerhaft blaue Blüten wünscht, muss mit einem Alaunpräparat aus dem Fachhandel düngen.

Edellieschen

(Impatiens-Neuguinea-Hybride)

Mit glänzend grünen, fein gezeichneten Blättern verbindet das Edellieschen Blütenpracht und Blattschmuck.
Wuchs: Aufrecht, buschig, reich verzweigt, zwischen 25 und 35 cm hoch.
Blüte: Rund mit einem langen Sporn, Durchmesser etwa 4 cm; von Weiß über Rosa, Orange, Rot bis zu Violett, zum Teil zweifarbig.
Standort: Halbschattig und schattig, geschützt.
Pflege: Nicht zu früh auspflanzen, da die aus Neuguinea stammenden Pflanzen kälteempfindlich sind; regelmäßig gießen; mäßig düngen; Verblühtes ausputzen, um die Knospenbildung anzuregen.

Extra-Tipp: Wenn Sie zum Beginn der Saison die Triebspitzen ein paar mal ausknipsen, verzweigen sich die Pflanzen stärker und werden buschiger.

Fleißiges Lieschen

(Impatiens walleriana)

Es ist wirklich erstaunlich, in welch kurzer Zeit sich aus den kleinen Pflanzen üppige, kugelige Büsche entwickeln können.
Wuchs: Buschig, aufrecht, reich verzweigt, 20–30 cm hoch.
Blüte: Rund geformt, zum Teil rosenartig gefüllt, dicht nebeneinander an den Triebenden; rosa, weiß und rot in verschiedenen Variationen.
Standort: Halbschattig, regengeschützt; im Schatten weniger Blüten; Feuerlieschen (Sortengruppe 'Firefly') gedeihen auch gut in der Sonne.
Pflege: Gleichmäßig feucht halten, schwach dosiert düngen; putzen sich in der Regel selber aus; gefüllte Blüten sollten bei Pflanzen abgesammelt werden, wenn sie nach längerem Regen verkleben.

Extra-Tipp: Besonders edel wirken rosenartig gefüllte Blüten. Sie lassen sich gut mit kleinblättrigen Funkien *(Hosta)* und Teppichglockenblumen *(Campanula poscharskyana)* kombinieren. Die weißen Sorten sind hervorragende Aufheller im Schatten.

DIE BUNTE SHOW DER AKROBATEN

Kletterpflanzen erobern auf dem Balkon die dritte Dimension. Platz sparend breiten sie sich mit ihren Trieben an Rankgerüsten und Kletterhilfen aus und schmücken sich zugleich mit farbigen Blüten. Das Erstaunliche dabei ist ihre enorme Wuchskraft, denn die Kletterpflanzen für den Balkon sind in der Regel einjährig. Das heißt, man legt im Frühjahr die Samen in die Erde, um spätestens im Juli mit einer wunderschönen »Naturtapete« belohnt zu werden. Damit erweisen sich die blühenden Wände als erste Helfer in Sachen Sichtschutz. Sie schirmen die offenen Seiten des Balkons ab, so dass man vor fremden Blicken verschont bleibt. Und auf sehr sonnigen Balkonen ist der grüne Pelz ein willkommener Schattenspender.

Die großen, leuchtend blauen Blüten der Prunkwinde lachen der Mittagssonne entgegen. Am besten entwickelt sich dieser einjährige Klettermaxe an einem warmen Standort, wo man den Trieben fast beim Wachsen zusehen kann.

Ein blütenreicher Sichtschutz

Es ist kaum zu glauben – diese dicht belaubte, buschige Säule ist in nur wenigen Wochen herangewachsen. Zudem zeigt sich, dass man für einen großartigen Effekt nicht unbedingt eine spektakuläre Pflanze benötigt. Feuerbohnen schmücken das Blattwerk mit ihren exotisch roten Blüten und lassen zugleich auf einen deftigen Bohneneintopf hoffen.

Das Besondere an Kletterpflanzen besteht darin, dass sich diese Gewächse aktiv bewegen, um Halt zu finden. Dabei haben sie im Laufe der Evolution ganz unterschiedliche Organe zur Befestigung entwickelt. So unterscheidet man zwischen Schling- und Rankpflanzen, den Spreizklimmern sowie Kletterpflanzen mit Haftorganen. Dabei spielen die ersten beiden Gruppen, also die Schling- und Rankpflanzen, für die Balkongestaltung eine größere Bedeutung als die beiden anderen Gruppen.

Schlingpflanzen winden sich mit ihren Trieben um eine Kletterhilfe. Stäbe, Leisten, Drähte, aber auch reich verzweigte Pflanzen mit festen Trieben, etwa Gehölze, eignen sich gut. Bei der Anbringung eines Spaliers an einer Wand ist auf ausreichenden Abstand zu achten. Dieser gewährleistet, dass sich die schlingenden Triebe locker um die Kletterhilfe legen können. Zu den Schlingern zählen zum Beispiel Feuerbohnen *(Phaseolus coccinea)* und Schwarzäugige Susanne *(Thunbergia alata)*. Sind die Wachstumsbedingungen optimal, erweisen sich die meisten Schlingpflanzen als rasch und stark wüchsig.

Rankpflanzen zeichnen sich dadurch aus, dass sie mit Hilfe von speziellen Organen, die sich spiralig um einen Draht oder eine Schnur winden, Halt finden. Diese Ranken können auf die Blattspreite reduzierte Blätter oder Verzweigungen sein. Die ideale Kletterhilfe für diese Akrobaten sollte relativ dünn aber sehr stabil sein und besteht vorzugsweise aus Draht. Eine typische Rankpflanze ist die hübsche Duftwicke *(Lathyrus odoratus)*.

Schöne Balkone zum Nachpflanzen

(Bild siehe Seite 98/99)

① Schwarzäugige Susanne *(Thunbergia alata)*
② Ziertabak, weiß *(Nicotiana)*
③ Husarenknöpfchen *(Sanvitalia)*
④ Lakritzkraut *(Helichrysum)*
⑤ Kartoffelstrauch *(Lycianthes rantonnetii)*
⑥ Bleiwurz *(Plumbago auriculata)*

Der Sitzplatz auf dem Balkon ist lauschig eingewachsen. Die lilablauen Prunkwinden am Spalier mischen sich in das Farbenspiel von Schmuckkörbchen, Dahlien und Leberbalsam – der Farbverlauf wird abgerundet.

Die bekannteste Kletterpflanze mit **Haftorganen** ist Efeu *(Hedera helix)*. Berühren seine Triebe eine raue Oberfläche, bilden sich unzählige feine Härchen, mit denen sie sich festhalten. Im Balkonkasten wachsen die Triebe in die Länge und hängen, da Befestigungsmöglichkeiten fehlen, schließlich über. Wüchsige Efeusorten kann man auch an einem Drahtgitter in die Höhe führen und die Triebspitzen von Hand zwischen die Drähte flechten.

Spreizklimmer haken sich mit ihren Trieben an Spalieren und strauchigen Gehölzen ein und ziehen sich in die Höhe. Ein typischer Vertreter ist die Brombeere *(Rubus fruticosus)*, auf dem Balkon werden die Triebe meist zusätzlich angebunden.

Platz sparend und üppig

Bei der Planung der Balkonbepflanzung stehen meist unzählige Wünsche auf der Liste. Und schnell stellt sich die Frage: Wo sollen die Schönheiten untergebracht werden? So manche Gestaltungsidee muss auf das nächste Jahr verschoben werden, doch mit Kletterpflanzen lässt sich die Vorstellung eines üppig grünenden Balkons Platz sparend realisieren. Von dem meist knappen Stellplatzangebot auf dem Balkon beanspruchen sie nur wenig, denn meist reicht eine Tiefe von etwa 20 Zentimetern aus.

An den Wänden und zu den Seiten hin lässt sich ein wenig Platz meist gut erübrigen, zumal man durch ausgedehnte Blatt-

Der Sommerhimmel hängt voller Clematissterne, und Klettergehölze entfalten ihre Pracht an Obelisken.

und Blütenpracht belohnt wird. Im Praxisteil dieses Buches wird auf Seite 158 in einer Fotoserie gezeigt, wie schnell und einfach man einen mobilen Sichtschutz aus einem Balkonkasten und einer Baustahlmatte selber bauen und bepflanzen kann.

Vertikale Akzente

Kletterpflanzen wachsen nicht nur an Wänden, sondern dürfen auch an dekorativen Rankelementen wie Obelisken und Säulen aus Eisen oder wetterfestem Holz ihre Schönheit entfalten. Diese schlichten bis verspielten Kletterhilfen sind in verschiedensten Höhen auf dem Markt. Sie werden tief in den Topf gestellt oder in die Erde gedrückt. Kleine, 30–50 cm hohe Modelle lassen sich als aufstrebende Struktur in einem Balkonkasten verankern und mit Duftwicken *(Lathyrus)* beranken, höhere bieten sich auch für die ausdauernden Waldreben *(Clematis)* an. Die Gehölze mit ihren großen Blütensternen gedeihen problemlos, wenn die Wurzel schattig steht.

Weitere Schönheiten, die hoch hinaus wollen

Deutscher Name	Blüte	Kletterhilfe	Bemerkung
Italienische Waldrebe *(Clematis viticella)*	weiß, rosarot, lila	Spalier, Obelisken	mehrjährig, Blüte Juli/August, Höhe bis 3 m
Schönranke *(Eccremocarpus scaber)*	orangerot	feiner Draht	einjährig, Blüte Juni bis Oktober, Höhe bis 1,5 m
Sternwinde *(Ipomoea lobata)*	feuerrot	Spalier, Schnur, Draht	einjährig, Blüte Juni bis Oktober, Höhe bis 1,5 m
Efeu *(Hedera helix)*	unscheinbar	Wände, grober Draht	immergrün, an Draht nicht aktiv kletternd
Gewöhnlicher Hopfen *(Humulus lupulus)*	unscheinbar	Spalier, Obelisk	mehrjährig, hübscher Fruchtschmuck, bis 3 m
Japanischer Hopfen *(Humulus japonicus)*	unscheinbar	Spalier, Obelisk	einjährig, ideal für den Schatten, Höhe bis 2 m
Echter Jasmin *(Jasminum officinale)*	weiß	Spalier, Obelisk	mehrjährig, nicht winterhart, gut 2 m hoch
Duftwicke *(Lathyrus odoratus)*	rosa, weiß, lila, rot	feiner Draht, Obelisk	einjährig, duftende Blüten, Porträt Seite 82
Maurandie *(Maurandya barclaiana)*	fliederblau	feiner Draht	einjährig, zierliche Erscheinung, Höhe bis 1,5 m
Kapuzinerkresse *(Tropaeolum*-Hybride)	orange, gelb, creme	Maschendraht	einjährig, auch überhängend, bis 2 m hoch

KLETTERNDE BALKONPFLANZEN

Kletterndes Löwenmaul

(Asarina erubescens;
jetzt *Maurandya bzw. Lophospermum erubescens)*

Zwischen den schuppenförmig übereinander liegenden Blättern dieses Kettermaxen erscheinen die großen, rosaroten Rachenblüten.
Wuchs: Rankpflanze, die Blattstiele winden sich um Kletterhilfen, starkwüchsig, bis 3 m hoch.
Blüte: Trichterförmig, bis 7 cm lang, rosarot, Juli bis Oktober.
Standort: Sonnig, warm.
Pflege: Regelmäßig gießen und düngen, am Anfang die Triebe an die Kletterhilfe leiten und einflechten.

Extra-Tipp: Die recht seltene Art wird im Frühling aus Samen gezogen. Dazu Töpfe mit Saatgut im Februar/März auf der hellen Fensterbank aufstellen. Anfang April werden die Sämlinge pikiert und Mitte Mai ausgepflanzt.
Diese Art ist robuster und wüchsiger als *Maurandya barclaiana* (siehe Tabelle Seite 102) mit violettblauen Blüten. Sie eignet sich auch für den Halbschatten.

Glockenrebe

(Cobaea scandens)

An einem warmen, sonnigen Platz entwickelt sich diese rankende Schönheit zu einer blütenreichen Tapete, die ein guter Sichtschutz ist.
Wuchs: Klettert mit Hilfe einer Ranke an den gefiederten Blättern.
Blüte: Glockenförmig mit zurückgeschlagenen Blütenblättern, etwa 5 cm lang, weißgrün, später violett, ab Juli.
Standort: Sonnig, warm.
Pflege: Reichlich gießen und regelmäßig düngen; die Pflanzen brauchen Draht, gespannte Schnüre oder dünne Bambusstäbe als Rankhilfe; die Früchte sollten entfernt werden, damit sich neue Blütenknospen bilden.

Extra-Tipp: Die Triebspitzen regelmäßig ausknipsen, damit sich die Pflanzen stark verzweigen und die Blütenbildung angeregt wird.

Prunkwinde

(Ipomoea purpurea)

Bei sommerlich warmen Temperaturen entpuppt sich dieses Windengewächs als robust und pflegeleicht. Zudem schmückt es sich mit schlichten, aber auffälligen Blüten.
Wuchs: Schlingend mit bis zu 3 m langen Trieben.
Blüte: Trichterförmig, weit geöffnet, in Weiß, Rosa, Rot, Violett und verschiedenen Blautönen, teilweise mit weißer Mitte, Streifen auf den Blütenblättern, Beginn der Blüte im Juli.
Standort: Sonnig, warm, windgeschützt.
Pflege: Einzelsaat im März auf der warmen Fensterbank, frühzeitig einen Bambusstab als Kletterhilfe neben den Sämling stecken, im Mai auspflanzen, reichlich gießen und regelmäßig düngen; legt man Triebe waagerecht an ein Spalier, wachsen sie vieltriebig; Samenansatz entfernen.

Extra-Tipp: Prunkwinden eignen sich sehr gut, um einen Obelisk oder eine Drahtpyramide zu begrünen.

Sorten: 'Milky Way' – weiß mit blauen Streifen; 'Star of Yalta' – großblumig, lilablau.

Sternwinde

(Ipomoea lobata, Syn. *Quamoclit lobata)*

Die Schwester der Prunkwinde überzeugt mit raffinierten Blüten, welche durch einen auffälligen Farbverlauf extravagant wirken.
Wuchs: Schlingend, kletternd, bis 6 m hoch.
Blüte: Zungenförmig klein, an langen, einseitswendigen, bis zu 40 cm langen Rispen, Knospen rot, im Aufblühen werden sie heller, zunächst orange, später cremefarben, die hellen Staubblätter ragen filigran aus den Blüten hervor; der dichte Blütenbesatz erscheint frühestens im Juli.
Standort: Sonnig, warm, windgeschützt.
Pflege: Mäßig gießen, Staunässe vermeiden; wöchentlich düngen; Rankhilfe erforderlich.

Extra-Tipp: Die Sternwinde zählt zu den zuverlässig wachsenden Kletterpflanzen, die Spaliere zugleich schnell und dicht schließen.

Feuerbohne

(Phaseolus coccineus)

Schneller Kletterer, der zudem noch unkompliziert ist und Bohnen für mindestens eine Mahlzeit liefert.
Wuchs: Schlingend, kletternd, bis 3 m hoch.
Blüte: Schmetterlingsblüten, klein, an überhängenden Blütenstielen, scharlachrot.
Standort: Sonnig bis halbschattig.
Pflege: Rankgerüst erforderlich; regelmäßig gießen und düngen. Die Früchte lässt man reifen.

Extra-Tipp: Wer schnell einen zuverlässigen Sichtschutz braucht, ist mit Feuerbohnen gut bedient.
Die Bohnen Ende Mai in die Erde legen und am besten über Nacht in handwarmem Wasser quellen lassen. Nach kurzer Zeit stößt der Keimling durch die Erde. Danach kann man beobachten, wie schnell die Pflanzen wachsen. Legt man die Triebe frühzeitig waagerecht, verzweigen sie sich stärker.
Die Pflanzen sind ideal für Gärtner, die erst spät in die Saison starten, denn die Aussaat ist bis Ende Juli möglich.
Lässt man die Früchte voll ausreifen, hat man Samen für das nächste Jahr.

Rosenkleid

(Rhodochiton atrosanguineus)

Nicht nur als Kletterpflanze, sondern auch als Ampelpflanze macht diese Einjährige eine gute Figur.
Wuchs: Schlingend kletternd, von Natur aus halbstrauchig wachsend, Höhe zwischen 3 und 7 m.
Blüte: Zweiteilig, rosaroter Kelch mit dunkelroter Krone, Größe etwa 3,5 cm; Kelch haftet lange an den Trieben.
Standort: Sonnig, warm, geschützt.
Pflege: Mäßig gießen, wöchentlich düngen, Rankhilfe erforderlich.

Extra-Tipp: Aussaat ist möglich, aber die Pflanzen müssen mindestens 5 Monate alt sein, um Blüten anzusetzen. Daher sollte man bevorzugt vorgezogene, bereits blühende Pflanzen kaufen.
Die Blüten sind sehr extravagant, durch ihre vornehm dunkelrote Farbe spielt sich die Pflanze nie übermäßig in den Vordergrund.

Schwarzäugige Susanne

(Thunbergia alata)

Haben die Schlinger einmal Fuß gefasst und es ist draußen schön warm, sind sie in ihrem Wachstum kaum noch zu bremsen.

Wuchs: Schlingend, bis zu 2m hoch.

Blüte: Trichterförmig, weit geöffnet, orange, hellgelb oder weiß, typisches schwarzes Auge in der Blütenmitte, ab Mai/Juni.

Standort: Sonnig bis wechselsonnig, warm, windgeschützt.

Pflege: Kletterhilfe mit rauer Oberfläche, damit die schlingenden Triebspitzen genügend Halt bekommen; regelmäßig gießen, Staunässe vermeiden; wöchentlich düngen.

Extra-Tipp: In den letzten Jahren hat der Orange Glockenwein *(T. gregorii)* das Sortiment der Schwarzäugigen Susanne bereichert. Diese Art besitzt sehr große, flattrig wirkende, orangefarbene Blüten mit auffälligen Knospen, denen die schwarze Blütenmitte fehlt. Die Art ist starkwüchsig (Höhe bis 3 m) und ideal, um Obelisken und andere Kletterhilfen in einem Kübel zu begrünen.

Kanarische Kresse

(Tropaeolum peregrinum)

Mit den federartig gefransten Blüten bringt dieser Akrobat grazile Leichtigkeit ins Spiel und wirkt sehr natürlich.

Wuchs: Schlingend, bis 4 m lange Triebe.

Blüte: Unregelmäßig, gefranste Blütenblätter, hakenförmiger Sporn, 2–3 cm groß, zitronengelb mit roten Punkten, ab Juli.

Standort: Sonnig bis halbschattig, warm, windgeschützt.

Pflege: Aussaat im April/Mai direkt in die Pflanzgefäße; reichlich gießen; wenn sich die Sprosse strecken, beginnt man die Pflanzen regelmäßig zu düngen, allerdings nur schwach dosiert, sonst bilden sich nur wenige Blüten; Blattläuse sind meist ein Zeichen für einen windigen Standort, stark befallene Blätter und Triebe komplett abschneiden.

Extra-Tipp: Knipsen Sie frühzeitig die Triebspitzen aus, damit sich die Pflanzen reich verzweigen und Sichtschutzwände rasch dicht begrünt werden.

DAS KÜHLE NASS IN EINEM FASS

Sie lieben das Besondere? Dann wird der Miniteich auf dem Balkon ganz nach Ihrem Geschmack sein. Mit den klaren Strukturen von linearen Gräserbüscheln, extravaganten Blattformen tropischer Wasserpflanzen und ungewöhnlichen Blütenschönheiten, die das Wasser lieben, ergeben sich auf dem Balkon ungeahnte Möglichkeiten. Wichtige Voraussetzungen sind ein sonniger Balkon und genügend Stellfläche. Bepflanzte Teiche »en miniature« stellen den perfekten Gegenpol zum turbulenten Arbeitsalltag dar, und auch die vorgestellten Beispiele strahlen eine technische Sachlichkeit aus, die beruhigend wirkt. Ähnlich wie in einer Oase wird das Wasser zum zentralen und bestimmenden Element: Das Kleinklima verbessert sich spürbar, denn durch die Verdunstung erhöht sich die Luftfeuchtigkeit – eine wohltuende Wirkung tritt ein.

In wasserdichten, blau glasierten Keramikgefäßen kommen die frischen grünen Rosetten des Wassersalates besonders gut zur Geltung. Hübscher Blickfang ist ein türkisblauer Fisch, der direkt aus dem Wasser zu springen scheint.

Wie ein kleine Teichlandschaft wirkt dieses bepflanzte Holzfass. Hinter den kleinen Seerosen schiebt sich ein niedriger Rohrkoben in die Höhe. Daneben entfaltet das Hechtkraut seine blauen Blütenkolben.

Teichschönheiten auf dem Balkon

Schwach wachsende Seerosen *(Nymphea)* für geringe Wassertiefen eignen sich zur Bepflanzung von Miniteichen ebenso wie kleine Rohrkolbenarten *(Typha)*, Sumpfschwertlilie *(Iris pseudacorus)* und die verschiedensten Schwimmpflanzen, etwa Wassersalat *(Pistia stratiotes)* und Wasserhyazinthe *(Eichhornia crassipes)*. Mit ihnen entstehen kleine Wasserlandschaften, zu denen sich Schalen mit Etagenprimeln *(Primula × bullesiana)* und Pfennigkraut *(Lysimachia nummularia)* gesellen lassen. Schon bald locken die Blüten Libellen an, die mit ihren schillernden Flügeln Balkon und Balkonbesitzer verzaubern.

Die passenden Gefäße

Ob Zinkwanne, Holzfass, Schale oder Eimer – sie alle bieten dem kleinen Wassergarten geeigneten Lebensraum. Grundsätzlich ist zu berücksichtigen, dass die Gefäße vollkommen wasserdicht sein müssen und eine Mindesthöhe von 20–30 cm besitzen sollten, damit sich die Wasserpflanzen gut entfalten können und sich das feuchte Nass in der Sommersonne nicht zu stark erwärmt. Wichtig ist auch das Fassungsvermögen, denn je mehr Wasser in das Gefäß passt, umso schwerer wird es. Bei der Verwendung großer oder mehrerer Wassertröge muss deshalb zum einen die Statik des Balkons geprüft werden, zum anderen ist zu überlegen, wie mobil man mit den kleinen Wasserbecken bleiben möchte.

Pflanzung und Pflege

Ab Mai beginnt im Fachhandel der Verkauf von Wasserpflanzen, der Florist hat die tropischen Arten mitunter auch schon einige

Schöne Balkone zum Nachpflanzen

(Bild siehe Seite 106/107)

① Surfinia-Petunie, blau/pink *(Petunia)*
② Wasser-Schwertlilie *(Iris pseudacorus)*
③ Gestreifter Kalmus *(Acorus calamus)*
④ Hechtkraut *(Pontederia cordata)*
⑤ Seerose, weiß *(Nymphaea* 'Moorei')
⑥ Gemeine Sumpfsimse *(Eleocharis palustris)*
⑦ Wassernabel *(Hydrocotyle vulgaris)*
⑧ Flatterbinse *(Juncus effusus)*

Wochen früher im Sortiment. Beim Einkauf am besten gleich Gitterkörbe und Teichpflanzenerde besorgen; wenn Sie ausschließlich Schwimmpflanzen verwenden, erübrigt sich dies natürlich. Vor dem Bepflanzen die Gefäße reinigen und einen Behälter mit abgestandenem Regenwasser bereit stellen. Schließlich sollte das Wasser so nährstoffarm wie möglich sein, damit sich die Algenbildung in Grenzen hält.

Für eine Gestaltung mit Schwimmpflanzen füllen Sie das Gefäß mit Wasser und setzen die Pflanzen ein. Haben die Wasserpflanzen dagegen Wurzeln, pflanzt man sie in mit Teicherde gefüllte Gitterkörbe. Diese werden in entsprechender Pflanztiefe im Miniteich platziert. So stellt man die Körbe für Sumpfpflanzen auf umgedrehte Blumentöpfe, damit sie flacher im Wasser stehen. Seerosen, Hechtkraut und andere Wasserpflanzen sind dagegen für eine größere Wassertiefe dankbar, stehen also am besten auf dem Boden. Nun wird langsam Wasser aufgefüllt. Flache Gefäße lassen sich mit großen Kieselsteinen auffüllen und hübsch gestalten.

Zur Pflege gehört unter anderem das regelmäßige Abschöpfen von Algen. Sie entstehen dadurch, dass zu viele Nährstoffe im erwärmten Wasser vorhanden sind. Deshalb sollten keine abgestorbenen Pflanzenteile im Wasser verbleiben. Im Sommer steigt die Verdunstung stark an, so dass regelmäßig Wasser nachgegossen werden muss. Ein kleiner Sprudelstein oder ein Wasserspiel sind nicht nur dekoratives Beiwerk, sondern auch gelungene Mittel, um das Wasser mit Sauerstoff anzureichern und somit das kleine Ökosystem intakt zu halten.

Lilablaue Blüten der Japanischen Sumpfschwertlilie und zartes Sumpfhelmkraut sind ein hübsches Bild. Die Iris wächst am liebsten in humosem Substrat mit niedrigem pH-Wert.

Ein Trio aus verschieden hohen Schalen gruppiert sich zum Wassergarten. Lila Etagenprimeln schmücken sich im Sommer mit zarten Blütenständen.

KÖSTLICH UND SEHR DEKORATIV

Naschen ist erlaubt, wenn in der Blumenampel Tomaten reifen und aus dem Taschentopf die Erdbeeren verführerisch rot leuchten. Nutzpflanzen erobern mehr und mehr die Balkonkästen und Töpfe, schließlich schmeckt das selbst Geerntete unvergleichlich gut. Die Arten müssen so gewählt sein, dass sie mit dem relativ geringen Wurzelraum auskommen und sich auch optisch in das Ambiente auf dem Balkon einfügen. Deshalb haben die Züchter nicht nur auf guten Geschmack geachtet, sondern auch auf buschigen Wuchs bei Tomaten oder auf Apfelsorten, die problemlos im Kübel wachsen. Dass Gemüse, Obst und Kräuter nicht nur nützlich, sondern auch attraktiv sind, beweist ihre Beliebtheit. So hat sich der fast schon in Vergessenheit geratene rotstielige Mangold einen guten Namen als Blattschmuckpflanze gemacht.

Das süße Aroma von Erdbeeren ist der Inbegriff des Sommers. Es gibt nichts Schöneres, als reife Früchte direkt vom Balkon zu ernten. Und das oft – je nach Sorte – bis in den Spätsommer hinein.

So eine kleine Vorratskammer auf dem Balkon macht Spaß, und die meisten Gemüsesorten gedeihen problemlos. Die Saison beginnt bereits vor dem Sommer: Ab März kann man in Kästen Radieschen und lekkere Eiszapfen-Rettiche säen und bereits vier bis sechs Wochen später als knackig frisches Gemüse genießen. Für die kurze Kultur reicht der Nährstoffvorrat in der Erde aus, düngen ist meist nicht nötig. Der Vorrat versiegt so schnell nicht, wenn Sie jede Woche ein paar Samenkörner nachlegen.

Oder Sie wechseln zu Salatvariationen. Gerade für den Singlehaushalt bietet es sich an, Pflücksalate auf dem Balkon anzubauen. Man kann die Pflanzen selber aussäen,

Oben: Pflücksalat kann man den ganzen Sommer ernten.

Der Küchengarten auf dem Balkon

Zwischen rot blühenden Hängeverbenen *(Verbena)* und Feuersalbei *(Salvia splendens)* leuchten die roten Stiele des Mangold. Das Trio wirkt richtig peppig. Aber damit nicht genug! Das dem Spinat ähnliche Gemüse ist bestens geeignet für den Kochtopf und ergänzt jeden Speiseplan.

Rechts: Die buschige Balkontomate ist mit verschiedenen Kräutern unterpflanzt. Petersilie, die Salbei-Sorte 'Icterina' mit ihrem gelbgrünen Laub und Basilikum bilden am Fuß der Pflanze einen dichten, grünen Kragen.

Schöne Balkone zum Nachpflanzen

(Bild siehe Seite 110/111)

① Mangold *(Beta vulgaris)*
② Paprika, verschiedene Sorten *(Capsicum)*
③ Tomate *(Lycopersicon)*
④ Rotkohl *(Brassica)*
⑤ Eisenkraut *(Verbena)*
⑥ Ziertabak *(Nicotiana)*

bekommt aber auch auf dem Markt für wenige Cent die Setzlinge von Lollo Rosso, Eichblattsalat und Lollo Bionda. Diese werden in einen Kasten mit frischer Erde gepflanzt. Wichtig sind ausreichende Abstände von mindestens 15 Zentimetern. In der Regel geht die Entwicklung nun zügig voran. Sind die Blattrosetten kräftiger geworden, ist es Zeit, die äußeren Blätter zu ernten. Salate brauchen nur wenige Nährstoffe und müssen lediglich regelmäßig gedüngt werden. Und mancher Gartenbesitzer wird neidisch gucken: Ausfälle durch Schneckenfraß sind für das Salatbeet am Balkongeländer keine Gefahr.

Äpfel aus dem Paradies

Der Renner unter den Gemüsesorten für den Balkon sind zweifelsohne Tomaten. Die Begeisterung für das buschige Nachtschattengewächs hat auch die Züchter ergriffen. Ihnen verdanken wir eine ganze Reihe verschiedenster Sorten. Sie heißen 'Balkonstar', 'Minibel', 'Yellow Pear' und 'Goldene Königin'. Mal zeichnen sie sich durch einen niedrigen, kompakten Wuchs aus, mal tragen sie gelbe Früchte und so manche Sorte lässt die Früchtchen am liebsten in einem Ampelgefäß reifen.

Für die Aussaat auf der Fensterbank fällt der Startschuss bereits im Februar. Ein heller, warmer Platz ist ebenso wichtig wie eine allmähliche Abhärtung der Pflanzen. Allerdings ist die Mühe nicht unbedingt notwendig. In Gärtnereien und auf dem Markt wird die ganze Palette von Flaschen- bis Cocktailtomaten als Setzlinge pünktlich zu den Eisheiligen angeboten. Hochwertige Blumenerde hilft dem Erfolg ebenso auf die Sprünge wie Tomatendünger. Das Gemüse zählt zu den Starkzehrern und braucht viele Nährstoffe. Während man bei herkömmlichen Sorten die Seitentriebe im Laufe des Sommers immer wieder ausgeizen muss, kann man bei den meisten

Während hohe Sonnenblumen und üppige Maispflanzen den Sitzplatz malerisch einrahmen, verleiten Tomaten und Paprika dazu, sie frisch vom Strauch zu pflücken. Mangold bildet im Kasten den Blickfang. Seine roten Stiele werden von Petunien und Duftsteinrich umspielt.

Rottöne setzen auf diesem Balkon starke Akzente. Als lukullische Gaumenfreuden wachsen Mangold und Basilikum im Vordergrund, im Kasten Currykraut und Salbei. Ein Arrangement aus Tomaten, Paprika und Gurken schmückt den Tisch.

Balkonsorten darauf verzichten. Nur auf einen kräftigen Bambusstab als Stütze sollten Sie nicht verzichten. Wenn es etwas wärmer ist, werden die Töpfe mit Basilikum unterpflanzt. Das würzige Kraut passt nicht nur in der Küche zu den Tomaten, sondern auch im Garten. Auch andere Kräuter wie Thymian, Salbei oder Majoran bieten sich an.

Herzhafte Gaumenfreuden

Zu den Paradiesäpfeln gesellen sich die verschiedensten Gemüsesorten. Auberginen, Paprika, Gurken und Zucchini versprechen einen abwechslungsreichen Speiseplan. Bei allen ist ein sonniger Standort ebenso wichtig wie gleichmäßig feuchte Erde. Trockenheit führt gerade bei Zucchini und Gurken zu bitterem Geschmack.

Mit Kindern wird der Gemüsegarten auf Balkonien zur besonderen Entdeckung. Kugelig wachsende Karotten, wie die Sorte 'Pariser Markt', Fenchel und Zuckermais wachsen in Töpfen und Kübeln. Bei Artischocken kostet die Ernte der knospigen Blüten fast schon Überwindung, denn in ihrem lilablauen Blütengewand sind sie ein echter Hingucker. Kletternde Bohnen und Erbsen machen sich sogar noch als Sichtschutzpflanzen nützlich.

Köstliches Gemüse für Balkonkästen und Kübel

Deutscher Name	Aussaat	Ernte	Pflegetipps
Aubergine	März – April	August – September	wärmeliebend, Anzucht auf der Fensterbank, regelmäßig gießen
Buschbohne	Mai – Juli	Juli – September	sehr dichte, kompakte Büsche, regelmäßig gießen
Kopf-, Pflücksalat	März – August	Mai – Oktober	rotlaubiger Salat wird seltener von Läusen befallen
Mangold	April – Mai	Juni – Oktober	Direktsaat, immer nur die äußeren Blätter ernten
Paprika	Februar – März	Juli – September	wärmeliebend, Anzucht auf der Fensterbank, regelmäßig gießen
Radieschen	März – September	April – Oktober	das erste Gemüse, das im Frühjahr reift, lockeres Substrat
Tomate	März – April	Juli – Oktober	sehr viele Sorten mit verschiedenen Früchten und Wuchsformen
Zucchini	April – Mai	Juli – September	reichlich gießen, junge Früchte sind besonders zart
Zuckererbse	April – Mai	Juni – August	Kletterhilfe erforderlich, die maigrünen Schoten ernten

Oben links: Verschiedene Pflücksalate gedeihen dicht nebeneinander im Balkonkasten. Bei warmem Wetter kann man hier schon mal zur Salatparty einladen.

Oben rechts: Manche Tomatensorte, wie hier 'Tumbler', wächst in der Ampel gut, die dicht mit Früchten besetzten Triebe lassen sich von der Sonne verwöhnen. Ideal ist ein Gefäß mit Wasserreservoir, denn die Pflanzen haben viel Durst.

Unten links: Kletterbohnen bilden innerhalb weniger Wochen einen guten Sichtschutz. Entsprechend ihrer üppigen Blattmasse brauchen sie viel Wasser. Ideal ist eine automatische Bewässerung.

Unten rechts: Zierpaprika bleibt relativ klein. Sorten wie 'Red Skin' (Mitte) und 'Lombardo' setzen gestalterisch hübsche Akzente. Und: Die kleinen Schoten haben es in sich.

Oben links: Erdbeeren reifen im Balkonkasten besonders gut. Die Früchte hängen locker herab und bleiben im Vergleich zu Früchten aus dem Beet sauber.

Oben rechts: 'Jenny' heisst diese Kiwi-Sorte. Sie zeichnet sich dadurch aus, dass sie einhäusig ist, also männliche und weibliche Blüten an einer Pflanze wachsen. Die kletternden Kiwipflanzen finden an einem kräftigen Spalier Halt.

Unten links: Die Säulen der Ballerina-Apfel fügen sich schlank in jede Balkonsituation ein und liefern zahlreiche knackig frische Früchte. Es gibt verschiedene Sorten, z.B. 'Polka', 'Bolero' und 'Flamenco'

Unten rechts: Ein fruchtiges Paar bilden das Johannisbeerhochstämmchen mit den Erdbeeren. Sie werden jedes zweite Jahr ausgetauscht und die Krone der Johannisbeere wird nach der Ernte zurückgeschnitten.

Leckeres Naschobst, das im Topf gedeiht

Name	Blüte	Erntezeit	Besonderheiten
Andenbeere	gelbweiß, Juni/Juli	September	einjährig, kann aus Samen gezogen werden, buschiger Wuchs
Apfel	rosaweiß, April	August – Okt.	als Spalier, Ballerina, verschiedene Sorten an einer Pflanze möglich
Birne	weiß, April	August – Okt.	als Spalier, wärmeliebend, nicht für extrem kalte Winterlagen
Erdbeere	weiß, Mai-Oktober	Juni – Oktober	Ampelpflanzen, Sortenwahl: Dauerblüher; im 2. Jahr neu pflanzen
Heidelbeere	weiß-rosa, Mai	August	Büsche, für Halbschatten, Substrat für Moorbeetpflanzen
Himbeere	weiß, Mai-Juni	August – Sept.	an Drähten ziehen, spät fruchtende Sorten wenig anfällig
Johannisbeere	grün-gelb, April/Mai	Juli	verschiedene Wuchsformen, rot- und weiß fruchtende bevorzugen
Kiwi	weiß, Juni/Juli	Oktober – November	wüchsige Kletterpflanzen, männliche und weibliche Pflanze
Pfirsich	rosa, März/April	Juli – September	als Spalierbaum, Blüte muss vor Spätfrösten geschützt werden
Wein	unscheinbar, Mai	September/Okt.	Kletterpflanze, auch als Hochstamm mit Schirmkrone

Fruchtig frisch

Wer süße Genüsse vorzieht, wird Obst pflanzen. Problemlos gedeihen Erdbeeren in Töpfen und Ampeln. Beim Kauf muss man nur darauf achten, dass man eine Sorte bekommt, die lange fruchtet. Platzprobleme gibt es mit Erdbeeren selten, denn im Zweifelsfall setzt man sie in eine Ampel. Wie im Paradies wachsen einem die Früchte im Sommer in den Mund. Gourmetgärtner unterpflanzen ihre Kübelpflanzen mit den kleinfrüchtigen Walderdbeeren, die im Aroma unübertroffen sind.

Wer experimentierfreudig ist, probiert Birnenmelonen, auch Pepino genannt, Andenbeeren oder Honigmelonen als Balkonpflanzen aus. In einem großen Gefäß auf dem halbschattigen Balkon kommt sogar der Rhabarber ganz groß raus.

Die Hitliste wird von Apfel, Kirsche, Pfirsich und Johannisbeere angeführt, diese Gehölze verleihen der Balkongestaltung eine dauerhafte Struktur. Beim Einkauf gilt es, nicht nur auf eine schmackhafte Sorte zu achten, sondern auch auf einen klein bleibenden Wuchs. Rote Johannisbeeren sind in der Regel gesund und wüchsig und machen auch als Hochstamm eine gute Figur. Stein- und Kernobst sollte eine schwach wachsende Unterlage haben. Ideal sind Spalierbäumchen, die ihre fächer- oder U-förmig gezogenen Triebe Platz sparend mit Blüten und Früchten schmücken. Bei den Äpfeln haben sich die säulenförmigen 'Ballerina'-Sorten einen Namen gemacht.

Rote Johannisbeeren und Erdbeeren leuchten verlockend. Doch die blitzenden Augen der Katze vertreibt alle zwitschernden Gourmets, die sich über die Ernte hermachen wollen. So bleibt auch bis zum Feierabend noch genügend hängen.

Obstgehölze richtig pflegen

Verwenden Sie zum Einpflanzen der Gehölze eine strukturstabiles Kübelpflanzensubstrat, um jährliches Umtopfen zu vermeiden. Außerdem muss durch eine Dränageschicht für guten Wasserabzug gesorgt werden. Regelmäßige Düngergaben fördern das gesunde Wachstum. Allerdings sollte man ab Ende Juli keine Nährstoffe mehr geben, damit das Holz ausreifen kann und ausreichend frosthart ist. Ende November werden die Gefäße zusammengerückt und, wie auf Seite 161 ausführlich beschrieben, geschützt. Zuvor die Gehölze wieder in Form bringen. Johannisbeeren werden nach der Ernte zurückgeschnitten.

Auf der filigranen Etagere aus Draht steht ein kleiner Kräutergarten. In Töpfen wachsen Rosmarin, Currykraut, Thymian und der Ziersalbei 'Icterina', kleine Lavendelsträuße verstärken das südländische Ambiente.

Das Aroma frischer Kräuter

In der Küche zeigt sich immer wieder, dass frisch geerntete Kräuter das i-Tüpfelchen eines Gerichtes sind. In der Balkongestaltung verhält sich das ganz ähnlich. Schließlich sind viele Pflanzen mit aromatischem Laub zugleich dekorative Blattschmuckstauden. Der Küchensalbei *(Salvia officinalis)* schmückt selbst die Herbstbepflanzung noch mit seinen verschiedenen Sorten. Gelbgrüne und goldgerandete Blätter des Oregano *(Origanum vulgare)* zeichnen die Zierformen aus. Mit dem feinen Duft, den die Kräuter in der sommerlichen Wärme entfalten, entsteht ein sinnliches Vergnügen, das die Sinne wohltuend anregt.

Die Kräuter der mediterranen Küche lieben Wärme und Sonne. Basilikum *(Ocimum basilicum)*, Rosmarin *(Rosmarinus officinalis)*, Salbei *(Salvia)* und Thymian *(Thymus vulgaris)* müssen regelmäßig gegossen werden. Die Düngung sollte sparsam dosiert sein, nur wer wirklich viel erntet, darf die Gaben etwas erhöhen. Damit die Halbsträucher unter den Kräutern kompakt bleiben und nicht von unten verkahlen, schneidet man immer wieder bis ins Holz hinein. Allerdings nur in der ersten Sommerhälfte, anschließend sollten Sie nur noch Spitzen ernten, damit das Wachstum nicht mehr allzu stark angeregt wird.

So ein mobiles Kräutergärtlein lässt sich hübsch gestalten. Die Lieblingskräuter passen zusammen in einen Korb oder man stellt sie auf eine Blumentreppe vor die sonnige Balkonwand. Die Kräuter der Mittelmeerküche haben recht ähnliche Ansprüche und ergänzen sich durch die unterschiedlichen Wuchsformen sehr gut. So kann man sie auch in einer Ampel zusammenpflanzen.

Essbare Blüten

Eine ganze Reihe von Kräutern schmückt sich mit dekorativen Blüten. Kapuzinerkresse *(Tropaeolum)*, Borretsch *(Borago officinalis)* und Schnittlauch *(Allium schoenoprasum)* liefern damit eine ganz besondere Bereicherung für die Küche. Schließlich sehen die blauen Borretschblüten und die großen orangefarbenen Blütenblätter der Kapuzinerkresse mit angenehm würzigem Geschmack auch im Salat oder auf der Suppe malerisch aus. Weitere Farbtupfer liefern Ringelblumen *(Calendula)*. Ihre orangefarbenen oder gelben Blüten schmücken Speisen pfiffig.

Die frische Würze auf dem Balkon ernten

Deutscher Name	Anzucht	Ernte	Pflegetipps
Schnittlauch *(Allium)*	Aussaat, Teilung	Blätter, Blüten	mehrjährig, sollte alle zwei Jahre durch Teilung verjüngt werden
Dill *(Anethum graveolens)*	Aussaat	junge Blätter	einjährig, für lockere, humose Substrate, dekorative Blütendolden
Kerbel *(Anthriscus cerefolium)*	Aussaat	junge Blätter	einjährig, feines Laub, hübsche weiße Blüten, 20 cm hoch
Borretsch *(Borago officinalis)*	Aussaat	Blätter, Blüten	einjährig, die wasserblauen Blüten zieren Suppen und Salate
Basilikum *(Ocimum basilicum)*	Aussaat	Blätter	Lichtkeimer, einjährig, für geschützte, warme Plätze
Rosmarin *(Rosmarinus officinalis)*	Stecklinge, Aussaat	junge Triebe	Halbstrauch, blüht im zeitigen Frühjahr, geschützt überwintern
Salbei *(Salvia officinalis)*	Stecklinge	Blätter	Halbstrauch, geschützt überwintern, nur mäßig düngen
Thymian *(Thymus vulgaris)*	Teilung, Stecklinge	junge Triebe	Halbstrauch, verträgt kräftigen Rückschnitt, hübscher Lückenfüller
Kapuzinerkresse *(Tropaeolum)*	Aussaat	Blüten	einjährig, die orangegelben bis roten Blüten schmecken scharf

Oben links: Kräuter sind dekorative Blattschmuckpflanzen. Currykraut, verschiedene Salbeiformen und Petersilie schmücken den roten Kasten dezent, aber abwechslungsreich.

Oben rechts: Basilikum kann man aus Samen selber ziehen. Verlockend sind die verschiedenen Sorten mit dunkelroten Blättern oder winzigem Laub und auch solche mit zitronigem Aroma.

Unten links: Borretsch wird auch Gurkenkraut genannt. Der Geschmack der Blätter passt besonders gut zu Gurkengerichten. Seine blauen Blüten setzen als Dekoration einen hübschen Akzent.

Unten rechts: In einem Korb wachsen mediterrane Kräuter miteinander: In der Mitte gelblaubiger Oregano, rechts daneben Salbei, vorne links Thymian, und neben dem Hornveilchen blüht ein Lavendel.

HERBST

BLÄTTER, BEEREN, BLÜTEN

Die Saison klingt aus, die sommerlichen Balkonpflanzen haben sich verausgabt, und kühle Nächte drosseln die Blühfreudigkeit. So wird es Anfang September Zeit für einen Tapetenwechsel auf dem Balkon, der bis zur Adventszeit für ein Fest der Farben sorgt. Schließlich gibt es häufig noch im Oktober warme Tage, an denen man gerne im Freien sitzt. Drei Farbstimmungen erobern zu dieser Jahreszeit das Wohnzimmer unter freiem Himmel: Die zarten Rosatöne des Altweibersommers legen sich wie ein lieblicher Schleier über den Balkon, Farben des Feuers unterstreichen das Farbenspiel des herbstlichen Laubes und der Balkon stimmt sich mit gelben Blüten und Früchten leuchtend auf den »Goldenen Oktober« ein. Der Glanz von warmen Farben verstärkt die letzten Sonnenstrahlen und bringt Sonne in trübe Tage.

Herbstzeit – Kürbiszeit! Fröhliche Gesichter und gruselige Fratzen lassen sich in die Fruchthülle schneiden und lachen – mit einem Teelicht in ihrem Inneren – jeden Abend vom Balkon aus in das Wohnzimmer.

Mit dem Fruchtschmuck von Scheinmispel und Zierpfeffer, den Blüten von Alpenveilchen und Stiefmütterchen sowie dem Blattschmuck von Segge und Efeu klingt die Saison auf dem Balkon aus.

Herbstzauber macht sich breit

Im Herbst erobern nicht nur einjährig gezogene Pflanzen wie Winterastern *(Chrysanthemum × grandiflorum)*, Besenheide *(Calluna vulgaris)* und Heide *(Erica)* die Kübel und Kästen des Balkongartens, sondern auch Gehölze, Stauden, Gräser und einige wenige Zwiebelblumen. Die Auswahl der Arten wird durch ihre herbstliche Schönheit bestimmt. Herbstfärbung, Früchte und späte Blüten unterstützen das Fest der Farben.

Farben des Indian Summer

Wenn in Nordamerika die Tage kürzer und die Nächte kälter werden, entsteht in den Wäldern ein einzigartiges Naturschauspiel. Das Blattwerk der Waldbäume verfärbt sich fast über Nacht von dunklem Grün zu strahlendem Rot, Orange und Gelb. Die Farben sind sehr rein und fast unwirklich klar. Wählt man die richtigen Arten und Sorten von Gehölzen und Stauden aus, kann man sich diese Pracht auch auf den eigenen Balkon holen. Schwach wachsender Fächerahorn *(Acer palmatum)*, Felsenbirne *(Amelanchier)* und Wilder Wein *(Parthenocissus)* lassen ihre Blätter wundervoll leuchten. Die großen Bergenienblätter *(Bergenia*-Hybride) erröten von den Rändern her. Wenn man dazu im Fachhandel noch Japanische Lavendelheide *(Pieris japonica)* mit frischem Austrieb bekommt, kommen die feurigen Rottöne noch mehr zum Leuchten.

Weil der Indian Summer an strahlenden Sonnentagen am schönsten ist, dürfen Sonnenblumen *(Helianthus annuus)* nicht fehlen. Sie setzen mit ihren großen Gesichtern malerische Blickpunkte zwischen

Schöne Balkone zum Nachpflanzen

(Bild siehe Seite 122/123)

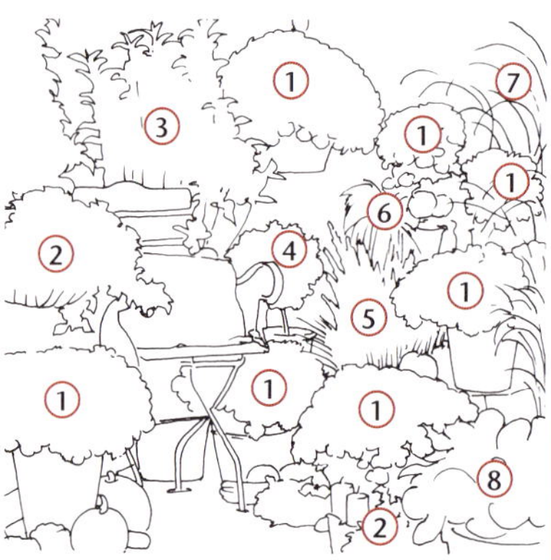

① Winterastern, verschiedene Sorten *(Aster)*
② Efeu *(Hedera helix)*
③ Stranvesie *(Photinia)*
④ Buchsbaum, Hochstämmchen *(Buxus)*
⑤ Federborstengras *(Pennisetum)*
⑥ Buntsegge *(Carex)*
⑦ Chinaschilf *(Miscanthus sinensis)*
⑧ Bergenie *(Bergenia)*

die Sträucher. Viele blühende Pflanzen hält der Fachhandel in den Herbstwochen bereit: Sonnenhut *(Rudbeckia hirta)* ist so ein blütenreicher, robuster Herbstblüher. Und wer Sonnenblumen *(Helianthus)* für die Herbstblüte aus Samen selber anziehen will, sät sie möglichst nicht vor Mai aus. Am besten stellen Sie die Töpfe mit den Samen gleich an einen hellen Platz auf dem Balkon. Ideal hierfür sind die standfesten, niedrigen Sorten, denn sie trotzen den kräftigen Herbststürmen am besten. Wer den Zeitpunkt verpasst hat und keine Sonnenblumen im Topf mehr erhält, arrangiert Schnittblumen in ein standfestes Gefäß. Sind die Sonnenblumen verblüht, werden sie einfach durch frische ersetzt.

Die Schönheit der Gräser

Im Herbst haben sich die Gräser zu ihrer ganzen Pracht entwickelt, ihre Blütenähren erheben sich aus sprühenden Blatthorsten. Zum Teil verfärben sie ihre Blätter. Gräser tragen meist ein gelbes oder leuchtend beigebraunes Herbstkleid. Gut für eine gemischte Pflanzung in Kübeln eignet sich das Federborstengras *(Pennisetum alopecuroides)*, dessen Horste etwa einen halben Meter hoch werden. Seine Blütenstände erinnern an Flaschenbürsten und sind sehr auffällig. Für den Balkonkasten ideal sind dagegen die immergrünen

Schöne Balkone zum Nachpflanzen

(Bild oben)

① Berberitze *(Berberis thunbergii)*
② Brombeere *(Rubus fruticans)*
③ Zwergmispel *(Cotoneaster)*
④ Pfaffenhütchen *(Euonymus europaens)*
⑤ Zierapfel *(Malus-*Hybride)

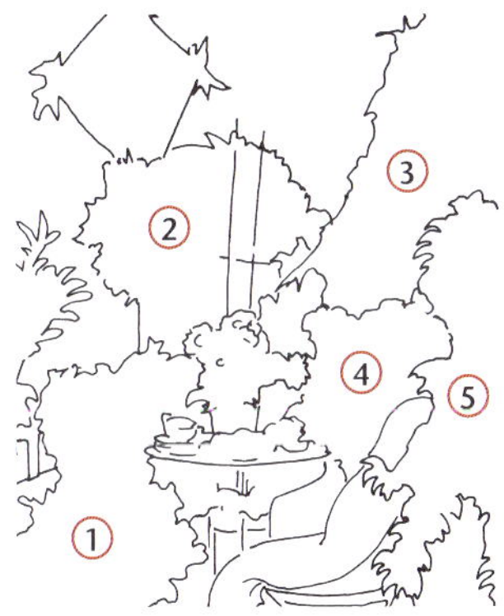

Zwischen verschiedenen Gräsern leuchten die Früchte der Lampionblume und des Korallenstrauches in herbstlichen Farben. Die Farben Gelb bis Rot übernehmen auch die orangefarbenen Stiefmütterchen – ein hübsches Farbenspiel!

Kerzen und Lichterketten verleihen dem mit Erika und Winteraster, Skimmia und Besenheide geschmückten Balkon eine romantische Abendstimmung.

Seggen *(Carex)* und Schwingel *(Festuca)*. Ihr dekorativer Wert beruht auf den linearen Blattstrukturen, einem filigranen Wuchs und der hübschen Blattfärbung. Zarte, cremig gelbe Ränder, etwa bei *Carex elata* 'Bowles Golden', *Carex hachijoensis* 'Evergold' und dem Japanischen Waldgras *(Hakenochloa macra* 'Aureola') betonen das herbstliche Flair.

Die Früchte der Saison

Im Herbst schmücken Hagebutten, Vogelbeeren und Kornelkirschen die Gehölze. Früchte sind Symbole des Herbstes und ersetzen mit ihrer Farbe so manche Blüte. Auch hinsichtlich der Leuchtkraft stehen sie dem Blütenflor in nichts nach. Deshalb dürfen kleine Berberitzensträucher *(Berberis thunbergii)* mit korallenroten Früchten, Zwergmispeln *(Cotoneaster)* und Zieräpfel *(Malus)* auf dem Balkon nicht fehlen. Ähnlich wie das Pfaffenhütchen *(Euonymus)* eignen sich die genannten Arten besonders gut für die Bepflanzung von Kübeln. Torfmyrten *(Gaultheria mucronata)* mit rosafarbenen oder weißen Beeren, Rote Teppichbeeren *(Gaultheria procumbens)* und Skimmien *(Skimmia)* sind die richtigen Pflanzen für den Balkonkasten.

Kürbisse sollten auf keinem Herbstbalkon fehlen, kann man mit ihnen doch ganz pflegeleicht kräftige Halloween-Akzente setzen. Die großen Früchte zeigen eine ungeahnte Formenvielfalt: Schon von Weitem leuchten die gelborangen Klassiker, aus denen man gruselige und dekorative Windlichter schnitzen kann. Und während sich Turbankürbisse mit ihren bizarren Farbstellungen und Formen in den Vordergrund spielen, versprühen die kleinen Zierkürbisse viele Wochen lang als Tischdekoration in einer Schale ihren Charme. Terrakottabraune, tief gefurchte Muskatkürbisse geben dem Topfgarten auf der Etagere Fülle, während die blaugrau bereiften Hokkaido-Kürbisse aus Japan das Farbenspiel von silberlaubigem Ziersalbei *(Salvia officinalis)* unterstreichen. Wenn der Herbst allmählich zu Ende geht, kann man nach und nach die schmackhaften Früchte zu Suppen, Pies und Ofengerichten verarbeiten. Damit der Kürbis nicht vorzeitig fault, sollten Sie beim Arrangieren darauf achten, dass er auf etwas Stroh gebettet wird, damit sich keine Feuchtigkeit auf der Unterseite sammelt. Am besten wischt man die Unterseite einmal in der Woche mit einem Lappen trocken. Zwischen bronzefarbenen Winterastern *(Chrysanthemum × grandiflorum)* leuchtet jeder Kürbis auch ohne Kerzenlicht.

Sanft wie die Nebelschleier

Wenn in der Morgensonne die Tautropfen wie Perlen funkeln und das Wunderwerk der Spinnennetze sichtbar wird, sind dies untrügliche Zeichen dafür, dass der Altweibersommer angebrochen ist. Nebelschleier ziehen durch das Land, und alle Farben wirken gedämpft. Will man diese Stimmung auf dem Balkon nachahmen, empfiehlt sich vor allem das Spektrum der Pastellfarben, wobei sich hier besonders die Rosatöne mit einer breiten Auswahl hervortun.

Heidekraut *(Calluna)* in unterschiedlichem Rosa bildet kugelige Büsche und eignet sich von den Proportionen her gut für Balkonkästen. Dazwischen passen niedrige, buschige Winterastern *(Chrysanthemum*

Schöne Balkonkästen zum Nachpflanzen

(Bild oben)

① Besenheide *(Calluna vulgaris)*
② Zierpfeffer *(Capsicum annuum)*
③ Currykraut *(Helichrysum italicum)*
④ Silberrand-Chrysantheme *(Ajania pacifica* 'Silver 'n Gold')
⑤ Erika *(Erica gracilis)*
⑥ Wolfsmilch *(Euphorbia amygdaloides* 'Efanthia')
⑦ Scheinbeere *(Gaultheria procumbens)*
⑧ Efeu *(Hedera helix* 'Glacier')
⑨ Hornveilchen *(Viola cornuta)*
⑩ Skimmie *(Skimmia japonica)*
⑪ Bronzesegge *(Carex petriei* 'Bronze Form')
⑫ Goldpfennigkraut *(Lysimachia nummularia* 'Goldilocks')

Zwischen rosa Winterastern arrangiert sich der Blattschmuck von Heiligenkraut, Wolfsmilch, Pfennigkraut und Seggen. Pfiffig sitzen zwei rotschalige Äpfel auf einem Moosbett in farblich abgestimmten Tüten.

Schöne Balkonkästen zum Nachpflanzen

(Bilder oben und unten)

① Spanisches Gänseblümchen *(Erigeron karvinskianus)*
② Knospenblühende Besenheide *(Calluna vulgaris* 'Marleen')
③ Silberrand-Chrysantheme *(Ajania pacifica)*
④ Wolfsmilch *(Euphorbia amygdaloides)*
⑤ Hornveilchen *(Viola cornuta)*
⑥ Erika *(Erica carnea)*
⑦ Buntsegge *(Carex hachijoensis)*

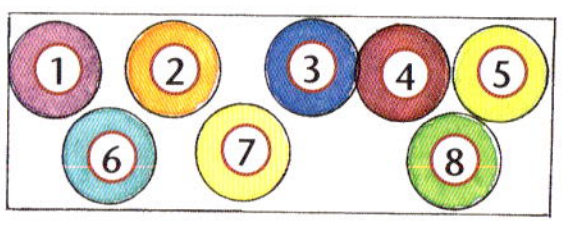

① Blumensedum *(Sedum* 'Herbstfreude')
② Segge *(Carex petriei* 'Bronze Form')
③ Bleiwurz *(Ceratostigma plumbaginoides)*
④ Winteraster *(Chrysanthemum × grandiflorum)*
⑤ Ziersalbei *(Salvia officinalis* 'Icterina')
⑥ Silberglanznessel *(Lamiastrum galeobdolon* 'Hermann's Pride')
⑦ Goldpfennigkraut *(Lysimachia)*

grandiflorum). Vielfältig sind auch die Herbstastern *(Aster).* Dabei lassen sich Kissenastern *(Aster dumosus)* gut zur Kastenbepflanzung verwenden, die höheren Glattblatt- und Raublattastern *(A. ericoides)* sowie die kleinblumigen Myrtenastern *(A. novi-belgii, A. novae-angliae)* eignen sich besser zur Bepflanzung von Kübeln. Sie alle gibt es auch in feinen Pastelltönen zwischen Lila und Violett, die sich malerisch mit immergrüner Strauchveronika *(Hebe-*Andersonii-Hybriden) ergänzen. Als wahrerer Dauerblüher auf dem Herbstbalkon hat sich das winterharte Blumensedum *(Sedum telephium)* erwiesen, welches mit dickfleischigen Blättern eine gute Figur abgibt. Die tellerförmigen Blütenstände zeigen ab Ende August Farbe und sind erst im späten Herbst wirklich verblüht.

Wer das Außergewöhnliche für den Herbst sucht, trifft nach dem Sommerurlaub einige Vorbereitungen, denn im August werden im Fachhandel die Zwiebeln von Herbstzeitlose *(Colchicum autumnale, C. speciosum)* und herbstblühenden Krokussen *(Crocus),* etwa dem Safran-Krokus *(C. sativus),* angeboten. Die Zwiebeln werden in Töpfe gelegt, mit Erde bedeckt und regelmäßig gegossen. Beginnt man im September mit der Herbstbepflanzung des Balkons, lassen sich die Töpfe, aus denen bereits erste Sprosse hervorlugen, problemlos in die Gestaltung einplanen. Die fliederfarbenen und helllila Blütenkelche der herbstlichen Zwiebelblumen wirken zart und erinnern bereits ein wenig an den nächsten Frühling.

Der zarten Schönheit herbstlicher Blütenwolken verleiht passender Blattschmuck eine noch stärkere Ausdruckskraft. Mit seinen krausen, rosafarbenen oder weißen Blattrosetten schmückt Zierkohl *(Brassica oleracea)* die Lücken zwischen den buschigen Pflanzen. Und bereits rötlich schimmernde Blätter verleihen Stauden mit burgunderroten Blüten noch intensiveren Glanz. So gibt es zum Beispiel Purpurglöckchen *(Heuchera*-Hybriden) in vielen verschiedenen Sorten, die zum Teil eine tiefrote Blattoberfläche besitzen, zum Teil silbrige Marmorierungen aufweisen. Auch bei Günsel *(Ajuga reptans)*, Ziersalbei *(Salvia officinalis)* und Mandelblättriger Wolfsmilch *(Euphorbia amygdaloides)* findet man rotlaubige Formen, die das Farbenspiel ergänzen. Die Sorte 'Matrona' des Blumensedum *(Sedum*-Hybride) ist ein Paradebeispiel für das Farbenspiel mit rosafarbenen Blüten und burgunderrotem Laub. Als silbriger Blattschmuck im Herbst haben sich Schönkopf *(Calocephalus brownii)*, Greiskraut *(Senecio bicolor)*, Silberrand-Chrysantheme *(Ajania pacifica)* und Ziersalbei *(Salvia officinalis)* bewährt.

Farbenfroh und gut gelaunt zeigt sich der Herbst von seiner besten Seite. Rosa leuchten die Herbstzeitlosen, rot funkelt der Korallenstrauch, samtig schimmern Federbusch, Fetthenne und Besenheide. Die Komposition dieser Farbtöne ist charakteristisch für den Herbst.

Bis zum Frühling

Einige der Stauden, die im Herbst angeboten werden, sind bis zum Frühling ansehnlich. Bergenien *(Bergenia*-Hybride) und Günsel *(Ajuga)*, Zitronenthymian *(Thymus × citriodorus)* und Ziersalbei *(Salvia officinalis* in Sorten) schmücken die Gefäße den ganzen Winter mit ihren Blättern. Dazu bieten sich zur Auflockerung immergrüne Seggen *(Carex)* an. Damit die Saison im Frühling blühend beginnt, legt man beim Pflanzen Zwiebeln von Narzissen *(Narcissus*-Hybride), Blausternchen *(Scilla sibirica)* und Traubenhyazinthen *(Muscari armeniacum)* mit in die Gefäße. Sie schieben im März bereits ihre Blütenknospen aus der Erde, zur gleichen Zeit erwachen auch die ersten Stauden aus dem Winterschlaf und beginnen, ihre Blüten zu entfalten.

Als echter »Hingucker« erweist sich das Blumensedum mit seinem flachen, dominanten Blütenteller. Der Bleiwurz bringt leuchtendes Blau in die Komposition, die durch überhängendes Pfennigkraut und die aufrechten Büsche des gelbgrünen Ziersalbei eine ruhige Struktur bekommt.

Erika

(Erica gracilis)

Mit rosaroten und weißen Blütchen schmücken sich diese kleinen Sträucher bis in die kalten Wintertage.

Wuchs: Buschig verzweigt, aufrechte Triebe, Höhe zwischen 25 und 35 cm.

Blüte: Klein, röhrenförmig, glockig hängend, in Quirlen an den Trieben.

Standort: Sonnig bis schattig, da die Pflanzen blühend angeboten werden.

Pflege: Pflanzung in normale Blumenerde; gleichmäßig feucht halten, unter freiem Himmel reicht meist der natürliche Niederschlag aus.

Extra-Tipp: Die **Winterheide** *(E. carnea)* ist der Erika sehr ähnlich, allerdings liegen die Triebe im unteren Drittel etwas flacher und steigen dann senkrecht nach oben. Höhe: 15–25 cm; mehrjähriges Gehölz. Wer es über mehrere Jahre kultivieren will, sollte einen sonnigen oder halbschattigen Standort wählen. Als Substrat für die mehrjährige Kultur eignet sich Rhododendron-Erde, die mit etwas Sand vermischt wird. Zu häufigen Verwechslungen kommt es zwischen Erika und **Besenheide** *(Calluna vulgaris)*. Während die Erika kleine nadelförmige Blätter besitzt, liegt das Laub der Besenheide schuppenförmig an den Trieben. Neben der Blütenfarbe variiert auch die Blattfarbe: Es gibt grünlaubige, goldene und graue Sorten. Die Büsche können mehrjährig kultiviert werden. Eine besondere Form von *Calluna* sind die **Knospenblüher**, deren Knospen sich nicht öffnen, dennoch intensiv farbig und bis in den Winter dekorativ sind.

Bild oben: Knospenblühende Besenheide zusammen mit Herbstzeitlosen; Bild Mitte links: Besenheide in einem Wandkorb; Bild Mitte rechts: Besenheide *(Calluna vulgaris* 'Dark Beauty'); Bild unten links: Zweifarbige Erika; Bild unten rechts: Erica 'Karlson vom Dach'.

Winteraster

(Chrysanthemum × grandiflorum)

Die einjährig gezogene Blütenpflanze bietet dem Balkongärtner im Herbst eine ungeahnte Fülle an Gestaltungsmöglichkeiten.

Wuchs: Ihr natürlicher Wuchs ist straff aufrecht, sie wird 50–80 cm hoch. Das Verkaufsangebot reicht von kleinen bis großen Büschen über kugelige Formen bis hin zu Hochstämmchen. Ebenso variiert die Höhe von knapp 30 cm bis hin zu 1 m.

Blüte: Strahlenförmig in der Grundform mit zahlreichen verschiedenen Formen von gefüllt über anemonen- und pomponblütig bis hin zu großen, spinnenförmigen Blüten, Durchmesser etwa 5–8 cm, in Ausnahmen bis 15 cm; in Weiß, Gelb, Bronze, Rostrot, Burgunderrot, Zartrosa, Altrosa, Violett.

Standort: Sonnig; Saisonware auch für halbschattige und schattige Plätze; bei anhaltend feuchter Witterung sollten die Pflanzen unter ein Dach gestellt werden, da sich sonst in den gefüllten Blüten Wasser sammelt und der Flor rasch unschön wird.

Pflege: Gleichmäßig feucht halten und anfangs regelmäßig düngen, die Pflanzen gehören zu den Starkzehrern; die ersten welken Blüten ausputzen.

Überwinterung: Möglich, bevorzugt an einem geschützten Standort im Garten, wobei der Wurzelballen vor Frost geschützt werden sollte. Die Pflanzen blühen jedoch im nächsten Jahr nur spärlich, und der Aufbau von kompakten Kugeln gelingt dem Laien nicht.

Extra-Tipp: Achten Sie beim Kauf darauf, dass die ersten Blüten voll aufgeblüht sind, so können Sie mit einer über viele Wochen anhaltenden Blütenpracht rechnen.

Mit den vielfältigen Blütenfarben der Winterastern lassen sich unterschiedliche Stimmungen gestalten

Herbstastern

(Aster in Arten u. Sorten)

Sie kommen aus dem Reich der winterharten Blütenstauden und erobern als einjährig gezogene, blühende Herbstpflanzen die Herzen der Balkongärtner.
Wuchs: Buschige, mehrtriebige Horste, zum Teil sparrig breit, reich verzweigt; von niedrigen, polsterförmigen Kissenastern *(A. dumosus)* über mittelhohe, locker verzweigte Myrthenastern *(A. ericoides)* bis zu den meterhohen, aufrechten Glatt- und Raublattastern *(A. novi-belgii, A. novi-angliae)*.
Blüte: Margeritenförmig, Durchmesser 2–3 cm, ungefüllt mit gelber oder brauner Scheibe, auch halb und dicht gefüllt; lila, violett, rosa, weiß.
Standort: Sonnig bis halbschattig.
Pflege: Regelmäßig gießen und am Anfang düngen; Trockenheit führt schnell zu Mehltau an den Blättern.
Überwinterung: Nach der Blüte die Büsche zurückschneiden und im Garten auspflanzen.

Extra-Tipp: Hohe Sorten sind im unteren Drittel unschön, daher immer mit einigen halbhohen Pflanzen kaschieren.

Zierkohl

(Brassica oleracea)

Statt in den Kochtopf wandern diese wohlgeformten, farbenfrohen Kohlköpfe in Schalen und Balkonkästen.
Wuchs: Rosettenförmig auf einem kurzen, kräftigen Stiel, Durchmesser etwa 10–15 cm.
Blüte: Keine.
Standort: Sonnig bis schattig.
Pflege: Regelmäßig gießen.

Extra-Tipp: Im Grunde zählt der Zierkohl zu den Blattschmuckpflanzen. Die an den Rändern stark gekrausten Blätter sind im Innern der Rosette lila, rosa, cremefarben oder weiß. Die Farbe wird mit sinkenden Temperaturen immer intensiver und hält sich bis in den tiefen Winter. Wenn die Blätter braun werden, wird es Zeit, die Pflanzen zu entfernen, denn wie für Kohl typisch, entfalten die verrottenden Pflanzen keine Wohlgerüche.

Strauchveronika

(Hebe × andersonii)

Ein lilablaues Wunder für die Herbsttage. Leider ist der kleine immergrüne Busch nur bedingt winterhart.
Wuchs: Dicht buschig, reich verzweigt, 0,5–1 m.
Blüte: Klein und filigran, in dichten, walzenförmigen Kerzen an den Triebenden, violett oder weiß, ab September.
Standort: Sonnig bis halbschattig.
Pflege: Regelmäßig gießen, Staunässe vermeiden; nur mäßig, im Herbst während der Blüte überhaupt nicht mehr düngen; wenn die ersten Nachtfröste kommen, sollten die Pflanzen an die Hauswand gerückt werden.
Überwinterung: Nach der Blüte zurückschneiden und bei anhaltendem Frost an einen hellen, kühlen (5 °C) Platz stellen. Im Freien nur mit Winterschutz.

Extra-Tipp: Wer die kleinen Sträucher mehrjährig ziehen will, sollte sie in sandige Erde mit einem schwach sauren bis neutralen pH-Wert pflanzen.

Berberitze

(Berberis thunbergii)

Ein kleiner Strauch mit grünen oder rötlichen Blättern, der sich sehr gut im Topf entwickelt. Neben dem Fruchtschmuck fällt er durch eine wunderschöne Herbstfärbung auf.

Wuchs: Straff aufrecht, dicht verzweigt; bei Kultur im Topf Höhe bis zu 2 m.

Blüte: Klein, in dichten Büscheln, gelb, zum Teil mit rötlichem Hauch, Mai/Juni; ab August kleine, längliche Beeren, korallenrot, haften bis zum Winter an den Zweigen.

Standort: Sonnig bis halbschattig.

Pflege: Regelmäßig gießen und düngen; ab August nicht mehr düngen, damit das Holz ausreichend frosthart wird; bei geformten Pflanzen im Frühling und Sommer Neuaustrieb zurückschneiden.

Überwinterung: Im Freien, im Schutz der Hauswand.

Extra-Tipp: Die rotlaubigen Sorten passen gut zu rosablühenden Balkonpflanzen.

Sorten: 'Atropurpurea' – rotlaubige Form; 'Bagatelle' – kleinbleibende, rotlaubige Sorte, Höhe bis 0,4 m; sehr langsam wachsend; 'Kobold' – kleinbleibende Sorte, die maximal 50 cm hoch wird; 'Nana Atropurpurea' – klein bleibende Form mit rotem Blattwerk.

Zwergmispel

(Cotoneaster)

Diese zum Teil immergrünen Sträucher tragen im Herbst erbsengroße rote Früchte. Neben dem Zierwert machen sich die verschiedenen Arten und Sorten dadurch beliebt, dass sie sehr robust und anspruchslos sind.

Wuchs: Je nach Art und Sorte flach niederliegend bis sparrig aufrecht wachsend; Höhe zwischen 0,4 und 3 m hoch.

Blüte: Klein, weiß, rosa; meist in dichten Schirmtrauben, Mai/Juni; später erscheinen zahlreiche rote oder rotbraune Früchte.

Standort: Sonnig bis schattig.

Pflege: Regelmäßig gießen, in der ersten Jahreshälfte düngen.

Überwinterung: Im Freien, ohne besondere Schutzmaßnahmen.

Extra-Tipp: Werden die Sträucher zu üppig, kann man sie problemlos zurückschneiden.

Arten: *C. dammeri* (Bild) – immergrün; flach wachsend, bis 0,6 m hoch, bis 0,8 m breit, verschiedene Sorten; *C. microphyllus* – immergrün; feste, flache Polster, bis 0,5 m hoch; bis 1 m breit; *C. praecox* – sommergrün; Zwergstrauch mit überhängenden Ästen, bis 0,8 m hoch, bis 2 m breit; *C. × wateri* – halbimmergrün bis immergrün, aufrecht wachsend, bis 3 m hoch, maximal 3 m breit.

Feuerdorn

(Pyracantha)

Die immergrünen, bedornten Sträucher tragen unzählige leuchtende, kleine Früchte.

Wuchs: Aufrecht, sparrig verzweigt, breitwüchsig, Höhe zwischen 1–2 Meter, wenn das Gehölz im Kübel wächst.

Blüte: Klein, in dichten Scheinrispen an mehrjährigen Trieben, weiß, Blütezeit Mai/Juni; ab August werden die Früchte orange, gelb oder rot.

Standort: Sonnig bis halbschattig.

Pflege: Regelmäßig gießen, in der ersten Jahreshälfte regelmäßig düngen; alte Triebe nach Bedarf auslichten.

Überwinterung: Im Freien; bei starkem Frost an die Hauswand rücken und den Ballen mit Vlies schützen; bei Temperaturen über 0 °C gießen.

Extra-Tipp: Das sparrige Astgerüst kann im Herbst mit Lichterketten geschmückt werden.

Sorten: 'Orange Charmer' – breitbuschig; 2–2,5 m; orangefarbene Früchte; 'Praecox' – breitbuschig; 1,5–2 m; orangerote Früchte; 'Red Column' – aufrechter Wuchs, 2–3 m hoch; leuchtend rote Früchte, gute Frosthärte; 'Red Cushion' – buschig, flach, bis 1 m, orangerote Früchte; 'Soleil d'Or' – breibuschig, 1,5 m, leuchtend gelbe Früchte, gute Frosthärte.

WINTER

LEISE RIESELT DER SCHNEE

Wenn die Herbststürme über das Land gezogen sind und das Laub von den Baumkronen gefegt haben, geht auch der Balkon in den Winterschlaf. Doch das heißt nicht, dass sich kahle Tristesse breit machen muss. Schließlich liegt der Balkon meist vor dem Wohnzimmerfenster, und es bietet sich an, mit einfachen Mitteln eine kleine Winterlandschaft auf den Balkon zu zaubern. Nun prägen die Strukturen der Immergrünen und bizarre Silhouetten von Gräsern und Gehölzen das Bild. Mit wenigen Handgriffen lässt sich eine vorweihnachtliche Atmosphäre mit roten Farbtupfern in Form von Schleifen und Kerzen arrangieren. In den späten Abendstunden verbreiten flackernde Kerzen eine gemütliche Adventstimmung und lassen die winterlichen Schneehäubchen leuchten. Nun ist auch der richtige Zeitpunkt gekommen, das Vogelhäuschen aufzustellen.

Der warme Kerzenschein erzeugt wohlige Gefühle beim Blick auf dem Balkon. Zwischen den Stillleben aus Zapfen, Nüssen und Tannengrün macht sich vorweihnachtliche Stimmung breit, während sich das grüne Freiluft-Wohnzimmer in den Winterschlaf zurückgezogen hat.

Nicht nur zur Sommerzeit

Stillleben prägen in den Wintertagen das Bild auf dem Balkon. Dekorieren Sie deshalb so, dass Sie beim Blick aus dem Fenster ein hübsches Arrangement sehen können. Deshalb empfiehlt es sich, die Gestaltung im Winter stärker auf einen ausgewählten Punkt zu konzentrieren.

Die wichtigsten Helfer in dieser Jahreszeit sind die Gehölze. Bei den laubabwerfenden Arten kommen nur solche in Frage, die eine wirklich gute Figur machen. Die Korkenzieherhaselnuss *(Corylus avellana* 'Contorta') gehört zu ihnen. Sie trägt spiralig verdrehte Äste, die die Aufmerksamkeit auf sich ziehen. Ebenso ist es bei der Korkenzieher-Weide *(Salix matsudana* 'Tortuosa'). Leider bereitet dieses Gehölz im Gefäß nicht viel länger als eine Saison Freude, weil die Pflanzen wegen des enormen Wurzelwachstums immer wieder umgetopft werden müssen und zudem einen sehr hohen Wasserbedarf haben.

Ebenfalls exklusiv, jedoch etwas weniger auffallend sind einige Gehölze, die im Winter blühen. Zaubernuss *(Hamamelis × intermedia)*, Winterschneeball *(Viburnum × bodnantense)* und Winterjasmin *(Jasminum nudiflorum)* verzaubern die Wintertage mit gelben beziehungsweise zartrosafarbenen Blüten. Die kleinen Blütchen lassen sich von einem Sitzplatz direkt am Balkonfenster genüsslich beobachten. Wer dagegen nur aus weiterer Entfernung auf den Balkon sieht, sollte lieber auf die grünen Strukturen von Efeu *(Hedera helix)*, Buchsbaum *(Buxus sempervirens)* und Stechpalme *(Ilex × aquifolium)* zurückgreifen.

Die Schönheit des Balkons ruht friedlich unter der weißen Schneedecke. Ein einzelner Stuhl auf dem Balkon weckt Erinnerungen an schöne Sommertage und Koniferengrün nährt die Hoffnung auf einen baldigen Neuanfang mit vielen Blüten.

Immergrüne Strukturen

Im Winter kommen die Vorzüge der Koniferen und immergrünen Laubgehölze groß heraus. Sie zeigen sich ganz unverfroren und verleihen dem Balkon mit ihren Blatt- und Nadelstrukturen viel Lebendigkeit. Mit Zwergkoniferen wie Kiefern (z. B. *Pinus mugo* 'Gnom'), Scheinzypressen *(Chamaecyparis obtusa* 'Danica') und Wachholder *(Juniperus squamata* 'Blue Star') lassen sich Balkonkästen hervorragend dauerhaft bepflanzen, dazu gesellen Sie am besten einige dekorativ geformte oder panaschierte Efeuformen *(Hedera helix)*, die ihre Triebe über den Gefäßrand legen. Und damit Anfang Februar die ersten Blüten einen Hauch Vorfrühlingsstimmung aufkommen lassen können, setzen Sie im Herbst ein paar Tuffs Schneeglöckchenzwiebeln *(Galanthus nivalis)* in die Erde.

Durch geschnittene Formen hat sich der Buchsbaum *(Buxus sempervirens)* einen Namen gemacht. Hübsch verteilte Buchskugeln in verschiedenen Größen wirken ebenso dekorativ wie kegelförmige Büsche, die die Ecken des Balkons betonen. Wem die Buchsfiguren zu kostspielig sind, der kann hübsche Figuren auch aus Efeu *(Hedera helix)* gestalten. Die langen Triebe werden einfach an einem entsprechend geformten Drahtgestell befestigt.

Ein paar Farbtupfer

Damit das Grün nicht zu trist wirkt, werden gezielt ein paar bunte Flecken eingeplant. Dekorieren Sie zu dem Dauergrün zum Beispiel die fruchtbesetzten Zweige von Wildrosen *(Rosa)*, Schneeball *(Viburnum)* und laubabwerfender Stechpalme *(Ilex verticillata)*. Letztere bekommt man im Winter beim Floristen, ihre roten Früchte schmücken dezent und dauerhaft. Doch auch ein roter Stuhl, eine blaue Glaskugel oder ein burgunderroter Balkonkasten reichen völlig aus, um dem Wunsch nach etwas Farbe nachzukommen.

Im winterlich bepflanzten Balkonkasten machen sich Scheinmispel, Fichte und Wachholder breit. Die roten Zieräpfel leuchten kräftig, und zusammen mit dem blauen Gefäß entsteht eine Farbharmonie, die ins Auge fällt.

Es naht die Weihnachtszeit

Auch eine Fichte *(Picea)* oder Tanne *(Abies)* im Topf kann zum Mittelpunkt der winterlichen Balkongestaltung werden. Kerzen, Zapfen und Strohsterne schmücken seine Zweige zur Weihnachtszeit, goldene Tannenzapfen und versilberte Zierkürbisse heben sich vom dunklen Grün leuchtend ab. Eine breites rotes Stoffband schmückt die großen Töpfe. Und wenn Sie so ein Band wie eine Girlande mit hübschen Schleifen am Balkongeländer befestigen, entsteht Weihnachtsstimmung pur.

Zauberhafte Pflanzenstrukturen: Während die Horste des Schwingel waagerecht überhängen, bildet die Skimmie breite Polster. Der Wachholder wächst kaskadenartig nach unten, und die Scheinzypresse richtet sich gen Himmel auf.

Die Weihnachtsmänner aus Holz leuchten zwischen dem dunklen Grün von Seidenkiefer und Tannengrün. Sie stimmen jeden Morgen auf die Weihnachtstage ein. Besonders schön sieht alles aus, wenn über Nacht frischer Schnee gefallen ist.

Stellen Sie einen Tisch, dem Wind und Wetter nicht anhaben können, auf den Balkon und dekorieren Sie ihn mit weihnachtlichen Accessoires, zum Beispiel einem hübschen Kranz. Auch ein alter ausrangierter Schlitten kann zum Star auf dem Balkon werden, Mooskugeln und -kegel in verschiedenen Größen setzen auflockernde Akzente. Wetterfeste Glaskugeln unterstützen die gemütliche Stimmung der Vorweihnachtszeit.

Hübsch sind auch Tannenbäume und Sterne aus Weidengeflecht, die in Töpfe gesteckt werden. Ein paar Weihnachtsmänner aus Holz, große, aus Baumscheiben gesägte Holzsterne oder die Silhouette von Rudolph, dem Rentier erfreuen Groß und Klein. Ganz anders wirken zwei oder drei dekorative Glasvasen: Sie ergeben, mit Tannenzapfen und Nüssen gefüllt, ein hübsches Arrangement.

Die Dämmerung bricht in diesen Wochen früh herein, und es sieht bezaubernd aus, wenn die Dunkelheit von einigen Kerzen erleuchtet wird. Daher bleiben die Windlichter auch im Winter draußen auf dem Balkon. Rote und grüne Stumpenkerzen sorgen für zusätzliche Farbtupfer.

Mit Hilfe von Lichterketten können Sie die Formen von Gehölzen betonen. Es gibt Ketten in verschiedensten Ausführungen speziell für die Verwendung im Außenbe-

Adventszeit auf dem Balkon: Elektrische Lichterketten erleuchten die Christbäume aus Weidengeflecht. Das antik anmutende Gewächshaus wird vom Schein der Kerzen festlich beleuchtet. Kein Windhauch kann den Flammen etwas anhaben.

reich. Doch auch hier gilt: Weniger ist oft mehr. Bei allem Lichterglanz sollte immer ein Wechselspiel von hellen und dunklen Ecken erhalten bleiben, damit sich Gemütlichkeit breit macht.

Ein paar Vorsichtsmaßnahmen

Damit es keine unerfreulichen Überraschungen gibt, sollte man bei der Dekoration ein paar Dinge berücksichtigen. So sollten große Kübel, die im Boden ein Abzugsloch haben, nicht direkt auf dem Boden stehen, sondern auf Füßchen oder auf drei Leisten stehen. Auf diese Weise kann Wasser immer gut abfließen und der Topf friert nicht am Boden fest.

Alle Gefäße, insbesondere die am Geländer angebrachten, müssen sicher verankert werden, damit winterliche Orkanböen keinen Schaden anrichten können. Sie zerstören sonst nicht nur die Dekoration, sondern können aus der Verankerung gerissen werden. Immergrüne brauchen auch im Winter Wasser, denn sie verdunsten bei Sonnenschein viel Feuchtigkeit, die nachgeliefert werden muss, sobald die Erde im Topf aufgetaut ist. Der Schmuck sollte regenfest sein, und auch Stoffe und Schleifen müssen wasserfeste Farbe besitzen. Schließlich will man nicht den ganzen Sommer an die Winterdekoration erinnert werden. Und Kerzen sollten Sie an sonnigen Tagen in den Schatten rücken.

Während es drinnen nach frisch gebackenen Vanillekipferln und Zimtsternen duftet, macht sich auf dem Balkon bereits festliche Stimmung breit. Kerzen und Windlichter strahlen um die Wette und tauchen den Schnee in schimmerndes Licht.

GEHÖLZE

Tanne

(Abies koreana)

Ein echter Tannenbaum darf auf dem weihnachtlich geschmückten Balkon nicht fehlen. Seine Nadeln schimmern auf der Unterseite silbrig.

Wuchs: Kegelförmig, langsam wachsend, im Kübel zwischen 1 und 2 m hoch, ausgepflanzt bis 5 m Höhe.

Blüte: Aufrechte Zapfen, grünviolett, bis 8 cm lang; da die Pflanzen veredelt werden, erscheinen die Zapfen meist schon im Jugendstadium.

Standort: Sonnig bis halbschattig.

Pflege: Regelmäßig gießen und bis August mit Koniferendünger versorgen; Schnittmaßnahmen sind unüblich.

Überwinterung: Im Freien, allerdings sollte man die Krone vor intensiver Sonne bei Minusgraden schützen; bei frostfreiem Wetter gießen.

Extra-Tipp: Wer die Möglichkeit hat, sollte den Tannenbaum im Frühling mitsamt Topf im Garten auspflanzen. So schön er in der Winterzeit ist, so wenig fügt er sich in die fröhlich bunte Sommergestaltung ein. Vielleicht finden Sie auch einen Platz neben der Haustür oder im Hof.

Buchsbaum

(Buxus sempervirens)

Kegel, Kugeln, Spindeln, Körbchen, Teddybären – es gibt kaum eine Figur, die nicht aus dem immergrünen Buchsbaum geschnitten wird.

Wuchs: Buschig, dicht, reichverzweigt; Einfassungs-Buchs *(B. sempervirens* 'Suffruticosa') ist langsam wachsend, Höhe zwischen 15 und 40 cm; Hoher Buchsbaum *(B. sempervirens* var. *arborescens)* wächst schneller und wird im Topf etwa 1,5–2 m hoch.

Blüte: Unscheinbar.

Standort: Sonnig bis schattig. Bei sonnigem Frostwetter werden die Büsche schattiert, sonst vertrocknen sie.

Pflege: In ein Substrat für Kübelpflanzen setzen; mit einem Buchsbaum-Dünger regelmäßig gießen und düngen; idealer Zeitpunkt zum Schneiden ist April/ Juni. Wer im Winter ganz klare Konturen wünscht, kann im Oktober nochmals die Kanten nachschneiden.

Überwinterung: Im Freien; Schutz vor intensiver Wintersonne; bei Temperaturen über 0 °C gießen.

Extra-Tipp: Kugeln lassen sich mit Lichterketten hübsch schmücken.

Korkenzieher-Haselnuss

(Coryllus avellana 'Contorta')

Dieser laubabwerfende Strauch macht in den Wintermonaten eine gute Figur. Seine Zweige sind unregelmäßig spiralig verdreht.

Wuchs: Korkenzieherartig verdreht, Höhe bis zu 1,50 m, hübsche hellbraune Farbe der Zweige.

Blüte: Kätzchen, herunterhängend, gelb, im März April.

Standort: Sonnig bis halbschattig.

Pflege: Pflanzung in eine strukturstabile Kübelpflanzenerde; regelmäßig gießen, im Frühjahr und Frühsommer düngen; Wildtriebe, die nicht gedreht wachsen, unbedingt entfernen. Man sollte alte Triebe abschneiden, um den Neuaustrieb anzuregen.

Überwinterung: Im Freien.

Extra-Tipp: Auf dem österlich dekorierten Balkon rückt der Strauch ein zweites Mal in den Vordergrund, denn die Zweige werden mit bunt bemalten Ostereiern geschmückt.

Efeu

(Hedera helix)

Ein zuverlässiger und sehr dekorativer Begleiter durch die Wintermonate.
Wuchs: Kletternd mit Haftwurzeln oder flach niederliegende Triebe; je nach Sorte zwischen 0,4 und 3 m langen Trieben.
Blüte: Unscheinbar, nur bei der Altersform.
Standort: Sonnig bis schattig.
Pflege: Regelmäßig gießen und mäßig düngen; Rückschnitt, um einen Neuaustrieb anzuregen.
Überwinterung: Im Freien; bei frostfreier Witterung gießen.

Extra-Tipp:
Der Efeu zeigt sich mit ungeübten Gärtnern geduldig und kennt nahezu keine Pflegefehler. Zugleich kann man mit die langen Triebe in Drahtfiguren flechten und Wände begrünen. Allerdings klettern die Triebe nur auf einem rauen Untergrund selbständig. Viele verschiedene Formen, z. B. mit feingliedrigen, großlappigen, gelb gezeichneten und weiß marmorierten Blättern sind auf dem Markt. Es lohnt sich, nach besonders hübschen Sorten zu suchen.

Silber-Fichte

(Picea pungens 'Glauca')

Neben der echten Tanne haben sich Silber-Fichten für die Adventszeit einen Namen gemacht.
Wuchs: Kegelförmig, Höhe je nach Sorte zwischen 0,2 und 2 m im Kübel.
Blüte: Unbedeutend.
Standort: Von Natur aus sonnig; allerdings ist der Standort im Topf extrem, daher sollte man einen halbschattigen Platz mit hoher Luftfeuchtigkeit vorziehen.
Pflege: Regelmäßig gießen und bis August mit Koniferendünger versorgen; Rückschnitt möglichst vermeiden.
Überwinterung: Im Freien; bei sonnigem Wetter schattieren; frostfreie Tage zum Gießen nutzen.

Extra-Tipp: Weitere empfehlenswerte Arten, die niedrig bleiben und sich für die Kultur im Kübel eignen: Zuckerhut-Fichte *(P. glauca* 'Conica'), Zwergform der Serbischen Fichte *(P. omorika* 'Nana') und die rundkronige Blau-Fichte *(P. pungens* 'Glauca Globosa'). Für den Balkonkasten eignen sich die Sorten von *P. abies*: 'Echiniformis', 'Little Gem' und 'Pygmaea'.

Kiefer

(Pinus)

Von den verschiedenen Kiefern-Arten gibt es kleinwüchsige Formen, die den winterlichen Balkon mit ihren niedrigen und kompakt wachsenden Sorten bereichern.
Wuchs: Die höheren Sorten wachsen etwas sparrig und locker verzweigt, Höhe zwischen 1 und 2 m; die Zwergformen erreichen zwischen 30 und 80 cm Höhe und nahezu die gleiche Breite, so bilden sich Polster, die sehr langsam wachsen und meist kompakt bleiben.
Blüte: Unauffällig, je nach Sorte attraktive Zapfen, im Topf allerdings selten.
Standort: Sonnig.
Pflege: Regelmäßig gießen und bis August düngen. Rückschnitt ist nicht empfehlenswert, lediglich der frische Austrieb kann etwas gekürzt werden.
Überwinterung: Im Freien, bei frostfreier Witterung gießen.

Extra-Tipp: Zur Dauerbepflanzung von großen Balkonkästen gut geeignet.

Sorten der Krummholzkiefer *(Pinus mugo)*: 'Columnaris' – schmal kegelförmig, langsam wachsend; 'Gnom' – kugelig wachsend; 'Mini Mops' – kissenförmig, sehr flach. Weitere klein bleibende **Arten:** Weymouths-Kiefer *(P. strobus)*; Kleine Silber-Kiefer *(P. sylvestris* 'Watereri'); Zwerg-Kiefer *(P. pumila* 'Glauca', 'Nana').

PRAXIS

Die perfekte Ausstattung

Passend zu jedem Stil findet man einen hübschen Balkonkasten, wobei auch auf Funktionalität zu achten ist.

Voraussetzung für einen schönen Balkongarten ist die Schaffung eines geeigneten Lebensraumes für die Pflanzen. Schließlich sollen sie vom Frühjahr bis in den späten Herbst das Wohnzimmer unter freiem Himmel schmücken. Es heißt also, Gefäße auszusuchen, in denen die Pflanzen mit ihren Wurzeln guten Halt finden. Verschiedenste Formen und Materialen sind auf dem Markt, das Angebot ist breit gefächert und reicht vom klassischen Tongefäß über Holz und Metall bis zu Modellen aus Plastik.

Tongefäße haben im Topfgarten eine lange Tradition. Schon in der Antike entdeckte man, dass Pflanzen in getöpferten Gefäßen gut gedeihen. Heute unterscheidet man zwischen meist preisgünstigen, nicht frostfesten und den teureren, frostfesten Gefäßen mit oft reliefartigen Verzierungen. Farbige Glasuren ermöglichen eine geschickte Betonung der gewählten Farbwelt auf dem Balkon. Allerdings besitzen Gefäße aus Ton ein relativ hohes Gewicht. Bereits ein schlichter Kasten, wie im Bild links, wiegt je nach Breite zwei bis drei Kilo. Rechnet man nun noch Erde, Wasser und Pflanzenmasse dazu, kommt viel Gewicht zusammen, das gehalten und gut verankert sein will.

Gefäße aus **Metall** sieht man seltener. Schwere Bleigefäße sind dekorativ, aber auch entsprechend teuer. Gegen Eisengefäße spricht die Anfälligkeit für Rost. Auch Lackierungen sind meist nicht dauerhaft wetterfest. Immer öfter sieht man Zinkgefäße mit silbriger oder geschwärzter Oberfläche. Letztere haben den Nachteil, dass sich die Wurzeln in der Sonne stark aufheizen und es zu Verbrennungen kommt. Wichtig ist, wie bei allen anderen Gefäßen auch, dass sich im Boden ein Abzugsloch für Wasser befindet, damit keine Staunässe aufkommen kann.

Holzgefäße findet man selten. Gegen Harthölzer sprechen Gewicht und Preis, Weichhölzer haben keine sehr lange Witterungsbeständigkeit. Wer gerne schreinert, kann aus Holz hübsche Verkleidungen für einfache Gefäße fertigen oder sich für eine Saison einen Kasten bauen, der eine modische Farbe erhält. Für ländliche Gestaltungen bieten sich **geflochtene Körbe** aus Weide an, die zum Schutz gegen austretende Erde mit einer kräftigen Folie oder einem Vlies ausgekleidet sind.

Plastiktöpfe gelten als billig, doch wenn man sich das Sortiment ansieht, findet man hervorragende Qualitäten. Zum Teil sehen die

In den Kasten wird ein doppelter Boden gelegt (oben). Der Einfüllstutzen (u. links) ermöglicht bequemes Befüllen (u. rechts).

Töpfe einem Terrakottagefäß täuschend ähnlich. Ihr Vorteil sind das geringe Gewicht und die häufig bereits eingebauten technische Raffinessen wie Wasserspeicher im doppelten Boden und Überläufe.

Kästen für das Geländer

Wer Fensterbänke und Balkongeländer mit einer blumigen Girlande schmücken will, ist mit einem Kasten gut beraten. Die gängigen Blumenkästen sind im Durchschnitt 10–20 cm breit und haben variable Längen zwischen 30 und 120 cm. Breitere Kästen machen weniger Sinn, da sie unhandlich sind. Kästen gibt es in allen Materialien. Nach wie vor ist Plastik weit verbreitet, weil es leicht ist und die Möglichkeit eines Wasserreservoirs bietet. Achten Sie aber auch auf gute Lichtbeständigkeit des Materials sowie ausreichende Stabilität der Wände.

Hängende Ampeln

Seit der Einführung der üppigen Hängepetunien und der Übernahme so genannter »hanging baskets« aus dem Gartenland Großbritannien, haben Ampeln als Platz sparend aufgehängtes Gefäß mehr und mehr auch bei uns an Bedeutung gewonnen. Die klassischen Drahtampeln sind jedoch trotz Einlagen aus Kokosfasern oder Vlies nicht so pflegeleicht wie Plastikgefäße mit Untersetzer und Wasserspeicher. Wer zunächst den Anblick von Plastikampeln scheut, sollte berücksichtigen, dass die Gefäße meist schon nach wenigen Wochen unter den üppigen Trieben verschwunden sind.

Sichere Aufhängung

Bei allen Gefäßen sollte die Sicherheit der Aufstellung beziehungsweise Aufhängung an erster Stelle stehen, denn das Eigengewicht der Gefäße und die Windlast stellen hohe Anforderung an die Verankerung. Für das Balkongeländer gibt es verstellbare Winkelhalter, bei ausreichend Platz kann man die Kästen auch nach innen hängen. Ampeln werden mit einem Haken in der Decke eingedübelt, wenn der Vermieter dies erlaubt.

Die Halterungen, mit denen Gefäße am Geländer befestigt werden, sollten mit den baulichen Gegebenheiten harmonieren.

Geflochtene Ampeln bestehen aus Draht oder Naturmaterial. Es gibt sie aber auch aus Keramik, Ton und Plastik.

Das Original des »hanging basket« wird mit Moos ausgelegt. Einfacher geht es mit Einsätzen aus Kokosfaser oder Papier.

Die richtige Erde

Eine lockere, hochwertige Erde ist das A & O für gesundes, kräftiges Wachstum. Wichtig ist, dass der pH-Wert mit den Ansprüchen der Pflanzen übereinstimmt. Scherben, Kies oder Blähton als erste Schicht im Topf gewährleisten eine gute Dränage.

Die Grundlage für reich blühende und gesunde Balkonpflanzen ist ein hochwertiges Substrat. Dabei sind Markenprodukte vielen Billigangeboten vorzuziehen. Vergleiche zeigen, dass Pflanzen in einem Qualitätsprodukt üppiger und kräftiger wachsen. Wegen der meist besseren Struktur sind auch Dünge- und Gießarbeiten weniger aufwändig.

Was sind nun die Anforderungen an ein gutes Kultursubstrat, welche Funktionen hat es zu erfüllen? Das Substrat muss so beschaffen sein, dass sich die Wurzeln gut ausbreiten können und optimalen **Halt** finden. Zudem werden sowohl **Wasser-** als auch **Nährstoffhaushalt** über das Substrat gedeckt. Beides muss von der Pflanzerde ausreichend gespeichert und bei Bedarf abgegeben werden können. Erdreich mit ausreichend **Luft** ist ebenfalls für den Stoffwechsel erforderlich. Die Erden müssen einen optimalen **pH-Wert** besitzen und diesen auch langfristig halten können. Für die meisten Balkonpflanzen ist ein leicht saures Substrat mit einem pH-Wert zwischen 5,5 und 6,5 optimal. Durch regelmäßiges Gießen mit Leitungswasser, das in der Regel einen hohen Kalkgehalt hat, kann der pH-Wert ansteigen. Daher ist es wichtig, dass das Substrat eine so genannte **Pufferungsfähigkeit** besitzt, die den beschriebenen Anstieg des pH-Wertes verhindert.

Hochwertige Substrate

Je geringer die Qualität einer Pflanzerde ist, desto weniger Anforderungskriterien werden erfüllt. Eine gute Pflanzenerde enthält Stoffe, die ein hohes Porenvolumen haben, was die Beigabe von Weißtorf, Blähton, Perlite, Styromull, Kokosfasern oder Reisspelzen gewährleistet. Sie begünstigen die Durchlüftung und fördern die Erwärmung des Substrates. Mit Hilfe von Ton und Schwarztorf wird das Wasserhaltvermögen verbessert. Zusätzlich kann man Blähton beimischen, um den Wasserhaushalt zu optimieren. Ton und Schwarztorf verbessern auch die Fähigkeit, Nährstoffe zu speichern. Ton, Schwarz- und Weißtorf sind die Bestandteile, welche die Pufferkraft eines Substrates ausmachen. Achten Sie beim Kauf auf die Zusammensetzung des Substrates und investieren Sie in Qualität. Sie macht sich bezahlt. Selbstverständlich sollte eine gute Erde auch frei von Unkrautsamen, Schädlingen und Krankheitskeimen sein.

Dünger in der Erde

Kultursubstrate enthalten in der Regel alle Nährstoffe für eine guten Start. In frischen, hochwertigen Produkten finden sich deshalb so notwenige Nährstoffe wie Stickstoff, Phosphor, Kalium, Calcium und Magnesium. Auch Spurenelemente (siehe Seite 152) sind enthalten. Die Konzentration reicht für die ersten vier bis sechs Wochen aus. In dieser Zeit kann man auf die Düngung verzichten. Praktisch sind Erden, die Langzeitdünger enthalten. Die honigbraunen Kügelchen enthalten alles, was die Pflanzen benötigen und geben es in Anpassung an den Bedarf über etwa 12 bis 16 Wochen ab.

Kasten bepflanzen

1 Erde einfüllen

Wichtig: Vor dem Befüllen Abzugslöcher anbringen. Für Balkonkästen in sonniger Lage eine Schicht Blähton oder eine Vliesmatte als Wasserspeicher auf den Boden legen, danach die Erde einfüllen.

2 Pflanzen austopfen

Den Wurzelballen vorsichtig aus dem Topf lösen. Bereitet dies Schwierigkeiten, stößt man den Topf kopfüber leicht auf eine Kante, während man die Erde mit der zweiten Hand hält. Nun den Topf abziehen.

3 Pflanzen wässern

Meist sind die Ballen beim Kauf sehr trocken. Für einen guten Start wässert man deshalb die Pflanzen kräftig. Dazu legt man sie in eine Wanne mit Wasser, bis sich die Erde richtig vollgesogen hat.

4 Pflanzen einsetzen

Anschließend werden die Pflanzen in der gewünschten Kombination in das Gefäß arrangiert. Die Pflanzabstände dabei nicht zu knapp bemessen, da die Pflanzen in den nächsten Wochen stark wachsen werden.

5 Erde auffüllen

Nun werden die Lücken mit Erde verfüllt. Wichtig ist dabei, dass das Substrat behutsam angedrückt wird und jeder Ballen rundherum von Erde umgeben ist. Der Gefäßrand sollte zwei Finger breit frei bleiben.

6 Angießen

Nun gießt man die Pflanzen behutsam aber durchdringend an. Sackt das Substrat stark zusammen, verfüllt man die entstandenen Löcher wieder mit Substrat bis zum Gießrand und drückt gut fest.

7 Regelmäßig gießen

Für eine prachtvolle Entwicklung ist es nötig, dass die Pflanzen regelmäßig gegossen werden. Dies ist besonders wichtig bei warmem Wetter und trockenem Wind.

Ampel bepflanzen

1 Vorbereitungen
Vor der Bepflanzung legt man Wasserspeicher und Einfüllstutzen ein. Diese Technik garantiert eine gute Wasserversorgung.

2 Pflanzung
Aufrecht wachsende Arten werden in der Mitte platziert, überhängende erhalten ihren Platz an den Rändern der Ampel.

3 Angießen
Sind alle Pflanzen gesetzt, wird kräftig angegossen, zusammengesackte Erde füllt man wieder etwas auf.

4 Ein harmonischer Mix
Nach wenigen Wochen ergänzen sich Edellieschen in der Mitte, Hängeverbene, Lakritzkraut und Ziersalbei perfekt.

Zwiebelblumen pflanzen

1 Frühlingsvorbereitungen
Im zeitigen Herbst müssen die Frühlingsblüher gepflanzt werden. Der Kasten wird zunächst mit einer dünnen Schicht Erde befüllt.

2 Zwiebeln legen
In Gruppen setzt man die Zwiebeln mit der flachen Seite fest auf die Erde. Zunächst werden Tulpen und Narzissen in Tuffs gepflanzt.

3 Schon im Herbst dekorativ
Mit Hornveilchen und Greiskraut bepflanzt, macht der Kasten gleich etwas her. In die Lücken kommen die Zwiebeln von Blausternchen.

Bewässerung

Die wichtigste Pflegemaßnahme für Balkonblumen ist das richtige Gießen. Schließlich ist die Versorgung mit Wasser aus dem Boden unmöglich und Dächer verhindern, dass die Pflanzen von einem erfrischenden Sommerregen profitieren.

Ideal ist es, morgens zu wässern. Wer die Abendstunden vorzieht, sollte darauf achten, dass Blätter und Blüten möglichst trocken bleiben. Gießen Sie nicht nach Plan, sondern nach den Bedürfnissen der Pflanzen und prüfen Sie mit dem Finger, ob die Erde tiefgründig trocken ist. Bedenken Sie, dass bei trockener Hitze viel Wasser verdunstet und warmer Sommerwind die Erde austrocknet. Der sommerliche Wachstumsschub lässt den Wasserbedarf stark steigen. Gleichzeitig nimmt durch Umsetzungsprozesse das Speichervermögen der Erde ab. Das bedeutet, dass man in der zweiten Sommerhälfte öfter gießen muss.

Automatische Bewässerungen sind ideale Helfer, Computer gesteuerte Tropfsysteme richten sich nach dem Bedarf der Pflanzen. Für einen Kurzurlaub reicht ein System mit Wasserkugeln, umgedrehten Flaschen oder ein System mit porösen Tonkegeln aus. Dennoch sollten die Helfer ab und an überprüft und gegebenenfalls mit der Gießkanne nachgeholfen werden.

Regelmäßiges und maßvolles Gießen ist einer der wichtigen Schlüssel für gesunde Balkonpflanzen. Die Erde muss sich gut mit Wasser vollsaugen können.

Automatische Bewässerung

1 Textile Bewässerungsmatten
Wird unten in den Boden eines normalen Kastens eine saugfähige Vliesmatte gelegt, kann mehr Wasser im Kasten gespeichert werden.

2 Dekorative Wasserspender
Die Glaskugeln werden von unten mit Wasser befüllt und in die Erde gesteckt. Bei Trockenheit saugt die Erde das Wasser aus der Kugel.

3 Der Tropf-Blumat
In die Erde gedrückte Tonkegel. Über einen Schlauch wird bei Trockenheit Wasser aus dem Vorratsbehälter angesaugt.

Nährstoffe aller Art: Flüssigdünger werden mit der Gießkanne ausgebracht, feste sowie granulierte Formen in die Erde eingearbeitet, Kegel und Stäbchen steckt man den Topf.

Düngung

Nährstoffe sind wichtig, damit sich die Pflanzen kräftig entwickeln und zahlreiche Blütenknospen bilden. Stickstoff fördert die Blattbildung, Phosphor die Blütenbildung. Für eine ausgewogene Ernährung sind weiterhin Kalium und verschiedene Spurenelemente wichtig. Das Verhältnis der Nährstoffe zueinander spielt eine entscheidende Rolle. In Fertigprodukten für bestimmte Pflanzengruppen, zum Beispiel für Geranien, Hänge-Petunien oder Tomaten, ist das Nährstoffangebot auf die Ansprüche der einzelnen Pflanzen abgestimmt.

Die richtige Dosierung

Vergessen Sie den Spruch »Viel hilft viel«. Grundsätzlich müssen die Nährstoffe in ausreichender Menge zur Verfügung stehen. Ein zu hoher Nährstoffgehalt schadet jedoch in gleichem Maße wie ein Mangel. Die einfachste Lösung für eine ausgewogene Nährstoffversorgung bieten Langzeit- oder Depotdünger.

Langzeitdünger enthalten alle wichtigen Nährstoffe und geben diese im Verlauf von durchschnittlich 8 bis 12 Wochen an die Pflanzen ab. Eine Ummantelung sorgt dafür, dass die enthaltenen Nährstoffe nur langsam und in Abhängigkeit von der Außentemperatur freigesetzt werden. Meist reicht eine Dosierung für die Saison.

Flüssigdünger wird dem Gießwasser beigemischt. Er kann gezielt in niedriger Dosierung gegeben werden. Wer einen grünen Daumen hat, ist mit Flüssigdüngern gut beraten.

Düngestäbchen oder -kegel, deren Dosierung sich aus der Topfgröße ergibt, sind leicht in der Anwendung. Es gibt sie für die verschiedenen Kulturen, man muss immer wieder für Nachschub sorgen.

Mischt man beim Pflanzen Langzeitdünger unter das Substrat, kann man die Düngung über den Sommer getrost vergessen.

Die Pflege im Sommer

Damit sich laufend neue Blütenknospen bilden, muss man bei vielen Pflanzen nachhelfen. Ausnahme sind Pflanzen, die sich selbst ausputzen, wie zum Beispiel Edellieschen *(Impatiens*-Neuguinea-Hybride), Schneeflockenblume *(Sutera diffusus)* und Schmalblättrige Zinnie *(Zinnia angustifolia)*.

Bei großblumigen Balkonpflanzen wie Petunien *(Petunia)* und Knollenbegonien *(Begonia)* knipst man welke Blüten einfach aus. Welke Strauchmargeriten *(Argyrathemum)* werden mit dem Stiel bis zum nächsten Blättchen abgeschnitten, da sonst die braun werdenden Blütenstiele stehen bleiben. Bei Geranien *(Pelargonium)* wird der gesamte Blütenstand ausgebrochen, wenn die Blüten welk sind.

Bei Pflanzen wie Fuchsien *(Fuchsia)*, Duftwicke *(Lathyrus)* und Kapuzinerkresse *(Tropaeolum)* fallen die Blüten ab. Scheinbar putzen sich die Blüten selber aus. Doch lässt die Blühfreudigkeit nach und sieht man genauer hin, entdeckt man einen reichen Fruchtansatz. Dieser wird ausgeknipst, damit die Kraft wieder ungehindert in die Knospenbildung geht.

Das Ausbrechen der welken Blüten gehört zu den regelmäßige Pflegearbeiten. Es fördert die Neubildung von Knospen.

Blüten ausputzen

1 Petunien ausknipsen
Die abgeblühten Petunienblüten knipst man mit den Finger aus, damit die Pflanzen immer einen guten Eindruck machen.

2 Verblühte Nelken entfernen
Welke Nelken werden mit der Schere tief unten im dem buschigen Kissen abgeschnitten. So können sich neue Triebe entfalten.

3 Geranien ausputzen
Sind alle Blüten eines Blütenstandes welk, wird der Stiel leicht gegen die Wuchsrichtung geknickt. So löst er sich problemlos ab.

Wenn sich das üppige Männertreu nach der ersten Blüte verausgabt hat, wird es kräftig zurückgeschnitten.

Eine extra Portion Dünger und gleichmäßige Bodenfeuchtigkeit lassen die Pflanzen rasch mit vielen Blüten durchtreiben.

Verzweigung fördern

Der buschige Wuchs von Balkonblumen wie Fuchsien *(Fuchsia)*, Geranien *(Pelargonium)* und Fleißigen Lieschen *(Impatiens walleriana)* kann zu Beginn der Saison mit einem einfachen Handgriff gefördert werden. Knipsen Sie mit den Fingerspitzen einfach die Triebspitzen mit den obersten Blattpaaren aus. Dadurch wird zwar die Blüte etwas verzögert, aber es bilden sich Verzweigungen und damit später auch eine größere Anzahl von Blüten.

Ein kräftiger Rückschnitt

In der Mitte des Sommers lassen einige Balkonblumen in der Blühfreudigkeit nach. Zu ihnen zählt zum Beispiel das Männertreu *(Lobelia erinus)*. Mit einer Schere werden dann die Pflanzen kräftig zurückgeschnitten, wodurch kurzfristig eine Lücke entsteht. Diese schließt sich jedoch rasch, wenn die Pflanzen im Anschluss gezielt düngt und regelmäßig gegossen werden. In kurzer Zeit bauen sich die Pflanzen wieder mit neuen Blüten auf. Blaues Gänseblümchen *(Brachyscome)*, Goldzweizahn *(Bidens)*, Duftsteinrich *(Lobularia)* und Eisenkraut *(Verbena)* vertragen eine Verjüngung im Hochsommer ebenso wie Sommersalbei *(Salvia)* und Feinstrahl *(Erigeron)*.

Werden die Pflanzen im Laufe des Sommers zu dicht, sollte man sie etwas auslichten. Dazu nehmen Sie einzelne Triebe an der Basis heraus. Der Platzgewinn sorgt dafür, dass sich die Pflanzen besser entfalten können und die Blätter eine bessere Durchlüftung erhalten.

Urlaubsvorbereitungen

Vor dem Sommerurlaub kann man die Pflanzen etwas kräftiger zurükkschneiden sowie frisch aufgeblühte Knospen abschneiden. So müssen Sie nur jemanden bitten, zu gießen bzw. die automatische Bewässerung zu kontrollieren. Die Pflanzen regenerieren sich in Ihrer Abwesenheit und stehen nach der Rückkehr in voller Blüte.

Figuren aus Buchsbaum werden im Frühjahr nach dem ersten frischen Austrieb wieder in Form gebracht.

So wächst ein Kasten während des Sommers ein

1 Frisch bepflanzt
Noch sind die Pflanzen klein. Zwar deutet sich die Wuchsform bereits an, aber die Lücken sind noch relativ gut zu sehen.

2 In der ersten Sommerhälfte
Nach den ersten warmen Wochen sind die Pflanzen eingewurzelt. Sie wachsen stärker ineinander und entwickeln ihren typischen Wuchs.

3 In der zweiten Sommerhälfte
Jetzt wird der Kasten vollständig von den Pflanzen verhüllt. Die Triebe stützen sich gegenseitig und sind eng verwoben.

Die Entwicklung im Balkonkasten

Im Verlauf der Sommerwochen macht jede Bepflanzung eine typische Entwicklung mit. Sie beginnt nach den Eisheiligen Mitte Mai, wenn der Startschuss für die Bepflanzung gegeben wird. Zwar sind die Pflanzen noch recht klein, trotzdem ist es wichtig, ausreichend große Abstände einzuhalten. Überhängende Pflanzen werden an die Ränder gesetzt, aufrecht wachsende Arten bilden den Mittelpunkt, während man die Lücken mit buschig wachsenden Pflanzen füllt. So können sich die Balkonschönheiten in harmonischem Einklang entwickeln. Im Laufe der nächsten Wochen gedeihen die Pflanzen immer üppiger, warme Witterung ist sehr förderlich. Buschigkeit erzielen Sie durch gezieltes Ausknipsen der Triebspitzen. Auch der Blütenreichtum nimmt nun sichtlich zu, da sich immer mehr Knospen öffnen.

... und noch üppiger

Anhaltende Schönwetterperioden heizen die Pflanzen so richtig an. Doch immer öfter wird gezielte Pflege notwendig: Die Nährstoffreserven müssen aufgefüllt werden, Abgeblühtes ist zu entfernen, und die Pflanzen, die sich jetzt schon verausgabt haben, sind für einen gezielten Rückschnitt dankbar. Auch in der Erde tut sich einiges. Sie wird immer stärker durchwurzelt, die enthaltenen Mikroorganismen bauen die faserigen Humusanteile immer stärker ab. Das heißt, das Volumen schrumpft. Immer öfter ist bei Trockenheit zu beobachten, dass sich die Erde vom Gefäßrand löst und ein Spalt entsteht. Achten Sie beim Gießen darauf, dass das Wasser nicht nur durch die Poren rinnt, sondern sich auch die Kapillaren ausreichend füllen. Das bedeutet, dass öfter gegossen werden muss. Auch die Triebe werden immer länger und sparriger, die unteren Blätter vertrocknen allmählich, und Ende August werden die Kästen struppig und unschön.

Einrichtung

Mit diesen fertigen Holzfliesen lässt sich der Boden auf dem Balkon ohne großen Aufwand verschönern, ebenso schnell können Sie sie wieder entfernt werden.

Zu den schönen Pflanzengestaltungen, die Sie in diesem Buch kennen gelernt haben, sollte natürlich auch das Umfeld passen. Doch gerade die baulichen Gegebenheiten lassen sich nur in Ausnahmefällen ändern. Hier heißt es, Kompromisse zu finden, die den persönlichen Vorstellungen etwas näher kommen. Schauen Sie sich doch einmal im Ladenbau um! Gerade Floristen dekorieren ihr Geschäft häufig um und man findet Anregungen, wie sich mit Hilfe von Stellwänden, die tapeziert, gestrichen oder mit Folien bzw. Stoffen bezogen werden, Farbwelten und Stilrichtungen verändern lassen. Auch die Bodenstruktur können Sie mit Hilfe von Holzfliesen verändern, ohne dass die Maßnahmen, sind sie nicht mehr erwünscht, später aufwändig zurückgebaut werden müssen.

Die Möblierung

Tische und Stühle sollen an erster Stelle der Bequemlichkeit dienen, deshalb: Probesitzen! Möbel sind aber immer auch eine Stilfrage, wer sich unsicher ist, wird eine sachliche Bauart vorziehen. Besitzen Sie einen überdachten Balkon, spielt die Witterungsbeständigkeit keine so große Rolle. Korbsessel sind ein bequeme Alternative zu Holz-, Plastik oder Metallstühlen. Das Zauberwort für den kleinen Balkon heißt jedoch »Klappmöbel«. Hier haben sich die Möbelhersteller allerhand einfallen lassen, damit man die Runde erweitern kann und auch im Winter ein Eckchen für die Sitzgruppe findet. Zusätzliche Stellflächen entstehen durch Tische, die sich schnell und praktisch am Balkongeländer einhängen lassen. Da sie bei Bedarf angebracht werden können, vergeudet man keinen Platz durch Tischbeine und andere störende Elemente, sondern kann die Fläche als zusätzlichen Stauraum nutzen.

Wer weitere Plätze sucht, um mit Pflanzen zu dekorieren, sollte einen Blick an die Wände werfen. Es gibt im Handel sehr dekorative Eisenregale für die Wandbefestigung, aber auch mobile Modelle, die vor einer kahlen Wand sehr dekorativ ausse-

Der Tisch wird am Geländer herunter geklappt. So hat man auf einem winzigen Balkon mehr Bewegungsfreiheit.

Zum Pflanzen, Ausputzen und Umtopfen klappt man ihn aus und kann bequem alle Handgriffe ausführen oder etwas abstellen.

hen. Durch die geringe Tiefe nehmen sie nur wenig Platz weg und bieten viele Möglichkeiten für kleine Arrangements. Besonders Kräuter in einzelnen Töpfen rücken hier in Augenhöhe. Die gute alte Blumenbank erlebt zur Zeit ein kleine Renaissance. Sie ist die perfekte Lösung, wenn sich Nachbarn oder Vermieter gegen das Anbringen von Blumenkästen aussprechen. Stellen Sie diese Möbel einfach vor das Balkongeländer. Sie erzielen ohne große Platzverschwendung die gleiche Optik. Einwände sind nun nicht mehr angebracht.

Vergessen Sie nicht, bei der Möblierung auch an ausreichenden Sonnenschutz zu denken. Leider hat ein normaler Sonnenschirm in den seltensten Fällen auf dem Balkon Platz. Kleinere Schirme lassen sich aber mit Hilfe einer Klemmbefestigung sicher am Balkongeländer anbringen. Achten Sie auf eine stabile Befestigung, denn plötzliche Gewitterstürme können ungeahnte Kräfte entwickeln.

Sichtschutz

Neugierige Nachbarn können das Balkonvergnügen trüben. An transparenten Holz- und Metallgeländern schaffen wetterfeste Textilien schnell eine heimelige Atmosphäre. Flechten Sie die Bahnen aus Markisenstoff zwischen die Längsstreben ein. Auch an den Seiten des Balkons ist mit Hilfe eines Paravents aus hübschem Stoff schnell die Durchsicht verwehrt. Die Befestigung erfolgt mit Haken und Ösen. Am besten verwenden Sie einen hellen Stoff, damit möglichst viel Licht durchscheinen kann. Ein hübscher Nebeneffekt des Sichtschutzes: Er ist auch ein guter Windschutz!

Man kann den Nachbarn aber auch »durch die Blume« sagen, dass sie stören. Berankte Spaliere und üppige Blumenampeln verdecken den Blick ebensogut wie ein großer Obelisk. Wichtig ist, dass die Spaliere stabil gebaut sind und gut befestigt werden, denn auf ihnen lastet eine enorme Windlast. Ideal sind Modelle, die mit dem Gefäß direkt verbunden sind. Mehr zu »Marke Eigenbau« auf Seite 158.

Der Metalltisch beansprucht keine Stellfläche, weil man ihn an das Balkongeländer anhängt. Der Platz ist optimal genutzt.

Fröhliche Frische bringt die Sichtschutzmatte an das Balkongeländer, zugleich werden neugierige Blicke von Nachbarn und Passanten abgewehrt.

Mobiler Sichtschutz geschickt selber gemacht

1 Materialien
Mit einerverzinkten Baustahlmatte einsteht ein Pflanzgerüst für Kletterer, die blumige Einblicke verwehren.

2 Trick mit Knick
Das Gitter wird zwei mal umgebogen, so dass es im Kasten steht. Damit erübrigt sich eine Befestigung an der Brüstung.

3 Die Dränage
Da Kletterpflanzen reichlich Wasser brauchen, wird Blähton eingefüllt. Er speichert Wasser und verhindert Staunässe.

4 Erde einfüllen
Nun wird der Kasten bis zur Hälfte mit einer hochwertigen, lockeren Blumenerde befüllt. Sie sollte leicht feucht sein.

5 Ein Nährstoffvorrat
Damit sich aus den zarten Pflänzchen rasch eine üppige Tapete entwickelt, mischt man Langzeitdünger unter.

6 Pflanzung
Die Kletterpflanzen werden vorsichtig aus dem Topf gelöst und in leicht schrägem Winkel zum Spalier eingepflanzt.

7 Angießen
Nun die Zwischenräume mit Erde auffüllen, einen fingerbreiten Gießrand einplanen. Zum Schluss gründlich angießen.

Vermehrung

Eine ganze Reihe von Balkonpflanzen lässt sich aus Samen selber ziehen. Ringelblumen *(Calendula)*, Studentenblumen *(Tagetes)* und Sonnenblumen *(Helianthus)* können ab März ausgesät werden. Wichtig ist, dass die Sämlinge einen möglichst hellen, aber nicht sonnig heißen Platz auf der Fensterbank bekommen, damit sie sich kräftig entwickeln. Bei Lichtmangel werden die Triebe lang und weich. Ausgesät wird in Aussaaterde oder Torfquelltöpfe. Letztere haben den Vorteil, dass man sich das Pikieren sparen kann. Wird es im April wärmer, beginnt man, die Jungpflanzen abzuhärten. Nachts sollten Sie sie aber unbedingt mit einem Eimer oder Pappkarton die zarten Pflänzchen schützen.

Geranien *(Pelargonien)* bieten sich zur Stecklingsvermehrung an. Optimale Zeitpunkt hierfür ist der Hochsommer. In der Wärme bewurzeln die Triebe rasch und man hat Nachwuchs für das nächste Jahr. Entfernen Sie die Knospen frühzeitig, damit keine Kraft vergeudet wird. Auch Duftpelargonien lassen sich leicht durch Stecklinge vermehren.

Wenn Sie im Hochsommer Stecklinge von Geranien bewurzeln, können Sie die Schönheiten Platz sparend überwintern.

Stecklingsvermehrung

1 Schneiden
Kopfstecklinge werden mit einem scharfen Messer geschnitten. Dabei wird der Schnitt dicht unter einem Blattpaar angesetzt und sollte leicht schräg verlaufen

2 Stecken
Die unteren Blätter werden entfernt. Der Steckling wird nun in vorbereitete Torfquelltöpfe gesteckt und mit den Finger leicht angedrückt.

3 Abdecken
Unter einer durchsichtigen Haube aus Glas oder Plastik ist die Luftfeuchtigkeit hoch, so dass sich rasch Wurzeln bilden. Zum Abhärten nimmt man die Haube ab.

Verholzende Balkonpflanzen können an einem hellen, kühlen Fenster überwintert werden. Allerdings muss man das Winterquartier regelmäßig lüften, bei Trockenheit gießen und auf Schädlinge überprüfen, die sich gerne in abgefallenen Blättern einnisten.

Überwinterung

Es gibt nur wenige Balkonpflanzen, bei denen sich ein Überwinterung wirklich lohnt. Typische Wintergäste auf der Fensterbank in einem hellen, kühlen Raum sind Wandelröschen *(Lantana-Camara*-Hybriden), aufrechte Geranien *(Pelargonium*-Hybriden), Duft- und Blattschmuckpelargonien *(Pelargonium)*, sowie Fuchsien *(Fuchsia*-Hybriden). Wer optimale Bedingungen, also helle und kühle (5–8°C) Fensterbänke besitzt, kann auch Strauchmargeriten *(Argyranthemum frutescens)* ins Haus holen. Vorraussetzung für die Überwinterung ist das Einstellen der Düngung zum Ende des Hochsommers. Damit wird die Ruhephase eingeläutet.

Sparrig stehen die langen Triebe der überwinterten Pelargonie in den Raum. Jetzt wird die Pflanze zurückgeschnitten.

Extrem sparrige Triebe und große Kronen sollten beim Einräumen nach Bedarf zurückgeschnitten werden. Bevor die Pflanzen ins Haus gestellt werden, lässt man die Wurzelballen abtrocknen und sammelt welke Blätter sowie Blüten ab.

Die wichtigsten Pflegemaßnahmen

Der Pflegeaufwand im Winterquartier hält sich in Grenzen, regelmäßige Kontollen reichen aus. Einmal wöchentlich werden heruntergefallene Pflanzenteile abgesammelt und zugleich die Triebe auf Schädlingsbefall untersucht. Trockene Ballen sollten Sie hin und wieder gießen. Gegen trockene Luft hilft es, die Pflanzen mit Wasser einzunebeln.

Nur die kräftigen Neutriebe lässt man stehen und entspitzt sie, damit sich ein dichter, kompakter Busch entwickelt.

Grundsätzlich sollten alle Gefäße, die im Freien überwintern, auf Füßchen bzw. Leisten gestellt werden, so dass zwischen Untergrund und Abzugsloch die Luft zirkulieren kann. Nur so kann ein Eispropf in der Öffnung schnell auftauen und den Wasserablauf ungehindert zulassen. Immergrüne wie Buchsbaum *(Buxus sempervirens)* und Efeu *(Hedera helix)* müssen auch im Winter regelmäßig gegossen werden. Ab Februar auch die Narzissen *(Narcissus)* gießen, sonst entwickeln sich die Blüten nicht.

Empfindliche Pflanzen werden im Winter eingewickelt. Der Thymian links bekommt einen Jutemantel um die Wurzeln, den Bambus schützt eine Schilfrohrmatte vor Frösten.

Immergrüne müssen auch im Winter gegossen werden. Ideal sind hierfür frostfreie Perioden.

Winterschutz im Freien

Gehölze und Stauden, die auf dem Balkon überwintern, schützt man ebenfalls. Schließlich ist der Wurzelballen, der normalerweise vom Erdreich geschützt wird, dem Frost voll ausgesetzt. Als Isoliermaterial für die Gefäße bietet sich dickes Jutegewebe an. Man kann auch alte Wolldecken verwenden. Damit wickelt man den Topf ein und bindet alles mit einer Kordel fest.

Oberirdische Pflanzenteile, die in der Wintersonne etwas Schatten und Windschutz benötigen, wie etwa Bambus *(Sinarundinaria, Fargesia)*, Hochstammrosen *(Rosa)* und Kamelien *(Camelia japonica)*, wickelt man mit Schilfrohrmatten oder Vlies ein. Wichtig ist, dass das Gewebe luftdurchlässig und hell ist. Anderenfalls entwickelt sich eine warme Atmosphäre mit relativ hoher Luftfeuchtigkeit, in der zum einen Pilzkrankheiten leichtes Spiel haben, zum anderen ein zu früher Austrieb erfolgen kann.

Kleinere Töpfe, etwa mit mehrjährigen Kräutern, stellt man in einen Pappkarton, der mit trockenem Laub gefüllt ist. Decken Sie auch die Pflanzen mit Laub zu. Auf die gleiche Art und Weise schützt man Töpfe, die im Herbst mit Zwiebelblumen bepflanzt wurden.

Mit einem handlichen Sprüher kann man Pflanzenschutzmittel und stärkende Aufgüsse ausbringen.

Pflanzenschutz

Gesunde Balkonpflanzen sind kein Zufall, sondern das Ergebnis von hochwertigen Jungpflanzen, einem den Ansprüchen entsprechenden Standort und guter Pflege. Aber auch die Witterung spielt eine Rolle. Ein verregneter Sommer schmälert nicht nur den Genuss, sondern macht viele Bemühungen zunichte, weil sich Pilzkrankheiten ausbreiten und die Wärme fehlt, die das gesunde Wachstum ankurbelt.

Vorbeugen statt heilen

Eine gesunde und ausgewogene Ernährung stärkt alle Pflanzen. Daher ist darauf zu achten, dass die Pflanzen weder zu viel noch zu wenig gedüngt werden (siehe Seite 152). Sie können Ihre Pflanzen auch mit Aufgüssen aus Pflanzenextrakten stärken. Brennnessel- oder Schachtelhalmtee wehren Krankheiten ab. Algenextrakte, die dem Substrat beigemischt werden, sichern eine gute Versorgung mit Nährstoffen.

Schädlinge und Krankheiten bekämpfen

Grundsätzlich sollte bei der Schädlingsbekämpfung auf dem Balkon behutsam vorgegangen werden, schließlich stehen die Pflanzen direkt am Sitzplatz. Und Obst, Kräuter und Gemüse will man schließlich unbelastet genießen.

Wichtig bei allen Pflanzenschutzmaßnahmen ist die Kontrolle. Ob Hausmittel oder chemische Wirkstoffe – viele von ihnen sind so genannte Kontaktmitteln, die den Schaderregern Einhalt gebieten, wenn man sie mit dem Mittel benetzt. Vor allem bei dicht gewachsenen Pflanzen gelingt dies nicht mit einem Mal. Deshalb ist es wichtig, befallene Pflanzen ein- oder mehrmals in Folge zu behandeln.

Wer mit den genannten Methoden keinen Erfolg erzielt oder die Krankheiten nicht eindeutig erkennt, sollte mit befallenen Pflanzenteilen im Fachhandel Rat suchen. Meist löst der Gärtner die Frage schnell und kann zu einer effektiven Behandlungsmethode raten. Vielleicht handelt es ja auch nur um Pflegefehler!

Ackerschachtelhalmbrühe macht die Rosen widerstandsfähig gegen Pilzkrankheiten wie Sternrußtau, Mehltau sowie Rosenrost.

Pelargonienwelke
Schadbild: Ältere Blätter verdorren, von der Basis faulende Stängel; ölig schimmernde Flecken auf jungem Laub.
Ursache: Bakteriose Xanthomonas.
Bekämpfung: Pflanzen vernichten.

Korkflecken (kleines Bild)
Schadbild: Korkartige Pusteln an Blättern.
Ursache: Unregelmäßiges Gießen und niedrige Temperaturen lässt Zellen platzen.
Bekämpfung: Mäßig gießen und düngen.

Pflegefehler

Pilzkrankheiten

Eisenmangel (Chlorose)
Schadbild: Die Blätter werden von den her Rändern hell. Nur die Blattadern sind dunkelgrün gefärbt. Häufig bei Hängepetunien und Zauberglöckchen.
Ursache: Eisenmangel in Folge eines zu hohen pH-Werts der Erde, zum Teil auch durch kalkhaltiges Gießwasser verursacht.
Bekämpfung: Blattdüngung mit Eisenpräparat.

Welke Blätter
Schadbild: Die Blätter werden innerhalb weniger Tagen gelb und fallen ab.
Ursache: Staunässe durch schlechten Wasserabzug im Gefäß oder anhaltend nasskalte Witterung.
Bekämpfung: Die Pflanzen aus dem Regen holen, die Erde abtrocknen lassen und gegebenenfalls Dränage verbessern.

Echter Mehltau
Schadbild: Weißliche Beläge auf Ober- und Unterseite der Blätter; häufig bei Verbenen.
Ursache: Pilzkrankheit, die sich über die Luft ausbreitet; Ausbreitung wird durch Feuchtigkeit gefördert.
Bekämpfung: Befallene Triebe abschneiden; Durchlüftung der Pflanzen verbessern; nur die Erde gießen, nicht die Blätter.

Grauschimmel
Schadbild: Ein pelziger grauer Belag auf Blättern und Blüten, häufig bei Knollenbegonien.
Ursache: Pilzkrankheit, die durch stehende Nässe auf Blättern und welken Blüten gefördert wird.
Bekämpfung: Abgefallene Blütenteile regelmäßig absammeln, welke Blüten frühzeitig ausknipsen.

Wichtige Schädlinge

Blattläuse
Schadbild: Verformte Blattränder und Knospen, häufig an Rosen und Kapuzinerkresse.
Ursache: Unzählige kleine grüne Insekten saugen an den Trieben.
Bekämpfung: Stark befallene Triebe abschneiden, Läuse mit den Fingern abwischen; Läuse treten bei starkem Wind auf; Rosenpflaster anbringen.

Spinnmilbe
Schadbild: Weiße Punkte auf den Blättern und in den Blattachseln, feine Gespinnste.
Ursache: Winzige Spinnmilben saugen an den Blättern, sie treten bei geringer Luftfeuchtigkeit vermehrt auf.
Bekämpfung: Luftfeuchtigkeit erhöhen, indem man die Blätter beim Gießen kräftig von oben und unten überbraust.

Blasenfuß, Thrips
Schadbild: Kleine silbrige Stellen auf Blüten- und Laubblättern, häufig bei Blauem Gänseblümchen.
Ursache: Thripse erkennt man mit bloßem Auge als kleine, dunkle Striche, meist auf der Blattunterseite.
Bekämpfung: Luftfeuchtigkeit erhöhen (siehe Spinnmilbe), Wahl resistenter Sorten.

Weiße Fliege
Schadbild: Die Blätter werden fahl. Auf den unteren Blättern klebriger Honigtau und später schwarzer Rußtaupilz, häufig an Tomatenblättern.
Ursache: Weiße Motten, die auffliegen, wenn man die Blätter berührt.
Bekämpfung: Gelbtafeln aufhängen, stark befallene Pflanzenteile abschneiden.

JANUAR

Noch gibt es wenig zu tun. Pflanzen, die auf dem Balkon überwintern, müssen hin und wieder bei frostfreiem Wetter gegossen werden. Im Winterquartier gelegentlich lüften und dabei kontrollieren, ob die Gäste auf der Fensterbank gesund sind. Ist die Erde trocken, wird vorsichtig gegossen. Luftbefeuchter bei dieser Gelegenheit neu befüllen.

FEBRUAR

Die Vorboten des Frühlings lugen aus den Töpfen. Jetzt heißt es, sie regelmäßig zu gießen, und auch die scheinbar noch ruhenden Zwiebeln brauchen immer mehr Wasser. Rücken Sie jetzt die Töpfe mit den Frühlingsblühern ins Blickfeld. Wer Sommerblumen selber aussät, sollte allmählich Vorbereitungen treffen. Sorten müssen ausgewählt und Samen bestellt werden. Reinigen Sie die gebrauchten Aussaatschalen gründlich unter fließendem Wasser.

MÄRZ

Der Startschuss für die Frühlingsbepflanzung fällt. Hornveilchen und Bellis, Primeln und Stiefmütterchen kann man jetzt kaufen, die Sommerblumen müssen ausgesät werden. Pflanzen aus dem Winterquartier werden zurückgeschnitten sowie in frische Erde umgetopft und können nun etwas wärmer stehen. Die Freilandpflanzen kommen ab März ohne Winterschutz aus, Rosen werden zurückgeschnitten und in frische Erde getopft.

APRIL

Kündigen sich Spätfröste an, müssen die Frühlingsblüher ein schützendes Vlies erhalten. Abgeblühte Zwiebelpflanzen werden aus der Frühlingsbepflanzung entfernt und durch später blühende ersetzt. An warmen Tagen kann man beginnen, die Pflanzen aus dem Winterquartier abzuhärten. Nachts wieder einräumen, denn es ist für sie draussen noch zu kalt.

MAI

In diesem Monat fällt der Startschuss für die langersehnte Sommersaison: Nach den Eisheiligen Mitte des Monats werden die Kästen, Ampeln und Töpfe bepflanzt. Zuvor müssen die Gefäße gereinigt, die automatische Bewässerung angeschlossen und die Möbel aufgestellt werden. Frisch gepflanztes Grün muss in den ersten Tagen besonders gründlich gegossen werden, damit die Balkon-Schönheiten rasch anwachsen.

JUNI

Sobald das Wachstum einsetzt, entspitzt man die buschigen Balkonblumen, um eine Verzweigung zu fördern. Eintriebige Pflanzen, etwa Sonnenblumen, bindet man an einen Stab, damit sie nicht abknicken. Jetzt müssen Sie regelmäßig die Feuchtigkeit des Substrates kontrollieren und gegebenenfalls gießen. Gleichzeitig beginnt man mit dem Entfernen der ersten welken Blüten, damit die Knospenbildung weiterhin angeregt wird.

JULI

Gießen und Düngen gehören nun zum täglichen Pflichtprogramm für den Balkongärtner. Dabei zupft und schneidet man welke Blüten und sammelt trockene Blätter ab. Pflanzen, die zunehmend blühfaul werden, schneidet man kräftig zurück, damit sie noch einmal neu durchtreiben und bis zum Ende des Sommers blühen.

AUGUST

Kontinuierliche Pflege ist jetzt unerlässlich, damit die Pflanzen in der Blühfreudigkeit nicht nachlassen und gesund bleiben. An sehr heißen Tagen muss morgens und abends gegossen werden. Bei bedecktem Himmel kann man die Formschnittgehölze trimmen, damit sie wieder klare Konturen zeigen. Im August lassen sich Stecklinge von Geranien schneiden, die in diesen Wochen rasch Wurzeln bilden und als Nachwuchs überwintern.

SEPTEMBER

Je nach Witterung klingt das sommerliche Blütenfest rasch oder zögerlich aus. Manche Pflanze hält sich noch bis in den Herbst, andere werden bereits aus der Gestaltung entfernt. Zugleich hält die Herbstbepflanzung Einzug auf dem Balkon und lässt sich mit dem Legen der Blumenzwiebeln verbinden. Diese sind ab Monatsanfang im Fachhandel erhältlich. Pflanzen, die im Haus überwintert werden, sollten allmählich etwas abtrocknen.

OKTOBER

Nun beenden auch die letzten Sommerblumen ihre Saison. Rankgerüste und Spaliere werden von den Trieben befreit und gereinigt. Mit den verbleibenden bepflanzten Gefässen können Sie nun ein sehr dekoratives Herbstensemble bilden. Die Wintergäste werden zurückgeschnitten, gesäubert und auf die Fensterbank geräumt

NOVEMBER

Mit warmen Tagen, an denen man draußen sitzen kann, ist jetzt nicht mehr zu rechnen. Die Möbel werden ins Haus geräumt, die automatische Bewässerung kann abmontiert und im Keller gelagert werden. Accessoires verwittern schnell bei nasser Kälte und machen dem Weihnachtsschmuck Platz. Lichterketten werden aufgehängt und über die Gehölze gelegt. Bei trockener Witterung müssen Sie die verbleibenden Pflanzen gießen.

DEZEMBER

Jetzt wird es Zeit, dass Pflanzen, die im Freien überwintern, verpackt werden. Die Töpfe umwickelt man mit Jute, empfindliche Pflanzenkronen schützt man mit Vlies oder Strohmatten. Immergrüne Gehölze bestimmen das Bild. Sie müssen gegossen werden, wenn der Ballen frostfrei ist, schließlich verdunsten sie bei Sonnenschein Wasser. Schnee verziert die Pflanzen. Ist er nass und schwer, befreit man die Gehölze von der Last.

TERRASSENTRÄUME

Wir begrüßen Sie herzlich auf unserer Reise durch die Welt des modernen Terrassengartens. Lernen Sie die schönsten Gestaltungsbeispiele für gelungene Terrassenbepflanzungen und die am besten bewährten Kübelpflanzen im Porträt kennen.

Ursprünglich beschränkte sich der Begriff »Kübelpflanzen« auf frostempfindliche, mehr oder weniger exotische Arten, die man im Winter ins Haus stellte. Heute dehnt sich diese Definition immer weiter aus, und so zählen inzwischen auch frostharte Gehölze, Stauden und Zwiebelblumen dazu, die den Winter in ihren Pflanzgefäßen im Freien verbringen können. Und da eine Terrasse ohne die Blütenpracht der einjährigen Sommerblumen nur halb so schön wäre, erobern auch sie, die früher dem Balkonkasten oder Blumenbeet im Garten vorbehalten waren, den Topfgarten. Von allen wird in diesem Buch gleichermaßen die Rede sein. Sind nur die frostempfindlichen Pflanzen gemeint, wird der Begriff »**klassische Kübelpflanzen**« verwendet.

Richten Sie sich mit schönen Kübelpflanzen traumhafte Terrassen als Wohnzimmer im Grünen ein. Wir zeigen Ihnen in vielen Beispielen den Facettenreichtum moderner Terrassengestaltungen.

Traumhaft schöne Terrassen

Jeder von uns hat seine Lieblingspflanzen. Doch würde man alle diese Kleinode sammeln und nebeneinander auf die Terrasse stellen – was wäre das Ergebnis? Sicher nicht das, welches Sie sich erträumt haben. Denn viele Einzelteile ergeben noch kein Ganzes. Stattdessen sollten ihre Blüten farblich aufeinander abgestimmt sein, sich die Wuchsformen optimal ergänzen und die Blütezeiten gestaffelt sein.

Deshalb haben wir dieses Buch zunächst in die vier Jahreszeiten gegliedert. Für den Frühlingsauftakt sorgen Zwiebelblumen und Gehölze. Im Sommer sind es vor allem die klassischen Kübelpflanzen, die uns beschäftigen werden, aber ebenso Gehölze, Stauden und sommerblühende Zwiebelblumen. Im Herbst gilt die Aufmerksamkeit den Gräsern, im Winter den Immergrünen.

Zusätzlich zu dieser jahreszeitlichen Einteilung sind die Kapitel nach Gestaltungskriterien gegliedert. Die wichtigste Rolle spielen dabei die Blütenfarben Blau, Gelb, Rot, Rosa und Weiß. Hier finden Sie ausführliche Gestaltungtipps, welche Blütenfarben gut miteinander harmonieren. Im Anschluss daran sind die jeweils wichtigsten Kübelpflanzen ausführlich in Porträts dargestellt. Auf dazu passende winterharte Arten und Sommerblumen wird jeweils am Ende der Kapitel eingegangen. Querverweise erleichtern Ihnen das Auffinden der beschriebenen Pflanzen.

Lehnen Sie sich entspannt zurück und lassen sich von dem Ideenreichtum in diesem Buch inspirieren. Ausführliche Praxistipps garantieren, dass auch die Pflege der Pflanzen für Sie zum Kinderspiel wird.

Die wichtigsten Pflegetipps

Neben der Beschreibung der Pflanzen finden Sie in den Porträts wertvolle Tipps zur Pflanzenpflege. Die gemachten Aussagen zur Pflanzenhöhe hängen sehr stark davon ab, wie häufig und kräftig Sie ihre Pflanzen schneiden. Die Blütezeit kann je nach Licht- und Temperaturverhältnissen im Winterquartier, Standort und Witterungsverlauf stark variieren, sodass die Aussagen als Anhaltswerte zu verstehen sind. Die Angaben zum Wasser- und Düngerbedarf beziehen sich stets auf die Wachstumszeit von Frühling bis Herbst.

Schlagen Sie bitte parallel zu den einzelnen Pflanzenporträts die allgemein gültigen Pflegehinweise im Kapitel »Praxis« (ab Seite 323) nach, da sie eine wichtige Ergänzung zu den Kurzaussagen in den Porträts sind.

Der Fotograf

Schon bald nach seinem Gartenbaustudium spielte für Friedrich Strauß (www.friedrichstrauss.de) sein Hobby, die Pflanzenfotografie, eine immer größere Rolle. Heute zählt er zu den wohl renommiertesten europäischen Pflanzenfotografen für den Bereich Zimmer-, Balkon- und Terrassengestaltung. Der überwiegende Teil seiner fotografierten Pflanzen wird von ihm und seinen Mitarbeitern in seiner Spezialgärtnerei herangezogen und dann nach eigenen Ideen arrangiert. Ein besonderes Talent zeigt er in der Verbindung von fachlichem Pflanzenwissen, professioneller Fotografie, Farbästhetik und gekonntem Lichteinsatz.

Die Autorin

Dipl.-Ing. Tanja Ratsch, Mitinhaberin einer Versand-Gärtnerei für Kübel- und Wintergartenpflanzen (www.flora-toskana.de) in Ulm, hat Kunden aus ganz Europa. Ihre Erfahrungen in der täglichen Pflege und Kultur dieser exotischen Pflanzen, in der Planung von Privatgärten in Deutschland und den Mittelmeerländern (www.gardenia.de) und ihrer Autoren-Tätigkeit für führende Gartenzeitschriften finden Sie in diesem Buch zusammengetragen.

FRÜHLING

AUF IN DEN FRÜHLING

Vorfreude ist bekanntlich die schönste Freude. Und deshalb wünschen wir uns jedes Jahr nach den tristen und kalten Wintermonaten nichts sehnlicher herbei als die ersten Blüten im Frühling. Wie gut, dass sich Zwiebelblumen und andere Frühlingsblüher wenig anpruchsvoll geben und ihre Blüten im Terrassengarten ebenso üppig präsentieren wie draußen im Garten. Viele von ihnen spitzen selbst dann schon aus der Erde, wenn die Töpfe noch mit Schnee bedeckt sind. Raureif verwandelt die kleinen Blütengesichter in zarte Skulpturen, die das glitzernde Morgenlicht jedoch rasch wieder auftaut – ein Schauspiel voller Faszination, das keinen Frost scheut.

Oben: Hyazinthen, Kugel-Primeln und Veilchen in einer Schale.

Links: Eine Elfe begleitet den Tanz früher Frühlingsboten. Auf einem eisernen Tablett lassen sich die kleinen Blütengesichter immer neu gruppieren und aus der Nähe betrachten.

Tulpen sorgen schon im April für reichlich Sonnenschein auf der Terrasse. Efeupflanzen ergänzen das Tisch-Arrangement mit bunten Blättern und einem Herz aus Draht. Hinzu kommen Moos-Polster und einige rote Zweige der Korkenzieher-Weide, die man in die Pflanzgefäße steckt.

Den Frühling schon im Herbst eintopfen

Spätestens dann, wenn uns aus den Regalen der Gärtnereien die Blütenköpfe der Hyazinthen entgegenstrahlen, fällt uns ein, was wir vergessen haben: Die Pflanzzeit für Zwiebelblumen war im Herbst zuvor. Doch heute ist es kein Problem mehr, wenn man im September und Oktober versäumt hat, die unscheinbaren Zwiebeln und Knollen in die Erde zu bringen. Die Gärtner nehmen uns diese Arbeit ab und bieten uns im Frühling vorgetriebene Zwiebeln an. Man nimmt sie einfach aus ihren Töpfchen heraus und setzt sie einzeln oder zu mehreren in die für sie vorgesehenen Pflanzgefäße. Einen kleinen Nachteil hat diese moderne Vorgehensweise jedoch. Vorgetriebene Zwiebeln kommen aus dem Gewächshaus und sind auf strenge Kälte nicht vorbereitet – so etwa die beliebte, aber sehr frostempfindliche Narzisse 'Tête-à-Tête', die im Frühling allenthalben angeboten wird. Zwiebeln dagegen, die man im Herbst selbst gepflanzt und im Winter an einem regengeschützten Platz aufgestellt hat, sind auf Frost und Kälte bestens eingestellt.

Mit den zweijährigen Pflanzen, zu denen Maßliebchen, Stiefmütterchen und Vergissmeinnicht zählen, verhält es sich ähnlich. Auch sie müssen schon im Sommer des Vorjahres gesät werden, damit sie uns früh im Jahr mit Blüten überraschen können. Wer dazu keinen Platz hat, greift ebenfalls zur Fertigware vom Gärtner. Die Auswahl an Farben und Formen und riesengroß, und nur selten bleibt ein Wunsch offen. Wenn Sie allerdings zu den passionierten Gärtnern zählen, die jedes Jahr gerne neue Sorten ausprobieren, sollten Sie auf die Aussaat ab Juli nicht verzichten.

Echt dufte, die Kleinen

Am schönsten im Topf machen sich kleinwüchsige und kleinblütige Zwiebelblumen. Allzu große oder langstielige Blüten neigen sich unter dem Gewicht von

Schöne Terrassen zum Nachpflanzen

(Bild siehe Seite 172/173)

① Frühe Tulpen *(Tulipa*-Hybride)
② Maßliebchen *(Bellis perennis)*
③ Stiefmütterchen *(Viola × wittrockiana)*
④ Hyazinthe *(Hyacinthus orientalis)*
⑤ Glockenblume *(Campanula carpatica)*
⑥ Blaukissen *(Aubrieta*-Hybride)

Schnee oder Regen leicht zu Boden oder knicken sogar ab. Versucht man, ihnen mit Stützstäben Halt zu geben, wirken diese oft störend. Deshalb sollte man bei der Wahl auf niedrige, kompakte Sorten achten. Bei den Tulpen sind dies vor allem Wildarten, die häufig wunderschön duften (z. B. *Tulipa clusiana, T. greigii, T. bakeri)*.

Blütengeläut zum Osterfest: Narzissen tauchen Ihre Frühlingsterrasse in eine Wolke wunderschöner Blüten und zarter Düfte.

Denn nicht nur mit den Augen, auch mit der Nase sollten Sie den Frühling in vollen Zügen genießen. Mischen Sie deshalb duftende Zwiebelblumen unter die Arrangements. Bei den Narzissen sind es vor allem die Jonquillen-Narzissen *(Narcissus Jonquilla*-Hybriden), die mit ihrem intensiven Duft verzaubern. Tazetten-Narzissen *(N. tazetta)* und Triandrus-Narzissen *(N. triandrus)* stehen ihnen nur wenig nach, ebenso wie Dichternarzisse *(N. poeticus)* und Campernelle oder Duft-Narzisse *(N. × odorus)*. Die besten Parfumeure sind jedoch die Hyazinthen, die ganze Terrassen in Wolken aus süßlich-schwerem Duft tauchen. Traubenhyazinthen schlagen beschwingtere, fruchtig-frische Töne an, die an Pfirsichduft erinnern; die Netz-Iris *(Iris reticulata)* tut es der Vanille gleich.

Ein Platz in der ersten Reihe

Um selbst zarte Duftnoten unverblümt wahrnehmen zu können, empfiehlt es sich, die Zwiebeltöpfe auf Regale oder Tische zu stellen. Denn im Frühjahr sind die Gelegenheiten rar, inmitten seiner Pflanzenschätze zu sitzen und sie in Ruhe zu betrachten. Vielmehr beschränkt sich der Terrassenbesuch auf kurze Rundgänge. Und dabei möchte man alles rasch erfassen.

Verändert präsentiert sich die Situation dagegen im Frühsommer, wenn sich der Zwiebelzauber dem Ende zuneigt und sich die Blätter gelb färben. Die einst frühlings-

Mit einem Lächeln auf den Lippen präsentiert diese Ton-Putte eine Schale voller Frühlingsboten, die auch nächtlicher Kälte trotzen: gelbe Tulpen 'Monte Carlo', rote Ranunkeln, violette Stiefmütterchen und rot-weiße Maßliebchen. Traubenhyazinthen und Vergissmeinnicht im Pflanzkasten zu ihren Füßen begleiten sie.

Edle Eleganz: Weiße und zartgelbe Hornveilchen lassen sich hier von einer Schleifenblume *(Iberis,* vorne rechts) und weiß blühendem Vergissmeinnicht *(Myosotis)* begleiten.

frohen Schalen und Töpfe sind nicht mehr attraktiv. Das welkende Laub sollte man jedoch nicht abschneiden. Es ermöglicht den Pflanzen, neue Energien zu gewinnen und in den Zwiebeln einzulagern. Nur so haben sie die nötige Kraft, um jedes Frühjahr erneut ihr Blütenfeuerwerk zu entfachen. Stellen Sie die Töpfe deshalb an Plätze, die nicht direkt im Blickfeld liegen, gießen und düngen Sie regelmäßig. Erst wenn das Laub verwelkt ist, schneidet man es ab und hält die Töpfe trocken.

Alle ein bis zwei Jahre nimmt man die Zwiebeln dann im Herbst aus den Pflanzgefäßen und trennt die kleinen Nachwuchszwiebelchen ab, damit sie sich in den Gefäßen nicht gegenseitig bedrängen. Nur einige der kräftigsten Zwiebeln oder Knollen setzt man in frische Erde zurück in die Pflanzgefäße und kultiviert sie weiter.

Zwiebelspaß das ganze Jahr

Den Zeitpunkt, wann die Zwiebelblumenblüte auf Ihrer Terrasse zu Ende ist, können Sie selbst bestimmen. Denn bei geschickter Staffelung hält der Zauber von Februar bis Mai an. Den Anfang im Februar machen im natürlichen Rhythmus, ohne den Einfluss gärtnerischer Verfrühungsmethoden, Schneeglöckchen *(Galanthus)*, Krokus *(Crocus*-Hybriden), Netz-Iris *(Iris reticulata)* und Winterling *(Eranthis)*. Im März folgen Schneestolz *(Chionodoxa)*, Puschkinien *(Puschkinia)*, Blausterne *(Scilla)*, Märzenbecher *(Leucojum vernum)* und Narzissen (siehe Seite 178) im Topf, im April Schachbrettblumen *(Fritillaria meleagris)*, Gelbsterne *(Gagea)*, Traubenhyazinthen *(Muscari botryoides)* und Hyazinthen (siehe Seite 178).

Bei den Tulpen machen die Wildtulpen im März den Anfang, es folgt die Gruppe der so genannten »Frühen Tulpen« im April, bis Monatsende die »Triumph-Tulpen« und die »Lilienblütigen Tulpen«, die trotz ihrer langen, aber sehr kräftigen Stängel gut für die Topfkultur geeignet sind. Im Mai stimmen die »Viridiflora-Tulpen« ein. Auch für Tulpen-Fans, die trotz der Schwere nicht auf gefüllte, großblütige,

TIPP

Zwiebelblumen eignen sich hervorragend, um winterharte, immergrüne Kübelgäste wie Buchs oder Koniferen zu unterpflanzen. Mit einem Zwiebel-Pflanzer lassen sich leicht Löcher in die Erde drehen und die Zwiebeln setzen, um dort für Blüten zu sorgen, wo sonst keine sind.

gefranste oder »Papageien-Tulpen« verzichten möchten, ist der Mai der Wonne-Monat. Stellen Sie den Blütenstielen Stützstäbe zur Seite, damit sie nicht knicken.

Rezepte zum Nachpflanzen

Zwiebelblumen laden ein zum Experimentieren. Wenn Sie Spaß an Pflanzkombinationen haben, probieren Sie einmal folgende Rezepte aus:

Feuer und Wasser

Setzen Sie in die Mitte eines Topfs (30 cm Durchmesser) 5 x rot blühende, frühe Tulpen wie 'Merry Christmas' oder Wildtulpen (z. B. *Tulipa fosteriana)* und im Kreis 10 x Traubenhyazinthen *(Muscari armeniacum)* – ein Farbkontrast, der den Winterschlaf vertreibt.

Duftig-zarte Blütenwolken

Bepflanzen Sie einen Kasten (60 x 20 cm) mit drei Reihen. 1. Reihe: 4 x Vergissmeinnicht *(Myosotis)*, 2. Reihe: 3 x weißer Krokus (z. B. 'Snowbunting') und 3 x Wildtulpe (z. B. *Tulipa bakeri)*, 3. Reihe: 6 x rosafarbene Hyazinthen (z. B. 'Anne Marie') oder weiße Hyazinthen (z. B. 'L'Innocence') – ein herrliches Dufterlebnis für Romantiker.

Gelber Aufzug in drei Akten

Legen Sie in einem Kasten (80 x 30 cm) vier Reihen fest. 1. Reihe: 12 x Winterling *(Eranthis)*, 2. Reihe: 8 x Zwiebel-Iris *(Iris danfordiae)*, 3. Reihe: 5 x Triandrus-Narzisse *(N. triandrus)*; 4. Reihe: 5 x Lilienblütige Tulpe 'Westpoint' – die Blüten öffnen sich staffelweise von Februar bis April.

Start ins Blaue

Bepflanzen Sie eine Schale mit 30 cm Durchmesser mit je 5 x Netz-Iris (z. B. *Iris reticulata)*, blauem Krokus *(Crocus*-Hybriden), Traubenhyazinthe *(Muscari armenicum)* und Blausternchen *(Scilla)* in beliebiger Anordnung oder konzentrischen Kreisen.

Oben: Zwischen den buntblättrigen Efeuranken sprießen weiße und rosaviolette Krokusse, Blausternchen und weiße Puschkinien.

Unten: Wildblumenwiese im Pflanzkasten: weiße und purpurfarbene Schachbrettblumen, Balkan-Windröschen *(Anemone blanda)*, weiße Blausternchen *(Scilla mischtschenkoana)* und Zwiebel-Iris.

Hyazinthen

(Hyacinthus)

Der betörende Blütenduft der Hyazinthen *(H. orientalis)* stimmt uns im April und Mai auf die Terrassensaison ein.

Wuchs: Die einzelne Zwiebel bildet meist nur eine Blüte aus. Multiflora-Hyazinthen sind dagegen mehrblütig.

Blüte: Hyazinthen beherrschen die gesamte Farbpalette von Blau, Violett und Weiß über Gelb, Orange, Rosa bis hin zu Rot. Gefüllt blühen Sorten wie 'Hollyhock' (rot), 'Madame Sophie' (weiß) oder 'Pink Royal' (rosa).

Standort: Sonnig und warm.

Pflege: Verwenden Sie zur Pflanzzeit im September und Oktober durchlässige, sandige Erde, die während der Wachstumszeit nur leicht feucht gehalten wird. 2 x im Monat düngen.

Überwinterung: Töpfe vor Niederschlägen geschützt ins Freie stellen.

Extra-Tipp: Vermeiden Sie beim Kauf Zwiebeln mit dem Hinweis »Treiberei«. Ihnen wurde in Kühlzellen ein vorzeitiger Winter vorgespielt, der sie verfrüht blühen lässt. Im Freien drohen dann Frostschäden. Vorgetriebene »Zimmer-Hyazinthen« sollten erst im April nach draußen gestellt werden.

Narzissen

(Narcissus)

Die hierzulande erhältlichen, etwa 130 Narzissen-Sorten bieten für jede Terrasse das Richtige. Engelstränen-N. *(N. triandrus)* und Alpenveilchen-N. *(N. cyclamineus)* bleiben unter 30 cm Höhe und schmücken mit ihrem Duft Schalen und Kästen. Die höher wüchsigen (40–50 cm) Narzissen machen in mittelgroßen bis großen Einzeltöpfen Furore. Man teilt sie ein in Großblütige (Großkronige-, Gefüllte-, Trompeten- und Orchideen-Narzissen) und Kleinblütige Narzissen, zu denen die Kleinkronigen N. und die stark duftenden Tazetten-, Jonquilla- und Poeticus-Narzissen zählen.

Wuchs: Mehrblütige Horste.

Blüte: Zwischen März und Mai, ein- oder zweifarbig in Gelb, Weiß, Orange.

Standort: Sonnig bis halbschattig.

Pflege: Pflanzzeit ist im September. Alle 2 bis 3 Jahre teilt man die Zwiebelhorste, da bei Enge die Blüte nachlässt. So lange die Blätter grün sind, für leichte Bodenfeuchte und wöchentliche Düngergaben sorgen.

Überwinterung: Nässegeschützt im Freien, Töpfe leicht isolieren.

Primeln

(Primula)

Kissenprimeln *(P.-Vulgaris-Hybriden)* werden schon im Winter in einer Fülle und so preiswert angeboten, dass man nicht lange widerstehen kann. Leider werden die mehrjährigen Stauden meist wie einjährige Wegwerfpflanzen behandelt, obwohl sie bei guter Pflege jedes Jahr erneut blühen. Viele weitere Arten sind in Töpfen und Schalen wunderschöne Kleinode, z. B. *P. denticulata, P. × bullesiana, P. elatior, P. × pruhoniciana, P. japonica*.

Wuchs: Die dichten Blütenbüschel stehen über kompakten Blattrosetten.

Blüte: Nicht vorgetriebene Pflanzen blühen zwischen März und Mai, *P. japonica* und *P. × bullesiana* im Juli.

Standort: Halbschattig bis schattig.

Pflege: Die Erde sollte konstant leicht feucht sein und 2 x im Monat mit Dünger versorgt werden. Nach der Blüte pflanzt man um in etwas größere Töpfe und ergänzt frische, humusreiche Erde. Zu dichte Pflanzen teilen.

Überwinterung: Im Freien; die meist kleinen Töpfe leicht isolieren.

Extra-Tipp: Primeln setzen reichlich Samen an, die zuverlässig keimen.

Tulpen

(Tulipa)

Für welche der hierzulande etwa 300 erhältlichen Tulpen-Sorten Sie sich entscheiden, ist eine Frage des persönlichen Geschmacks, denn prinzipiell eignen sich alle für die Topfkultur. Wer die klassische Tulpenform liebt, ist mit Einfachen, Triumph-, und Darwin-Tulpen gut beraten. Für ausgefallenere Hingucker sorgen Lilienblütige Tulpen mit ihren spitzen Kronenzipfeln, Crispa-Tulpen mit gefransten Blütenblättern, Viridiflora-Tulpen mit gestreiften Blüten oder Papageien-Tulpen, die leuchtend mehrfarbig, geschlitzt oder gewellt sind.

Wuchs: Während die Botanischen und Wild-Tulpen meist niedriger als 30 cm bleiben, erreichen die Züchtungen 40 bis 60 cm. Damit die Proportionen stimmen, sollte das Pflanzgefäß etwa genauso hoch sein wie die Blütenstiele. Botanische und Wild-Tulpen passen daher besser in Schalen, hohe Tulpen in Tonvasen (Bilder).

Blüte: Durch geschickte Sortenwahl lässt sich die Blütezeit von Mitte März bis Ende Mai ausdehnen. Gruppenbezeichnungen wie »Einfache Frühe Tulpen« oder »Gefüllte Späte Tulpen« helfen dabei. Gefüllte Blüten werden bei Regen schwer und knicken leichter als einfache. Bis auf Blau treten alle Blütenfarben auf, oft zwei- oder mehrfarbig.

Standort: Sonnig.

Pflege: Während der Wachstumszeit sollte die Erde stets leicht feucht sein. 1 x pro Woche düngen. Welke Blüten samt Stiel abschneiden. Die Blätter aber bleiben, bis sie im Sommer von selbst gelb und trocken werden. Alle 2 bis 3 Jahre topft man die Zwiebeln im September aus und pflanzt nur die kräftigsten wieder ein.

Überwinterung: Nässegeschützt im Freien.

Oben: Gefüllte, weiße Frühe und Wild-Tulpen.
Unten: Tulpen mit Horn-Veilchen (links); Hohe Gefäße für hohe Tulpen (rechts).

Veilchen

(Viola)

Obwohl die als Stiefmütterchen bekannten *V.* × *wittrockiana*-Sorten allen anderen Veilchen mit ihrer Formen- und Farbenvielfalt den Rang ablaufen, sind auch Wild-Veilchen wie das Horn-Veilchen *(V. cornuta*, Bild) und Duft-Veilchen *(V. odorata*, intensiv duftend) fröhliche Frühlingsboten für kleine Schalen und Töpfe.

Wuchs: Die dichten Horste schmücken sich mit einer Vielzahl von Blüten.

Blüte: Stiefmütterchen sind in allen nur erdenklichen Farben und Farbkombinationen vertreten. Sie werden im Sommer ausgesät, blühen im Herbst und Frühling und sterben dann ab (zweijährige Pflanzen). Die mehrjährigen Wild-Veilchen blühen Blau, Violett, Weiß, Gelb oder Rot, *V. odorata* im März/April, *V. cornuta* von Mai bis Juli, mit Rückschnitt erneut im Herbst.

Pflege: Die humose Erde während der Wachstumszeit konstant leicht feucht halten und alle zwei Wochen düngen.

Überwinterung: Eine Überwinterung entfällt bei Stiefmütterchen (siehe oben). Wild-Veilchen mit leichtem Winterschutz im Freien aufstellen.

AUS ZARTEM BLÜTENHOLZ GESCHNITZT

Im Frühling ist die Hoch-Zeit der Blütensträucher und -bäume. Alle scheinen gleichzeitig zu blühen und um die Gunst der Insekten zu werben. Schließlich müssen sie in den wenigen Monaten bis zum Herbst ihre Samen und Früchte zur Reife bringen. Nutznießer dieser überschwänglichen Fülle ist der Mensch, der sich an der kurzen, aber gewaltigen Blüte erfreuen kann. Mischen Sie unter Ihre Terrassen-Arrangements deshalb stets einige winterharte Bäume und Sträucher in großen Pflanzgefäßen. Sie sind einfach zu pflegen, denn sie überwintern im Freien. Mit ihnen ist die Terrasse auch dann nicht kahl, wenn die frostempfindlichen Kübelpflanzen im Spätherbst längst im Haus eingelagert und die Sommerblumen erfroren sind.

Oben: Der rot blühende Elfenbeinginster 'Hollandia' *(Cytisus × praecox)* schmückt seine Zweige Anfang Mai mit rosaroten Blüten. Begleitet wird er von einer Hainbuche *(Carpinus betulus)* und blau blühendem Vergissmeinnicht *(Myosotis).*

Links: Nehmen Sie Platz zwischen Goldglöckchen *(Forsythia)*, Stern-Magnolie *(Magnolia stellata)* und Zier-Kirsche *(Prunus)*!

Zierquitten *(Chaenomeles)* schmücken sich mit hübschen Aprilblüten und im Herbst mit Früchten zum Einkochen.

Die Kunst der Riesen-Bonsai

Damit Bäume und Sträucher, die natürlicherweise zu meterhohen Exemplaren heranwachsen, in einem handlichen Kübelpflanzenformat bleiben, ist ein gärtnerischer Kunstgriff nötig: Behandeln Sie Ihre Kübelpflanzen wie Riesen-Bonsai. Schneiden Sie nicht nur die Kronen laufend zurück, sondern auch die Wurzeln. Dazu werden die Pflanzen alle zwei bis drei Jahre ausgetopft und das Wurzelsystem kräftig eingekürzt. Neben einer Säge ist hier eine kräftige Heckenschere angebracht. Anschließend kommen die Ballen in den alten Topf zurück, und die entstandenen Lücken werden mit frischer Erde aufgefüllt. Auf diese Weise brauchen Sie nicht jedes Jahr einen größeren Topf. Die Pflanzen werden nur sehr langsam größer und immer knorriger. Diese Prozedur ist jedoch nur etwas für tolerante Bäume und Sträucher. Arten mit sehr empfindlichen, störungsanfälligen Wurzeln nehmen sie auf Dauer übel. Bei ihnen hilft am Ende ihrer Kübel-Zeit nur das Umpflanzen in den Gartenboden.

Frühling ist nur der Anfang

Der Frühling gibt nur einen kleinen Vorgeschmack auf das, was winterharte Sträucher im Topf alles zu bieten haben. Wir geben Ihnen deshalb in den folgenden Kapiteln immer wieder Hinweise, welche weiteren Gehölze zu welcher Jahreszeit den Topfgarten mit ihren Blüten, Blättern oder Früchten bereichern.

Das Goldglöckchen *(Forsythia)* läutet mit seinen gelben Blüten den Frühling ein.

Schöne Terrassen zum Nachpflanzen

(Bild siehe Seite 180/181)

① Goldglöckchen *(Forsythia)*
② Stern-Magnolie *(Magnolia stellata)*
③ Zier-Kirsche *(Prunus*-Hybride)
④ Tulpen *(Tulipa*-Hybride)
⑤ Traubenhyazinthen *(Muscari botryoides)*
⑥ und ⑦ Maßliebchen *(Bellis perennis)*
⑧ Vergissmeinnicht *(Myosotis sylvatica)*

BLÜTENSTRÄUCHER FÜR TERRASSEN

Zier-Kirschen

(Prunus)

Die Sorten der Japanischen Blütenkirschen *P. serrulata* und *P. subhirtella* verzaubern mit weißen oder rosafarbenen, meist gefüllten Blüten.

Wuchs: Der zunächst natürlicherweise buschige Wuchs lässt sich durch regelmäßigen Rückschnitt nach der Blüte bewahren. Gut in Form zu halten sind Stämmchen. Die Blätter zeigen eine attraktive Herbstfärbung.

Blüte: Die Blüten erscheinen im April und Mai vor oder gleichzeitig mit dem Laubaustrieb, die Schneekirsche *(P. subhirtella* 'Autumnalis') öffnet oft schon im Winter die ersten Blüten.

Standort: Sonnig, warm.

Pflege: Die humusreiche, aber durchlässige Erde konstant leicht feucht halten und 14-täglich düngen.

Pflanzenschutz: Neben speziellen Kirschenkrankheiten (z. B. *Monilia)* treten bei Kübelpflanzen Spinnmilben auf.

Überwinterung: Im Freien; Töpfe isolieren und auf Füße stellen.

Extra-Tipp: Ebenso schöne Frühjahrsblüher sind die Mandelbäumchen *(P. triloba* bis 2 m, und *P. tenella* bis 1 m) sowie kleine Sorten der Zier-Äpfel *(Malus)*.

Rhododendren

(Rhododendron)

Für die Kübelkultur kommen vor allem klein bleibende Rhododendren in Frage. Hierzu zählen *R. repens* (0,5 m), *R. impeditum* (0,5–1 m), *R.*-Williamsianum- und *R.*-Yakushimanum-Hybriden (1–1,5 m) sowie einige Wildarten.

Wuchs: Die immergrünen Sträucher bleiben auch ohne Schnitt kompakt. Welke Blütenstände ausbrechen.

Blüte: Je nach Sorte im Mai oder Juni. Jeder Busch blüht etwa 2 Wochen.

Standort: Halbschattig, luftfeucht.

Pflege: Rhododendron wünscht stets leicht feuchte und saure Erde. Gießen Sie daher nur mit Regenwasser und verwenden Sie Rhododendrondünger. Beim Umtopfen Rhododendronerde einsetzen. Eine Alternative sind Inkarho-Rhododendren, die auf kalktoleranten Unterlagen veredelt und weniger kalkfeindlich sind.

Pflanzenschutz: Rhododendronzikade und in Folge Knospenbräune.

Überwinterung: Im Freien. An frostfreien Tagen gießen, falls der natürliche Niederschlag nicht ausreicht. Es vertrocknen weit mehr Rhododendronbüsche im Winter als sie erfrieren!

Flieder

(Syringa)

Neben dem Edel-Flieder *(S. vulgaris)* sind vor allem kleinstrauchige Vertreter dieser sommergrünen Ölbaumgewächse wie *S. meyeri* 'Palibin', *S. microphylla* 'Superba' und *S.* × *persica* als Kübelgäste geeignet (bis 2 m).

Wuchs: Damit der Edel-Flieder auf Dauer Topf-Format behält, kürzt man seine Triebe nach der Blüte kräftig ein, was zugleich den neuen Blütenansatz für das kommende Jahr fördert.

Blüte: Die stark duftenden Blütenrispen öffnen sich im Mai, bei *S. microphylla* (»Herbstflieder«) kann die Blüte bis Oktober andauern.

Standort: Sonnig und warm.

Pflege: Die humusreiche, aber gut durchlässige Erde sollte konstant leicht feucht, aber nie staunass sein. 14-täglich düngen.

Pflanzenschutz: Keine Anfälligkeit.

Überwinterung: Im Freien.

Extra-Tipp: Später im Jahr schmücken die Schmetterlingssträucher *(Buddleja davidii)* mit ihren fliederähnlichen, übergeneigten Blütenrispen die Terrasse und ziehen Schmetterlinge in Scharen an (Juli bis Oktober).

SOMMER

MACHEN SIE URLAUB ZU HAUSE

Blühende Oleanderbäume, duftende Lorbeerhecken, Hauswände, überzogen mit Bougainvilleen in allen Farben, und markante Säulen-Zypressen – ein Urlaub im Süden ist reich an Sinneseindrücken. Und zu Hause soll dann alles nur noch Erinnerung sein? Verlängern Sie doch einfach Ihren Urlaub um viele Wochen, indem Sie Olive & Co. Einzug auf Ihrer Terrasse halten lassen.

Die Pflege der mediterranen Gäste, die Hitze und Trockenheit ebenso gewohnt sind wie winterliche Kälte, ist gar nicht schwer. Und Sie können jedes Wochenende den herben Duft der Zistrosen einatmen, das leise Rascheln der Palmwedel im Sommerwind genießen oder eine frische Zitrone pflücken, wenn Sie gerade Lust auf einen kühlen Eistee haben.

Oben: Zum Ölpressen reicht die Olivenernte auf der Terrasse zwar nicht, doch schmecken die Fettunta – geröstete Brotscheiben mit Knoblauch und Öl – im Schatten des eigenen Olivenbäumchens nochmal so gut.

Links: Elemente aus echter Impruneta-Terrakotta runden mediterrane Oasen ab. Der Kiesbelag knirscht wie beim Spaziergang am Strand.

Schon eine kleine Ecke mit Zwergpalme und verschiedenen Oleander-Sorten im Kasten sorgt für mediterranes Ambiente.

Weniger ist mehr

Der Sommer ist heiß in den Mittelmeerländern. Ohne ständige Bewässerung ist kaum ein Pflanzenwachstum möglich. Und da die Südländer obendrein ihre Mittagsruhe lieben, beschränken sich Griechen, Italiener und Spanier in Sachen Garten meist auf das Wesentliche. Statt einer Fülle unterschiedlicher Pflanzen dominieren in ihren Gärten wenige Solisten – edle Zitrusbüsche, uralte Olivenbäume oder haushohe Palmen. Einige wenige Obstbäume wie Wollmispel, Feige oder Granatapfel für den Hausbedarf kommen hinzu. Auch auf den Terrassen setzt man auf nur wenige, dafür aber markante Kübelpflanzen.

Wir Nordeuropäer können uns dagegen mehr Vielfalt »leisten«, denn bei uns ist das Klima weniger hitzig. Wolkenverhangene Tage, Regen und kühlere Temperaturen vereinfachen die Pflege. Dennoch sollte man auch bei uns nicht zu viele Pflanzen sammeln – sonst kommt jede einzelne nicht mehr zur Geltung. Überlegen Sie sich vorher genau, welche Arten Sie unbedingt haben möchten, und setzen Sie Prioriäten. Ohne vorherige Planung passiert es allzu leicht, dass man sich hier und da zu immer neuen Käufen verleiten lässt – und auf der Terrasse bald für Sie selbst und Ihren Liegestuhl kein Platz mehr ist!

Schöne Terrassen zum Nachpflanzen

(Bild siehe Seite 186/187)

① Zwergpalme *(Chamaerops humilis)*
② Springbrunnenpflanzen *(Russelia equisetiformis)*
③ Ananas-Salbei *(Salvia elegans* 'Pineapple Scarlet')
④ Zitrone *(Citrus limon)*
⑤ Gewürzrinde *(Cassia corymbosa)*
⑥ Calamondin-Orange *(× Citrofortunella mitis)*
⑦ Bougainvillee *(Bougainvillea*-Hybride)
⑧ Sternjasmin *(Trachelospermum jasminoides)*

Schlicht oder kunterbunt

Ebensowenig wie es »die« deutsche Terrasse gibt, gibt es »den« mediterranen Gartenstil. Während es die einen kunterbunt lieben, setzen die anderen auf schlichte Eleganz. Eine Terrasse mit wenigen Buchskugeln, Palmen oder Zitrusbäumchen im Topf ist ebenso »italienisch« wie ein üppig blühendes Paradies voller Farben. Doch trotz des Vielerleis sind mediterrane Gärten eines nie: überladen. Das Auge des Betrachters kann in Ruhe jede einzelne Pflanze genießen und sich zwischendurch auf dem Grün der Blattschmuckpflanzen ausruhen. Ebenso selten sind monochrome Terrassen in nur einer Blütenfarbe. Es ist der goldene Mittelweg, der den Stil des Südens so unwiderstehlich macht.

Der mediterrane Stil

Mediterrane Pflanzen allein machen jedoch noch keine mediterrane Terrasse. Zumal viele der Pflanzen, die wir aus dem Mittelmeergebiet kennen, gar nicht von dort stammen. So ist die Bougainvillee ursprünglich in Südamerika beheimatet (siehe Seite 193), die Bleiwurz in Südafrika (siehe Seite 207), Agaven in Mexiko (siehe Seite 192) oder der Neuseeländer Flachs in Neuseeland. Für uns sind sie jedoch untrennbarer Bestandteil der Südflora und werden daher volkstümlich zu den »Mittelmeer-Pflanzen« gerechnet.

Inmitten schöner Mittelmeerpflanzen lässt man sich gerne für einen Drink nieder. Eine gelbe Goldmargerite *(Euryops)*, eine weiße Strauchmargerite, Dattelpalme und Orangenbäumchen bestimmen das Bild.

Letztendlich entscheidet auch das Umfeld mit darüber, ob eine Terrasse mediterran wirkt. Ein **Bodenbelag** aus Betonsteinen vermag dies viel weniger als eine Kiesfläche, in Beton gegossene Kieselsteine oder Terrakotta-Fliesen. Spielen Sie mit den Formen und Farben. Monotone Steinreihen, Fuge an Fuge, lassen die Fröhlichkeit des mediterranen Lebensstils vermissen, geometrische oder blumige Muster aus verschiedenen Materialien betonen diese dagegen erst richtig. Besonders reizvoll ist es, wenn Sie Ihre Terrasse mit kleinen Höhenunterschieden anlegen. Stufen und niedrige Stützmauern aus Natursteinen, die zugleich als Sitzbank dienen, bringen Leben in die Gestaltung.

Eng mit unserer Vorstellung vom mediterranen Garten ist die **Pergola** verbunden. Sie ist es, die in der Hitze des Sommers Schatten spendet. Berankt mit üppig fruchtenden Weinreben ist sie ein Sinnbild des Südens. In unserem Klima macht eine Pergola auf der Terrasse jedoch nicht immer Sinn, denn die wirklich sonnigen Tage sind gezählt. Wenn Sie nachdenken, wie häufig Sie sich im Jahr nach mehr Sonne sehnen, statt nach weniger kann es ratsamer sein, bei Bedarf nur einen Sonnenschirm aufzuspannen. Dennoch gibt die Pergola der Terrasse einen Rahmen. Sie definiert einen Raum der Geborgenheit und schafft eine Verbindung zwischen Haus und Garten. Der Kompromiss zwischen Sonnenhunger und Geborgenheit kann eine Pergola aus Metall sein. Sie ist graziler als eine statisch bedingt massive Holzkonstruktion und erfordert nach den anfänglich höheren Kosten auch einen geringeren Pflegeaufwand.

Feigen reifen dank moderner Sorten auch in unserem Klima in Hülle und Fülle heran – und sie schmecken genauso süß wie im Süden.

Fantasievolle Pflanzgefäße

Was könnte wohl besser zu einer mediterranen Terrasse passen als Pflanzgefäße aus Terrakotta? Ihnen fällt nichts ein? Den Griechen schon. Sie sind wahre Meister darin, ausgediente Haushaltsgegenstände in ungewöhnliche Pflanzgefäße zu verwandeln. Vom leeren Olivenöl-Kanister über lackierte Konservendosen bis hin zur ausrangierten Waschmaschinentrommel oder einem alten Zuber wird alles umfunktioniert, was bepflanzbar ist. Selbst Kochtöpfe und Pfannen, Schubkarren und Anhänger kommen noch einmal zum Einsatz. Zwar halten diese alternativen Töpfe nicht ewig: Sie rosten und verrotten. Doch für die kurze Zeit ihres Daseins sind sie wunderschöne Kleinode, die die Individualiät und Fantasie ihrer Besitzer zeigen. Damit sich die Pflanzen darin wohl fühlen, sind mehrere Löcher im Boden der Gefäße notwendig, damit überschüssiges Wasser ablaufen kann.

Wählen Sie Figuren nicht zu klein aus, sonst geht ihre Wirkung verloren.

Lavendel, Bartblume *(Caryopteris)*, Rosmarin und Salbei (hintere Reihe), Gewürz-Salbei, Heiligenkraut *(Santolina*, im Kasten) und Currykraut stimmen hier zum Duftkanon an.

Höhen und Größen staffeln

Neben allen Stilfragen ist eines wichtig bei jeder Terrassengestaltung: Achten Sie auf den unterschiedlichen Platzbedarf Ihrer künftigen Pflanzen.

Bäume sind nur in jungen Jahren platzraubend, so lange auch sie mehrtriebig und buschig wachsen. Mit dem Alter schieben sich ihre Kronen immer weiter in die Höhe – bis sie zum willkommenen Schattenspender über unseren Köpfen werden, unter denen man bequem laufen kann. Ebenfalls sehr schlank und Platz sparend sind Palmen, die ihre Wedel auf ihren Stämmen gen Himmel recken.

Mit Abstand am meisten Platz beanspruchen **Büsche**, zu denen die Mehrzahl beliebter Kübelpflanzen zählt. Zieht man sie dagegen zu so genannten **Stämmchen** heran, bleiben auch sie handlich. Charakteristisch für Stämmchen, auch **Kronenbäumchen** genannt, ist ein gerader Stamm, dem eine kugelrunde Krone aufsitzt. Man unterscheidet **Fußstämmchen**, bei denen der Stamm weniger als 30 cm hoch ist, **Halbstämmchen** mit Stämmen bis zu etwa 50 cm und **Hochstämme** mit deutlich mehr als 100 cm Länge. Sehr viele

Kübelpflanzen lassen sich zu Stämmchen formen (siehe Seite 329f.). Auf die Eignung wird in den jeweiligen Porträts hingewiesen. Mehrmaliger Schnitt pro Jahr hält ihre Kronen in Form und lässt sie jeden Sommer immer nur ein kleines Stück größer werden. Unter ihren Kugelkronen kann man weitere, kleinere Pflanzen platzieren oder solche, die nicht in der prallen Sonne stehen möchten. Auch andere, in Form geschnittene Kronenformen, wie Kegel, Kugeln oder Spiralen, bleiben bei regelmäßigem Schnitt in ihrem Platzbedarf kalkulierbar (siehe dazu auch Seite 328).

Besonders zurückhaltend in ihren Raumansprüchen sind **Kletterpflanzen** (siehe Seite 259 ff.). Sie wachsen an Wänden und Spalieren zu blühenden Wänden heran, die im Hintergrund überall Platz finden.

Allzu kleinen Pflanzen verschafft man dagegen mit Hilfe von Säulen oder Etageren mehr Beachtung. Auch ein umgedrehter Übertopf wird rasch zur »Säule«. Pelargonien (siehe Seite 242) kann man wie in den Mittelmeerländern in Drahtringen an der Hauswand aufhängen. Das schafft Platz am Boden – und Sie können sich trotz der größeren Pflanzenfülle frei auf Ihrer Terrasse bewegen. Ein alter, aber noch stabiler Holztisch wird rasch zur Pflanzenbühne, wenn man ihm eine Metall- oder Steinplatte auflegt oder das Holz noch einmal schleift und einlässt. Wer Spaß an einem eher feudalen Ambiente hat, stellt Säulen mit Kapitellen und ebenen Abschlusspodesten auf. Sie können aus Gips-Beton gegossen oder aus Stein gemeißelt sein.

Eine Sammlung von Zitruspflanzen vereint alle Vorzüge des Südens: edle Pflanzengestalten, duftende Blüten und süße Früchte. Eine Bougainvillee begleitet das Ensemble aus Orange, Mandarine, Calamondin-Orange (auf dem Tisch und ganz rechts), Zitrone und Clementine.

Links: In der Hitze des Sommers sorgt ein Wandbrunnen auf der Terrasse für wohlige Abkühlung und beruhigt die Sinne mit seinem Geplätscher.

TIPP

Das Mediterrane ist nicht perfekt. Der Zahn der Zeit nagt am Bodenbelag, in den Fugen breiten sich Thymian und Sternmoos aus. Die Töpfe sind mit Patina überzogen, und das Mobiliar hat Rostflecken. Der Charme des Südens zeigt sein wahres Gesicht: Ein bisschen Nachlässigkeit muss sein!

KÜBELPFLANZEN

Rosetten-Dickblatt

(Aeonium arboreum)

Neben der grünlaubigen Art zieht vor allem die dunkellaubige Sorte 'Atropurpureum' die Blicke auf sich.

Wuchs: Die verdickten Blätter stehen in Rosetten auf Wasser speichernden, im Alter über 1 m hohen Stämmen.

Blüte: Die imposanten, bis zu 30 cm langen, gelben Blütenrispen erscheinen oft schon im Februar und März.

Standort: Je höher die Lichtintensität ist, desto tiefer färben sich die Blätter der Sorte 'Atropurpureum' braun. Im Winter können sie dagegen fast grün sein. Windgeschützte Plätze wählen.

Pflege: Verwenden Sie durchlässige Erde. Obwohl die Sukkulenten mit Trockenheit gut zurechtkommen, wachsen sie im Sommer bei gleichmäßiger Wasserversorgung und 14-täglicher Düngung deutlich schneller.

Pflanzenschutz: Schädlinge vergreifen sich nur selten an dem dicken Laub.

Überwinterung: Hell bei 10 (±5) °C. Weitgehend trocken halten.

Extra-Tipp: Die Seitentriebe brechen leicht ab. In durchlässiger Erde treiben sie jedoch ebenso rasch Wurzeln und wachsen zu neuen Pflanzen heran.

Agaven

(Agave)

Wenn Sie die gefährlichen Blattspitzen und -stacheln der Amerikanischen Agave *(Agave americana)* scheuen, sollten Sie die unbewehrte Drachenbaum-Agave *(A. attenuata*, Bild) wählen.

Wuchs: Die Wasser speichernden Blätter sind in Rosetten angeordnet, die mehr als 1 m Breite und Höhe erreichen.

Blüte: Die mehrere Meter langen Blütenstände entwickeln Agaven erst im Alter ab 15 bis 20 Jahren. Nach diesem Kraftakt stirbt die Blattrosette ab. Ihr ganzes Leben lang bildet sie jedoch reichlich Ableger, die ihren Platz einnehmen werden.

Standort: Die heißeste Südterrasse ist Agaven gerade recht.

Pflege: Agaven sind sehr genügsam und nur gegen Regen und dauernde Bodennässe empfindlich. Sorgen Sie für durchlässige Erde. Töpfe auf Tonfüße stellen. In großen Abständen gießen und 2 x im Monat düngen.

Pflanzenschutz: Schädlingsfrei.

Überwinterung: Hell und fast trocken bei 8 (±8) °C bis –5 °C werden toleriert.

Extra-Tipp: Aufgesteckte Weinkorken schützen vor den Blattspitzen.

Erdbeerbaum

(Arbutus unedo)

Neben den glänzend-grünen Blättern haben die essbaren, erdbeerähnlichen Früchte einen hohen Zierwert. Während des Reifeprozesses wechseln sie ihre Farbe von Grün über Gelb und Orange bis hin zu Scharlachrot.

Wuchs: Die im Mittelmeerraum über 5 m hohen Bäume wachsen im Topf zu mehrtriebigen Büschen heran (2 m).

Blüte und Frucht: Die weißen Blütenglöckchen erscheinen in dichten Rispen im Herbst, die Früchte sind meist bis zum Folgesommer erntereif, vereinzelt brauchen sie etwas länger.

Standort: Sonnig bis halbschattig.

Pflege: In größeren Abständen, dann aber reichlich gießen. Durchlässige Erde verwenden. Staunässe bringt die Immergrünen in Kürze um. Im Frühjahr und Sommer 1 x pro Woche düngen.

Pflanzenschutz: Am frischen Austrieb im Frühling saugen oft Blattläuse.

Überwinterung: Hell bei 5 (±5) °C; kurzfristig werden –10 °C vertragen.

Extra-Tipp: Besonders attraktiv sind zu Stämmchen gezogene Pflanzen, die durch regelmäßigen sommerlichen Rückschnitt sehr kompakt bleiben.

Bougainvilleen

(Bougainvillea)

Neben der violett blühenden *B. glabra* 'Sanderiana' faszinieren vor allem die roten, weißen, lachs-, rosa-, orange- und mehrfarbigen, auch gefüllten Hybriden von *B. spectabilis*.

Wuchs: Die straff nach oben strebenden Triebe halten sich mit kräftigen Dornen an den Rankhilfen fest. Konsequenter Rückschnitt formt sie zu Büschen oder Stämmchen und hält die Wuchskraft der Kletterer im Zaum.

Blüte: Die kleinen, gelblich-weißen Röhrenblüten stehen versteckt inmitten von je drei, leuchtend farbigen Hochblättern, die wir als »Blüte« kennen. In der Sonne verblassen sie. Sie erscheinen schubweise den ganzen Sommer über.

Standort: Je sonniger und heißer der Standort, umso reicher die Blüte.

Pflege: Im Sommer gleichmäßig feucht halten und wöchentlich düngen. Gießmenge im Winter stark reduzieren, Düngung einstellen. Staunässe lässt die empfindlichen Wurzeln absterben.

Pflanzenschutz: Es treten verschiedene Läuse und Spinnmilben auf.

Überwinterung: Während *B. glabra* eine Ruhephase bei 8 (±5)°C gut tut, bevorzugen Farbvarianten 15 (±5)°C.

Zwergpalme

(Chamaerops humilis)

Zwergenhaft sind die Zwergpalmen wahrlich nicht, ausgepflanzt erreichen sie bis zu 5 m Höhe. Im Pflanzgefäß sind sie jedoch sehr langsam wüchsig und erreichen selten mehr als 2 m Höhe.

Wuchs: Sie werden mindestens ebenso breit wie hoch, denn sie entwickeln nicht nur einen Stamm, sondern bilden mehrtriebige Büsche.

Blüte: Mit Blüten und Früchten ist bei Exemplaren in Topfkultur erst ab einem Alter von 15 Jahren zu rechnen.

Standort: Ein vollsonniger Platz ist dieser europäischen Palmenart am liebsten, doch wird auch Halbschatten problemlos toleriert.

Pflege: Wie alle Palmen brauchen Zwergpalmen im Sommer reichlich Wasser, tolerieren aber kurzfristige Trockenheit. Gießen Sie in mehrtägigem Abstand reichlich, und geben Sie wöchentlich Palmendünger dazu.

Pflanzenschutz: An lufttrockenen Plätzen stellen sich Spinnmilben ein.

Überwinterung: (Halb-)Hell, 8 (±8)°C; ausgepflanzt –10°C ertragend.

Extra-Tipp: Gewöhnen Sie die Blätter im Frühling langsam an die Sonne.

Zistrosen
(Cistus)

Zwar hält jede der zarten Blüten nur wenige Tage, doch sprießen die Knospen so zahlreich, dass die Blüte 6 bis 8 Wochen im Frühsommer andauert.

Wuchs: Die weichen Triebe wachsen gerne überhängend. *C. ladanifer* und *C. laurifolius* (weißblütig) werden bis zu 2 m hoch, die Mehrzahl der über 20 immergrünen Arten und Sorten wie *C. × purpureus* (rosa) oder *C. × pulverulentus* (pink) selten über 1 m.

Blüte: Wildrosenhaft, zart.

Standort: Volle Sonne ist Voraussetzung für viele Blüten und entlockt den Blättern ihren typisch herben Duft.

Pflege: Unregelmäßige Wasserversorgung führt zu Blattabwurf und Verkahlen. Ein kräfiger Rückschnitt regt den Neuaustrieb an. 14-täglich düngen.

Pflanzenschutz: Im Sommer hat man kaum Schwierigkeiten. Zu eng stehende Kronen im Winter sind anfällig für Pilze. Für guten Luftaustausch sorgen.

Überwinterung: Hell bei 5 (±5) °C; kurzfristig wird leichter Frost vertragen (*C. laurifolius* bis –10 °C).

Extra-Tipp: Nicht blühende Triebspitzen bewurzeln im Sommer sehr leicht.

Zitruspflanzen
(Citrus, Fortunella)

Zu den Zitruspflanzen zählen beliebte Früchte wie Zitrone *(C. limon)*, Orange *(C. sinensis)*, Calamondin-Orange *(× Citrofortunella mitis)*, Mandarine *(C. reticulata)* oder Kumquat *(Fortunella japonica)*. Sortenechte Pflanzen werden veredelt.

Wuchs: Buschförmig, als Stämmchen oder am Spalier. Schnitt im Frühjahr.

Blüten und Früchte: Die weißen Blüten erscheinen zu jeder Jahreszeit und duften herrlich. Blütenschwerpunkte sind im April/Mai und im Juli/August. Kleine Früchte sind oft binnen 9 Monaten erntereif, größere erst nach 2 Jahren, z. B. Grapefruit *(C. paradisi)*.

Standort: Sonnig und windgeschützt.

Pflege: Keine Dauernässe! Gießen Sie erst dann mit Regenwasser, wenn die Erde oberflächlich abgetrocknet ist. Im Sommer wöchentlich Zitrusdünger, bei Chlorose Eisendünger verwenden.

Pflanzenschutz: Gut gepflegte Pflanzen bleiben von Schädlingen verschont.

Überwinterung: Artenabhängig, generell hell bei 10 (±5) °C.

Oben: Zitrone, Mandarine und Calamondin-Orange (links); Zitrone (rechts). Unten: Orange am Spalier (links); Buntblättriger Kumquat (rechts).

Mittelmeer-Zypresse

(Cupressus sempervirens)

Mit ihren schlanken Kronen prägen Säulen-Zypressen die Landschaft der Toskana. In Pflanzgefäßen auf der Terrasse sorgen sie auch hierzulande für italienisches Ambiente.

Wuchs: Die 2 bis 5 m hohen, kegelförmigen Säulen brauchen in der Regel keinen Schnitt. Ausufernde Triebspitzen kann man jederzeit einkürzen und damit auch die Höhe regulieren.

Blüte: Die anfangs grünen, später braunen Zapfen kosten die Pflanzen Kraft und können die Optik stören. Sind sie zu zahlreich,entfernt man sie.

Standort: In voller Sonne entwickeln sich die Kronen besonders dicht.

Pflege: Säulen-Zypressen vertragen nur kurzfristig Trockenheit, sonst werfen sie ihre Nadelschuppen ab, die am alten Holz kaum ersetzt werden. Da zugleich durchlässige Erde ratsam ist, häufig gießen. 14-täglich düngen.

Pflanzenschutz: Woll-, Schmierläuse.

Überwinterung: Hell bei 5 (±5) °C. Für häufigen Luftaustausch sorgen.

Extra-Tipp: Ausgepflanzt in durchlässige Gartenböden (z. B. vor der Terrasse) sind –15 °C kein Problem.

Rauschöpfe

(Dasylirion)

Die langen, schmalen Blätter des Rauschopfs gruppieren sich zu perfekten Halbkugeln, die sie zu hervorragenden Solitärpflanzen in enger Verbindung zum Haus machen.

Wuchs: Während *D. glaucophyllum* scharfe Zähnchen an den Blatträndern trägt und sich die Blattspitzen zu Pinselquasten aufspalten, hat *D. longissimum* (Bild) glatte Blätter mit grauen Spitzen, die ihm auch den Namen »**Mikadopflanze**« eingetragen haben.

Blüte: Die bis zu 3 m hohen, weißen Blütenstände sind bei uns nur selten an alten Exemplaren zu beobachten.

Standort: Vollsonnig, regengeschützt.

Pflege: Erde vor dem nächsten Gießen gut abtrocknen lassen. Die natürlicherweise geometrisch wachsenden Kronen brauchen keinen Schnitt. Lediglich trockene Blätter entfernen (Stammbildung). Monatlich düngen.

Pflanzenschutz: Schädlingsfrei.

Überwinterung: Hell bei 5 (±5) °C; ältere, ausgepflanzte Exemplare vertragen kurzfristig Frost bis –10 °C.

Extra-Tipp: Verwenden Sie beim Umtopfen durchlässige Kakteenerde.

Feigenbaum

(Ficus carica)

Zuckersüße Früchte, vielgestaltige Blätter und ein robustes Wesen – was braucht eine Kübelpflanze mehr, um für Einsteiger und Sammler gleichermaßen unverzichtbar zu sein?

Wuchs: Regelmäßiger Rückschnitt im Frühjahr vor dem frischen Austrieb regt die anfangs sparrigen Kronen zu reicherer Verzweigung an. Zugleich bleiben sie dadurch in einer erntefreundlichen Höhe von 2 bis 3 m.

Blüten und Früchte: Heutige Sorten sind nicht mehr auf die komplizierte Bestäubung angewiesen. Sie tragen schon ab dem zweiten Lebensjahr Früchte.

Standort: Feigen lieben sonnige, aber keine heißen Plätze (Wurzelschäden).

Pflege: Die stark zehrenden Pflanzen benötigen reichlich Wasser, nehmen aber kurzfristige Trockenheit nicht sofort übel. Wöchentlich düngen.

Pflanzenschutz: Keine Anfälligkeit.

Überwinterung: Hell bei 5 (±5) °C, laublose Kronen auch dunkel.

Extra-Tipp: Ältere Feigen können mit Winterschutz draußen überwintern (kurzfristig bis –15 °C).

Kreppmyrte

(Lagerstroemia indica)

Mit ihrer spätsommerlichen Blüte verlängert die Kreppmyrte, auch »**Toskanischer Flieder**« genannt, die Blütensaison bis in den Oktober hinein.

Wuchs: Die Kronen von Büschen und Hochstämmen sollten nach der Blüte regelmäßig ausgelichtet und zurückgeschnitten werden, da sich die Blüten an den einjährigen Trieben entwickeln. Je kräftiger diese Triebe sind, umso üppiger fällt die Blüte aus. Die Blüten sind gekraust – daher der Name.

Blüte: Die Blütenstände beliebter Sorten wie 'Coccinea' (rot) oder 'Superviolacea' (violett) verblassen in der Sonne oft zu Rosa und rosa Sorten wie 'Rosea' zu Weiß. 'Alba' oder 'Petite Snow' sind dagegen dauerhaft weiß.

Standort: Ein sonnenreicher Sommer und goldener Herbst sind Voraussetzung für ein lange und reiche Blüte.

Pflege: Kreppmyrten schätzen eine gleichmäßige Pflege ohne Feuchteschwankungen bei wöchentlicher Düngung während der Wachstumszeit.

Pflanzenschutz: Blattläuse, Mehltau.

Überwinterung: (Halb-)Hell, 5 (±5) °C; Frost bis –10 °C wird toleriert.

Lorbeer

(Laurus nobilis)

Lorbeer stellt seine immergrünen Blätter nicht nur zum Würzen bereit, sondern auch für wunderschöne Blattschmuck- und Formschnittpflanzen.

Wuchs: Ungeschnitten wachsen die Triebe schnurgerade in die Höhe. Regelmäßiges Stutzen formt sie dagegen in vielen Jahren zu Pyramiden, Kegeln, Hochstämmen oder Spiralen.

Blüten und Früchte: Auf grün-gelbe Frühlingsblüten folgen im Herbst schwarze Beeren.

Standort: Im Sommer entlockt ein vollsonniger Platz den Blättern ihr Aroma, doch kommen auch halbschattige Plätze in Frage. Im Frühling stellt man Lorbeer 10 bis 14 Tage halbschattig, damit er sich an die Sonne gewöhnt.

Pflege: Schlappe Blätter zeigen unmissverständlich Wassermangel an. Von März bis August wöchentlich düngen. Zwei- bis dreimaliger Schnitt pro Jahr hält die Kronen in Form.

Pflanzenschutz: Läuse, Raupen.

Überwinterung: (Halb-)hell 5 (±5) °C; kurzer Frost bis –10 °C wird toleriert.

Extra-Tipp: Jungpflanzen, die man konsequent an spiraligen Metallstäben festbindet, bilden gedrehte Stämme (Bild).

Myrte

(Myrtus communis)

Mit ihren aromatisch duftenden Blättern und weißen Puschel-Blüten können Myrten auf eine lange Tradition zurückblicken. Noch heute ist es Brauch, der Braut bei der Hochzeit einen Myrtenkranz aufzusetzen.

Wuchs: Die Immergrünen verzweigen sich von Natur aus reich bei 1 m Höhe.

Blüten und Früchte: Auf die Frühjahrs- oder Sommerblüte folgen im Herbst attraktive, dunkelblaue, zart bereifte Beeren.

Standort: Von der Morgen- und Abendsonne verwöhnte Standorte sind ideal, vollsonnige möglich.

Pflege: Durchlässige Erde bewahrt die empfindlichen Wurzeln vor Nässeschäden, mäßiges, aber sehr regelmäßiges Gießen verhindert Laubverlust. Ebenso konstant sollte die wöchentliche Gabe Dünger sein.

Pflanzenschutz: Schädlinge sind weit seltener als Wurzel- oder Stammfäulnis durch allzu reiches Gießen.

Überwinterung: Hell bei 5 (±5) °C.

Extra-Tipp: Myrten, die es auch in bunt- und kleinblättrigen Sorten gibt, lassen sich sehr gut zu Pyramiden schneiden.

Oleander

(Nerium oleander)

Die Leuchtkraft und Fülle seiner Blüten macht den immergrünen Oleander zur Symbolpflanze des Südens.

Wuchs: Oleander wächst buschig, je nach Sorte 2 bis 4 m hoch heran.

Blüte: Die Blüte ist ab Frühjahr möglich, setzt aber meist erst ab Juni ein.

Standort: Oleander verlangt für eine reiche Blüte so viel Sonne wie möglich.

Pflege: Gießen Sie Oleander (kalkverträglich) sehr reichlich, und lassen Sie einen Vorrat im Untersetzer stehen. Wöchentlich ein bis zwei Mal düngen.

Pflanzenschutz: An lufttrockenen Plätzen stellen sich Spinnmilben ein, im Winter oft Schildläuse. Triebe mit Wucherungen (Oleanderkrebs) entfernen.

Überwinterung: (Halb-)hell, 5 (±5) °C; kurzer Frost bis –8 °C wird toleriert.

Extra-Tipp: Beim Rückschnitt im Frühjahr nur ein Drittel der Triebe einkürzen, sonst fällt die Blüte aus, die sich an den Enden der letztjährigen Triebe bildet. Zusätzlich oder alternativ jährlich einige ältere Triebe ganz entfernen.

Links: 'Alsace' (oben); 'Splendens Giganteum Foliis Variegatis' (Mitte); 'Géant des Batailles' (unten). Rechts: Als Hochstämmchen wachsen Oleander weniger sparrig.

KÜBELPFLANZEN

Olive
(Olea europea)

Selbstfruchtbare Sorten wie 'Frangivento', 'Frantoio', 'Pendolino' oder 'Itrana' überzeugen auf der Terrasse nicht nur mit grau-grünem Laub, sondern jedes Jahr mit Olivenfrüchten.

Wuchs: Buschig oder baumförmig. Ohne regelmäßigen Schnitt verzweigen sich Oliven nur spärlich und bilden peitschenartig lange Triebe. Ein leichter Rückschnitt ist ganzjährig möglich.

Blüte: Die gelben, lieblich duftenden Blüten verwandeln sich auch hierzulande in Olivenfrüchte, wenn es sich um veredelte, selbstfruchtbare Sorten handelt. Oder man kultiviert zwei Sorten, die sich gegenseitig befruchten.

Standort: Vollsonnig und warm.

Pflege: Die durchlässige Topferde in größeren Abständen gießen, dann aber reichlich. Trockenheit wird gut vertragen, Staunässe dagegen nicht. Alle zwei Wochen düngen.

Pflanzenschutz: In seltenen Fällen stellen sich Schild- oder Wollläuse ein.

Überwinterung: Hell bei 5 (±5) °C; kurzfristiger Frost bis –10 °C wird vertragen, der Wurzelballen im Topf darf jedoch nicht durchfrieren.

Dattelpalmen
(Phoenix)

Süße Datteln sind weder von der Kanarischen *(P. canariensis*, Bild), noch von der Echten Dattelpalme *(P. dactylifera)* auf der Terrasse zu erwarten – und dennoch erobern sie mit ihren fein zerschlitzten Fiederwedeln, die lichten Schatten spenden, einen Stammplatz auf vielen Terrassen.

Wuchs: Die einzelnen Blattwedel können mehr als 3 m Länge erreichen. Die Stammbildung dauert viele Jahrzehnte

Blüte: Ab ca. 25 Lebensjahren möglich.

Standort: Vollsonnig und warm.

Pflege: Gießen Sie in größeren Abständen, dann aber reichlich. Palmen gelten oft als »trockenresistent«. Am Naturstandort haben ihre sehr tief reichenden Wurzeln aber meist Grundwasseranschluss! Wöchentlich düngen. Verwenden Sie hohe Töpfe, da sich die Wurzeln rasch hochdrücken.

Pflanzenschutz: Bei trockener Luft können sich Spinnmilben ansiedeln, im Winter auch Thripse und Schildläuse.

Überwinterung: Hell bei 8 (±8) °C.

Extra-Tipp: *P. roebelenii* wächst sehr langsam (bis 2 m) und ist deutlich kälteempfindlicher (nicht unter 10 °C).

Klebsamen
(Pittosporum)

Die schwarzen, in knallrotes, klebriges Fruchtfleisch eingebetteten und sehr zierenden Samen sind nicht der einzige Schmuck dieser schnittverträglichen ostasiatischen und neuseeländischen Sträucher mit den glänzenden, immergrünen Blättern. Im Frühling bieten sie intensiv duftende Blüten. Buntlaubige Sorten wie *P. tobira* 'Variegatum' (kl. Bild), *P. tenuifolium* 'Silver Queen' (weiß-grün) oder 'Warnham Gold' (gelb) sind besonders zierend.

Wuchs: Die Sorte *P. tobira* 'Nanum' (Bild) wächst zu kleinen, kompakten Rundkronen heran, alle anderen Formen können auch im Kübel über 3 m Höhe erreichen. Sie lassen sich jedoch durch regelmäßigen Schnitt auch deutlich kleiner halten.

Blüte: *P. tobira* blüht im Frühjahr weißgelb, *P. tenuifolium* rot-braun.

Standort: Sonnig oder halbschattig.

Pflege: Die sehr pflegeleichten Pflanzen lieben eine konstante mäßige Bodenfeuchte und wöchentlich Dünger.

Pflanzenschutz: Schädlingsfrei.

Überwinterung: Hell bei 8 (±8) °C; kurzfristig werden –10 °C vertragen.

… FÜR MEDITERRANE TERRASSEN

Granatapfel
(Punica granatum)

Während klein bleibende Sorten wie 'Nana aracilissima' oder 'Nana' (Bild) und gefüllt blühende Sorten wie 'Flore Pleno', 'Legrellei' oder 'Rubra Plena' viele kleine Zierfrüchte tragen, sind von den Fruchtformen mit ihren einfachen Blütenglocken im Spätherbst vereinzelte, essbare Früchte zu erwarten.
Wuchs: Granatäpfel wachsen zu reich verzweigten, sommergrünen Büschen heran, deren Blätter im Austrieb bronzegelb, im Herbst goldgelb sind. 'Nana' erreicht kaum mehr als 1 m, die Fruchtform gut 3 m. Regelmäßiger Schnitt ist nur bei Stämmchen nötig.
Blüte: Die Blüten sind rot bis orange, bei 'Legrellei' weiß-rot bis rosa.
Standort: Reichlich Sonne und Wärme lässt die Blütenknospen sprießen.
Pflege: Granatäpfel sind sehr pflegeleicht. Sie lieben eine konstante, mäßige Bodenfeuchtigkeit und von März bis August jede Woche 1 x Dünger.
Pflanzenschutz: An den jungen Blättern siedeln sich gerne Blattläuse an.
Überwinterung: (Halb-)Hell oder dunkel bei 5 (±5) °C; kurzer Frost (–8 °C) möglich. Erde nur leicht feucht halten.

Rosmarin
(Rosmarinus officinalis)

Rosmarinblätter verströmen ihr würziges Aroma nicht nur in der Sonne und bei Berührung, sondern auch als Badezusatz, getrocknet in Duftkissen oder als Gewürz beim Kochen.
Wuchs: Man glaubt es kaum, aber Rosmarin-Sträucher können bis zu 2 m hoch und ebenso breit werden.
Blüte: Oft schon im März zeigt sich der erste Flor, dem zumeist ein zweiter während des Sommers folgt.
Standort: Nur bei vollsonniger Lage wächst Rosmarin buschig heran und lagert reichlich ätherische Öle ein.
Pflege: Obwohl der Rosmarin mit seinen grau-grünen Blättern suggeriert, dass er Hitze und Trockenheit trotzt, wirft er schon bei kurzer Dürre Blätter ab. Deshalb: Immer feucht halten, aber durchlässige Erde verwenden.
Pflanzenschutz: Schädlingsfrei.
Überwinterung: Hell bei 5 (±5) °C; an geschützter Stelle auch im Freien möglich, wenn man die Pflanzgefäße in Kokosmatten oder Luftpolsterfolie hüllt.
Extra-Tipp: Die Sorte 'Prostratus' (Bild) wächst mit überhängenden Trieben und blüht himmelblau.

Hanfpalme
(Trachycarpus fortunei)

Die Hanfpalme zählt zu den frosthärtesten Palmen. Doch ist es nicht die Kälte allein, die draußen überwinternden Pflanzen zusetzt, sondern vor allem die winterliche Nässe. Auch Hanfpalmen überdauern nur dann im Freien, wenn die Kronen mit Stroh gefüllter Folie vor Feuchtigkeit geschützt und der Topf gut isoliert oder in den Gartenboden eingesenkt wird.
Wuchs: Charakteristisch für Hanfpalmen ist der mit braunen Fasern umgebene Stamm, dem meist weniger als ein Dutzend fächerförmiger, kurz eingeschnittener Wedel aufsitzen. Im Gegensatz zur Zwergpalme (siehe Seite 193) tragen sie keine Dornen. Die Stammbildung beginnt sehr früh.
Blüte: Bei älteren Pflanzen möglich (ab ca. 15 Jahren), aber selten.
Standort: Sonnig bis halbschattig.
Pflege: Ballen stets leicht feucht halten. Trockenheit wird ebensowenig geschätzt wie Nässe. Bis August wöchentlich mit Palmendünger dosieren.
Pflanzenschutz: Spinnmilben sind die Folge von zu trockener Luft.
Überwinterung: (Halb-)hell, 8 (±8) °C.

MACHEN SIE EINFACH MAL BLAU

Tiefblau wie das Wasser, hellblau wie der Himmel – Blau ist die Farbe, die uns täglich umgibt. Lebenswichtige Elemente wie Sauerstoff und Trinkwasser verbinden wir mit dieser Farbe. Da ist es nicht verwunderlich, dass Blau für fast die Hälfte aller Europäer die Lieblingsfarbe ist. Dementsprechend stehen auch Blau blühende Pflanzen ganz oben auf der Wunschliste pflanzenbegeisterter Garten- und Terrassenbesitzer. Während es im Garten jedoch oft die Schatten liebenden Pflanzen sind, die blaue Blüten tragen, bietet uns das Sortiment der Kübelpflanzen zahlreiche Arten an, die sich gerne von der Sonne verwöhnen lassen. An einem geeigneten Standort bringt das Sommerlicht ihren Flor richtig zum Leuchten.

Oben: Der Enzianstrauch, auch Blauer Kartoffelstrauch genannt, ist ein violettblauer Dauerblüher par excellence.

Links: Tauchen Sie ein in das Himmelblau von Bleiwurz *(Plumbago)* und Prunkwinde *(Ipomoea)*.

Die himmelblauen Blüten von Blauem Kartoffelstrauch, Himmelsblume (links) und Rittersporn (Mitte) harmonieren wunderschön mit dem Violettrosa der Fächerblume (hängend) und dem Weiß des Kletternden Nachtschattens (rechts).

Entspannung für Geist und Seele

Blau straht Ruhe und Besonnenheit aus, wirkt kühl und distanziert – genau das Richtige, um sich nach einem anstrengenden Arbeitstag zu Hause zu entspannen. Zwischen blau blühenden Pflanzen können die Fantasien eigene Wege gehen, ohne von schreiend grellen Farben abgelenkt zu werden. Man kann klare Gedanken fassen, in sich gehen und Abstand gewinnen zum Alltag. Denn Blau ist still und passiv. Es drängt sich nicht auf. Leben Sie einfach mal ins Blaue hinein, genießen Sie Ihre ganz persönliche »blaue Stunde«. Das Grün der Blätter unterstreicht die beruhigende Wirkung blaublütiger Pflanzen, die man gerne mit Attributen wie »edel« und »adelig« verbindet.

Erfrischende Kühle

In heißen Sommer ist die kühle Wirkung von Blau sehr willkommen, in den Übergangs-Jahreszeiten Frühling und Herbst kann die distanzierte Haltung jedoch unerwünscht sein. Blaublütige Pflanzen wirken auf empfindsame Menschen kalt und abweisend. Sie vermitteln eine Tiefe und Unendlichkeit, in der man sich leicht verlieren kann. Vor allem, wenn die Terrasse genau zu den Mußestunden beschattet ist, verbreiten blaue Blüten eine eher düstere Stimmung. Denn erst die Sonne bringt ihre Blütenblätter zum Leuchten. Die Schattenseite dagegen schluckt den Glanz.

Kombiniert man eine blaue Terrasse mit weißen Blüten, wird die emotionale Kühle noch verstärkt, denn auch Weiß ist ein kalter, farbloser Ton. Allerdings vermögen es weiße Blüten, selbst in schattigen Lagen jeden noch so feinen Sonnenstrahl einzufangen und wie Lichtblitze zu reflektieren, die für mehr Fröhlichkeit sorgen. Gleiches gilt für graulaubige Pflanzen wie Natternkopf *(Echium candicans)*, oder Lavendel

Schöne Terrassen zum Nachpflanzen

(Bild siehe Seite 200/201)

① Kapgeißblatt *(Tecomaria capensis)*
② Prunkwinde *(Ipomoea tricolor* 'Heavenly Blue')
③ Blumenstrauß mit Sommeraster *(Callistephus)*, Leberbalsam *(Ageratum)*, Rittersporn *(Delphinium)* und Frauenmantel *(Alchemilla)*
④ Bleiwurz *(Plumbago auriculata)*
⑤ Trichterwinde *(Convolvulus sabatius)*

(*Lavandula*, siehe Seite 207), deren Blätter in der Sonne glitzern.

Stellt man blau blühenden Kübelpflanzen gelbe oder orangefarbene Blüten (siehe Seite 215 ff.) zur Seite, wird die Gestaltung beschwingter und lockerer. Sie sollten jedoch nur in Einzelstücken eingesetzt werden, damit sie den zurückhaltenden »Blauen« nicht die Show stehlen. Mischen Sie zwei bis drei von ihnen in die erste Reihe und eine weitere in den Hintergrund, dann werden Sie der Königsfarbe Blau nicht untreu, und die ruhige Atmosphäre bleibt erhalten.

Variationen in Blau

Blau ist mit Rot und Gelb eine der drei Grundfarben. Mischt man Blau mit Rot, entsteht Violett. Gibt die Natur zum Violett eine Spur Weiß hinzu, entsteht Lila. Die Unterscheidung zwischen violetten und lilafarbenen Schattierungen erfordert einiges Training. Und so nehmen es auch die Gärtner mit der Farben-Zuordnung ihrer Blütenpflanzen nicht immer ganz so genau und zählen auch die violetten und lilafarbenen zu den »blauen« Pflanzen. Dabei üben diese Töne eine deutlich andere Wirkung auf uns aus. Ja, sie werden sogar anders als Blau von vielen Menschen abgelehnt. Violett gilt als Ton der Eitelkeit, der Extravaganz. Auch der Magie und Hexerei wird er zugeordnet. Gemeinsam mit Blau ist Violett hingegen die Liebe zu Orange und Gelb, mit denen es sich gerne zu schönen Terrassenbildern verbündet. Somit ist es gar nicht so falsch von den Gärtnern, Blau und Violett zusammen in einen (Blumen-)Topf zu werfen.

Und dennoch sind die Züchter immer weiter auf der Suche nach »reinblauen« Blüten. Wem es eines Tages gelingt, eine wirklich blaue Rose, Tulpe oder Rhododendronsorte zu züchten, braucht sich um die Nachfrage schon heute keine Sorgen mehr zu machen. Findet man in den Gartenkatalogen jedoch schon jetzt solche »Neuheiten« beworben, kommt das Himmelblau leider oft aus der Retusche und nicht aus dem Farbkasten der Natur.

Königliche Diener

Adelige Blüten kommen nicht ohne Hofstaat aus. Einer der wichtigsten Diener ist das Wasser. Ein Mini-Teich im Holzbottich oder Steintrog, ein Wandbrunnen oder zumindest eine blaue Wasserschale, in der Schwimmkerzen oder frische Blüten treiben, sind auf einer blauen Terrasse unverzichtbar. Bewegtes Wasser unterstreicht die entspannende Atmosphäre am besten. Installieren Sie deshalb kleine Springbrunnen, wann immer es möglich ist. Sie sind im Fachhandel beim Zubehör für Zimmerbrunnen erhältlich. Eine Unterwasserpumpe sorgt bei Wandbrunnen dafür, dass sich ein immer währendes Plätschern einstellt, bei dem es sich

Ein kleiner Tischbrunnen macht die Gestaltung einer blauen Terrasse vollkommen. Bepflanzt man ihn nicht, wird er mit einigen Tropfen ätherischen Öles zum wohltuenden Aromabrunnen.

TIPP

Einer der schönsten blauen Begleiter ist das einjährige Männertreu *(Lobelia erinus)* in seinen blauen, violetten oder lilafarbenen Spielarten. Die zartblättrigen Triebe schmiegen sich über den Rand der Töpfe und sind eine tolle Unterpflanzung für Stämmchen.

Deko-Elemente aus Metall und Glas bringen Licht und Fröhlichkeit in die eher kühle und distanzierte Wirkung blauer Terrassen.

herrlich schlummern lässt. Schon aus einem großen, wasserundurchlässigem Topf und einem Speier (Ton- oder Steinfigur) lässt sich ein Wandbrunnen selbst bauen. Die Pumpe wird im Topf versenkt und mit einem Drahtgitter abgedeckt, das man mit Kieseln kaschiert. Die Wasserleitung, die von der Pumpe aus an der Hauswand entlang hoch zum Speier führt, kaschiert man mit einer Kletterpflanze, etwa mit Efeu.

Da blaue Blüten ohne Licht leicht düster wirken, sollte man für kleine Blitzgewitter sorgen – mit blauen Glaskugeln, wie man sie aus den Rosenbeeten kennt, mit blau lasierten, glänzenden Tonfiguren oder mit Windspielen aus Metall, wobei hier silberfarbene Legierungen dezenter wirken als goldene.

Bei der Wahl der Töpfe kann man kaum etwas falsch machen. Blau lasierte Ton- oder Steinguttöpfe bieten sich sofort an, da sie für schimmernden Glanz sorgen. Vanille-, cremefarbene oder weiße Lasuren bringen mehr Licht in die Gestaltung. Tonwaren aus Vorderasien harmonieren mit ihrem hellen Ton. Ebenfalls passend sind klassische Terrakotta-Töpfe wie die handgearbeitete Impruneta-Terrakotta aus der Region Florenz mit ihren orangefarbenen Schattierungen. Den edlen Charakter unterstreichen Pflanzgefäße aus Metall wie Edelstahl oder Aluminium. Sie sind jedoch nicht nur hochpreisig, sondern erfordern im Freien auch regelmäßige Pflege, um nicht fleckig und unansehnlich zu werden. Selbst gelbe oder dezent rosafarbene Keramiktöpfe sind erlaubt. Nur von Rot, Braun und Schwarz sollten Sie die Finger lassen. Grüne Töpfen muss man sehr sorgfältig auf die Laubfarbe abstimmen, damit es nicht zu farblichen Unstimmigkeiten kommt.

Hortensien wie die Sorten 'Lady Katsuko' und 'Adria' zählen zu den schönsten winterharten Sommerblühern im blauen Terrassengarten.

Ein ganzes Jahr Blau machen

Wir versprechen Ihnen nicht das blaue vom Himmel, wenn wir behaupten: Sie können von Frühling bis Herbst blaue Blüten auf der Terrasse bewundern. Nur im Winter kommen Sie nicht mit einem blauen Auge davon.

Den Anfang im Frühling machen kleine **Zwiebelblumen** wie Zwiebeliris (z. B. *Iris*-Hollandica-, *Iris*-Hispanica-Hybriden), Blaustern *(Scilla)*, Trauben-Hyanzinthe *(Muscari botryoides, M. armeniacum)*, Hyazinthe *(Hyacinthus*, siehe Seite 178*)*, Krokus *(Crocus chrysanthus)* und Schachbrettblume *(Fritillaria)*. Im Mai folgen Hasenglöckchen *(Hyacinthoides)*, Prärielilie *(Camassia)* und spät blühende Trauben-Hyazinthen *(Muscari comosum, M. latifolium)*. Den Herbst begleiten Herbst-Krokusse (z.B. *Crocus speciosus, C. sativus, C. pulchellus)*.

Im Sommer sind einjährige **Sommerblumen** mit von der Partie wie Leberbalsam *(Ageratum)*, Australisches Gänseblümchen *(Brachyscome)*, Kapaster *(Felicia)*, Vanilleblume *(Heliotropium)*, Lobelie *(Lobelia)* und Fächerblume *(Scaevola)*. Zweijährige Vergissmeinnicht *(Myosotis)* und Stiefmütterchen *(Viola*, siehe Seite 179) gesellen sich hinzu.

Unter den blau blühenden, **winterharten Sträuchern** im Topfgarten zählt der Flieder *(Syringa*, siehe Seite 183) zu den ersten. Im Sommer folgen Eibisch *(Hibiscus syriacus)*, Hortensie *(Hydrangea*, siehe Seite 251) und Schmetterlingsstrauch *(Buddleja)*. Bartblume *(Caryopteris*, siehe Seite 313), Säckelblume *(Ceanothus)* und Blauraute *(Perovskia)* brauchen einen Wurzelschutz, ebenso der Rosmarin *(Rosmarinus*, siehe Seite 199).

Von den winterharten **Kletterpflanzen** sind blauviolette Waldreben *(Clematis*, siehe Seite 263) die ungeschriebenen Königinnen des Topfgartens – zusammen mit dem im Alter mächtigen Blauregen *(Wisteria)*, der von Anfang an geräumige Pflanzgefäß braucht. Frostempfindliche Kletterer wie Prunkwinden *(Ipomoea*, siehe Seite 264), Passionsblumen *(Passiflora*, siehe Seite 266), Blauglöckchen *(Sollya*, siehe Seite 267) und Thunbergien *(Thunbergia*, siehe Seite 267) gesellen sich gerne hinzu.

Halten Sie es doch wie die kleine Porzellankatze auf der Bank und genießen Sie im Frühsommer die üppig weißen Blütenbälle des Gewöhnlichen Schneeballs *(Viburnum opulus)*, der sich von der Japanischen Sumpf-Schwertlilie (links), einer Waldrebe am Obelisk (rechts) und Salbei im blau karierten Pflanzkasten begleiten lässt.

Bei den **Stauden** warten Duftnessel *(Agastache*, siehe Seite 286), Glockenblumen *(Campanula*, siehe Seite 286), Funkien *(Hosta*, siehe Seite 289), Schwertlilien *(Iris*, siehe Seite 289), Salbei *(Salvia*, siehe Seite 208) und Katzenminze *(Nepeta*, siehe Seite 290) je nach Sorte mit blauen Sommerblüten auf. Wunderschöne Partner sind diverse Gräser im Topf (siehe Seite 310 f.), die mit ihren zarten Halmen die schlichte Eleganz blauer Terrassen unterstreichen.

Schmucklilie

(Agapanthus-Hybriden)

Am beliebtesten sind blau blühende Spielarten wie 'Donau', 'Blue Triumphator' oder 'Purple Cloud', deren Dolden auf bis zu 80 cm langen Stielen stehen. 'Blue Baby', 'Peter Pan' oder 'Queen Anne' erreichen dagegen weniger als 50 cm Höhe. Die weiße Sorte 'Albus' ist nur wenig verbreitet, ebenso buntlaubige Sorten wie 'Tinkerbell'.

Wuchs: Die riemenförmigen Blätter stehen in dichten Horsten zusammen.

Blüte: Das Schauspiel beginnt meist im Juni und dauert 4 bis 6 Wochen an.

Standort: Sonnig und warm. Damit die Stiele nicht abbrechen, für Windschutz oder Stützhilfen sorgen.

Pflege: Im Sommer mäßig gießen. Dauernässe um jeden Preis vermeiden (Wurzelfäulnis). 14-tägig düngen.

Pflanzenschutz: Keine Anfälligkeit.

Überwinterung: Hell bei 10 (±5) °C. Bei dunklem Stand sterben die Blätter ab. Erde dann fast trocken halten. Im Frühjahr erfolgt der Neuaustrieb, die Blüte verzögert sich. Headbourne-Hybriden gelten als frosttolerant (– 5 °C).

Extra-Tipp: Topfen Sie Schmucklilien selten um, denn Enge im Wurzelbereich fördert die Blühfreudigkeit.

Blauflügelchen

(Clerodendrum ugandense)

Die zartblauen, fein gezeichneten Blüten umflattern diese wüchsigen Sträucher wie eine Schar Schmetterlinge.

Wuchs: Die Triebe zeigen nur wenig Willen zur Verzweigung und streben straff nach oben, bis die Eigenstabilität fehlt und sie umfallen. Deshalb sollten die Triebspitzen während der Saison mehrmals eingekürzt werden. Der eventuelle Verlust einiger Blüten wird dabei umgehend durch eine Fülle neuer Knospen ausgeglichen.

Blüte: Der Flor hält mit wechselnder Intensität von April bis Oktober an.

Standort: Sonnig bis halbschattig.

Pflege: Das schnelle Wachstum fordert im Sommer täglich Wasser, damit die Erde gleichmäßig feucht bleibt, und wöchentlich Sofortdünger.

Pflanzenschutz: Achten Sie auf Weiße Fliegen, Spinnmilben und Blattläuse.

Überwinterung: Hell bei 13 (±5) °C. Ist das Quartier kälter oder zu dunkel, werden die Blätter abgeworfen. Im Frühjahr erfolgt dann der Neuaustrieb.

Extra-Tipp: Besonders schöne und blütenreiche Kronen erzielt man bei regelmäßig geschnittenen Stämmchen.

... FÜR BLAU BLÜHENDE TERRASSEN

Veilchenstrauch

(Iochroma-Arten)

Während die Blüten von *I. cyaneum* (kleines Bild) violette bis lilafarbene Töne zeigen, trägt *I. coccineum* Purpurrot. Ihre Blüten gruppieren sich in dichten Büscheln. Bei der sehr ähnlichen, hellviolett blühenden Gattung *Acnistus* (*A. arborescens*, großes Bild) stehen sie dagegen zu wenigen beisammen.

Wuchs: Nur mehrfacher Rückschnitt während der Saison hält die rasch über 3 m hohen Sträucher in Form.

Blüte: Dauernd von April bis Oktober.

Standort: Zwar lieben die Südamerikanerinnen volle Sonne, doch verdunsten sie hier so viel Wasser, dass die Gefahr von Trockenheit zu groß ist. Ziehen Sie halbschattige Plätze vor.

Pflege: Gegossen wird im Sommer reichlich, meist täglich ein bis zwei Mal. Wöchentlich zwei Mal düngen.

Pflanzenschutz: Weiße Fliegen, Spinnmilben und Blattläuse sind unvermeidbar.

Überwinterung: Hell bei 10 (±5) °C. Je heller und wärmer der Standort, umso mehr Blätter bleiben erhalten.

Extra-Tipp: Möchten Sie die Pflanzen nicht ständig größer topfen, kürzt man beim Umpflanzen die Wurzel ein.

Lavendel

(Lavandula angustifolia)

Nicht nur die violettblauen Blüten sind es, die Lavendel zu einer der beliebtesten Garten- und Terrassenpflanzen machen, sondern auch der würzig-frische Duft seiner immergrünen Blätter.

Wuchs: Die Triebe der Halbsträucher sprießen in dichten Büscheln und formen kompakte, selten mehr als 80 cm hohe Büsche. Ein jährlicher Rückschnitt nach der Blüte hält sie in Form.

Blüte: Die Blüte fällt in den Juni und Juli. Die Sorte 'Alba' blüht weiß.

Standort: Volle Sonne und Hitze bringt die Zweige richtig zum Duften.

Pflege: Obwohl Lavendel Trockenheit verträgt, ist ihm eine gleichmäßige sommerliche Wasserversorgung bei wöchentlicher Düngung am liebsten.

Pflanzenschutz: Schädlingsfrei.

Überwinterung: Hell bei 5 (±5) °C; im Haus oder im Freien möglich. Alternativ Töpfe über Winter im Gartenbeet einsenken. Überwinterung auf der Fensterbank in Wohnräumen problematisch, da zu dunkel und zu warm.

Extra-Tipp: Nicht frostfest ist dagegen der sehr schön blühende Schopflavendel (*L. stoechas*) im Topf.

Bleiwurz

(Plumbago auriculata)

Weder Busch noch Kletterpflanze, macht es der Bleiwurz seinen Besitzern oft nicht einfach. Seine himmelblauen Blüten machen jedoch jedes Figur-Problem im Nu vergessen.

Wuchs: Am besten lehnt man die Triebe an eine Mauer oder ein Geländer an oder stellt ein Holzgerüst auf. Nicht zu empfehlen sind Stämmchen, da auf der Höhe der Blüte schon wieder der nächste Rückschnitt erforderlich ist.

Blüte: Die himmelblauen oder weißen ('Alba') Blütenkronen sind mit klebrigen Drüsen besetzt, die an Kleidung und Haaren hängen bleiben. Sie stehen im Sommer an den Triebenden.

Standort: Am liebsten vollsonnig.

Pflege: Weder Nässe noch Trockenheit – das ist das ganze Pflege-Geheimnis für diese anspruchslosen, sommergrünen Pflanzen. Wöchentlich düngen. Kräftiger Rückschnitt im Winter.

Pflanzenschutz: Zuweilen Blattläuse.

Überwinterung: (Halb-)Hell oder dunkel bei 7 (±5) °C. Im Frühjahr treiben sie aus dem Wurzelstock neu aus.

Extra-Tipp: Bleiwurz lässt sich aus den Wurzelausläufern leicht vermehren.

Salbei

(Salvia)

Die große Gattung des Salbeis hat über 50 zwei- bis mehrjährige Arten für den Terrassengarten zu bieten. Dabei ziehen uns nicht nur ihre Blüten in blauen (z.B. *S. patens, S. azurea* (Bild)), weißlichen (z.B. *S. argentea, S. sclarea)* oder feuerroten (z.B. *S. elegans)* Tönen in ihren Bann, sondern auch die Blätter mit ihren diversen Duftnoten und Farbspielen (z.B. *Salvia officinalis* 'Purpurascens' (violett), 'Icterina' (gelb-grün), 'Tricolor').

Wuchs: Die je nach Art krautigen oder verholzenden Triebe wachsen zu Büschen von 0,5 bis 1 m Höhe heran. Regelmäßiges Zurückschneiden und Auslichten älterer Triebe im Frühjahr vor dem Neuaustrieb erhält die Form.

Blüte: Je nach Art im Sommer.

Standort: Sonnig, aber nicht heiß.

Pflege: Durchlässige Erde bewahrt die Wurzeln vor Nässeschäden. Gießen Sie reichlich, aber in größeren Abständen.

Pflanzenschutz: Mehltau; Blattläuse.

Überwinterung: (Halb-)Hell 5 (±5)°C. *S. nemorosa, S. officinalis* und *S. pratensis* können im Freien überwintern; Töpfe isolieren.

Enzianstrauch

(Solanum bzw. *Lycianthes rantonnetii)*

Neben dunkelvioletten Formen tritt der Enzianstrauch, auch als Blauer Kartoffelstrauch bekannt, mit hellblauen oder rosafarbenen Blüten auf (kl. Bild), die jedoch noch nicht zu eigenständigen Sorten zusammengefasst werden.

Wuchs: Die starkwüchsigen, sommergrünen Sträucher erreichen im Nu Höhen über 2 m. Da sie jedoch sehr schnittverträglich sind, können sie jederzeit in Zaum gehalten werden. Im Handel erhältliche Pflanzen sind meist mit Stauchungsmitteln behandelt. Deren Wirkung lässt nach wenigen Monaten nach, die Pflanzen treiben kräftig durch und die Blüte lässt etwas nach.

Blüte: Die typischen Kartoffelblüten mit der gelben Mitte erscheinen den ganzen Sommer über in großer Zahl.

Standort: Vollsonnig und warm.

Pflege: Von allem reichlich: jeden Tag Wasser, zwei Mal pro Woche Dünger, mehrmaliger Rückschnitt pro Jahr.

Pflanzenschutz: Läuse, Weiße Fliegen und Spinnmilben sind die Regel.

Überwinterung: Die laublosen Kronen hell oder halbhell bei 7 (±5)°C aufstellen. Stets leicht feucht halten.

Costa-Rica-Nachtschatten

(Solanum wendlandii)

Diese kletternden, sommergrünen Sträucher aus Costa Rica zählen mit ihren dichten, hellvioletten Blütenbüscheln zu den schönsten Vertretern unter den Nachtschattengewächsen.

Wuchs: Die Triebe halten sich mit Hilfe kleiner Haken an den bereitgestellten Kletterhilfen fest, sollten jedoch zusätzlich mit Kunststoff ummantelten Drähten festgebunden werden. Lässt man sie ungestört wachsen, können sie bis zu 5 m Höhe erreichen.

Blüte: Die bis zu 2 cm großen Blüten erscheinen im Hoch- bis Spätsommer zwischen den vielgestaltigen, teilweise über 20 cm langen Blättern.

Standort: Sonnig darf es sein, doch nicht heiß. Die Wurzeln sollten sich nicht aufheizen und von Nachbarpflanzen beschattet werden.

Pflege: Wie alle Solanum-Arten braucht auch der giftige Costa-Rica-Nachtschatten reichlich Wasser (an Sonnentagen 1 bis 2 x täglich) und Nährstoffe (1 bis 2 x pro Woche).

Pflanzenschutz: Weiße Fliege, Spinnmilben und diverse Läuse.

Überwinterung: (Halb-)Hell; 13 (±5)°C.

Prinzessinnenblume
(Tibouchina urvilleana)

Mit ihren samtweichen Blättern und den seidenzarten Blüten macht sich die brasilianische Prinzessinnenblume wahrlich um ihren Namen verdient.
Wuchs: Die natürlicherweise wenig verzweigten Triebe, deren Blätter in weiten Abständen sprießen, lassen sich nur durch mehrmaligen Schnitt im Frühjahr und Sommer zur Verzweigung anregen. Ende Juni erfolgt jedoch die letzte Korrektur, damit die Blütenknospen reifen können.
Blüte: Die bis zu 6 cm großen Blüten bilden sich an den Trieb-Enden.
Standort: Ein sonniger, aber vor Mittagshitze geschützter Platz im Sommer ist ideal. Im Herbst ermöglicht ein sehr heller Platz im Haus, die Blüte oft noch bis Weihnachten zu genießen.
Pflege: Eine gleichmäßige Wasserversorgung und wöchentlich Dünger stellt die Prinzessinnen vollauf zufrieden.
Pflanzenschutz: Die behaarten Blätter sind in der Regel schädlingsfrei.
Überwinterung: Hell bei 10 (±5) °C.
Extra-Tipp: Die abgefallenen Blütenblätter färben sehr stark ab und sollten vom Boden aufgehoben werden.

Mönchspfeffer
(Vitex agnus-castus)

Die späten Blütenrispen des Mönchspfeffers sind besonders wertvoll für alle, die ihre Terrasse ganz mit blauen Kübelpflanzen einrichten möchten.
Wuchs: Die ahornähnlichen, je nach Lichtintensität grauen oder grünen, aromatischen Blätter stehen locker an den nach oben strebenden Trieben, die lang-ovale, sommergrüne Kronen von bis zu 3 m Höhe bilden können.
Blüten und Früchte: Aus den hellvioletten Blüten entwickeln sich kleine, graue Samen, die scharf wie Pfeffer riechen und der Überlieferung nach früher von Mönchen gegessen wurden, um ihre Libido zu zügeln.
Standort: Hochsommerliche Wärme lässt ab August immer neue Rispen an den mediterranen Pflanzen aufblühen.
Pflege: Die robusten Sträucher nehmen keinen Pflegefehler übel. Nur Staunässe führt zu Wurzelschäden. 14-tägige Düngung ist ausreichend.
Pflanzenschutz: Keine Schädlinge.
Überwinterung: (Halb-)Hell oder dunkel bei 5 (±5) °C; die Blätter werden abgeworfen. Frost bis –15 °C wird toleriert. Auspflanzung ist möglich.

Australischer Rosmarin
(Westringia fruticosa)

Wer die Chance hat, diese Australier im Winter an einen sehr hellen Platz zu stellen (z. B. Wintergarten), kann sich zusätzlich zum frühsommerlichen Flor schon im Winter an den kleinen, aber sehr zahlreichen Blüten erfreuen, denen in schönen Sommern bis zum Herbst weitere folgen werden.
Wuchs: Die immergrünen Sträucher, deren Laub graugrün wie das des Rosmarins, aber duftlos ist, wachsen natürlicherweise zu gut verzweigten, selten mehr als 1,5 m hohen Büschen heran. Kleine Kronenkorrekturen nach der Blüte genügen daher meist.
Blüte: Neben hellvioletten Blüten sind rein weiße Spielarten bekannt.
Standort: Volle Sonne kommt den hitzeverträglichen Pflanzen zu Pass.
Pflege: Kurzfristige Trockenheit kann die pflegeleichten Sträucher nicht aus der Fassung bringen, Dürre führt jedoch zum Verlust von Blättern und Verkahlen der sonst dichten Kronen.
Pflanzenschutz: Schädlingsfrei.
Überwinterung: Hell bei 7 (±5) °C. Erde nur leicht feucht halten. Staunässe unbedingt vermeiden.

LASSEN SIE DIE SONNE IN IHR HERZ

Gelb ist die Farbe der Sonne. Sie verheißt Frohsinn und Unbeschwertheit. Schließlich ist es von Gelb zu Gold nur ein kleiner Schritt. Verschönern Sie sich die Zeit auf Ihrer Terrasse mit »Goldenen Äpfeln«, wie die Früchte der Zitruspflanzen (siehe Seite 34) auch genannt werden, mit »Sonnen-Blumen« in allen Facetten und einem »goldenen Herbst« in seinen leuchtenden Laubfarben. Ebenso wie gelb blühende Pflanzen lassen auch orangefarbene selbst dann die Sonne auf Ihrer Terrasse scheinen, wenn es draußen kühl und regnerisch ist – ein Farbklang also für alle, die nach Lebensfreude und Entspannung suchen, wenn sie nach einem anstrengenden Tag nach Hause kommen.

Oben: Wandelröschen sind wahre Meister des Farbdreiklangs von Gelb, Orange und Rot, den ihre Blüten beim Aufblühen durchlaufen.

Links: Gelbe Blütenpflanzen sorgen selbst an trüben Tagen für Sonnenschein und laden ein zum Rendezvous bei Kerzenschein.

Schöne Terrassen zum Nachpflanzen

(Bild siehe Seite 210/211)

① Strauß mit Zinnien *(Zinnia elegans)*
② Gewürzrinde *(Cassia corymbosa)*
③ Thunbergie *(Thunbergia gregorii)*
④ Wandelröschen *(Lantana camara)*
⑤ Fächerblume *(Scaevola saligna)*
⑥ Dukatentaler *(Asteriscus maritimus)*

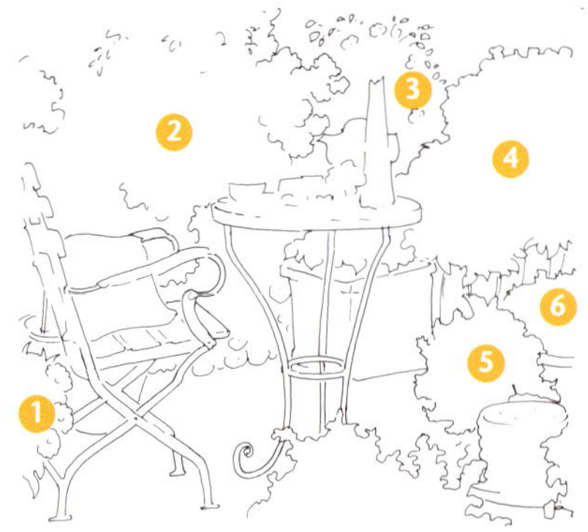

Selbst aus der Ferne schon ganz nah

Gelb ist die häufigste Blütenfarbe unserer heimischen Flora. Und das nicht ohne Grund. Denn gelbe Blüten haben eine große Fernwirkung, vor allem dann, wenn sie vor einem dunklem Hintergrund stehen, wie ihn das grüne Laub bietet. Da die Hauptfunktion vieler Blüten darin besteht, Insekten anzulocken, die sie bestäuben, ist Gelb eine vortreffliche Wahl, da viele von ihnen diese Farbe besonders gut wahrnehmen. Auch wir Menschen lassen uns von diesem Ton rasch verführen. Unserere Augen nehmen gelbe Farben blitzartig war. Sie fesseln unsere Blicke – und lassen sie auch nicht so schnell wieder los.

Ein sanfter Übergang

Wem diese Anziehungskraft zu viel ist, der sollte seine Terrasse nicht ausschließlich mit gelb blühenden Pflanzen gestalten. Die Impulsivität der Farbe kann für introvertierte Charaktere zuviel des Guten sein. Mischen Sie stattdessen einige orangefarbene Blüten unter. Sie schaffen einen harmonischen Übergang zu einer weiteren Partnerfarbe: Rot. Das Trio Gelb, Orange und Rot strahlt vor der Bühne grüner Blätter besonders viel Wärme aus.

Kombiniert man gelbe mit weißen Blüten, erzeugt man Helligkeit. Das kann vor allem bei halbschattigen Terrassen ein großer Vorteil sein. In sonnigen Lagen wirkt sie hingegen leicht grell. Die bessere Wahl sind hier rosafarbene Begleiter.

Ebenfalls gut kombinieren lassen sich Gelb und Orange mit Violett und Blau. Während das Farbenpaar Gelb-Blau fröhlich

Sie müssen bei der Wahl der Accessoires für ihre sonnengelbe Terrasse ja nicht gleich nach den Sternen greifen. Sonne und Mond – handgetöpfert und lustig bemalt – tun es doch auch schon!

und beschwingt wirkt, schaffen Orange und Violett in Kombination mit dem grünen Laub der Pflanzen eine gedämpfte, heimelige Atmosphäre.

Sonnige Accessoires

Die Farben-Paare, die soeben für die Blüten beschrieben worden sind, gelten auch für die Pflanzgefäße. Orangefarbene Ton- und Terrakottatöpfe, blau lasierte und weiße bis cremefarbene Gefäße passen hervorragend zu gelb blühenden Pflanzen. Rotbraune oder schwarze Töpfe sind ebenfalls gut geeignet, um die überschwängliche Fröhlichkeit gelber Blüten zu dämpfen und zu erden. Rote Töpfe sollten hingegen nur in Einzelstücken und gedämpftem Bordeaux-Rot eingesetzt werden.

Für die Accessoires gilt: Um gegenüber der Dominanz gelber Blüten bestehen zu können, sollten sie groß sein. Kleinkram geht leicht unter. Setzen Sie auf ein oder zwei wirklich markante Beisteller.

Nicht fehlen sollte auf einer gelben Terrasse das Element »Licht«. Verlängern Sie die gemütlichen Abende mit Kerzenschein. Er bringt die gelben Blüten noch einmal zum Funkeln, wenn die Sonne längst untergegangen ist. Wenn Sie die Kerzen in Windlichter oder große Glasvasen stellen, kann selbst eine Böe sie nicht

Die Sonnenblumen in der Mitte lassen sich hier von drei Großblütigen Mädchenaugen *(Coreopsis grandiflora)* begleiten. Kästen und Schalen sind mit Nachtkerze *(Oenothera)*, Strohblume *(Helichrysum)* und Fetthenne *(Sedum)* bepflanzt.

TIPP

Wer beim Sommerspaziergang ein gelbes T-Shirt trägt, weiß, wie viele Insekten auf Gelb »fliegen«. Bei gelben Blüten ist es kaum anders. Damit die nützlichen Gäste jedoch nicht lästig werden, sollten Sie Duftkerzen aufstellen, die Insekten fern halten.

Gelb mit Violett und Blau ist ein wunderschöner Farbklang, der hier mit gelben Pantoffelblumen *(Calceolaria*, vorne rechts) und Goldmargeriten *(Euryops*, hinten rechts und vorne links), blauer Katzenminze *(Nepeta*, vorne), Vanilleblume *(Heliotropium*, auf dem Tisch) und Blauglöckchen *(Sollya*, links) sowie violett blühenden Veilchensträuchern *(Iochroma*, Mitte hinten) verwirklicht ist. Eine weiße Strauchmargerite *(Argyranthemum)* und eine Calamondin- Orange (× *Citrofortunella mitis)* gesellen sich dazu.

ausblasen. Denken Sie auch an kleine Lichterketten, die ihr Dasein außerhalb der Weihnachtszeit meist in einer Kiste auf dem Dachboden fristen. Holen Sie diese schon im Mai heraus, um die Terrasse zu schmücken!

Sonnenschein das ganze Jahr

Neben den ab Seite 215 vorgestellten Kübelpflanzen bereichern **winterharte Sträucher** Ihre gelbe Terrasse. Zu denen, die in Pflanzgefäßen schon im Februar für Blüten sorgen, gehören Winterjasmin *(Jasminum nudiflorum)* und Zaubernuss *(Hamamelis mollis)*. Ab April stimmen Ranunkelstrauch *(Kerria)*, Goldglöckchenstrauch *(Forsythia)*, Mahonie *(Mahonia)* und Ginster *(Genista, Cytisus)* ein. Den Sommer verschönern goldgelbe Fingersträucher *(Potentilla fruticosa)*, Erbsenstrauch *(Caragana)* und Schmalblatt-Berberitze *(Berberis stenophylla)*. Gelblaubige Sorten wie die Kriechspindel 'Emerald 'n' Gold' *(Euonymus fortunei)* oder der Gelbbunte Hartriegel *(Cornus alba* 'Spaethii') dürfen sich als Einzelstücke untermischen. Im Herbst ziehen die Früchte des Feuerdorns *(Pyracantha)* die Blicke auf sich, Ginkgo *(Ginkgo)*, Katsurabaum *(Cercidiphyllum)* und Liebesperlenstrauch *(Callicarpa)* kleiden sich in leuchtend gelbes Herbstlaub. Bei den **Kletterpflanzen** sind es neben den Trompetenblumen *(Campsis*, siehe Seite 263) die Geißblätter, die mit gelben oder orangeroten Blüten aufwarten (z. B. *Lonicera caprifolium, L. × brownii, L. periclymenum, L. tellmanniana)*.

Auch unter den **Stauden und Zwiebelblumen** finden sich zahlreiche gelb- und orangeblühende Vertreter (ab Seite 281).

Stellvertretend für die vielen gelben, **einjährigen Sommerblumen** stehen Löwenmäulchen *(Antirrhinum)*, Pantoffelblume *(Calceolaria)*, Studentenblume *(Tagetes)*, Ringelblume *(Calendula)*, Goldlack *(Cheiranthus)*, Goldmohn *(Eschscholzia)*, Mädchenauge *(Coreopsis)* und Sonnenblume *(Helianthus)*.

Niedrige Strohblumen *(Helichrysum)* und reich blühende Taglilien *(Hemerocallis)* umgarnen diesen kleinen Sitzplatz mit ihren zartgelben Blüten.

Schönmalven

(Abutilon)

Diese südamerikanischen Sträucher bieten ein reichhaltiges Angebot gelber, roter, weißer und orangefarbener Züchtungen mit glockenförmigen Blüten. *A. megapotamicum* präsentiert kanariengelbe Blütenblätter auf roten, bauchigen Kelchen, *A. vitifolium* hellvioletten Flor. *A. pictum* 'Thompsonii' trägt gelb geflecktes, die Sorte 'Drummondii' weiß geflecktes Laub.

Wuchs: Die sehr dünnen Triebe brauchen für kompakte Kronen unter 2 m Höhe häufigen Schnitt in der Saison.

Blüte: Schönmalven sind bei guter Pflege wahre Dauerblüher mit Knospen von Frühling bis Spätsommer, bei warmer Überwinterung auch ganzjährig.

Standort: Halb sonnige, halb schattige Ost- und Westterrassen sind ideal.

Pflege: Eine gleichmäßige Bodenfeuchte und Dünger 1 x pro Woche garantieren die Dauerblüte.

Pflanzenschutz: Neben Spinnmilben, Blattläusen und Weiße Fliege plagen die Blätter im Winterquartier Pilze.

Überwinterung: (Halb)Hell, 10 (±8) °C; je heller, umso mehr Laub bleibt erhalten. Starker Neutrieb im Frühjahr.

Seidenpflanze

(Asclepias curassavica)

Die leuchtend orange-gelben Blütendolden dieser mehrjährigen, maximal 2 m hohen Halbsträucher erscheinen unermüdlich von Frühjahr bis Herbst.

Wuchs: Die mit schmalen Blättern besetzten, Milchsaft führenden Triebe streben rasch in die Höhe. Für dauerhaft kompakte Kronen ist daher mehrmaliges Entspitzen während der Wachstumszeit und kräftiges Einkürzen im Spätwinter ratsam. Den Verlust einiger Blüten macht die Vielzahl neuer, endständiger Knospen mehr als wett.

Blüte: Auf die Blüte folgen Samenhülsen, aus denen mit langen, mit seidig weißen Haaren besetzte Samen herausquellen, die sehr leicht keimen.

Standort: Vollsonnig bis halbschattig und windgeschützt (brüchige Triebe).

Pflege: Der Wuchskraft wird in der Wachstumszeit tägliches Gießen und 1 bis 2 x Dünger pro Woche gerecht.

Pflanzenschutz: Blattläuse und Weiße Fliege können lästig werden. Hängen Sie daher ab Mai Gelbtafeln auf.

Überwintern: (Halb-)Hell bei 10 (±8) °C.

Extra-Tipp: Die Triebspitzen der meist kurzlebigen Pflanzen bewurzeln rasch.

Paradiesvogelbusch

(Caesalpinia gilliesii)

Die bizarren gelben Blüten mit den langen, roten Staubfäden machen dem Paradiesvogelbusch alle Ehre.

Wuchs: Der Kronenaufbau ist locker und macht die fiederblättrigen Pflanzen zu dezenten Begleitern, die selten mehr als 1,5 m Höhe erreichen.

Blüte: Die Blüten erscheinen einzeln oder zu mehreren im Hochsommer ab einem Lebensalter von etwa 4 Jahren.

Standort: Sonne und Wärme sind Voraussetzung für die Blütenentwicklung.

Pflege: Trockenheit beantworten die sommergrünen Südamerikanerinnen mit Rieseln der Blätter, längere Trockenheit und Staunässe mit Absterben der Triebe. Verwenden Sie durchlässige Erde. 14-täglich düngen.

Pflanzenschutz: Spinnmilben möglich.

Überwinterung: (Halb-)Hell oder dunkel bei 5 (±5) °C; nur leicht feucht halten. Kurzzeitiger Frost wird vertragen.

Extra-Tipp: Fast noch schöner ist die Art *C. pulcherrima*, »Stolz von Barbados« oder »Pfauenstrauch« genannt, mit überwiegend roten Blüten. Sie ist jedoch nur selten erhältlich und hat deutlich höhere Temperaturansprüche.

Gewürzsträucher
(Cassia bzw. *Senna)*

Die dichten Blütenwolken bescheren den Gewürzsträuchern einen Stammplatz auf jeder gelben Terrasse. Ihr Name rührt daher, dass andere Kassia-Arten (z. B. *C. fistula)* medizinisch wirksame Stoffe enthalten.

Wuchs: Ein Rückschnitt im Vorfrühling und Frühsommer bewahrt die raschwüchsigen, sommergrünen Sträucher davor, im Nu übermannshoch zu werden und lässt sie buschiger wachsen.

Blüte: Während *C. corymbosa* (Bilder) bereits im Frühsommer erste Blüten zeigt, beginnt der Flor bei *C. floribunda* Ende August. Letztere erkennt man an schmaleren, spitz zulaufenden Blättern und kompakteren Kronen.

Standort: Ein vollsonniger, warmer Platz fördert die Blühfreudigkeit.

Pflege: Den vielen Fiederblättern wird man im Sommer mit täglichem Gießen und wöchentlichem Düngen gerecht.

Pflanzenschutz: Häufig Blattläuse am frischen Austrieb, selten Spinnmilben.

Überwinterung: (Halb-)Hell, 10 (±5) °C; je heller, desto mehr Laub bleibt.

Extra-Tipp: Für eine lange Blüte sollte man die Samenansätze entfernen.

Erdnussbutter-Kassie
(Cassia bzw. *Senna didymobotrya)*

Schon bei leichter Berührung verströmen die weich behaarten Fiederblättchen dieser Kassie ein überaus intensives Aroma nach Erdnussbutter.

Wuchs: Die Triebe wachsen kandelaberartig und lassen sich nur durch konsequenten Rückschnitt zu buschigen Kronen erziehen. Als Stämmchen machen sie die weitaus beste Figur.

Blüte: Die gelben Blüten sind zunächst in schwarzen Knospen verborgen. Während die unteren Blüten aufblühen und abfallen, bilden sich an der Spitze immer wieder neue, sodass sich der Blütenstand im Hochsommer auf bis zu 1 m langen Stielen in die Höhe schiebt.

Standort: Vollsonnig und geschützt.

Pflege: Eine gleichmäßige Versorgung mit Wasser und 1 x Dünger pro Woche beugen Blattabwurf vor.

Pflanzenschutz: Blattläuse und Spinnmilben saugen sich an Laub und Blüten. Wechselnde Luftfeuchte führt zu kleinen Höckern auf den Blättern.

Überwinterung: Hell bei 15 (±5) °C.

Extra-Tipp: Die Blätter falten sich bei Dunkelheit natürlicherweise zusammen. Es besteht kein Grund zur Sorge.

Paradiesvogelblume
(Strelitzia reginae)

Mit ihren bizarren, an einen bunt gefiederten Vogelkopf erinnernden Blüten, trägt die Paradiesvogelblume den paradiesisch schönen Namen zurecht.

Wuchs: Die paddelförmigen, bis zu 80 cm langen Blätter gruppieren sich in dichten Horsten, die mit den Jahren stattliche Durchmesser erreichen.

Blüte: Die Blütezeit ist sehr variabel, da sie durch Kälte- oder Trockenperioden beeinflusst wird. Während so manches Exemplar im Frühling Blüten zeigt, überlegen es sich andere oft erst im Herbst. An sehr hellen Überwinterungsplätzen sind Blütezeiten von Dezember bis Februar keine Seltenheit. Strelitzien erreichen etwa ab dem 5. Lebensjahr die Blühreife.

Standort: Vollsonnig, regengeschützt.

Pflege: Vor dem nächsten Gießen sollte die Erde abtrocknen, da die dicken Wurzeln bei Nässe leicht faulen. Gießen Sie lieber zu wenig als zu viel und düngen Sie 2 x im Monat.

Pflanzenschutz: Schädlingsfrei.

Überwinterung: Hell bei 12 (±8) °C.

Extra-Tipp: Die Blüten sind ein schöner und lange haltbarer Vasenschmuck.

Flanellstrauch

(Fremontodendron californicum)

Die Blüten der zumeist angebotenen Sorte 'California Gold' können stattliche 8 cm Durchmesser erreichen.

Wuchs: Die natürlicherweise wenig verzweigten Triebe werden durch regelmäßiges Entspitzen buschiger. Der Blütenfülle tut dies keinen Abbruch, denn sie entwickeln sich auch in den Achseln unterer Blätter.

Blüte: Flanellsträucher warten den ganzen Sommer über mit Blüten auf, verstärkt jedoch im Mai und Juni.

Standort: Sonnige, aber vor praller Mittagssonne geschützte Plätze.

Pflege: Flanellsträucher sind sehr genügsam und nehmen es nicht übel, wenn man einmal das Gießen oder die wöchentliche Düngergabe vergisst. Staunässe wird jedoch nicht verziehen. Die Wurzeln faulen rasch, und die Pflanzen sind nicht mehr zu retten.

Pflanzenschutz: Selten Blattläuse an den Blütenknospen und Blüten.

Überwinterung: Hell bei 10 (±8) °C; kurzer Frost bis –10 °C wird toleriert.

Extra-Tipp: Die braunen Pflanzenhärchen können bei empfindlichen Menschen leicht hautreizend sein.

Kanarischer Fingerhut

(Isoplexis canariensis)

Trotz ihrer bis zu 30 cm langen, orangegelben Blütenstände ist diese auf den kanarischen Inseln heimische Pflanze noch viel zu wenig als Kübelpflanze verbreitet. Das sollte sich ändern, zumal diese Braunwurzgewächse im Gegensatz zu ihrem Namensvetter, dem Fingerhut, nicht giftig sind.

Wuchs: Die wenigen, krautigen, knapp über 1 m langen Triebe sind rundherum dicht mit dunkelgrünen, tief geaderten Blättern besetzt.

Blüte: Die sommerlichen Blütenstände überragen das Blattwerk und erreichen dadurch besondere Fernwirkung.

Standort: Vollsonnig und warm.

Pflege: Je gleichmäßiger und maßvoller die Versorgung mit Wasser und Nährstoffen ist, umso üppiger entwickeln sich Laub und Blüten. Staunässe führt dagegen in Kürze zum Absterben der Wurzeln und Triebe.

Pflanzenschutz: Zuweilen Spinnmilben.

Überwinterung: Hell bei 10 (±5) °C.

Extra-Tipp: Das Auslichten älterer Stängel im Frühjahr fördert die Bildung neuer Triebe, der Rückschnitt welker Blüten immer neue Knospen.

Don-Juan-Pflanze

(Juanulloa mexicana)

Don-Juan-Pflanze oder Guacamaya-Strauch – egal, wie Sie diese immergrüne Pflanze nennen möchten: Ihre Blüten haben die schönste und klarste Orangefärbung aller Kübelpflanzen.

Wuchs: Da die sehr langsam verholzenden Triebe wenig Eigenstabilität haben, stellt man ihnen anfangs Stützstäbe zur Seite. Im Alter bilden sie bis zu 2 m hohe, lockere Büsche.

Blüte: Die langen Röhrenblüten verstecken sich in leuchtenden Kelchblättern, die sie nur wenig überragen. Jede einzelne hält viele Wochen. Den ganzen Sommer über ist Blütezeit.

Standort: Ein wechselsonniger Platz ohne pralle Mittagssonne bewahrt die zwar derben, aber empfindlichen Blätter vor Hitze und Trockenheit.

Pflege: Gießen Sie erst, wenn die Erde abgetrocknet ist, was an heißen Tagen sehr schnell gehen kann. Gedüngt wird 1 x jede Woche.

Pflanzenschutz: Häufig Wollläuse.

Überwinterung: Hell bei 15 (±5) °C.

Extra-Tipp: Stellen Sie die wärmebedürftigen Nachtschattengewächse nicht vor Mitte Mai nach draußen.

Wandelröschen

(Lantana)

Die Blüten dieser mehrjährigen Dauerblüher wechseln im Verblühen ihre Farbe. Neben Züchtungen, die von Gelb über Orange zu Rot changieren (z. B. 'Radiation', 'Orange Lampant'), gibt es Sorten in Weiß-Gelb-Rosa (z. B. 'Feston Rose', 'Fabiola') und einfarbige (z. B. 'Mine d' Or' (gelb), 'Snowflake' (weiß)). Von der kleinblättrigen *L. montevidensis*, deren Triebe kriechen oder hängen, gibt es gelbe, weiße und rosafarbene Sorten.

Wuchs: Buschig. Wandelröschen vertragen Schnitt sehr gut und werden gerne zu Stämmchen erzogen.

Blüte: Dauerblüte von Mai bis Oktober.

Standort: Sonnig; Blätter im Frühjahr langsam an die Sonne gewöhnen.

Pflege: Während der Wachstumszeit reichlich gießen, 1 x pro Woche düngen und mehrfach entspitzen.

Pflanzenschutz: Weiße Fliege sind unvermeidlich (Abhilfe: Gelbtafeln). In der Folge häufig Rußtaupilze.

Überwinterung: (Halb-)Hell bei 10 (±5) °C; bei Lichtmangel Laubabwurf.

Links: 'Radiation'. Rechts: 'Goldsonne' (oben); 'Fabiola' (unten).

Löwenohr

(Leonotis leonurus)

Die weich behaarten, orangeroten Blütenzungen brachten dieser Südafrikanerin ihren Namen ein. Sie stehen im Spätsommer in dichten Quirlen in Etagen übereinander. Die Staubfäden ragen in kleinen Büscheln hervor.

Wuchs: Die über 1 m langen Jahrestriebe, in deren oberem Drittel sich die Blüten bilden, verzweigen sich nicht von allein. Helfen Sie mit regelmäßigem Entspitzen von April bis Juli nach.

Blüte: Erste Blüten meist ab Juli. Der Flor hält oft bis Ende Oktober an.

Standort: Sonnig und windgeschützt. Die weichen, krautigen Triebe brechen sehr leicht ab (gute Bewurzelung). Nicht an Durchgängen aufstellen.

Pflege: Eine konstante, aber nur mäßig hohe Ballenfeuchte und Dünger 1–2 x pro Woche verhindern, dass die älteren Blätter gelb werden und abfallen. Kronen nach der Blüte kräftig einkürzen. Verkahlte Pflanzen kann man auch schon im Sommer stutzen.

Pflanzenschutz: Weiße Fliege und Spinnmilben sind recht häufig.

Überwinterung: (Halb-)Hell, 10 (±5) °C; Kronen sind in der Regel laublos.

Hornklee

(Lotus)

Die von den kanarischen Inseln stammenden Pflanzen ziehen mit ihrem feinen, grauen Laub und den spitzen Blüten die Blicke auf sich.

Wuchs: Die selten mehr als 30 cm langen Triebe neigen sich elegant über und machen den Hornklee zu exzellenten Ampel- oder Säulenpflanzen.

Blüte: Während *L. maculatus* (Bild) gelbe bis orangefarbene Blüten trägt, zeigt *L. berthelotii* leuchtendes Rot. Die Hauptblütezeit liegt im Frühjahr.

Standort: Volle Sonne facht das Blütenfeuerwerk erst so richtig an. Am besten in Ampeln regengeschützt aufhängen.

Pflege: Mit kurzer Trockenheit kommen die Insulaner gut zurecht, obwohl sie einige Blätter kosten kann, mit Nässe nicht (Wurzelfäulnis). Verwenden Sie durchlässige Erde, die Sie möglichst gleichmäßig auf niedrigem Niveau feucht halten, und düngen Sie im Sommer alle zwei bis drei Wochen. Regelmäßiges Entspitzen der Triebe hält die Pflanzen buschig.

Pflanzenschutz: Wenig anfällig, selten Läuse.

Überwinterung: Hell bei 10 (±5) °C.

Kanarenblümchen

(Streptosolen jamesonii)

Wegen ihrer farbenfrohen, orange-gelben Blüten werden diese immergrünen, südamerikanischen, auf den Kanaren verwilderten Sträucher zuweilen auch »Marmeladenbüsche« genannt.

Wuchs: Die dicht mit kleinen Blättchen besetzten, krautigen Triebe haben nur wenig Eigenhalt und hängen gerne über die Topfränder. Stützt man sie dagegen mit Stäben oder Drahtgestellen, lassen sie sich zu hübschen, kleinen Stämmchen heranziehen.

Blüte: Beginnt meist im Juni.

Standort: Nur ein sonnenreicher Sommer und hohe Einstrahlungswerte (UV-Licht) entlocken den Sträuchern die volle sommerlange Blütenpracht.

Pflege: Auf Wasser- oder Nährstoffmangel reagieren die Blätter sofort mit Verfärbungen und anschließendem Fall, die Blüte setzt aus. Deshalb ist Gleichmäßigkeit oberstes Gebot.

Pflanzenschutz: Spinnmilben, Blattläuse und Weiße Fliege treten auf.

Überwinterung: Hell bei 10 (±5) °C.

Extra-Tipp: Verwenden Sie durchlässige, mit Kies oder Blähton durchsetzte, aber nährstoffreiche Erde.

Gelber Oleander

(Thevetia peruviana)

Zu Unrecht stehen diese immergrünen Verwandten des Oleanders in dem Ruf, anspruchsvoll und kompliziert zu sein. Stattdessen verzaubern sie ihre Besitzer den ganzen Sommer über mit einzelnen ihrer betörend duftenden, bis zu 8 cm langen Trichterblüten.

Wuchs: Die schmalen, hellgrünen Blätter lassen die Silhouette dieser wüchsigen, übermannshohen Südamerikaner locker und luftig erscheinen. Im Alter nehmen die anfangs buschig wachsenden Pflanzen Baumform an. In Pflanzgefäßen unter 50 Liter Volumen bleiben sie jedoch dauerhaft buschig.

Blüte: Neben der am weitesten verbreiteten gelben Form sind weiße und lachsfarbene Spielarten bekannt.

Standort: Vollsonnig und warm.

Pflege: Die Wurzeln kommen mit ständiger Feuchte auf niedrigem Niveau am Besten zurecht. Gießen Sie lieber etwas zu wenig als zu viel, und in größeren Abständen. 2 x pro Monat düngen. Leichte Kronenkorrekturen sind jederzeit möglich.

Pflanzenschutz: Keine Anfälligkeit.

Überwinterung: Hell bei 15 (±5) °C.

FEURIG-ROTE TERRASSEN

Wer seine Terrasse ganz mit rot blühenden Pflanzen gestaltet, zeigt Selbstbewusstsein und Leidenschaft. Vielleicht sind Sie frisch verliebt oder mögen das Spiel mit dem Feuer, Sie haben den Mut, etwas zu wagen, oder sind ein Rebell. Denn Rot ist nicht nur kraftvoll, es hat aggressive und bedrohliche Züge. Rot ist eine »laute« Farbe, die sich in den Vordergrund spielt, obwohl sie kaum Fernwirkung hat.

Vor dem dunklen Hintergrund grüner Blätter schwindet die Kraft roter Blüten rasch. Sie entwickeln nur aus der Nähe betrachtet ihr Feuer. Je weiter man weggeht, desto mehr überwiegt die Wärme, die sie ausstrahlen. Man muss sich also auch an ihnen nicht die Finger verbrennen, wenn man sie richtig einsetzt.

Oben: Der einjährige Zier-Tabak *(Nicotiana-*Hybride) besticht nicht nur mit der leuchtenden Farbe, sondern vor allem mit dem Duft seiner Blüten, der abends am intensivsten ist.

Links: Die Wirkung roter und weißer Blüten könnte nicht gegensätzlicher sein – und gerade deshalb ergeben sie besonders reizvolle Parnter.

Den beiden stattlichen Zylinderputzern *(Callistemon)*, als Busch und Halbstamm gezogen, sind hier ein Eisenholzbaum *(Metrosideros*, links) und ein Neuseeländer Flachs *(Phormium*, rechts) zur Seite gestellt. Nach der ersten Blüte im Mai oder Juni blühen die australischen Zylinderputzer im August ein zweites Mal.

Was passt zu Rot?

Rote Blüten sind nicht leicht zu kombinieren. Am einfachsten ist es, wie bei den Pelargonien, unterschiedliche Rottöne zu gruppieren und Blattschmuckpflanzen zu ergänzen. Grüne Blätter bringen Ruhe in die Gestaltung. Rotlaubige Arten wie die Zier-Banane 'Maurelii' *(Ensete ventricosum*, siehe Seite 273), der Wunderbaum *(Ricinus*, siehe Seite 277) oder der Neuseeländer Flachs 'Atropurpureum' *(Phormium*, siehe Seite 276) greifen das Farbthema auf.

Schöne Terrassen zum Nachpflanzen

(Bild siehe Seite 220/221)

① Lilie *(Lilium*, Asiatische Hybride 'Nerone')
② und ⑤ Zylinderputzer *(Callistemon citrinus)*
③ Engelstrompete *(Brugmansia*-Hybride)
④ Kletterrose *(Rosa)*
⑥ Strauchrose *(Rosa)*
⑦ Edel-Pelargonie *(Pelargonium*-Grandiflorum-Hybride)

Weiß ist ein guter Partner für Rot, denn Weiß ist ein neutraler Ton, der das Feuer abzukühlen vermag. Ebenfalls mit wenig Stolperfallen behaftet ist ein Mix mit Rosa, denn Rosa ordnet sich unter und hellt rot blühende Arrangements etwas auf. Auch satte Gelbtöne sind gute Partner für Rot. Sie geben gemeinsam mit dem Grün der Blätter ein stilvolles Trio ab. Wer ein gutes Gespür für Farben hat, kann rot blühende Pflanzen mit Orange, Violett oder Pink kombinieren. Dazu ist jedoch eine hohe Farbsicherheit erforderlich, sonst drohen Misstöne.

Den roten Teppich ausrollen

Bienen können kein Rot wahrnehmen. Deshalb ist es vielen Pflanzen verwehrt, Rot zu tragen. Ausnahmen bei den **winterharten Sträuchern** im Sommertopfgarten sind Gewürzstrauch *(Calycanthus)*, Rote Sommerspiere *(Spiraea × bumalda* 'Anthony Waterer') und Weigelie *(Weigela* 'Bristol Ruby'), im Frühling Zaubernuss *(Hamamelis × intermedia*-Hybriden) und Scheinquitte *(Chaenomeles)*. Eine schöne Ergänzung sind Rotlaubige, allen voran die Sorten des Fächer-Ahorns *(Acer palmatum)*, aber auch Rote Hecken-Berberitzen *(Berberis thunbergii* 'Atropurpurea'), Perückensträucher *(Cotinus coggygria* 'Royal Purple') oder Blut-Haseln *(Corylus avellana* 'Purpurea').

Bei den **einjährigen Sommerblumen** sind Sorten von Celosie *(Celosia)*, Köcherblümchen *(Cuphea)*, Springkraut *(Impatiens)* und Zinnie *(Zinnia)* glutrot.

Brasilianische Guave

(Acca sellowiana)

Dieser südamerikanische Strauch bietet einfach alles: attraktives Laub, hübsche Blüten und essbare Früchte.

Wuchs: Das Laub der **Feijoa**, wie sie auch genannt wird, ist grau-grün. Die Triebe verzweigen sich gut, bei regelmäßigem Frühjahrsschnitt reicher.

Blüten und Früchte: Auf die Blüten (Bild) mit ihren roten Staubfäden und weißlichen, dicken Kelchblättern folgen grün-gelbe, eigroße, süße Früchte.

Standort: Vollsonnig, gerne heiß.

Pflege: Gleichmäßig feuchte Erde ist den anspruchslosen Sträuchern willkommen. Auf Trockenheit reagieren die Blätter Tage später mit braunen Rändern, im Extremfall mit Abwurf. Von April bis August wöchentlich düngen, bei Früchten bis zu deren Reife.

Pflanzenschutz: Völlig schädlingsfrei.

Überwinterung: Hell bei 10 (±8) °C. Damit die Früchte ausreifen können, ist ein Platz im Wintergarten ideal.

Extra-Tipp: Zwar können sich die Blüten eines Strauchs gegenseitig befruchten, doch ist der Fruchtansatz reicher, wenn man zwei veredelte Sorten hat (z. B. 'Mammouth', 'Triumph').

Puderquastensträucher

(Calliandra)

Die Blütenpinsel dieser mittelamerikanischen Sträucher, die aus unzähligen Staubfäden bestehen, sind ein Schmuck von besonderer Exotik.

Wuchs: Die Blätter bestehen aus zahllosen, sehr kleinen Fiederblättchen, die leise im Wind rascheln und für zarte Licht- und Schattenspiele sorgen. Die immergrünen Pflanzen wachsen zu mehrtriebigen, lockerkronigen Büschen von über 2,5 m Höhe heran.

Blüte: Während *C. tweedii* (Bild) feuerrote Blüten zeigt, bekennt sich *C. surinamensis* zu kräftigem Rosa und *C. portoricensis* zu reinem Weiß. Die Blüten erscheinen einzeln oder zu wenigen während der ganzen Saison.

Standort: Vollsonnig muss es sein.

Pflege: Lassen Sie die Wurzeln nicht austrocknen, sonst rieseln die Blätter. Zuvor falten sie sich jedoch zusammen, was sie normalerweise nur nachts tun. Im Sommer 14-täglich düngen. Entfernt man jeden 3. Spätwinter einige ältere Triebe, regt man die Sträucher zur Verjüngung an.

Pflanzenschutz: Sehr selten Läuse.

Überwinterung: Hell bei 10 (±5) °C.

Zylinderputzer

(Callistemon)

Angesichts der bis zu 10 cm langen Blütenstände, die aus unzähligen Staubfäden zusammengesetzt sind, liegt der Vergleich mit Zylinder- oder Flaschenputzern auf der Zunge.

Wuchs: Die gut verzweigten, über 2 m hohen Sträucher schmücken sich mit harten, nach Zitrus duftenden Blättern, die im Austrieb weich, flaumig und rötlich überzogen sind. Bei Arten wie *C. viminalis, C. salignus* oder *C. linearis* sind die Blätter sehr schmal.

Blüte: Am bekanntestesten sind die rot blühenden Formen von *C. laevis, C. citrinus* und *C. viminalis. C. salignus* und *C. pallidus* blühen gelb, *C. citrinus* 'Mauve Mist' rosa. Nach der Frühjahrsblüte im April/Mai folgt eine zweite Blüte im August/September.

Standort: Volle Sonne versetzt diese Australier so richtig in Blühlaune.

Pflege: Obwohl die Blätter derb sind, verbrauchen sie reichlich Wasser, das im Sommer nahezu täglich nachzufüllen ist. Trockenheit unbedingt vermeiden und 1 x pro Woche düngen.

Pflanzenschutz: Keine Anfälligkeit.

Überwinterung: Hell bei 7 (±5) °C.

Hammersträucher

(Cestrum)

So blühfreudig Hammersträucher sind, so unterschiedlich geben sie sich: Während *C. elegans* (Bild) und *C.* × *newelli* rot blühen, zeigt *C. aurantiacum* orangegelbe Töne. *C. nocturnum* und *C. parqui* bezaubern mit sehr schmalen, weißen bzw. gelben, im Dunkeln betörend duftenden Blütenbüscheln.

Wuchs: Gemeinsam ist ihnen der starke Wuchs, der sich nur durch regelmäßigen Schnitt zügeln lässt. Die blühenden Triebspitzen neigen sich elegant über.

Blüte: Bei guter Pflege blühen die Südamerikaner von Mai bis Oktober, im Wintergarten sogar ganzjährig.

Standort: Zwar lieben Hammersträucher die Sonne, doch verdunsten sie hier riesige Wassermengen, die man kaum nachliefern kann. Ein wechselsonniger Standort ist daher geeigneter.

Pflege: Schlappes Laub zeigt den häufigen Durst der Pflanzen unmissverständlich an. Wöchentlich 2 x düngen.

Pflanzenschutz: Alle klassischen Kübelpflanzenschädlinge treten auf.

Überwinterung: Halbschattig oder hell bei 10 (±5) °C; Das Winterquartier regelmäßig durchlüften.

Australische Silbereichen

(Grevillea)

Obwohl man beim Namen »Silbereiche« sogleich an große Bäume denkt, bilden die meisten der für die Kübelkultur empfehlenswerten Arten wie *G. juniperina*, *G.* × *semperflorens* (im Bild) oder *G. rosmarinifolia* selten über 1,5 m hohe Büsche. Ausnahmen sind *G. banksii* und *G. robusta*, die zu über 3 m hohen Bäumen heranwachsen.

Wuchs: Die elegant überhängenden oder kriechenden Triebe sind dicht mit nadelartig schmalen Blättern besetzt.

Blüte: Die Blüten sind von bizarrer Schönheit, die sogleich spüren lassen, dass es sich hier um Kleinode vom anderen Ende der Welt handelt, die in unserem gegenläufigen Jahreszeiten-Rhythmus mal schon im Februar, mal erst im Sommer zu blühen beginnen.

Standort: Am liebsten vollsonnig.

Pflege: Silbereichen kommen mit eher trockener Erde weit besser klar als mit nasser. Gießen Sie deshalb kalkarmes Regenwasser mit viel Fingerspitzengefühl. 14-täglich düngen.

Pflanzenschutz: Schädlingsfrei.

Überwinterung: Hell bei 10 (±8) °C.

Hibiskus

(Hibiscus rosa-sinensis)

Die Vielfalt an Blütenfarben und -formen ist bei diesen Tropenkindern so riesig, dass schon so mancher der Sammelleidenschaft gefüllter oder einfacher, weißer, roter, gelber, rosa- oder lachsfarbener Sorten erlegen ist.

Wuchs: Als Busch oder Stämmchen macht der Hibiskus eine tolle Figur. Gekaufte Pflanzen sind meist mit Stauchungsmitteln behandelt. Lässt deren Wirkung nach, erreichen Hibiskus durchaus mehr als 2 m Wuchshöhe.

Blüte: Von Mai bis Oktober.

Standort: Vor einer Hauswand, windgeschützt, sonnig und warm.

Pflege: Sorgen Sie für gleichmäßige Bodenfeuchte auf mäßigem Niveau und düngen Sie 1 x pro Woche.

Pflanzenschutz: Blattläuse an jungen Blättern und Blüten sind eine Plage.

Überwinterung: Hell bei 15 (±5) °C; der Laubverlust bei zu dunklem, kühlem Stand schadet nicht, kann aber die Blüte deutlich verzögern. Laublose Pflanzen nur wenig gießen.

Extra-Tipp: *H. syriacus*, auch Garten-Eibisch genannt, kann mit Wurzelschutz im Winter draußen bleiben.

Eisenholzbäume

(Metrosideros)

In seiner Heimat Neuseeland blüht der Eisenholzbaum passend zur hochsommerlichen Weihnachtszeit im Dezember. Daher nennt man ihn auch »Neeseeländischer Weihnachtsbaum« oder, in der Maori-Sprache, »Pohutukawa«. Bei uns zeigen sich die Blütenbüschel in der Regel zwischen Mai und Juli.

Wuchs: Die graugrünen, samtweichen Blätter machen die immergrünen Sträucher auch außerhalb der Blützeit zu Schmuckstücken. Während *M. excelsa* (Bild) straff aufwärts strebende Triebe mit kleinen Blättern bildet, neigen sich die großblättrigen Zweige von *M. robusta* 'Thomasii' über. Zuweilen sind buntblättrige Sorten erhältlich.

Blüte: Das üppige Blütenfeuerwerk dauert drei bis vier Wochen an.

Standort: Sonnig; an halbschattigen Plätzen lässt die Blühfreudigkeit nach.

Pflege: Eisenholzbäume sind ausgesprochen pflegeleicht und nehmen kaum einen Pflegefehler übel. Trotzdem sollte man sie konstant feucht halten und 1 x pro Woche düngen.

Pflanzenschutz: Schädlingsfrei.

Überwinterung: Hell bei 10 (±8) °C.

Korallenstrauch

(Erythrina crista-galli)

Die feuerroten Blütenschiffchen dieser anspruchslosen Pflanzen entwickeln im Hochsommer eine Leuchtkraft, die ihresgleichen sucht. Ihre Form hat zu dem lateinischen Namen »crista-galli« geführt, übersetzt »Hahnenkamm«.

Wuchs: Die Triebe sprießen jedes Frühjahr aus schlafenden Augen hervor, die an den knorrigen Stämmen sitzen, vergleichbar mit Weinstöcken.

Blüte: Die bis zu 30 cm langen Blütenstände entwickeln sich an den Triebenden, in der Regel nicht vor August.

Standort: Ein sonniger, aber zur Mittagszeit kühler, halbschattiger Platz ist ideal. Regengeschützt aufstellen.

Pflege: Korallensträucher brauchen nicht viel Wasser, schätzen aber eine gleichmäßige Bodenfeuchte. 14-täglich düngen. Durchlässige Erde verwenden.

Pflanzenschutz: An heißen und lufttrockenen Plätzen oft Spinnmilben.

Überwinterung: (Halb-)Hell oder dunkel bei 7 (±5) °C, fast trocken halten.

Extra-Tipp: Die Triebe trocknen ab Herbst natürlicherweise zurück. Man kürzt sie im Februar/März bis ins saftiggrüne Gewebe ein.

Springbrunnenpflanze

(Russelia equisetiformis)

Wie ein Wasserfall quellen die dicht mit schmalen Röhrenblüten besetzten, immergrünen Triebe über den Rand der Pflanzgefäße.

Wuchs: Die sporadisch vorhandenen Blätter sind zu Schuppen zurückgebildet, sodass die Pflanzen scheinbar nur aus Zweigen bestehen.

Blüte: Neben der rot blühenden Art blüht auch die weiße Sorte 'Alba' den ganzen Sommer über unermüdlich.

Standort: Volle Sonne treibt den sommerlangen Springbrunnen aus Zweigen und Blüten erst so richtig an.

Pflege: Gleichmäßige Bodenfeuchte und Dünger alle 1 bis 2 Wochen halten den Kreislauf in Schwung. Lichtet man vor dem neuen Austrieb im März einige der älteren Zweige aus, verjüngen sich die Pflanzen kontinuierlich.

Pflanzenschutz: Schädlingsfrei.

Überwinterung: Hell bei 10 (±5) °C.

Extra-Tipp: Bindet man die Triebe an Kletterhilfen auf, können sie mit den Jahren bis zu 2 m hohe Blütenwände bilden. Ihr überhängender Wuchs kommt hingegen erhöht auf einer Säule am besten zur Geltung.

TERRASSENTRÄUME IN WEISS UND ROSA

Weiß ist die höchste aller Farben, denn es besteht aus allen Farben des Lichts. Erst der Regenbogen zeigt, wie viele Töne im »weißen« Licht enthalten sind. Weiß ist deshalb keine »Nicht-Farbe«. Zumal sie mit so vielen positiven Begriffen wir Reinheit, Klarheit und Unschuld verbunden wird. Eine mit weiß blühenden Pflanzen gestaltete Terrasse wirkt vollkommen. Sie hat nichts Grelles oder Schreiendes, sie ist zurückhaltend und leise. Weiße Blüten strahlen Ruhe aus. Sie wetteifern nicht um die Aufmerksamkeit des Betrachters – als ob sie sich ihrer Eleganz bewusst wären. Vor dem Hintergrund dunkelgrüner Blätter funkeln weiße Blütenblätter im Sonnenlicht. In den Abendstunden beginnen sie selbst im Licht der Kerzen zu leuchten.

Bei näherem Hinsehen erkennt man, dass Weiß nicht gleich Weiß ist. Manche Blüten tragen eine Spur Gelb in sich, was sie champagner-, elfenbein- oder cremefarben macht, andere enthalten einen Spritzer Blau, der sie in Marmor-, Perlmutt-, Mehl- oder Porzellanweiß verwandelt. Das reinste Weiß, das keinerlei »Schmutz« enthält, bezeichnen wir meist als Schnee-Weiß. Mischt sich ein wenig Rot darunter, dann werden die Blüten Rosa.

Die Natur macht uns die Liebe zu weißen Pflanzen einfach, denn sie bietet uns wie im Tierreich von alleine viele »Albinos« an. Selektiert man diese heraus und vermehrt sie weiter, kommen immer neue, weiße Sorten hinzu, denen die genetischen Informationen fehlen, um es der Farbe ihrer Eltern gleich zu tun.

Zu den weiß blühenden Pflanzen zählen auch sehr viele Duftpflanzen (siehe ab Seite 235) wie die Engelstrompeten *(Brugmansia)* oder der Nachtjasmin *(Cestrum nocturnum)*, die versuchen, nachtaktive Insekten zur Bestäubung anzulocken. Denn wenn man in der Dämmerung und Dunkelheit überhaupt eine Farbe wahrnimmt, dann ist es sicher Weiß, das selbst im Schein des Mondes reflektiert.

Oben: Die Blüten der Strauchmargerite *(Argyranthemum)* zeigen, wie gut Weiß und Gelb harmonieren.

Links: Nicht nur das Auge, auch die Nase sagt »Ja« zu duftenden Rosen, Sternjasmin *(Trachelospermum)*, Lorbeer *(Laurus)* und Sauerklee *(Oxalis)*.

Die grauen Silberwinden *(Convolvulus cneorum)* mausern sich mit ihren überhängenden Trieben im Sommer zu wunderschönen Ampelpflanzen, die sich mit weißen Trichterblüten überziehen. Auch auf einer Säule kommt der silbrig schimmerne Flaum ihrer Blätter, der sie vor Hitze und Trockenheit schützt, gut zur Geltung.

Ein Traum in Weiß

Weiß passt zu allen Farben, doch nicht alle Farben passen zu Weiß. Kombiniert man Weiß mit Rot (siehe Seite 222), geht die ruhige Wirkung des Weißen verloren. Das wesentlich auffälligere, kontrastierende Rot drängt sich in den Vordergrund. Auch eine Mischung mit Orange oder Violett sucht Gegensätzliches miteinander zu verbinden. Anders ist es mit Blau und Gelb. Beide Farben harmonieren mit dem zarten Weiß, vor allem dann, wenn es helle Töne sind. Gelb ist auch in der Natur ein beliebter Begleiter von Weiß. Denken Sie nur an die gelb-weißen Blütenköpfchen der Margeriten oder die vielen weißen Blüten (z. B. Buschwindröschen, Apfelbäume), in deren Mitte gelbe Pollen leuchten.

Besonders edel – aber auch gleichzeitig kühl und distanziert – wirken weiße Kombinationen mit grauem Laub, wie es weißer Lavendel *(Lavandula*, siehe Seite 207), weiße Zistrosen *(Cistus*, siehe Seite 194), Salbei *(Salvia*, siehe Seite 208) oder Silberwinde *(Convolvulus cneorum)* bieten. Wem diese edle Gesellschaft jedoch zu gefühlskalt ist, der streut zwei bis drei Farbtupfer hinein. Denken Sie hierbei nicht nur an bunte Blüten, sondern auch an ausgewählte Accessoires in leuchtenden Farben.

Schöne Terrassen zum Nachpflanzen

(Bild siehe Seite 226/227)

① Strauchrose 'Schneewittchen' *(Rosa)*
② und ⑥ Strauchmargerite *(Argyranthemum frutescens)*
③ Hochstammrose *(Rosa)*
④ Lorbeer *(Laurus nobilis)*
⑤ Sternjasmin *(Trachelospermum jasminoides)*
⑦ Sauerklee *(Oxalis triangularis)*

Weiß und Weiß passt perfekt

Die optimalen Töpfe für weiß blühende Pflanzen sind – Sie ahnen es sicher schon – vanille- oder beigefarben, rein weiß, aber auch grau, lasiert oder naturbelassen. Auf geschützten Terrassen, die der Witterung nicht direkt ausgesetzt sind, sind Pflanzgefäße mit Metall-Verkleidung (Aluminium, Edelstahl, Verzinkung) eine stilvolle Ergänzung. Holzbottiche aus Eiche oder Robinie bringen mit ihrem hellen Ton mehr Bodenständigkeit in die eleganten Arrangements. Dunkle Hölzer wirken gegenüber dem Glanz der weißen Blüten leicht zu düster und bedrohlich. Ebenso nur mit viel Fingerspitzengefühl sind dunkelblaue Töpfe zu verwenden. Ihr Ton sollte mit den verschiedenen Grün-Nuancen des Blattwerks harmonieren, sonst lenken blaue Töpfe zu sehr vom eigentlichen Gestaltungsziel ab.

Für winterharte und einjährige Pflanzen, deren Gefäße man im Frühjahr und Herbst nicht ins Haus tragen muss, eignen sich ferner Modelle aus Naturstein oder Betonguss, die auf Grund ihres Gewichts an Ort und Stelle verbleiben.

Ein schneeweißer Sommer

Wie schon eingangs gesagt, ist es eine der einfacheren Übungen, weiße Sorten zu selektieren. Vor allem bei **einjährigen Balkonblumen** ist die Auswahl deshalb riesengroß. So finden sich bei Leberbalsam *(Ageratum)*, Bartnelke *(Dianthus barbatus)*, Nierembergie *(Nierembergia)* und Eisenkraut *(Verbena)* weiß blühende, niedrige Sorten zum Unterpflanzen. Hohe Schmuckkörbchen *(Cosmos)*, Sommerastern *(Callistephus)*, Marien-Glockenblumen *(Campanula medium)* und Spinnenpflanzen *(Cleome)* sind besondere Hingucker, wenn sie solitär in Töpfen stehen. Von Haus aus auf Weiß eingestellt sind Kapkörbchen *(Dimorphotheca)*, Feinstrahl *(Erigeron karvinskianus)*, Schleierkraut *(Gypsophila elegans)*, Schneeflockenblume *(Sutera)* und Kapmargerite *(Osteospermum)*. Duftsteinrich *(Lobularia)* und Ziertabak *(Nicotiana)* duften herrlich.

Unter den **winterharten Gehölzen** zieren den weißen Topfgarten bereits im April Stern-Magnolien *(Magnolia stellata)* und Felsenbirnen *(Amelanchier ovalis)*, im Mai Maiblumensträucher *(Deutzia gracilis)*, Prunkspieren *(Exochorda macrantha)* und Federbüsche *(Fothergilla)*. Im Juni kommen duftender Gartenjasmin *(Philadelphus*-Hybriden) und im August Strauchkastanien *(Aesculus parviflora)* hinzu.

Diese gemütliche Sitzecke wird abgeschirmt von einer stattlichen Schmucklilie *(Agapanthus)* in der Mitte, einer weißen Schale mit Strauchmargerite *(Argyranthemum)*, Blauem Gänseblümchen *(Brachyscome)* und Salbei *(Salvia)* sowie einem blauen Kasten voller Milchsternen *(Ornithogalum)*.

Weitere weiß blühende Kübelpflanzen

Deutscher Name *(Botanischer Name)*	Höhe	Blütezeit	Bemerkungen	siehe Porträt
Schmucklilie *(Agapanthus)*	bis 80 cm	Mai–Juni	weiße Sorte 'Albus'	Seite 206
Erdbeerbaum *(Arbutus)*	bis 200 cm	August–Sept.	essbare Früchte	Seite 192
Orangenblume *(Choisya)*	bis 150 cm	April–März	weiße Blüten mit Zitrusduft	Seite 241
Zitrus *(Citrus)*	bis 400 cm	je nach Art	essbare Früchte, Duft	Seite 194
Wollmispel *(Eriobotrya)*	bis 500 cm	August–Sept.	essbare Früchte	Seite 274
Jasmin *(Jasminum)*	bis 500 cm (kletternd)	je nach Art	Duft, ebenso: *Trachelospermum*	Seite 242 bzw. 243
Myrte *(Myrtus)*	bis 150 cm	Juni–Juli	weiße Blütenpinsel, Blattduft	Seite 197
Heiliger Bambus *(Nandina)*	bis 200 cm	Sept./März	rote Herbstfärbung	Seite 276
Bleiwurz *(Plumbago)*	bis 250 cm (kletternd)	Juni–August	weiße Sorte 'Alba'	Seite 207
Australischer Rosmarin *(Westringia)*	bis 150 cm	Mai–Oktober	weiße Form	Seite 209

Dem Veilchenstrauch *(Iochroma)* sind hier eine Bougainvillee *(Bougainvillea*, rechts), ein kleiner Oleander *(Nerium*, Mitte) und ein Sternjasmin *(Trachelospemum*, links) zur Seite gestellt.

Auf rosaroten Wolken schweben

Rosafarbene Blüten sind in ihrer Wirkung ähnlich sanft und zurückhaltend wie Weiß, weshalb man beide Farben gerne und häufig miteinander kombiniert. Allerdings reift die Vorliebe für Rosa erst mit den Lebensjahren. Junge Menschen empfinden Rosafarbenes oft als kindisch, kitschig oder als Zeichen von Schwäche. Ältere Menschen verbinden mit Rosa dagegen die Jugend, das Zarte, Niedliche und Kleine. In die Liebe zu Rosa muss man erst hineinwachsen.

Dabei ist Rosa nicht gleich Rosa. Die Palette reicht vom zarten Baby-Rosa, bei dem der weißen Grundierung nur ein Hauch Rot beigemischt ist, bis zum intensiven Pink. In lachsfarbene Blüten mischen sich eine Spur Blau, Schwarz oder Gelb. Dementsprechend lang ist die Liste rosafarbener Blüten. Selbst eine Terrasse ganz in Rosa wird auf diese Weise nie langweilig. Allerdings ist es nicht ganz einfach, einer geschlossenen, rosafarbenen Terassen-Gesellschaft andere Gäste zuzuordnen. Rot kann zu Misstönen führen. Blau widerspricht dem Zarten, Romantischen und

Weitere Kübelpflanzen mit rosafarbenen oder weißen Blüten

Deutscher Name *(Botanischer Name)*	Höhe	Blütezeit	Bemerkungen	siehe Porträt
Bougainvillee *(Bougainvillea)*	bis 800 cm (kletternd)	April–Oktober	rosafarbene und weiße Sorten	Seite 193
Engelstrompete *(Brugmansia)*	bis 200 cm	Juni–Oktober	rosaf. und weiße Sorten, Duft	Seite 240
Zistrose *(Cistus)*	bis 100 cm	Juni–Juli	rosafarbene und weiße Arten	Seite 193
Fuchsie *(Fuchsia)*	bis 200 cm	Mai–Oktober	rosafarbene und weiße Sorten	Seite 251
Hibiskus *(Hibiscus)*	bis 300 cm	April–Oktober	rosafarbene und weiße Sorten	Seite 224
Kreppmyrte *(Lagerstroemia)*	bis 400 cm	Juni–August	rosafarbene und weiße Sorten	Seite 196
Mandevilla *(Mandevilla)*	bis 800 cm (kletternd)	April–Juli	rosafarbene und weiße Arten	Seite 265
Oleander *(Nerium)*	bis 300 cm	Juni–September	rosafarbene und weiße Sorten	Seite 197
Rosa Trompetenwein *(Podranea)*	bis 800 cm (kletternd)	Sept.–Oktober	ebenso: *Pandorea*	Seite 265

Der Oleander ist der unbestrittene König unter den rosafarbenen Blütenpflanzen, denn seine Sorten sind in unzähligen Farbnuancen erhältlich. Den Hofstaat bilden hier gefüllte, buntlaubige Pelargonien *(Pelargonium)*, Strauchmalve *(Lavatera)* und Strauchveronika *(Hebe)*.

wirkt rasch zu kühl. Einfacher tut man sich bei der Gestaltung mit violetten Blütenpartnern. Hierzu zählen z.B. Prinzessinnenblume *(Tibouchina,* siehe Seite 209), Kreuzblume *(Polygala)* oder Veilchenstrauch *(Iochroma,* siehe Seite 207). Ebenfalls gerne unter sich sind Pastelltöne. Mischt man zu Rosa ein wenig Himmelblau oder Hellgelb, bleibt die romantische Atmosphäre erhalten.

Rosarote Begleiter

Zu den rosafarbenen Alleskönnern unter den **einjährigen Sommerblumen** zählen Atlasblumen *(Godetia)*, Petunien *(Petunia*-Hybriden), Begonien *(Begonia*-Hybriden), Levkojen *(Matthiola)*, Fleißige Lieschen *(Impatiens)*, Sommerphlox *(Phlox drummondii)*, Bartnelke *(Dianthus barbatus)*, Sommerastern *(Callistephus)*, Elfensporn *(Diascia)* und Ziertabak *(Nicotiana)*. Es gibt sie auch in rein weißen Sorten.

Bei den **winterharten Gehölzen** im Topf setzen sich auf der Sommerterrasse in erster Linie Hortensien *(Hydrangea,* siehe Seite 251) und Rosen in Szene (siehe ab Seite 253). Doch auch Spiersträucher *(Spiraea)*, Weigelien *(Weigelia)* und kleine Schneeball-Arten *(Viburnum)* zeigen rosa Blütentöne.

TIPP

Eine weiße Terrasse sollte vollkommen sein. Die grüne Patina auf Tontöpfen stört. Um den Belag loszuwerden, bürstet man sie regelmäßig mit Seifenlauge ab. Hartnäckige Flecken lösen sich, wenn man die Töpfe mit Kartoffelschalen einreibt oder einen Tag in Kartoffelwasser einlegt.

Kapmalve

(Anisodontea capensis)

Diese südafrikanischen Sträucher umgeben sich von Frühjahr bis Sommer unermüdlich mit einer Wolke aus rosafarbenen, fein gezeichneten Blüten.

Wuchs: Nur mehrfacher Rückschnitt pro Jahr hindert die überaus wüchsigen Sträucher daran, binnen Jahresfrist über 1 m Trieblänge zuzulegen. Schneiden Sie den neuen Zuwachs zwischen zwei Blütenschüben um zwei Drittel zurück. Der frische Austrieb wird rasch neue Knospen ansetzen. Während das Laub von *A. capensis* (Bild) und *A.* × *hypomadarum* hellgrün ist, trägt *A. malvastroides* Graugrün.

Blüte: Die rosafarbenen Malvenblüten verblassen in der Sonne allmählich.

Standort: Volle Sonne ist willkommen.

Pflege: Wassermangel wird umgehend mit schlappen Blättern angezeigt. Der Bedarf ist sehr hoch. Düngermangel führt zu sehr kleinen Blättern. Reagiert man nicht, verkahlen die Pflanzen. Daher 2 x wöchentlich düngen.

Pflanzenschutz: Weiße Fliege.

Überwinterung: Hell bei 7 (±5) °C. Ein halbdunkler Stand ist ebenso möglich, schwächt jedoch die Pflanzen.

Strauchmargerite

(Argyranthemum frutescens)

Mit ihren unverkennbaren »Spiegelei-Blüten« zählen Strauchmargeriten zu den am weitesten verbreiteten Kübelpflanzen.

Wuchs: Vor allem als Stämmchen sehr beliebt und reich blütig. Tipp: Dünne Stämme an Stäben festbinden.

Blüte: Oft schon im April sind blühende Pflanzen erhältlich. Zu Hause überwinterte Pflanzen beginnen jedoch meist erst ab Juni mit der Blüte, die dann oft bis in den Oktober hinein anhält. Gelbblühende Formen werden den Goldmargeriten *(Euryops)* zuordnet.

Standort: Volle Sonne facht die Blüte erst so richtig an. Stämmchen windgeschützt stellen oder sichern, damit sie nicht umfallen und abbrechen.

Pflege: Die üppigen Kronen brauchen reichlich Wasser – oft 2 x am Tag – und 1 x wöchentlich Dünger.

Pflanzenschutz: Blattläuse, Weiße Fliege und Spinnmilben sind häufig.

Überwinterung: Halten Sie im Winter den Ballen leicht feucht, aber nie trocken! Je heller der Standort ist, desto vitaler bleiben die Pflanzen.

Strauchmalven
(Lavatera)

Diese im Mittelmeerraum weit verbreiteten Dauerblüher verzaubern die Terrasse mit seidig-zarten Malven-Blüten.
Wuchs: Die krautigen, nur langsam verholzenden Triebe erreichen in Kübelkultur selten mehr als 2 m Höhe.
Blüte: Neben Arten wie *L. arborea, L. olbia, L. trimestris* und *L. thuringiaca* sind zahlreiche Sorten wie 'Rosea' (Bild) oder 'Barnsley' entstanden, deren Blütenfarben sich zwischen Dunkel- und Hellrosa sowie Weiß bewegen.
Standort: Sonnig und warm.
Pflege: Bedingt durch den Standort verdunsten die weichen Blätter reichlich Wasser, das bei sonnigem Wetter jeden Tag nachgefüllt werden sollte. Verwenden Sie großzügige Pflanzgefäße und humusreiche, aber durchlässige Erde. 1 x pro Woche düngen.
Pflanzenschutz: Weiße Fliege sind ebenso häufig wie Blattläuse.
Überwinterung: (Halb-)Hell, 7 (±5) °C. Je heller der Standort, desto mehr Blätter bleiben erhalten.
Extra-Tipp: Sorgen Sie mit Stecklingen laufend für Nachwuchs, da Strauchmalven recht kurzlebig sind.

Südseemyrten
(Leptospermum)

Von den über 50 Arten dieser australisch-neuseeländischen Gattung hat sich bislang nur *L. scoparium* (Bild) mit seinen Sorten als Kübelpflanze durchsetzen können. Ebenso attraktive Arten wie *L. rotundifolium* oder *L. lanigerum* warten noch auf ihre Entdeckung.
Wuchs: Die kleinen, zumeist nadelförmigen Blätter erinnern an Heidekraut. Die Triebe stehen von Natur aus dicht, regelmäßiger Schnitt macht sie noch kompakter. Schön sind Stämmchen.
Blüte: Neben zahlreichen rosafarbenen Sorten bietet *L. scoparium* mit 'Red Damask' und 'Ruby Glow' tiefrote, gefüllte Blüten samt rötlichen Blättern, mit 'Leonard Wilson' oder 'Snow Flurry' sogar rein weiße Blüten.
Standort: Vollsonnig und warm.
Pflege: Leider zeigen es die Blätter nicht, wenn sie darben. Man bemerkt den irreparablen Schaden oft erst, wenn die Kronen braun dastehen. Sorgen Sie deshalb im Sommer für eine konstante, aber maßvolle Wasserversorgung und 1 x pro Woche Dünger.
Pflanzenschutz: Häufig Wollläuse.
Überwinterung: Hell bei 7 (±5) °C.

Kletternder Nachtschatten
(Solanum jasminoides 'Alba')

Obwohl man dieses weiß blühende Nachtschattengewächs zumeist wie eine Kletterpflanze an Stützelementen hochleitet, sind die langen Triebe auch bei Hängepflanzen attraktiv.
Wuchs: Die schnellwüchsigen, dünnen und krautigen Triebe verzweigen sich nur spärlich, doch sprießen sie so zahlreich aus dem Wurzelstock hervor, dass sich dichte Pflanzen bilden.
Blüte: Auch wenn sie häufig mit dem Jasmin verglichen werden, sind die Blüten, die den ganzen Sommer in üppiger Fülle erscheinen, ohne Duft.
Standort: Volle Sonne ist besser als Halbschatten, doch auch hier lässt die weiße Blüte nicht spürbar nach.
Pflege: Wie alle Vertreter der Nachtschattengewächse verlangen die Pflanzen reichlich Wasser und 2 x pro Woche Nährstoffe. Im Sommer kann jederzeit ein Rückschnitt erfolgen.
Pflanzenschutz: Blattläuse, Weiße Fliege und Spinnmilben sind lästig.
Überwinterung: (Halb-)Hell, 7 (±5) °C. Leichter Frost wird toleriert. Wurzelausschläge im Frühjahr ersetzen eventuell abgestorbene Triebe.

ZARTE DÜFTE – IMMER DER NASE NACH

Während wir die Blüten mit unseren Augen sehen und mit den Händen ertasten können, ist der Blütenduft etwas subtiles. Er ist unsichtbar und unfassbar. Nicht jeder kann ihn wahrnehmen, denn nicht jeder hat einen guten Riecher. Düfte sprechen nicht unseren Verstand, sondern vor allem unsere Gefühle an. Sie lassen uns aufatmen oder entspannen, wirken erfrischend oder beruhigend.

Deshalb gebühren duftenden Blüten und aromatischen Blättern stets Standorte in direkter Nähe Ihres Lieblings-Sitzplatzes, der Terrassenliege oder der geöffneten Wohnzimmertür. Denn erst wenn man den Blütenduft lange und intensiv einatmet, entfaltet er seine ganze Kraft. Jasmin-Blüten beispielsweise enthalten bis zu 400 verschiedene Inhaltsstoffe, die es zu entdecken gilt.

Oben: Die frisch gepflückten Blüten von Jasmin *(Jasminum)*, Ziertabak *(Nicotiana)* und Vanilleblume *(Heliotropium)* duften in einer Wasserschale viele Stunden.

Links: Duftender Nachtschatten *(Solanum bonariense)*, Engelstrompete *(Brugmansia)* und Stechapfel *(Datura metel)* sind ein ideales Gespann für Duftterrassen, die sie vor allem am Abend in süße Parfümwolken hüllen.

Terrassen, die im Duft schwelgen

So schwer es ist, Düfte zu erfassen, so schwierig ist es auch, sie zu beschreiben. Man bedient sich dabei Vergleichen, die je-

Schöne Terrassen zum Nachpflanzen

(Bild siehe Seite 234/235)

① Pfeifenwinde *(Aristolochia macrophylla)*
② Duftender Nachtschatten *(Solanum bonariense)*
③ Engelstrompete *(Brugmansia*-Hybride)
④ Stechapfel *(Datura metel)*

der kennt. Als »würzig« bis »herb« bezeichnet man zum Beispiel das Aroma von Zistrose *(Cistus*, siehe Seite 194), Rosmarin *(Rosmarinus*, siehe Seite 199), Zypresse *(Cupressus*, siehe Seite 195) und Salbei *(Salvia*, siehe Seite 208, als »scharf« das Aroma von Eukalyptus *(Eucalyptus)*. Der Duft von Pfefferminze *(Mentha × piperita)* ist »kühl«, von Lavendel *(Lavandula*, siehe Seite 207) und Myrte *(Myrtus*, siehe Seite 197) »frisch«.

Die Orientalischen Hybriden zählen zu den besonders intensiv duftenden Lilien (siehe Seite 290).

Von »blumig« spricht man beim Duft von Rosen (siehe Seite 253 ff.) und Lilien (siehe Seite 290), wobei man sie oft auch als »süß« deklariert. Bei Jasmin *(Jasminum*, siehe Seite 242), Duftblüte *(Osmanthus*, siehe Seite 243) und Frangipani *(Plumeria*, siehe Seite 243) kommen Adjektive wie »exotisch« oder »sinnlich«, aber auch »schwer« hinzu.

Der Begriff »fruchtig-frisch« ist wie gemacht für Zitrusfrüchte *(Citrus*, siehe Seite 194). Oft hört man auch die Charakterisierung »lebendig«, »spritzig« oder »aktiv«. Reibt man kräftig an der Schale, wird das unverwechselbare Aroma frei. Noch intensiver ist es, wenn Sie die Schale raspeln. Präparieren Sie jedoch immer nur wenig auf einmal, denn Zitrusöl ist einer der flüchtigsten Duftstoffe. Jede Zitrusfrucht hat eine eigene Zusatznote. So schwingen bei Bitterorange und Bergamotte leicht bittere Töne mit, bei Mandarine und Limette herbe. Das reinste, klarste Zitrus-Aroma hat in jedem Fall die Zitrone.

Zitrus-Blüten fallen dagegen in die Kategorie »blumig-süß«. Am intensivsten duften die Blüten von Mittelmeer-Mandarine *(Citrus deliciosa)*, Grapefruit *(C. paradisi)*, Zitronat-Zitrone *(C. maxima)* und Bitterorange *(C. aurantium)*. Aus den Blüten der Bitterorange wird eines der wertvollsten Öle gewonnen, das Neroli, das Grundlage vieler Parfums ist (z. B. Eau de Cologne) und Spirituosen wie Cointreau und Curaçao verfeinert.

Duft ist reine Gefühlssache

Denselben Duft empfinden verschiedene Menschen anders, mal angenehm oder abstoßend, mal fad oder aufdringlich. Ja selbst der einzelne Mensch kann Pflanzendüfte je nach Stimmungslage unterschiedlich auffassen. Brauchen Sie ein wenig Aufmunterung sollten sie an frischen Zitrusfrüchten schnuppern. Sind sie dagegen vom Tag abgehetzt und suchen nach Ruhe, tut das harzig-herbe Aroma einer Zypresse wohl. Auch mit einem Lavendel-, Salbei- oder Myrtenstrauch in Sitzplatznähe sind Sie gut beraten. Suchen Sie aber nach neuen Ideen, öffnen einige Blätter Eukalyptus oder Rosmarin, die man zwischen den Fingerspitzen zerreibt, den Geist.

Auch zwischen den Geschlechtern gibt es deutliche Unterschiede: Die kraftvolle, klare, frisch-herbe Note von Lorbeerblättern spricht Männer mehr an als Frauen. Diese fühlen sich dagegen eher von blumigen Düften wie Rose (siehe Seite 253 ff.), Iris (*Iris*, siehe Seite 289) oder Narzisse (*Narcissus*, siehe Seite 178) angezogen. Dem Duft von Jasmin sagt man sogar eine erotisierende Wirkung nach.

Dufterlebnisse am Abend

Viele Duftpflanzen für die Terrasse entfalten ihr Parfüm erst am Abend, wenn es sich unter den heißen Strahlen der Sonne weniger schnell verflüchtigt und mehr Insekten anlocken kann. Hierzu zählen der Nachtjasmin (*Cestrum nocturnum*, siehe Seite 241) und die Engelstrompeten (*Brugmansia*, siehe Seite 240), die in ihren Duft je nach Sorte eine Spur Zitrone, Vanille und vieles andere mischen.

Allein schon der weiße Madeira-Jasmin (*Jasminum azoricum*) im Hintergrund würde genügen, um diese Terrasse in eine süße Duftwolke zu hüllen. Doch auch die weiße Duftnessel (*Agastache*) in der Mitte, Duft-Pelargonie (*Perlargonium*) und Lavendel (*Lavandula*, vorn) steuern ihr Parfüm bei, wenn die Sonne ihre Blätter erwärmt. Oleander (hinten links) rundet die Gestaltung ab.

Weniger ist oft mehr

Machen Sie es nicht wie die Parfümeure, die eine Vielzahl von Düften zu immer neuen Akkorden mischen, denn das geht mit den natürlichen Aromen der Pflanzen oft schief. Unangenehme Überkreuzungen wären die Folge. Oder aber einzelne

Da Duftterrassen vor allem abends ihre Reize entfalten, sind Windlichter unverzichtbar, um die Terrasse bis weit in die Nacht hinein genießen zu können.

Ein Traum: Katze Minka hat sich von dem intensiven Ananas-Aroma des roten Ananas-Salbeis *(Salvia elegans* 'Pineapple Scarlet') und dem Vanille-Duft der Vanilleblumen *(Heliotropium)* in ferne Katzenhimmel entführen lassen.

Pflanzen sind so dominant, dass zartere Töne völlig untergehen würden. Gut gelingen dagegen Duftpflanzen-Potpourris mit ähnlichen Noten, die sich gegenseitig verstärken als sich zu übertrumpfen. Besonders gut gelingt dies mit Blattduftpflanzen. Eine Duftecke mit Zitrus *(Citrus*, siehe Seite 194), von der Bergamotte bis zur Zitrone, kann gut von Zitronenstrauch *(Aloysia*, siehe Seite 240), Orangenblume *(Choisya*, siehe Seite 241) und Zitronen-Eukalyptus *(Eucalyptus × citriodora)* ergänzt werden. Ihr Duft wechselt im Tagesverlauf. In der heißen Mittagszeit verdampfen die in den Blättern eingelagerten und für das Parfum verantwortlichen ätherischen Öle besonders reichlich. An kühlen Abenden ist das Dufterlebnis von Blätter im Vergleich zu so mancher Blüte dagegen eher gering.

Zarte oder kräftige Düfte

Jasminblüten duften so intensiv, dass eine einzige blühende Pflanze auf der Terrasse genügt, um bei empfindlichen Menschen Kopfschmerzen zu verursachen. Weit weniger aufdringlich gibt sich dagegen der im Duft sehr ähnliche Sternjasmin *(Trachelospermum*, siehe Seite 243). Während Zitronenstrauch und Ananas-Salbei *(Savia elegans* 'Pineapple Scarlet') ihren Blattduft schon bei seichter Berührung im Vorbeistreichen aktivieren, muss man die Blätter von Eukalyptus, Lorbeer oder Myrte mehrfach brechen, um ihnen den Duft zu entlocken. Auch die Sonne schafft es, indem sie die feinen Inhaltsstoffe verdampft – die einzige Möglichkeit, um den herben Duft der Zistrose wahrzunehmen, die zerrieben nur grasig-grün riechen.

Duft geht durch den Magen

Currykraut *(Helichrysum italicum)* beispielsweise lässt Sie nicht nur tief im Bauch an das letzte Indische Curry denken – man kann die Blätter tatsächlich für selbiges nutzen. Gleiches gilt für den Lorbeer, dessen Blätter man zum Würzen mit kocht, vor dem Servieren aber entfernt. Wahre Multitalente sind die Blätter von Duft-Pelargonien *(Pelargonium*, siehe Seite 242), die klein geschnitten frische Salate verfeinern, und Minzen im Topf. Winterharte Apfel-Minze *(Mentha suaveolens* 'Bowles Variety'), Ananas-Minze *(M. suaveolens* 'Variegata'), Ingwer-Minze *(M. × gentilis* 'Variegata') und Basilikum-Minze *(M. × piperita* var. *citrata* 'Basilika') sind nur ein Vorgeschmack auf das reiche Angebot. Viele Blätter ergeben obendrein leckere Tees.

Pelargonien, umgangssprachlich meist «Geranien« genannt, warten nicht nur mit schmucken Blüten auf. Ihre Blätter duften je nach Art und Sorte in unzähligen Noten von Anis bis Zitrone.

Und noch mehr Duftpflanzen

Neben den auf den Seiten 240 bis 243 vorgestellten **klassischen Kübelpflanzen** duften auch Gelber Oleander *(Thevetia*, siehe Seite 219), Klebsame *(Pittosporum*, siehe Seite 198) Zier-Ingwer *(Hedychium*, siehe Seite 275), Bananenstrauch *(Michelia figo)*, Stechwinde *(Smilax aspera)* oder Mandeville *(Mandevilla*, siehe Seite 264) herrlich.

Bei den **winterharten Sträuchern** machen duftende Schneebälle (z.B. *Viburnum × bodnantense, V. carlesii, V. × burkwoodii)*, Scheinhasel *(Corylopsis pauciflora)*, Schmuck-Mahonien *(Mahonia bealei)* und Stern-Magnolie *(Magnolia stellata)* den Anfang im Frühling. Es folgen Federbusch *(Fothergilla)*, Besen-Ginster *(Cytisus scoparius)*, Flieder *(Syringa*, siehe Seite 183), Gartenjasmin *(Philadelphus*-Hybriden), Gewürzstrauch *(Calycanthus)*, Ölweide *(Elaeagnus)*, Schmetterlingsstrauch *(Buddleja)* und **Kletterpflanzen** wie Jelängerjelieber (*L. caprifolium* und andere Geißblatt-Arten, z.B. *Lonicera heckkrottii, L. periclymenum)*.

Von den **einjährigen Sommerblumen** betören Vanilleblume *(Heliotropium)*, Ziertabak *(Nicotiana)*, Goldlack *(Cheiranthus)*, Duftsteinrich *(Lobularia)* und Levkoje *(Matthiola)* mit intensivem Duft. Bei den **Stauden** tragen einige Taglilien-Sorten *(Hemerocallis*, siehe Seite 289), Primel-Arten (z.B. *Primula florindae, P. veris)* und Veilchen *(Viola odorata)* duftende Blüten.

Zitronenstrauch

(Aloysia triphylla, Syn.: *Lippia citriodora)*

Schon leichte Berührung beim Vorbeistreifen entlockt den rauen Blättern ihr unvergleichlich intensives Zitrus-Aroma, das von keiner Zitrus-Sammlung übertroffen wird.

Wuchs: Die selten mehr als 100 cm hohen, halbimmergrünen Sträucher wachsen recht sparrig. Konsequenter Rückschnitt im Spätwinter und mehrmaliges Entspitzen während des Sommers helfen, die Form zu verbessern.

Blüte: Die kleinen, weißen Blüten erscheinen reichlich im Hochsommer.

Standort: Die Sonne bringt das in den Blattzellen eingelagerte, ätherische Öl zum Verdampfen und erfüllt die Luft mit Zitrusduft. Am besten sind Plätze mit Morgen- und Abendsonne.

Pflege: Zwar verbrauchen die Pflanzen bei Sonnenschein reichlich Wasser, doch sollten sie nie staunass stehen. Verwenden Sie durchlässige Erde. Gedüngt wird 1 x pro Woche.

Pflanzenschutz: An den jungen Triebspitzen sitzen oft Blattläuse.

Überwinterung: (Halb-)Hell, 5 (± 5) °C.

Extra-Tipp: Die überbrühten Blätter ergeben einen erfrischenden Tee.

Engelstrompeten

(Brugmansia-Hybriden)

Engelstrompeten findet man auf der Beliebtheitsskala der Kübelpflanzen unter den Top 10. Schließlich sind Pflanzen mit 400 Blüten in einem Sommer keine Seltenheit. Da sich die Südamerikanerinnen obendrein sehr leicht kreuzen lassen und ihre Sämlinge immer neue Blütenfarben und -formen hervorbringen, lädt die riesige Auswahl zum Sammeln ein. Mehr als 200 Sorten, ergänzt durch mehrere Wildarten, sind hierzulande erhältlich.

Wuchs: Die sommergrünen, giftigen Sträucher wachsen sehr zügig heran und sprengen rasch den Rahmen jedes Pflanzgefäßes und jeder Terrasse, wenn man sie nicht ständig einkürzt. Schneiden Sie jedoch im Herbst vor dem Einwintern oder im Frühjahr vor dem neuen Austrieb nicht zu viel weg. Jeder Trieb sollte mindestens eine Verzweigung behalten, denn oberhalb dieser bilden sich die Blütenknospen. Besonders kompakt und Platz sparend sind Stämmchen.

Blüte: Zwar verströmen alle Engelstrompeten-Blüten einen lieblichen Duft, doch ist er je nach Sorte unterschiedlich intensiv. Besonders viel Parfüm haben Sorten, bei deren Züchtung *B. suaveolens, B. arborea, B. aurea* oder *B. candida* als Elternteile beteiligt waren. In den Abendstunden ist das Aroma am intensivsten, welkende Blüten lassen an Kraft nach. Der Flor zeigt sich je nach Sorte von Mai bis Oktober in Rosa-, Weiß-, Gelb-, Orange- und Lachstönen, selten in Rot. Die Trompeten sind einfach oder gefüllt.

Standort: Da die großen Blätter viel Wasser verdunsten, ist ein Platz mit Morgen- und Abendsonne, der von der Mittagshitze verschont bleibt, am besten. An allzu sonnenarmen Plätzen kann hingegen die Blüte nachlassen.

Pflege: Im Sommer täglich 1 bis 2 x gießen und 2 x pro Woche düngen.

Pflanzenschutz: Neben klassischen Schädlingen wie Blattläusen und Spinnmilben fressen Schnecken, Raupen und Käfer gerne an den Blättern, wobei die Dickmaulrüssler zu den unangenehmsten zählen. Ihre Larven, die in der Topferde leben, nagen an den Wurzeln.

Überwinterung: (Halb-)Hell, 7 (± 5) °C; Erde nur leicht feucht halten.

Extra-Tipp: Engelstrompeten lassen sich recht einfach aus Triebspitzen vermehren, die aus dem verzweigten Kronenbereich stammen. Schon im Wasserglas treiben sie rasch Wurzeln.

Nachtjasmin

(Cestrum nocturnum)

Die zunächst unspektakulären, gelblich-weißen Blütenröhren entpuppen sich als wahre Duftquellen, sobald die Dämmerung einsetzt – genau das Richtige für den Feierabendbalkon.
Wuchs: Wie bei allen Hammerstrauch-Arten ist das Wachstum äußerst rasch und sollte durch regelmäßigen Rückschnitt auch während des Sommers in die richtigen Bahnen gelenkt werden.
Blüte: Die Hauptblüte fällt zumeist in die Monate Juli bis Oktober, bei sehr heller Überwinterung kann sie jedoch auch schon im Frühjahr beginnen.
Standort: Halbschatten bewahrt die weichen Blätter vor allzu starker Verdunstung. Plätze mit Morgen- und Abendsonne sind am besten geeignet.
Pflege: Tägliche Wassergaben während sonniger Wetterphasen im Sommer sind ebenso Pflicht wie Dünger 1 bis 2 x pro Woche.
Pflanzenschutz: Weiße Fliege, Blattläuse und Spinnmilben sind häufig.
Überwinterung: (Halb-)Hell, 10 (± 5) °C; Ballen nicht austrocknen lassen.
Extra-Tipp: Laufendes Ausschneiden welker Blüten regt neue Knospen an.

Orangenblume

(Choisya ternata)

Die weißen Blütendolden verströmen einen zarten Zitrusduft, der sie zu hervorragenden Begleitern für Zitruspflanzen (siehe Seite 194) macht. Die Blätter haben allerdings kein Aroma.
Wuchs: Im Alter können die natürlicherweise gut verzweigten, immergrünen Sträucher 1,5 m Höhe erreichen. Die Sorte 'Aztek Pearl' zeichnet sich durch grazile, schmale Blätter aus.
Blüte: Die etwa vierwöchige Blütezeit fällt in die Frühlings- und Frühsommermonate. Eine schwächere Nachblüte im Spätsommer ist möglich.
Standort: Sonnig bis halbschattig.
Pflege: Wie alle Vertreter der Rautengewächse verabscheuen die Wurzeln Kalk. Gießen Sie nur mit Regenwasser und sehr dosiert, denn Staunässe führt rasch zu schweren Schäden.
Pflanzenschutz: Zuweilen Spinnmilben.
Überwinterung: Hell bei 5 (± 5) °C, verträgt kurzzeitig Frost bis –10 °C.
Extra-Tipp: Eine nahe verwandte Art mit sehr ähnlichem Wuchs ist der wärmebedürftigere **Orangenjasmin** *(Murraya paniculata)*, dessen weiße Blüten noch intensiver duften (12 (± 5) °C).

Gardenie

(Gardenia jasminoides)

Da diese immergrünen Sträucher mit den betörend duftenden, weißen Blüten, keinen Kalk im Boden vertragen, gelten sie gemeinhin als heikle Kübelpflanzen. Gießt man sie jedoch nur mit Regenwasser und düngt sie richtig (siehe »Pflege«), sind sie jahrelange Begleiter, die auf keiner Duftterrasse fehlen sollten.
Wuchs: Auch ohne Schnitt bilden die langsam wüchsigen Chinesinnen knapp über 1 m hohe, sehr dichte Büsche.
Blüte: Die meist gefüllten Blüten stehen im Sommer an den Triebspitzen.
Standort: Ein heller, aber nicht besonnter, luftfeuchter Platz im Schatten lichter Kübelpflanzen ist ideal.
Pflege: Verwenden Sie beim Umtopfen Rhododendronerde und geben Sie zusätzlich zur wöchentlichen Düngung 1 x im Monat Rhododendrondünger. Alternativ kann von März bis September Zitrusdünger 1 x pro Woche verwendet werden. Die Erde gleichmäßig, aber mäßig feucht halten. Trockenheit wie Nässe vermeiden.
Pflanzenschutz: Spinnmilben, Läuse.
Überwinterung: Hell bei 10 (± 5) °C.

KÜBELPFLANZEN

Jasmin

(Jasminum)

Obwohl der Echte Jasmin (*J. officinale*, Bild), dessen Blüten zur Parfümherstellung genutzt werden, am häufigsten ist, warten noch viele weitere als Kübelpflanzen geeignete Jasmin-Arten mit intensiv duftenden Blüten auf.

Wuchs: Bis auf die strauchförmig wachsenden Arten *J. humile* und *J. nitidum* sind alle anderen schnellwüchsige, kletternde Kübelpflanzen.

Blüte: Mit Ausnahme der gelb blühenden Arten *J. humile, J. mesnyi* (kein Duft) und *J. fruticans* tragen alle anderen einschließlich *J. angulare, J. azoricum* und *J. sambac* weiße Blüten. Die Blütezeit liegt im Frühling und Sommer. *J. polyanthum* blüht zumeist erst im Spätwinter (Wintergartenpflanze).

Standort: Vollsonnig ohne Mittagshitze.

Pflege: Die dicht belaubten Pflanzen brauchen viel Wasser, verabscheuen aber Staunässe. Wöchentlich düngen.

Pflanzenschutz: Zuweilen siedeln sich Spinnmilben und Blattläuse an.

Überwinterung: Hell bei 10 (± 5) °C; 12 (± 5) °C für *J. sambac* und *J. polyanthum*. *J. officinale* verträgt bis –8 °C und ist im Winter meist laublos.

Duft-Pelargonien

(Pelargonium)

Duft-Pelargonien liegen voll im Trend. Ihre z.T. mehrfarbigen Blätter sind nicht nur attraktiv geformt, sondern verströmen aus ihren Drüsenhäärchen je nach Sorte Duftnoten, die von »Rose« über »Zitrone« und »Muskat« bis hin zu »Zimt« und »Pfirsich« reichen. Auch Pfefferminz- und Zederndurt kommen vor. Ein breites Sortiment wird von Spezial-Gärtnereien angeboten.

Neben diesen Duft-Wundern haben jedoch auch die klassischen Blüten-Pelargonien bzw. -Geranien nichts an Beliebtheit eingebüßt. Die aufrechten *P.*-Zonale-Hybriden (sie heißen jetzt *P. × hortorum*) und die hängenden *P.*-Peltatum-Hybriden mit ihren unzähligen roten, weißen, rosa- und pinkfarbenen Sorten sind nach wie vor die beliebtesten Balkonblumen.

Wuchs: Die Mehrzahl der Duft-Pelargonien wächst buschig heran, manche mit überhängenden Trieben.

Blüte: Weder Hitze noch Wind kann die robusten Pelargonien, deren Vorfahren aus Südafrika stammen, davon abhalten, den ganzen Sommer zu blühen. Die Blüte der Duft-Pelargonien ist dabei oft weniger üppig als die der Blüten-Geranien, doch dafür von wildhafter Schönheit. Probieren Sie es auch einmal mit *Pelargonium*-Wildarten. Sie halten so manche faszinierende Blütenüberraschung für Ihre Terrasse bereit.

Standort: Volle Sonne ist willkommen.

Pflege: Da die Pflanzen in ihren verdickten Trieben und Blättern Wasser- und Nährstoffvorräte anlegen, können sie Durststrecken gut überdauern. Staunässe sollte dagegen niemals aufkommen, da sie zu Wurzelfäulnis und dem Absterben der langlebigen Pflanzen führt. Verwenden Sie durchlässige, mit Kies oder Blähton vermischte Erde. 14-täglich düngen.

Pflanzenschutz: Pelargonien sind anfällig für diverse Pilz- und Bakterienkrankheiten, Blattläuse und Weiße Fliege.

Überwinterung: Die langlebigen Pflanzen werden hell bei 10 (± 5) °C überwintert. Dunkle Standorte sind ungeeignet. Im Vorfrühling vor dem frischen Austrieb erfolgt ein kräftiger Rückschnitt, damit sie zu einer reichen Neuverzweigung angeregt werden.

Extra-Tipp: Mit den Blättern der Duft-Pelargonien lassen sich Gerichte und Salate hübsch dekorieren, klein geschnitten sind sie eine interessante Würze.

Oben: 'Secret Mimose'. Unten: *P. grandiflorum.*

Duftblüten

(Osmanthus)

Die kleinen, direkt dem Stamm entspringenden Blüten verströmen den lieblichsten, intensivsten und zugleich feinsten Duft aller Kübelpflanzen.
Wuchs: Die mit dunkelgrün-glänzenden, immergrünen Blättern besetzten Triebe stehen in dichten, selten mehr als 2 m hohen Büschen zusammen. Attraktiv sind buntlaubige Sorten. Schnittmaßnahmen sind kaum nötig.
Blüte: Nicht nur die Blüten von *O. fragrans* duften bezaubernd, auch die von *O. delavayi*, *O. armatus*, *O. heterophyllus* (Bild) oder *O. × burkwoodii*. Die weißen, selten gelblichen oder lachsfarbenen Blüten erscheinen bei uns meist im Hochsommer und Herbst.
Standort: Ein sonniger Platz ohne Mittagshitze ist ideal, Halbschatten ist möglich, kann aber die Blüte mindern.
Pflege: Das derbe Laub verdunstet nur wenig Wasser, daher in Maßen oder in größeren Abständen gießen. Staunässe vermeiden. 14-täglich düngen.
Pflanzenschutz: Keine Anfälligkeit.
Überwinterung: Hell bei 7 (± 5) °C, die frosttoleranteste Art ist *O. heterophyllus* (bis –8 °C).

Frangipani

(Plumeria)

Während sich hawaiianische Mädchen aus den lieblich duftenden Blüten Kränze flechten, genügt auf der Terrasse schon eine kleine Pflanze, damit Gäste erstaunt fragen »Was duftet denn hier so fein?«.
Wuchs: Die zunächst unverzweigten, wasserspeichernden Triebe gleichen dicken Zigarren. Sie bilden jeweils an den Enden einen Schopf von Blättern.
Blüte: Obwohl es weltweit über 200 Varietäten von *P. rubra* gibt, ist hierzulande meist nur eine weiß-gelbe Form erhältlich (*P. rubra* f. *acutifolia* 'Singapore White').
Standort: Vollsonnig, regengeschützt.
Pflege: Gießen Sie in größeren Abständen. Kakteenerde und 1 x pro Woche Kakeendünger verwenden.
Pflanzenschutz: Häufig Spinnmilben.
Überwinterung: Hell bei 15 (± 5) °C. Weitgehend trocken halten. Ab April mit dem Austrieb neuer Blätter die Gießmenge langsam erhöhen.
Extra-Tipp: Im Frühling kann man die Triebe stutzen. Das Schnittgut bewurzelt, wenn die Schnittstellen gut antrocknen. Vorsicht: giftiger Milchsaft!

Sternjasmin

(Trachelospermum)

Die Blüten haben die gleiche Duftnote wie der Echte Jasmin, jedoch weit weniger aufdringlich und etwas lieblicher.
Wuchs: Unüblich für eine Kletterpflanze wächst der immergrüne Sternjasmin nur recht langsam heran. Oft muss man sich mit weniger als 30 cm Jahreszuwachs begnügen.
Blüte: Die Blüte dauert etwa 6 bis 8 Wochen während der Sommermonate an. Dabei zeigt *T. jasminoides* (Bild) rein weiße, *T. asiaticum* gelbliche Blüten.
Standort: Ein halbschattiger Platz ist den Schlingern ebenso willkommen wie ein sonniger ohne Mittagshitze.
Pflege: Gießen Sie in Maßen oder in größeren Abständen. Vor allem im Halbschatten verbrauchen die Asiaten nur wenig. Die Erde darf nicht vernässen, kurzzeitiger Wassermangel wird hingegen toleriert. 14-täglich düngen.
Pflanzenschutz: Im Winterquartier zuweilen Läuse und Spinnmilben.
Überwinterung: Hell bei 8 (± 8) °C; frosttolerant bis –10 °C. Bei Winterschutz für Wurzeln und Triebe ist eine Auspflanzung in durchlässigen Boden an geschütztem Standort möglich.

SCHATTEN KANN SO SCHÖN SEIN

Wo Sonne ist, dort ist auch meist Schatten. Doch auch wenn Ihre Terrasse nicht auf der Sonnenseite des Lebens liegt, müssen Sie nicht traurig sein. Denn im Hochsommer, wenn die Sonne unbarmherzig vom Himmel brennt, wird Sie sogar so mancher darum beneiden, der sich vor ihr in die kühlen Wohnräume verkriechen oder aufwändige Beschattungseinrichtungen installieren muss. Sie dagegen können gemütlich auf der Terrasse Platz nehmen, ohne dass die Buchseiten beim Lesen gleißend blenden und sich die Limonade im Nu auf pappsüße 30 °C erhitzt. Lernen Sie die Sonnenseiten des Schatten-Gärtnerns kennen und nutzen Sie die Vielfalt der Möglichkeiten aus!

Oben: Mit ihren weißen oder violetten Blütentrauben geizen Funkien *(Hosta)* auch im Schatten nicht.

Links: Fuchsien gibt es in einer solchen Sortenfülle, dass schon so manchen Terrassengärtner der Sammelleidenschaft verfallen ist.

Schatten ist nicht gleich Schatten

Der Begriff »**Schattenpflanzen**« führt oft zu Verwirrungen, da der Unterschied zwischen »Licht« und »Sonne« nicht klar ist. Grundsätzlich gilt: Jede Pflanze braucht Licht, längst nicht jede **direkte Sonne**. Denn ungefilterte Sonnenstrahlen bringen nicht nur Licht verschiedenster Wellenlängen, sondern auch Wärme und Hitze mit sich, die zu hohen und raschen Wasserverlusten der Pflanzen führen. Ebenso enthält direkte Sonneneinstrahlung für die Pflanzenzellen schädliches UV-Licht, das wie bei unserer menschlichen Haut zu regelrechtem Sonnenbrand und braunen Blattflecken führen kann. Pflanzen, die aus dem Unterholz von Wäldern stammen, haben in ihrer Entwicklung keinen Schutz gegen diesen Sonnenbrand entwickelt, da die überschirmenden Bäume wie ein natürlicher Filter wirken. Gleiches gilt für Ihren Balkon oder Ihre Terrasse. Sind sie von Bäumen beschattet, herrschen ideale Lichtverhältnisse. Durch die Kronen dringen genug Lichtstrahlen durch, gleichzeitig werden aber Wärme- und UV-Strahlen abgefangen.

Anders ist es mit dem undurchdringlichen **Schatten** von Gebäuden. Zwar überleben viele Pflanzen im Schatten – doch fehlt ihnen hier die Kraft und der Anreiz zu blühen. Im **Halbschatten** dagegen fühlt sich bereits eine Vielzahl wunderschön blühender Kübelpflanzen wohl. In wechselsonnigen Lagen heisst es aufpassen. Stellen Sie fest, dass sehr zarte, weiche Blätter oder Blüten der Hitze in den sonnigen Stunden

Weiße Möbel bringen Licht in halbschattige Terrassen, auf der das bunte Laub der Funkie *(Hosta*, rechts) die Blicke ebenso auf sich zieht wie das Fuchsien-Stämmchen *(Fuchsia*, Mitte) mit seinen unzähligen Blütenröckchen und die weiße Blütenkaskade der Schneeflockenblume *(Sutera)* auf der Säule.

nicht gewachsen sind, und zu welken beginnen oder Verbrennungen zeigen, sorgt ein Sonnenschirm für stundenweisen Schatten. Scheuen Sie sich also nicht davor, »im Schatten für Schatten« zu sorgen, wenn die Blütenröckchen der Fuchsien oder die Blütenbälle der Hortensien, der beiden Königinnen im sonnenarmen Terrassengarten, fleckig werden!

Neben den in leuchtenden Rosatönen blühenden Astilben *(Astilbe,* links) und dem prachtvollen Fuchsien-Stämmchen im Hintergrund *(Fuchsia)* zieht hier das tiefrote, grün umrandete bzw. dunkelgrüne, gelb umrandete Laub der beiden Buntnesseln *(Solenostemon)* die Blicke auf sich. Rosafarbene Hortensienblüten und ein Buchskegel begleiten das Ensemble.

Licht in den Schatten bringen

Schattenterrassen müssen keineswegs düster und kühl wirken. Für Helligkeit sorgen weiße Elemente. Schon der Bodenbelag für Ihre Schattenterrasse sollte aus hellem Material wie Kies, Betonstein oder Granit gewählt sein, der zu funkeln beginnt, wenn ihn ein Lichtstrahl trifft. Eingestreute Mosaiken aus glänzenden Fliesenstücken sorgen für Zusatz-Effekte, die keine Sonne brauchen, um aufzufallen. Bei den Sitzgarnituren sind weiß lackierte Modelle erste Wahl. Sind sie aus Holz, ist das Sitzen selbst im Schatten nicht zu kühl. Bei gusseisernen Modellen greift man besser zu Sitzkissen. Auch silberfarbene Möbel aus Aluminium bringen mit ihren Reflektionen Licht in den Schatten. Helle Tonwaren, wie sie in Vorderasien und Nordafrika hergestellt werden, machen bei den Gefäßen das Rennen.

Mit allen Sinnen genießen

Was der Schatten an Leuchtkraft fürs Auge vermissen lässt, macht er mit anderen Qualitäten wett. Die feuchte Kühle tut unserer Haut wohl, um sich von der stechenden Sonne zu erholen. Zahlreiche Duftpflanzen (siehe Seite 240 ff.) fühlen sich im Halbschatten wohl und sprechen unseren Geruchssinn an. Schließen Sie die Augen und hören Sie dem Rauschen der Blätter zu. Ein Klangspiel, dessen Röhren von einem Klöppel angeschlagen werden, der sich im Wind bewegt, helfen Ihnen, sich vollkommen zu entspannen. Auch ein Wasserspiel, das die frische Kühle des Schattens unterstützt, sorgt für eine beruhigende Atmosphäre.

Vereinfachte Pflege

Die Pflanzenpflege im Halbschatten ist um ein Vielfaches leichter als in der Sonne. Die Blätter verdunsten weit weniger Wasser und die Erde trocknet nicht so schnell aus. Ist die Erde schon mittags trocknen, gießen Sie einfach nach. Auf Sonnenterrassen wäre dies unmöglich. Denn hier muss man zum Gießen die Morgen- und Abendstunden nutzen. Tagsüber sind die Töpfe und

Wurzeln zu stark aufgeheizt und es kann zu Kälteschocks durch das kältere Gießwasser kommen.

Auch die Schädlingsbekämpfung ist auf weniger sonnenverwöhnten Terrassen jederzeit möglich. Da viele Pflanzenschutzmittel ölhaltig sind, dürfen die Blätter nach der Behandlung ein bis zwei Tage lang nicht von der Sonne beschienen werden, da es sonst zu Verbrennungen kommt. Auf sonnenarmen Terrassen ist das kein Thema. Hier kann man jederzeit mit der Schädlingsbekämpfung beginnen und muss nicht auf die nächste Schlechtwetterfront warten.

Was für den einen ein Vorteil schattiger Terrassen ist, mag ein anderer vielleicht als Nachteil ansehen: die Pflanzgefäße setzen schneller Patina an. Kleinste Algen und Moospolster lassen sich nieder und überziehen Tonfiguren und Töpfe mit einem grünen Pelz. Die Patina nimmt ihnen den Glanz des Neuen, sorgt aber gleichzeitig für mehr Geborgenheit. Sie vermittelt das Gefühl einer »eingewachsenen« Terrasse, auf der schon Generationen gelebt haben. Wer dieses Antike liebt, lässt den grünen Überzug gewähren. Wer ihn nicht gerne sieht, bürstet seine Töpfe einmal im Jahr ab (siehe Tipp Seite 231). Gegen rutschige Holzbohlen auf der Terrasse hilft eine Salzkur. Streuen Sie dazu im Frühjahr haushaltsübliches Kochsalz auf das feuchte Material und lassen Sie es einige Tage einwirken. Falls es nicht regnet, mit Wasser abspülen. Das Salzwasser darf jedoch nicht in angrenzende Beete rinnen. Bei Stein- und Betonböden hilft der Druckstrahler nach.

Die Farbe der Hortensienblüten hängt vom Säuregrad der Erde (pH 4–4,5) und der Verfügbarkeit von Aluminium ab. Denn nur mit Hilfe von Aluminium können rosafarbene Sorten blaue, rote Sorten violette Blüten hervorbringen. Stimmen die Bodenbedingungen nicht, fallen »blaue« Hortensien in ihre Ursprungsfarben zurück. Weißen Sorten fehlt die Fähigkeit zu blauen Blüten völlig.

Im Reich des Schattens

Wahre Meister des Schattens unter den Stauden sind neben den Astilben *(Astilbe*, siehe Seite 286) und Funkien *(Hosta*, siehe Seite 289) winterharte Farne. Leider schenkt man ihnen im Garten wie auf der Terrasse nur wenig Beachtung. Dabei sind die Wedel filigrane Kunstwerke, die nicht erst ein Tautropfen zum Glitzern bringt. Schon der Wind dreht sie so zum Licht, dass sie funkeln. Im Frühjahr beginnen sie ihren Auftritt mit kunstvoll eingerollten Blättern, die an Zauberstäbe erinnern. Tag für Tag rollen sie sich ein Stück weiter auf, bis die Wedel voll entfaltet sind. Damit sich der robuste Wurmfarn *(Dryopteris filix-mas)*, der stattliche Königsfarn *(Osmunda regalis)*, der gewellte Hirschzungenfarn *(Phyllitis scolopendrium)* oder der Glänzen-

Ein Blütenschauspiel, das den Mangel an Sonne sofort vergessen lässt, bieten diese Hortensien *(Hydrangea).* Die Mitte beherrscht die Sorte 'Blaumeise'. Sie wird überragt von einem Schneeball-Stämmchen *(Viburnum opulus* 'Sterile'). An der Wand präsentiert 'Adriana' ihrer lilafarbenen Blüten, rechts Hortensie 'San Remo'.

de Schildfarn *(Polystichum aculeatum)* im Topfgarten wohl fühlen, sind eine lockere, humose, saure Erde und große Pflanzgefäße wichtig. Denn umtopfen sollte man so selten wie möglich. Mit Rhododendronerde und -dünger hält man die sauren Bedingungen aufrecht.

Noch mehr Schattengäste

Neben den Hortensien, die mit immer neuen Züchtungen aufwarten und zu den schönsten Blütenpflanzen für halbschattige Terrassen zählen, sind weitere, **winterharte Gehölze** empfehlenswert. Im Frühlingstopfgarten sind dies Winter-Jasmin *(Jasminum nudiflorum)*, Schmuck-Mahonie *(Mahonia bealei)*, Zaubernuss *(Hamamelis)*, Schneebälle *(Viburnum)* und Felsenbirnen *(Amelanchier)*. Im Sommer folgen Strauch-Kastanie *(Aesculus parviflora)*, Liebesperlenstrauch *(Callicarpa)*, Gewürzstrauch *(Calycanthus)*, Spiersträucher *(Spiraea)* und Weigelien *(Weigela)*, bei den Kletterpflanzen Jelängerjelieber *(Lonicera)*. Bunte Blätter für den Halbschatten tragen die auf Seite 222 genannten, rotblättrigen Arten bei, immergrüne der Buchs *(Buxus)*. Skimmie *(Skimmia)*, Berglorbeer *(Kalmia)* und Schattenglöckchen *(Pieris)* zeigen neben immergrünen Blättern rosafarbene und weiße Frühjahrsblüten.

Setzen Sie bei der Wahl **einjähriger Sommerblumen** als Begleiter auf weiße und rosafarbene Blüten wie sie Begonien *(Begonia)*, Fleißiges Lieschen *(Impatiens)* oder Vergissmeinnicht *(Myosotis sylvatica* 'Weiße Kugel') bieten. Weißbunte Blätter wie die von Gundelrebe *(Glechoma hederacea* 'Variegata'), Mottenkönig *(Plectranthus forsteri* bzw. *coleoides)* oder Taubnessel *(Lamium maculatum* 'White Nancy') gesellen sich dazu.

Weiße Hortensien *(Hydrangea)* wie die Sorten 'Schneeball' und 'Libelle' lassen Ihre Terrasse ebenso erstrahlen wie der Gemeine Schneeball *(Viburnum opulus)*. Eine Strauchveronika *(Hebe)* ergänzt das Ensemble mit violettblauen Blüten und gelbbuntem Blattschmuck.

Für Schonmalven *(Abutilon)* ist eine halbschattige bis wechselsonnige Terrasse ideal. Hier bleiben ihre weichen, empfindlichen Blätter saftig-grün und laufen nicht Gefahr, in der Sonne zu verbrennen. Die Blütenglocken öffnen sich unermüdlich von Frühling bis Herbst.

Pflücken Sie jeden Tag einige der in Hülle und Fülle erscheinenden Fuchsienblüten, um damit dekorative Wasserschalen zu schmücken. Übersprüht man die Blüten mit Zuckerwasser, kann es sein, dass sich sogar Schmetterlinge oder andere Insekten niederlassen, um davon zu naschen.

Weitere Kübelpflanzen für den Halbschatten:

- Aukube (*Aucuba*; siehe Seite 272)
- Bambus (siehe Seite 274)
- Blauflügelchen (*Clerodendrum*, siehe Seite 206)
- Duftblüte (*Osmanthus*; siehe Seite 243)
- Eisenholzbaum (*Metrosideros*, siehe Seite 225)
- Engelstrompete (*Brugmansia*, siehe Seite 240)
- Heiliger Bambus (*Nandina*, siehe Seite 276)
- Himmelsblume (*Thunbergia*, siehe Seite 267)
- Ionischer Liguster (*Ligustrum*, Seite 279)
- Kirschmyrte (*Syzygium*)
- Klebsame (*Pittosporum*, siehe Seite 198)
- Lorbeer (*Laurus*, siehe Seite 196)
- Mittelmeerschneeball (*Viburnum*)
- Myrte (*Myrtus*, siehe Seite 197)
- Natalpflaume (*Carissa*)
- Orangenblume (*Choisya*, siehe Seite 241)
- Palisanderbaum (*Jacaranda*, siehe Seite 275)
- Schönmalve (*Abutilon*, siehe Seite 215)
- Seidenbaum (*Albizia*)
- Sternjasmin (*Trachelospermum*, siehe Seite 243)
- Weißdolde (*Rhaphiolepis*)
- Wollmispel (*Eriobotrya*, siehe Seite 274)
- Zitronenstrauch (*Alyosia*, siehe Seite 240)

KÜBELPFLANZEN FÜR SCHATTEN-TERRASSEN

Buntnessel

(Solenostemon scutellarioides,
Syn.: *Coleus*-Blumei-Hybriden)

Der Zierwert dieser Tropenpflanzen, die derzeit eine Renaissance erleben, rührt von den vielfarbigen, leuchtend bunten Blättern her. Sie werden meist ohne Sortennamen im Zimmerpflanzen-Sortiment angeboten.

Wuchs: Damit die buschigen Halbsträucher auf Dauer kompakt bleiben, kneift man die Triebspitzen im Sommer immer wieder mit den Fingerspitzen ab oder kappt sie mit der Schere, damit sie sich neu verzweigen.

Blüte: Die Blüten sind unscheinbar.

Standort: Die zarten Blätter würden bei direkter Sonneneinstrahlung verbrennen oder welken. Sie kommen daher im Halbschatten besser zurecht.

Pflege: Die Erde mit Regenwasser stets feucht halten und während der Wachstumszeit wöchentlich düngen.

Pflanzenschutz: Blattläuse möglich.

Überwinterung: Hell bei 15 (± 5) °C, auch auf der Fensterbank möglich. Da Temperaturen unter 5 °C nicht vertragen werden, frühzeitig einräumen.

Extra-Tipp: Die beim Rückschnitt anfallenden Triebspitzen bewurzeln sehr rasch in Wasser oder in Erde.

Fuchsien

(Fuchsia-Hybriden)

Mit ihren bunten Blütenröckchen blühen sich die über 10 000 Fuchsien-Sorten jedes Jahr in unsere Herzen.

Wuchs: Die sommergrünen Büsche werden gerne als Stämmchen gezogen. Im Frühjahr vor dem frischen Austrieb kürzt man die Kronen ein, damit sie klein und kompakt bleiben. Zusätzlich werden die Triebe von März bis Mai des öfteren entspitzt. Danach gibt man den Blütenknospen Zeit, sich an den Triebenden zu bilden.

Blüte: Vorherrschende Blütenfarben sind Violett, Pink, Rot, Rosa und Weiß. Die Blüte dauert den ganzen Sommer.

Standort: Fuchsien gelten als klassiche »Schattenpflanzen«. Doch ohne Sonne kommen auch sie nicht aus. Ein Platz mit Morgen- und Abendsonne ist ideal (Ost-/Westterrassen).

Pflege: Die Bodenfeuchte sollte auf niedrigem Niveau konstant sein. Sprühen erhöht die Luftfeuchte. 1 x pro Woche düngen.

Pflanzenschutz: Neben Weißer Fliege und Blattläusen Grauschimmelbefall.

Überwinterung: Dunkel bei 10 (± 2) °C. *F. magellanica* verträgt leichten Frost.

Hortensien

(Hydrangea)

Als Kübelpflanze spielt die Garten-Hortensie *(H. macrophylla)* mit ihren etwa 20 Sorten die größte Rolle.

Wuchs: Die sommergrünen Sträucher erreichen im Kübel 1,5 bis 2 m Höhe.

Blüte: Die zu Dolden, Tellern oder Rispen zusammengefassten Kelchblätter sind rosa, rot, weiß oder blau gefärbt. Für die Blaufärbung ist saure, aluminiumhaltige Erde notwendig. Aluminiumsulfat ist als Dünger erhältlich.

Standort: Wechselsonnig, luftfeucht, kühl, nach der Blüte auch sonniger.

Pflege: Die Erde sollte stets leicht feucht sein, was im Hochsommer nur mit täglichem Gießen zu erreichen ist. Gedüngt wird 1 x pro Woche. Nach der Blüte schneidet man die abgeblühten Triebteile kräftig zurück, da nur die neuen Triebe im Folgejahr blühen.

Pflanzenschutz: Diverse saugende Schädlinge und Pilzkrankheiten.

Überwinterung: Draußen oder hell bei 0 (± 5) °C. Pflanzgefäße gut isolieren und auf Füße stellen. Vorsicht: Im Frühjahr angebotene, blühende Pflanzen stammen aus dem Glashaus und sind zunächst keine Kälte gewohnt.

ROSIGE ZEITEN AUF DER TERRASSE

Ein Garten ohne Rosen? Undenkbar! Und auch als Terrassengärtner sollte man nicht auf die »Königin der Blumen« verzichten. Unter den Zwergrosen, Hochstamm- und Kletterrosen, aber auch unter den Bodendecker-, Beet- und Strauchrosen finden sich bewährte Sorten für die Topfkultur. Achten Sie auf robuste Sorten, die nicht anfällig für Krankheiten sind. Wichtig ist, dass Sie allen geräumige und vor allem tiefe Pflanzgefäße bieten. Im Fachhandel sind hierfür extra hohe Rosentöpfe erhältlich. Ebenso sollten Sie auf die richtige Erde achten. Rosen lieben lehmhaltige Erde, die reichlich Wasser und Nährstoffe speichert, aber gleichzeitig locker und durchlässig ist. Eine gute Mischung für Kübelrosen ist je ein Drittel lehmiger Gartenboden, Kübelpflanzenerde und Sand. Platzieren Sie Ihre Schätze sonnig, aber setzen Sie sie nicht der Hitze aus.

Oben: Die Fülle an Blüten ist auch bei Topfrosen so groß, dass man ruhig einige abschneiden und zu blumigen Tischdekorationen arrangieren kann.

Links: Während der heißen Mittagsstunden ist selbst den sonnenliebenden Rosen der leichte Schatten eines Schirms willkommen. Nehmen Sie Platz und genießen Sie den Duft.

Links: Die öfterblühenden Strauchrosen 'Schneewittchen' und 'Prosperity' finden sich hier mit einem Farn zu einem Set zusammen, wie es Engländer lieben würden.

Rechts: Bauchige Obelisken aus Metall geben höheren Topf-Rosen Halt. Verankern Sie die Kletterhilfen in schweren Töpfen mit breiter Basis, damit sie auch bei Wind nicht umfallen.

Bodendecker-, Strauch- und Beetrosen für Töpfe und Kübel

Sorte, Blüte	Höhe	Blüte	Rosenklasse
'Bischofsstadt Paderborn', orange-rot	bis 150 cm	öfter blühend	Strauchrose; sehr robust
'Duftwolke', rot	bis 70 cm	lang blühend	Beetrose (Teehybride), stark duftend; buschig
'Friesia', gelb	bis 60 cm	einmal blühend	Beetrose (Floribunda-Rose), buschiger Wuchs
'Heideröslein Nozomi', rosa	bis 30 cm	einmal blühend	Bodendeckerrose, lange Blüte; leichter Duft
'Heideschnee', weiß	bis 70 cm	öfter blühend	Bodendeckerrose, leichter Duft
'IGA '83 München', rosa	bis 80 cm	lang blühend	Beetrose (Floribunda-Rose), sehr robust
'Lavender Dream', rosa	bis 70 cm	öfter blühend	Bodendeckerrose, intensiver Duft
'Marlena', rot-orange	bis 40 cm	lang blühend	Beetrose (Floribunda-Rose), buschiger Wuchs
'Mirato', rosa	bis 60 cm	öfter blühend	Bodendeckerrose, buschiger Wuchs
'Meidiland'-Serie, weiß, rosa, rot	bis 80 cm	öfter blühend	Bodendeckerrose, diverse Züchtungen
'Muttertag', rot	bis 30 cm	reich blühend	Beetrose (Polyantha-Hybride), buschiger Wuchs
'Rebecca', gelb-rot	bis 80 cm	reich blühend	Beetrose (Teehybride), buschiger Wuchs
'Rosarium Uetersen', rosa	bis 200 cm	öfter blühend	Strauch- bis Kletterrose, für Kaskaden-Hochstämm
'Schneewittchen', weiß	bis 150 cm	öfter blühend	Strauchrose, starker Duft, für Hochstamm-Rosen
'Sissinghurst Castle', rot	bis 90 cm	einmal blühend	Strauchrose, Duft
'The Fairy', rosa	bis 70 cm	öfter blühend	Bodendeckerrose, sehr robust
'Wildfang', rosa	bis 60 cm	reich blühend	Bodendeckerrose, sehr robust, wintergrün
'Westerland', gelb-orange	bis 200 cm	öfter blühend	Strauch- bis Kletterrose, braucht Platz

Rosenblüten für jede Gelegenheit

Von ganz klein bis ganz groß reicht die Palette der Rosensorten, die sich für die Kübelkultur eignen. Die kleinsten sind die Zwerg- oder Minirosen, die größten die Kletterrosen mit bis zu drei Metern Höhe.

Zwergrosen

Mit weniger als 40 cm Höhe haben die duftlosen Zwergrosen keinen großen Platzbedarf und lassen sich in normal dimensionierten Töpfen und Kästen einzeln oder in Gruppen pflanzen. Zu den rot blühenden Sorten zählen 'Maidy', 'Scarletta', 'Starina', 'Vatertag' oder 'Zwergkönig '78', zu den orangeroten 'Orange Meillandina', 'Clementine' oder 'Zwergenfee'. Rosa erblühen 'Amulett', 'Pink Symphonie' oder 'Zwergkönigin '82', gelb 'Baby Maskerade', 'Goldjuwel', 'Guletta' oder 'Sonnenkind'. Die weiße Fahne zeigen 'White Gem' oder 'Schneeweißchen' (weitere Sorten siehe Bildreihe rechts).

Hochstammrosen

Keine andere Rosenform bietet auf der Terrasse so viele Vorteile wie die Stämmchen.

Oben: Die Minirosen 'Amber', 'Goldy' und 'Champagner' zeigen attraktive Gelb-Tönungen.

Mitte: Der Sorte 'Anabell' sind hier zwei 'Rebell'-Rosen zur Seite gestellt.

Unten: 'Ballett Kordana' (Zwergrose) und Schleierkraut *(Gypsophila)* passen wunderschön zusammen.

Diese Szenerie beherrschen im Hintergrund zwei üppig blühende Hochstammrosen. Von Hochstämmchen spricht man bei einer Veredlungshöhe von etwa 90 cm, von Halbstämmchen bei etwa 60 cm, von Fußstämmchen bei etwa 40 cm Stammhöhe. Bei Trauerstämmen (Veredlungen mit Kletterrosen) liegt die Veredlungshöhe meist bei 140 cm. Als Rosenbegleiter konkurrieren Waldrebe *(Clematis)*, Salbei *(Salvia)*, Rittersporn *(Delphinium)* und Hornveilchen *(Viola cornuta*, im Topf vorne) um die besten Plätze.

Begleit- oder Unterpflanzung: der Hofstaat für Kübelrosen

Deutscher Name *(Botanischer Name)*, Blüte	Höhe	Blütezeit	Bemerkungen	siehe Porträt
Frauenmantel *(Alchemilla mollis)*, gelb	bis 40 cm	Juni–Juli	hübsches, weich behaartes Laub	
Schleierkraut *(Gypsophila repens)*, weiß	bis 20 cm	Mai–Juni	Blütenwolken; überhängend	
Rittersporn *(Delphinium*-Hybriden), blau, weiß, rosa	bis 120 cm	Juni–September	blüht bei Rückschnitt nach	
Glockenblume *(Campanula)*, blau, weiß, rosa	bis 100 cm	Juni–August	Vielzahl kleiner und großer Arten	Seite 286
Vanilleblume *(Heliotropium arborescens)*, violett	bis 40 cm	Mai–September	einjährig; intensiver Duft	
Eisenkraut *(Verbena bonariensis)*, vielfältig	bis 30 cm	Juni–Oktober	einjährig; verlangt Sonne	
Lilie *(Lilium)*, vielfältig	bis 200 cm	Juli–August	große Sorten-Auswahl	Seite 290
Salbei *(Salvia)*, blau, violett, weiß	bis 100 cm	Juni–Juli	aromatische Blätter	Seite 208
Phlox *(Phlox)*, vielfältig	bis 100 cm	Juni–August	große Sorten-Auswahl	Seite 291
Herbst-Anemone *(Anemone hupehensis)*, rosa, weiß	bis 100 cm	August–Sept.	Halbschatten erforderlich	
Mädchenauge *(Coreopsis)*, gelb	bis 60 cm	Juni–August	nach 3 bis 4 Jahren teilen	Seite 287
Hohe Bart-Iris (*Iris*-Barbata-Elatior-Hybriden), vielfältig	bis 100 cm	Juni–August	große Sorten-Auswahl	Seite 289
Storchschnabel *(Geranium dalmaticum)*, rosa	bis 20 cm	Juni–Juli	Herbstfärbung	
Kissen-Aster *(Aster dumosus)*, vielfältig	bis 60 cm	Juli–September	besonders späte Blütezeit	
Duftsteinrich *(Lobularia maritima)*, weiß, rosa	bis 10 cm	Mai–Oktober	einjährig, intensiver Duft	
Gräser, z. B. Reitgras *(Calamagrostis × acutiflora)*	bis 100 cm	Juni–Juli	großzügige Pflanzgefäße	Seite 310 f.

Vor allem Hochstämmchen heben die Blüten mit ihrem Duft genau in Augen- und Nasenhöhe und brauchen dabei mit ihren Kugelkronen, die man mit regelmäßigem Schnitt in Form hält, kaum Platz.

Für Rosen-Stämmchen werden diverse Rosensorten auf den Trieb einer Wildrose veredelt. Diese Rosen können aus allen Klassen stammen. Veredelungen mit Kletterrosen bezeichnet man wegen ihrer überhängenden Kronen oft als Trauer- oder Kaskaden-Hochstämmchen. Besonders schön ist es, wenn die gewählten Sorten obendrein herrlich duften, wie 'Mildred Scheel' (Beetrose, rot), 'Schneewittchen' (Strauchrose, weiß), oder 'Ilse Krohn Superior' (Kletterrose, weiß).

Kletterrosen

Für diese Rosen braucht man Platz. Geben Sie den stark wüchsigen Pflanzen von Anfang an große Pflanzgefäße und hohe Kletterhilfen (z. B. Pergola), an denen man sie nach oben leiten und festbinden kann. Verwenden Sie vor allem so genannte Climber-Kletterrosen, die biegsamere und reicher verzweigte Triebe bilden als die Rambler. Zu den empfehlenswerten, öfter blühenden, duftenden Climbern zählen in Rosa 'Clair Matin', 'Coral Dawn' 'Ramira', 'Morning Jewel' oder 'Lawinia', in Gelb 'Goldener Olymp' oder 'Golden Shower', in Weiß 'Ilse Krohn Superior' und 'New Dawn'. Zu den rot blühenden Kletterrosen zählen 'Dortmund', 'Parkdirektor Riggers', 'Santana' oder 'Sympathie'.

Mit weniger als 80 cm Wuchshöhe schmückt sich die Beetrose 'Bonica '82' mit einer Vielzahl rosafarbener Blüten, die in dichten Büscheln zusammenstehen. Was ihre Blüten an Duft vermissen lassen, macht der Lavendel daneben wieder wett. 'Bonica '82' zählt zu den **ADR-Rosen**. Dieses Prädikat wird nur an Züchtungen vergeben, die sich in der Allgemeine Deutsche Rosenneuheitenprüfung bewähren konnten. Prüfkriterien sind unter anderem ihre Widerstandsfähigkeit und Blühwilligkeit.

Staudige Begleiter

Wie im Garten gehört es sich auch für Topfrosen, dass man Ihnen einen Hofstaat passender Begleitpflanzen zur Seite stellt (siehe Tabelle links).

Niedrige und hohe Glockenblumen *(Campanula)* stellen gemeinsam mit den weichen Blütendolden des Halskrauts *(Trachelium)* und den filigranen Trieben der Blauraute *(Perovskia)* eine blaue Eskorte für die kleine Beetrose.

BLICKDICHT: BLÜHENDE WÄNDE

So gelungen eine Terrasse auch gestaltet sein mag: Sie wird nie perfekt, wenn man sich ständig beobachtet fühlt. Spüren Sie fremde Blicke auf sich, will einfach keine Geborgenheit und Gemütlichkeit aufkommen. Das probateste Mittel gegen solcherlei unerwünschte Ein- und Ausblicke sind Kletterpflanzen. Außer dichten, grünen Wänden bieten sie uns schöne Blüten und zarte Düfte. Deshalb sollte man sie nicht nur einsetzen, wenn es erforderlich ist, sondern auch als Schmuckelemente. Geben Sie Ihrer Terrasse einen blühenden Rahmen oder setzen Sie berankte Obelisken als Blickfänge ein: Für Kletterpflanzen ist immer Platz, denn sie brauchen davon nicht viel.

Oben: Thunbergie, Prunkwinde und Maurandie (hinten, von links). Vanilleblume (vorn links) und Wandelröschen (rechts) laden zur Teestunde ein.

Links: Selbst in kleinen Gärten ermöglicht ein Sichtschutz mit Kletterpflanzen ungestörtes Lesevergnügen.

Mandevillen *(Mandevilla)* zählen zu den absoluten Dauerblühern im Klettergarten. Ihre ausgesprochen schnellwüchsigen Triebe schmücken sich den ganzen Sommer hindurch mit großen roten, rosafarbenen oder weißen Trichterblüten.

Klettergarten im Topf

Kletterpflanzen streben von klein auf dem Himmel entgegen und beanspruchen, an einem Gerüst gezogen, weniger als 30 cm Tiefe. Dafür gehen sie immer mehr in die Breite und weben auf diese Weise dichte Teppiche. Achten Sie bei der Wahl der Klettergerüste deshalb auf Stabilität, denn mit den Jahren können diese Teppiche ein beachtliches Gewicht erreichen. Bei Wind bieten sie den Böen breite Angriffsflächen und erfordern feste Verankerungen.

Wichtig: Eine gute Erziehung

Wenn man nicht aufpasst, stiften wüchsige Kletterpflanzen im Nu ein heilloses Chaos. Sie angeln in allen Richtungen nach Halt und vergreifen sich dabei hemmungslos auch an den Nachbarpflanzen. Leiten Sie deshalb die Triebspitzen regelmäßig an die Kletterhilfen heran. Triebe ohne Rankorgane bindet man zur besseren Führung mit Draht fest. Verwenden Sie mit Kunststoff ummantelte Drähte, die nicht einschnüren. Triebe, die sich zu weit vorwagen, werden eingekürzt – bei einjährigen Arten sofort während der Sommermonate, bei mehrjährigen in der Regel im Vorfrühling vor dem neuen Austrieb. Verblühtes sollten Sie regelmäßig auszupfen, da die Samenbildung die Pflanzen nur unnötig Kraft kostet.

Sichtschutz rund ums Jahr

Für dauerhaften Sichtschutz, der auch in den Wintermonaten erhalten bleibt, sorgen immergrüne, **winterharte Kletterpflanzen** wie Efeu *(Hedera,* siehe Seite 264), Kletterhortensie *(Hydrangea petiolaris)* oder Kletterspindel *(Euonymus fortunei)*. Sie halten sich mit Hilfe von Haftwurzeln selbstständig fest, wachsen aber nur zögerlich heran. Ein halbschattiger bis schattiger Platz ist diesen Immergrünen besonders willkommen, damit die Wintersonne sie nicht zu stark austrockne und ihnen Schaden zufügt.

Doch nicht nur die frostfesten Immergrünen machen sich als Kübelpflanzen verdient. Auch sommergrüne Vertreter wie die Waldreben *(Clematis,* siehe Seite 263) oder die Halbschatten bevorzugenden Geißblätter *(Lonicera)* bereichern den Terrassengarten. Unter letzteren finden sich herrlich duftende Arten wie Feuer-Geißblatt *(L. heckrottii)*, Wald-Geißblatt *(L. periclymenum)* oder Jelängerjelieber *(L. caprifolium)*. Das Immergrüne Geißblatt *(L. henryi)*

Schöne Terrassen zum Nachpflanzen

(Bild siehe Seite 258/259)

① und ⑧ Salbei *(Salvia farinacea)*
② Million-Bells-Petunie *(Petunia × atkinsiana)*
③ Kletternder Nachtschatten *(Solanum jasminoides)*
④ Passionsblume *(Passiflora caerulea)*
⑤ Prunkwinde *(Ipomea alba)*
⑥ Weißer Kletternder Nachtschatten *(Solanum jasminoides* 'Alba')
⑦ Schwarzäugige Susanne *(Thunbergia alata* 'Susi White, Black Eye')

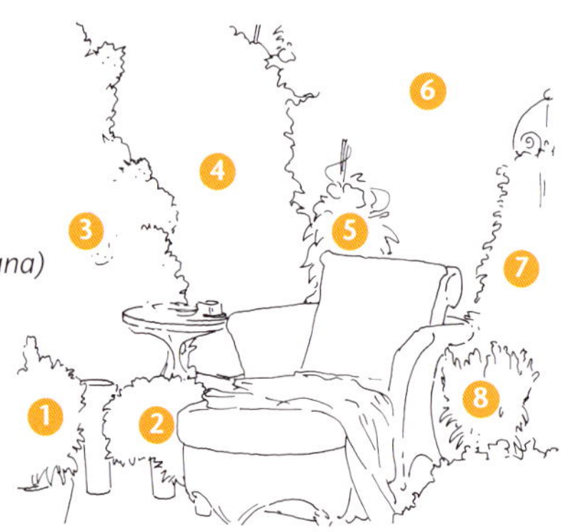

bleibt auch im Winter attraktiv. Sie alle verlangen geräumige Pflanzgefäße, um auf Dauer genug Entwicklungspotenzial für ihre Wurzeln und Triebe zu haben.

Eine gute Alternative für besonders starkwüchsige Kletterer wie den Blauregen *(Wisteria sinensis)*, den Wein *(Vitis)* in all seinen Frucht- und Zierformen oder die Kletterrosen (siehe Seite 257) ist es, wenn man sie am Terrassenrand in den Gartenboden auspflanzt und ihre Triebe an der Pergola oder Hauswand entlang ranken lässt. So können sie sich unbegrenzt zu voller Pracht entwickeln.

Eine pfiffige Lösung ist die Kombination aus schnell wachsenden einjährigen und langsam wachsenden mehrjährigen Kletterpflanzen. Während die einen sofort den gewünschten Effekt erzielen, bieten sie den anderen Schatten und Zeit, um in Ruhe heranwachsen und schließlich die Sichtschutzfunktion übernehmen zu können.

Sichtschutz für eine Saison

Bei vielen anderen Kletterpflanzen, die in ihren Heimatländern mehrjährig sind, gelingt die Überwinterung bei uns nicht zuverlässig. Sie werden deshalb als **einjährige Kletterpflanzen** gezogen. Die jährliche Neuaussaat beginnt ab März. Nach der Vorkultur an einem sehr hellen Platz im Haus bei etwa 20 °C kommen die Pflänzchen ab Mitte Mai nach draußen auf die Terrasse, wo sie sich dann in aller Regel auch sehr rasch weiterentwickeln. Ihre Pracht währt allerdings nur bis zum Herbst, denn der erste strenge Frost bedeutet den sicheren Tod, wenn man sie nicht zuvor in einen geschützten Raum geholt hat.

Wer Wert auf schöne Blüten legt, steht im Terrassen-Garten vor einer großen Auswahl. Wunderschöne, einjährig gezogene Exoten sind Rosenkelch *(Rhodochiton atrosanguineus)*, Sternwinde *(Ipomoea lobata)*, Maurandie *(Asarina barclaiana)* und Schönranke *(Eccremocarpus scaber)*. Sie alle haben rote bis orangefarbene Blüten. Der Japanische Hopfen *(Humulus japonicus)* zeigt statt hübscher Blüten zahllose handförmige Blätter, die rasch dichte Teppiche weben.

Für besonders raschen Sichtschutz sorgen starkwüchsige Arten

Topfschönheiten: Die Waldrebe 'Rüütel' blüht samtrot von Juli bis September. 'Mrs. N. Thompson' begeistert zur ersten Blüte im Juni mit vielen blauroten Schattierungen. Auch die Nachblüte im September kann sich sehen lassen. Beide Kreuzungen (Hybriden) werden bis zu 2 m hoch.

TIPP

Von ihren natürlichen Standorten her sind es Kletterpflanzen gewohnt, die Wurzeln im Schatten zu haben, ihre Triebe jedoch der Sonne entgegen zu recken. Deshalb lieben sie auch auf der Terrasse durch andere Pflanzen oder Töpfe beschattete Füße.

Prunkwinden (hier: *Ipomoea purpurea)* und Thunbergien *(Thunbergia alata)* wachsen rasant heran und erobern ihre Pyramiden aus Bambusstäben in wenigen Wochen. Allerdings kosten die üppigen Triebe und das sommerlange Blütenfeuerwerk viel Kraft. Überwinterte Pflanzen kommen daher im Frühjahr weit schwerer aus den Startlöchern als frisch ausgesäte Exemplare. Deshalb behandelt man diese Kletterer oft wie einjährige Pflanzen, die ab März jedes Jahr neu aus Samen herangezogen werden.

Mobilität macht das Gärtnerleben um vieles leichter

Wieder andere exotische Kletterpflanzen lassen sich sehr gut frostfrei überwintern und schmücken die Terrasse viele Sommer hintereinander. Achten Sie hier auf mobile Klettergerüste. Besonders praktisch sind Kletterhilfen, die in oder an den Pflanzgefäßen befestigt sind und gemeinsam mit diesen ins Winterquartier geräumt werden können. Lässt man die Triebe dagegen an Sichtschutz-Wänden oder Drähten hochranken, die fest mit der Hauswand oder dem Terrassenbelag verbunden sind, muss man sie jeden Herbst ablösen oder abschneiden. Das wirft die Pflanzen in ihrer Entwicklung jedes Jahr erneut zurück. Mobile Kletterhilfen sind im Fachhandel in vielen Modellen aus Eisen oder Holz erhältlich.

wie Schwarzäugige Susanne *(Thunbergia alata*, siehe Seite 267), Glockenrebe *(Cobaea scandens)* oder Feuerbohne *(Phaseolus coccineus)*.

Früchtespaß in luftiger Höhe

Ein Erlebnis besonderer Art sind einjährige Kletterpflanzen mit Früchten. So entwickelt der Flaschenkürbis *(Lagenaria siceraria)* – große Pflanzgefäße, reichlich Wasser und Dünger vorausgesetzt – im Herbst bauchige Früchte mit schlankem Hals, die ausgehöhlt ungewöhnliche Musikinstrumente oder Vasen abgeben. Auch der Ballonwein *(Cardiospermum)* zeigt ungewöhnliche ballonförmige Früchte, die sich trocknen lassen.

Die roten Blüten der einjährigen Sternwinde *(Ipomoea coccinea)* zieren die zart beblätterten, windenden Triebe von Juli bis Oktober wie bunte Pinseltupfer.

Trompetenblume und Kapgeißblatt

(Campsis radicans und Tecomaria capensis)

Hier werden zwei typisch mediterrane Kletterpflanzen vorgestellt, die wegen ihrer sehr ähnlichen, orangeroten Blütenbüschel leicht zu verwechseln sind.

Wuchs: Während *C. radicans* (siehe Bild) aufstrebende, sehr lange sommergrüne Triebe mit Haftwurzeln bildet, wächst *T. capensis* kompakt, zunächst fast buschförmig heran und trägt meist ganzjährig glänzend dunkles Laub.

Blüte: Die Blüten von *C. radicans* gleichen langen, nur wenig gebogenen Röhren mit symmetrischer Anordnung der Kronblätter. Die Blütenröhren von *T. capensis* sind stark gebogen und wirken asymmetrisch. Von beiden gibt es gelb blühende Spielarten. Alle haben eine hohe Leuchtkraft.

Standort: Volle Sonne ist Voraussetzung für die hochsommerliche Blüte.

Pflege: Das üppige Laub verbraucht reichlich Wasser und verlangt jede Woche 1 x Dünger.

Pflanzenschutz: Spinnmilben, Läuse.

Überwinterung: *C. radicans* (halb-)hell bei 5 (±5)°C; ausgepflanzt winterhart. *T. capensis* hell bei 10 (±5)°C.

Waldreben

(Clematis)

Zunehmend entdeckt man die Qualitäten winterharter Waldreben auch für die Topfkultur. Besonders geeignet sind weniger als 3 m hoch wachsende Vertreter, zu denen die Sorten von *C. viticella, C. texensis, C. flammula* (Duft) sowie diverse Hybriden zählen (siehe unten). *C. armandii* (weiß, immergrün) und *C. florida* (weiß) sind nicht winterhart.

Wuchs: Die sommergrünen Triebe halten sich selbstständig fest.

Blüte: Von den empfehlenswerten Hybriden blühen im Sommer blauviolett: 'Daniel Deronda', 'H. F. Young', 'Königskind', 'Marie Louise Jensen'; licht- und mittelblau: 'Katharina', 'Ascotiensis'; rosa: 'Piilu', 'Pink Champagne'; weiß: 'John Huxtable', 'Peter Pan'; rot: 'Ville de Lyon', 'Mikelite'.

Standort: Den Kopf in der Sonne, den Fuß im Schatten – so ist es optimal.

Pflege: Verwenden Sie durchlässige Erde, da die Wurzeln empfindlich auf Staunässe reagieren, aber viel Wasser brauchen. Wöchentlich düngen.

Pflanzenschutz: Die Clematis-Welke (Pilz) führt zum Absterben der Triebe.

Überwinterung: Mit Winterschutz im Freien; Jungpflanzen hell bei 5 (±5)°C.

Efeu

(Hedera)

Diese immergrünen Kletterer warten mit über 200 Sorten und nicht nur mit dunkelgrünen, sondern auch mit gelb-, weiß- und rotbunten Blättern unterschiedlichster Größe und Form auf.

Wuchs: Die Triebe bilden Haftwurzeln. Sie können im Jahr über 1 m zulegen.

Blüte: Blüte erst im Alter, im Herbst folgen darauf schwarze Beeren.

Standort: Efeu ist ausgesprochen anpassungsfähig: Er gedeiht in der Sonne ebenso wie im Schatten. Wechselsonnige Lagen dankt er mit besonderer Vitalität und Wuchsfreude.

Pflege: Keine besondere Pflege nötig.

Pflanzenschutz: Schädlingsfrei.

Überwinterung: Alle von *H. helix* und *H. colchica* abstammende Arten können draußen überwintern. Isolieren Sie die Töpfe, damit der Ballen nicht durchfriert. Seltener als durch Frost nimmt Efeu durch winterliche Trockenheit Schaden. Daher bei Bedarf an frostfreien Tagen gießen! Formen von *H. canariensis* und *H. colchica* sind in Töpfen nicht zuverlässig frostfest.

Extra-Tipp: Mit Efeu berankte Torbögen in Töpfen schmücken jede Terrasse.

Prunkwinden

(Ipomoea)

Während die häufigsten Arten *I. purpurea* (Bild; nähere Infos siehe Seite 103) und *I. tricolor* von Natur aus einjährig sind, erschöpfen sich auch viele andere, staudige Vertreter rasch, und es ist oft besser, man sät sie jährlich ab März neu aus. Die blaue *I. indica*, die weiße *I. alba* sowie *I. mauritiana, I. cairica* und *I. carnea* (rosafarben) sind zuverlässig mehrjährig.

Wuchs: Die hier vorgestellten Arten erreichen Höhen von bis zu 4 m und haben zumeist herzförmige Blätter.

Blüte: Die im Aufblühen tief blauvioletten Eintagsblüten von *I. indica* färben sich bis zum Abend pupurn bis fliederfarben. Ihre Sorten blühen rein weiß oder rosa.

Standort: Vollsonnig, warm.

Pflege: Im Sommer täglich gießen, aber keine Staunässe aufkommen lassen. Jede Woche 1 x düngen.

Pflanzenschutz: Weiße Fliegen, Läuse.

Überwinterung: Mehrjährige Arten hell bei 10 (±5) °C. Kräftig einkürzen.

Extra-Tipp: Himmelblaue Blüten tragen die nur 40 cm hohen **Winden**-*(Convolvulus)*-Arten *C. sabatius, C. tricolor* und *C. cneorum* (Ampelpflanzen).

Korallenwein

(Kennedia)

Diese australischen Kletterpflanzen sorgen mit ihren korallenroten Schmetterlingsblüten für leuchtende Farbtupfer auf der Terrasse.

Wuchs: Die locker mit behaarten, meist dreizähligen immergrünen Blättern besetzten Triebe können in einem Jahr über 3 m Länge zulegen. Um sie zu zügeln, schneidet man sie im Frühling vor dem neuen Austrieb oder nach der Blüte kräftig zurück.

Blüte: Die aus mehreren Einzelblüten zusammengesetzten Blütenstände der als Kübelpflanzen sehr gängigen Arten *K. coccinea* (Bild) und *K. rubicunda* zeigen sich meist ab Juni. Die braunblütige *K. nigricans* ist eine Rarität.

Standort: Sonnig, warm, geschützt.

Pflege: Wie bei den meisten Kübelpflanzen ist den Wurzeln eine konstant mäßige Bodenfeuchte und jede Woche 1 x Dünger am liebsten. Während kurze Trockenheit vertragen wird, führt Staunässe rasch zu Wurzelschäden und einem Absterben der Triebe.

Pflanzenschutz: Zuweilen Spinnmilben.

Überwinterung: Hell bei 7 (±5) °C; Ballen nicht austrocknen lassen.

Mandevillen

(Mandevilla bzw. *Dipladenia)*

Die großen Trichterblüten dieser wüchsigen Schlinger öffnen sich den ganzen Sommer über unermüdlich und in sehr großer Zahl.

Wuchs: Die starkwüchsigste von allen ist *M.* × *amabilis* 'Alice du Pont' mit mehr als 150 cm Jahreszuwachs, sehr großen, tief geaderten Blättern und dunkelrosa Blüten. *M. sanderi* ist dagegen etwas schwachwüchsiger und trägt glatte, 5 cm lange Blätter.

Blüte: Während *M. sanderi* rosafarbene, die Sorte 'Alba' weiße und 'Scarlet Pimpernel' rote Blüten zeigt, tragen *M. boliviensis* und *M. laxa* weiße Trichterblüten mit gelbem Grund. *M. laxa* duftet intensiv, 'Alice du Pont' leicht.

Standort: Plätze mit mäßiger Sonneneinstrahlung sind am besten.

Pflege: Die robusten Südamerikanerinnen zeigen keine Star-Allüren und sind mit durchschnittlicher Pflege zufrieden. Ein Rückschnitt kann jederzeit erfolgen, eine Verjüngung im Spätwinter.

Pflanzenschutz: Zuweilen siedeln sich Spinnmilben und Blattläuse an.

Überwinterung: Hell bei 10 (±5) °C, *M. laxa* verträgt kurzzeitig Frost (–5 °C).

Pandorea

(Pandorea)

Die immergrünen, glänzend dunkelgrünen Blätter dieser starkwüchsigen australischen Kletterer stehen in schönem Kontrast zu den zartrosa Blüten, die in kleinen, aber zahlreichen Büscheln zusammenstehen.

Wuchs: Zügelt man die Wuchskraft der Triebe regelmäßig mit der Schere, erreichen sie ihre Endhöhe nicht, sondern überwallen die Klettergerüste mit immer neuen Trieben.

Blüte: Die Blütenform der beiden Arten *P. jasminoides* und *P. pandorana*, auch Wonga-Wonga-Wein genannt, unterscheidet sich nur unwesentlich. Erstere sind rosa gefärbt und duften herrlich, letztere sind fast weiß; beide hatten einen roten Blütengrund.

Standort: Ein sonniger, aber mittags beschatteter regengeschützter Platz ist ideal für die dicht belaubtenTriebe.

Pflege: Die Wurzeln verlangen reichlich Wasser, um das Blattwerk versorgen zu können und 1 x pro Woche Dünger. Triebe gelegentlich anbinden.

Pflanzenschutz: Zuweilen Spinnmilben.

Überwinterung: Hell bei 10 (±5) °C; Ballen nicht austrocknen lassen.

Wein, Wilder Wein

(Vitis, Parthenocissus)

Sowohl der Echte Wein *(Vitis vinifera)*, als auch der Wilde Wein *(Parthenocissus)* kommen in großen Pflanzgefäßen hervorragend zurecht. Im Herbst kleiden sie sich in leuchtende Farben.

Wuchs: Der Echte Wein sucht mit Ranken Halt an Drähten oder Spalieren. Die Sorten 'Engelmannii' *(P. quinquefolia)* und 'Veitchii' *(P. tricuspidata)* halten sich mit Hilfe dicht mit Haftscheiben besetzter Ranken selbstständig an Hausmauern fest.

Blüte: Auf die unscheinbare, gelblichweiße Frühlingsblüte folgen im Herbst Beeren in Trauben. Beim Wilden Wein sind sie zu klein für eine Mahlzeit. Beim Echten Wein kann man auch bei uns gute Ernten einbringen, wenn man auf robuste und resistente Sorten setzt.

Standort: Vollsonnig, warm.

Pflege: Erde konstant leicht feucht halten, obwohl Trockenheit verziehen wird. Wöchentlich düngen, da starkwüchsig. Echten Wein jeden Spätwinter schneiden (Fruchtansatz).

Pflanzenschutz: Häufig Mehltau.

Überwinterung: Beide sind winterfest, der Echte Wein mit Winterschutz.

Passionsblumen

(Passiflora)

Mit hierzulande über 100 angebotenen Arten und mehr als 50 Sorten bieten Passionsblumen für den Einsteiger wie für den Liebhaber eine reichhaltige Auswahl.

Die wohl häufigste Art ist die Blaue Passionsblume *(P. caerulea*, kl. Bild l.), die auch als weiße Variante 'Constance Elliott' überzeugt (kl. Bild r.), oder deren Kreuzung *(P. × violacea*, gr. Bild). Sie sind frosttolerant und können mit isolierten Töpfen geschützt im Freien überwintern. Als ebenfalls winterhart gelten z. B. *P. × colvillii, P. incarnata* und *P. naviculata*.

Viele Blüten duften lieblich (z. B. *P. amethystina, P. capsularis* 'Vanilla Cream', 'Incense', 'Sapphire' und 'Surprise'). Wieder andere tragen essbare Früchte. Die bekanntesten sind Maracuja *(P. edulis)* und Riesen-Granadilla *(P. quadrangularis)*. Letztere braucht jedoch – wie auch alle rot blühenden Passifloren – einen Wintergartenplatz. Für Früchte, die man auch auf der Terrasse ernten kann, sorgen z. B. *P. alata, P. foetida, P. incarnata, P. pinnatistipula, P. tripartita* oder *P. vitifolia*.

Wuchs: Die Triebe ranken selbstständig an den dargebotenen Kletterhilfen hoch. Regelmäßiger Rückschnitt der Seitentriebe im Februar/März hält sie kompakt und wirkt verjüngend.

Blüte: Die faszinierende Blütenarchitektur tröstet darüber hinweg, dass jede Blüte nur 1, selten 2 bis 3 Tage hält. Laufend neue Knospen im Hoch- und Spätsommer ersetzen sie.

Standort: Wechselsonnig, warm.

Pflege: Mit ihrer zumeist üppigen Belaubung verdunsten Passionsblumen reichlich Wasser, das im Sommer täglich nachgefüllt werden muss, jedoch nur in dem Maß, dass Staunässe vermieden wird. Jede Woche 1 x düngen.

Pflanzenschutz: Spinnmilben und Blattläuse können sehr lästig werden.

Überwinterung: Art- und sortenabhängig; meist hell bei 10 (±5) °C. Frosttolerante Arten mit Schutz im Freien.

Rosa Trompetenwein

(Podranea ricasoliana)

Diese aus Südafrika stammenden Himmelsstürmer beeindrucken mit ihrer spätsommerlichen Blüte. Am häufigsten ist die Sorte 'Contessa Sara'.

Wuchs: Die sehr wüchsigen, peitschenartigen Triebe erreichen leicht 2 m Zuwachs pro Saison und verholzen schnell. Ein regelmäßiger Rückschnitt im Spätwinter und bei Bedarf noch einmal im Juni ist ratsam. Die deutlich gezähnten Fiederblätter sind hellgrün.

Blüte: Die rosafarbenen Kronblätter sind mit feinen roten Strichzeichnungen verziert. Der Schlund ist meist ebenfalls rosa, selten gelblich gefärbt. Die Blütenbüschel an den Triebenden erscheinen selten vor Ende August, dann aber häufig bis Oktober.

Standort: Sonne ja, aber nicht zu viel.

Pflege: Eine konstante, aber mäßige Bodenfeuchte und Dünger 1 x pro Woche halten die Triebe zu einer reichen Beblätterung ohne Verkahlen an.

Pflanzenschutz: Neben Spinnmilben häufig Schildläuse an den Trieben.

Überwinterung: (Halb-)Hell oder dunkel bei 10 (±5) °C; evtl. Laubverlust gleicht der Neutrieb im Frühjahr aus.

Blauglöckchen

(Sollya heterophylla)

Diese noch viel zu wenig bekannte und verbreitete australische Kletterpflanze läutet schon in jungen Jahren ihre himmlisch schöne Blütezeit ein.

Wuchs: Da die Triebe keine Rankorgane besitzen, sollte man sie immer wieder an die Klettergerüste heranleiten, die sie dann mit ihren schmalen Blättern von allen Seiten umschlingen.

Blüte: Die kleinen, aber überaus zahlreichen Blütenglöckchen sind himmelblau, seltener weiß. Sie erscheinen ab Mai den ganzen Sommer über.

Standort: (Wechsel-)Sonnig.

Pflege: Eine mäßige, aber gleichmäßige Bodenfeuchte ist Voraussetzung für eine kontinuierliche Trieb- und Blütenentwicklung. Staunässe schädigt die Wurzeln rasch und führt zum Absterben der Pflanzen. 2 bis 3 x pro Monat Dünger ins Wasser geben.

Pflanzenschutz: Spinnmilben.

Überwinterung: Hell bei 10 (±5) °C. Erde leicht feucht, aber niemals nass halten. Je heller der Standort ist, umso mehr Blätter bleiben erhalten. Verkahlte oder zu große Pflanzen kann man im Spätwinter kräftig einkürzen.

Thunbergien

(Thunbergia)

Diese Gattung mehrjähriger Akrobaten hat viele Blütenschönheiten zu bieten.

Wuchs: Die kräftigen Schlinger wachsen sehr rasch. Ausnahmen sind die langsam wüchsigere *T. battiscombei* und die eher buschige *T. erecta*.

Blüte: *T. erecta* und *T. battiscombei* zeigen von Mai bis Oktober violettblaue, *T. grandiflora* himmelblaue, *T. mysorensis* gelb-rote, *T. gregorii* orangefarbene, *T. alata* je nach Sorte gelbe, weiße oder orangefarbene Blüten.

Standort: Wechselsonnige Lagen ohne pralle Mittagssonne sind ideal.

Pflege: Diese nicht ganz pflegeleichten Schönheiten mögen weder Standortveränderungen noch Wechsel in der Boden- oder Luftfeuchtigkeit. 1 x pro Woche düngen. Am pflegeleichtesten ist *T. alata*.

Pflanzenschutz: Spinnmilben, Weiße Fliegen und Blättläuse treten auf.

Überwinterung: Hell bei 15 (±5) °C.

Oben: Schwarzäugige Susanne *(T. alata,* links), *T. battiscombei* (rechts).
Unten: Himmelsblume *(T. grandiflora,* links), *T. gregorii (rechts).*

SCHÖNES BLATTWERK

So faszinierend schöne Blüten sind – von so kurzer Dauer sind sie oft auch. Ganz anders verhält es sich da mit schmucken Blättern, die Ihre Pflanzen das ganze Jahr, zumindest aber den ganzen Sommer lang, auffällig schmücken. Entdecken Sie die Möglichkeiten, auch ohne Blüten mit Blattschmuckpflanzen wunderschöne Terrassen zu gestalten. Besonders große Blätter ziehen die Blicke auf sich, denn sie sorgen augenblicklich für tropisches Flair. Mit Palmen fühlt man sich an karibische Strände versetzt. Wasser speichernde Pflanzen (Sukkulenten) mit ihren derben, oft verdickten und bewehrten Blättern verleihen Ihrer Terrasse Wüsten-Charakter. Filigrane Fiederblätter, die im Wind rascheln und lichten Schatten spenden, sind von großer Anziehungskraft. Und für reichlich Farbe auch außerhalb der Blütezeiten sorgen schließlich rote, gelb- bzw. weiß-grüne oder mehrfarbige Blätter.

Oben: Korbmöbel runden eine asiatische Terrasse ab, auf der Bambus und andere Gräser die Hauptrolle spielen.

Links: Für tropische Üppigkeit und seichten Schatten sorgen das riesige Elefantenohr, Zier-Bananen und Palmen.

Frisch zubereitete Gerichte aus dem Wok schmecken auf einer Terrasse im asiatischen Stil gleich nochmal so gut. Verwenden Sie Bambus in großen Pflanzgefäßen, klein bleibende Nadelbäumchen und typische, asiatische Accessoires.

Themen-Terrassen aus aller Welt

Wenn auch Sie gerne auf Reisen gehen, haben Sie sicher viele fremde Naturlandschaften im Kopf. Viele davon sind nicht von Blütenpflanzen, sondern von Blattschmuckpflanzen oder markanten Pflanzengestalten geprägt. Und damit zu Hause nicht alles nur Erinnerung ist, schaffen Sie sich doch einfach hierzulande fremdländische Oasen auf Ihrer Terrasse.

Der asiatische Stil

Der japanische Gartenstil prägt meist unsere Vorstellung vom asiatischen Garten. Auf der Terrasse kann man ihn mit Bambus in großen Pflanzgefäßen imitieren, dem Bonsai-Bäumchen oder Mini-Koniferen in kleinen, flachen Schalen zur Seite gestellt werden. Als Untergrund bietet sich Kies an, in den man mit dem Rechen nach Belieben Muster hacken kann.

Blühende Wüsten

Wer nicht viel Zeit für die Pflanzenpflege hat, ist mit Wüstenpflanzen gut beraten. Sie nehmen Trockenzeiten oder Düngermangel nicht übel und machen auch auf heißen, vollsonnigen Terrassen nicht schlapp. Dabei müssen es nicht immer Kakteen (Cactacaea) oder Wolfsmilchgewächse (Euphorbiaceae) sein, die mit harten Stacheln bewehrt sind. Es gibt nämlich auch viele unbewehrte Arten, wie zum Beispiel die Blattkakteen *(Epiphyllum*-Hybriden). Weitere »sanftmütige« Sukkulenten sind Rosetten-Dickblatt *(Aeonium*, siehe Seite 192), Bandbusch *(Homalocladium)* oder die wunderschöne Wüstenrose *(Adenium obesum)* sowie der Rauschopf *(Dasylirion*, siehe Seite 195) und die *Kalanchoe*-Arten, die sich hinzugesellen können. Verstärkt wird das Wüstenhafte Ihrer Terrasse, wenn Sie Pflanzgefäße mit farbenfrohen mexikanischen Mustern verwenden,

Schöne Terrassen zum Nachpflanzen

(Bild siehe Seite 268/269)

① und ③ Zier-Bananen *(Musa acuminata)*
② Hanfpalme *(Trachycarpus fortunei)*
④ Elefantenohr *(Alocasia macrorrhiza* 'Giant')
⑤ Kentiapalme *(Howea forsteriana)*

die Wände mit Bastmatten verkleiden und mit Sombreros oder anderen Souvenirs als Dekoration arbeiten. Verwenden Sie statt Stühlen Sitzkissen oder Hocker.

Karibische Träume

Weiße Strände und immer sonnige 30 °C – das kann uns die heimische Terrasse leider nicht bieten. Doch einige Topfpalmen auf der Terrasse genügen oft schon, um Sie an die schönsten Tage des Jahres zu erinnern. Für den Palmen-Fan gibt es außer den bekanntesten Arten wie Hanfpalme *(Trachycarpus*, siehe Seite 199), Dattelpalme *(Phoenix*, siehe Seite 198) und Zwergpalme *(Chamaerops*, siehe Seite 193) an die 200 weitere Palmenarten, die sich zur Kübelkultur eignen. Sie vertragen sogar kurzzeitig Temperaturen um die Null-Grad-Grenze. Als Beispiele seien hier Zwerg-Palmetto *(Sabal minor)*, Blaue Hesperiden-Palme *(Brahea armata)*, Chilenische Honigpalme *(Jubaea chilensis)* oder Gelee-Palme *(Butia capitata)* genannt. Mit ihrem palmenähnlichen Aussehen sind auch Keulenlilien *(Cordyline*, siehe Seite 272) und Palmlilien *(Yucca*, siehe Seite 277) hervorragend geeignet, um Ihre Karibik-Terrasse mit Flair zu ergänzen.

Dschungel-Atmosphäre

Im Schatten breiter Bananenwedel zu sitzen *(Musa*, siehe Seite 273) und auf die riesigen Blätter des Elefantenohrs *(Alocasia*, siehe Seite 272) oder die übermannshohen Halme des Papyrus *(Cyperus*, siehe Seite 273) zu blicken, ist ein Bild, das halbschattigen Terrassen vorbehalten ist. In der vollen Sonne würden die Mammutblätter zu viel Wasser verdunsten und verbrennen. Zumindest ein Sonnenschirm oder eine Markise sollten für Schatten sorgen, ein großes Wasserspiel für die nötige Luftfeuchte. Willkommene Farbakzente inmitten des üppigen Grüns setzen rote Blätter wie die des Indischen Blumenrohrs *(Canna*, siehe Seite 287), des Wunderbaums *(Ricinus*, siehe Seite 277) oder der Roten Zier-Banane *(Ensete*, siehe Seite 273).

Karibik-Feeling kommt auf, wenn Sie neben üppig blühendem Hibiskus *(Hibiscus rosa-sinensis)* Palmen wie die Hanfpalme *(Trachycarpus)* verwenden.

Bunte Blätter

Zahlreiche Kübelpflanzen sind in buntlaubigen Sorten erhältlich. Der Fachmann nennt dies »Panaschierung«. Hinweise auf panaschierte Sorten finden Sie bei den jeweiligen Porträts (z. B. *Myrtus* siehe Seite 197, *Pittosporum* siehe Seite 198).

Elefantenohr, Taro

(Alocasia, Colocasia)

Während sich die meisten Arten dieser beiden Gattungen nur ganzjährig im Haus wohl fühlen, zieren die imposanten Blätter von *Alocasia macrorrhiza* (Bild) und *Colocasia esculenta*, die sich sehr ähnlich sind, gerne Sommerterrassen.

Wuchs: Den Wurzeln entspringen immer neue Blätter, sodass sich dichte Horste bilden, die über 1qm Platz einnehmen können.

Blüte: Die unscheinbaren, in Kolben zusammengefassten Blüten erscheinen bei Kübelpflanzen nur sehr selten.

Standort: Ein halbschattiger Platz, der die Blätter vor Sonnenbrand und Überhitzung bewahrt, ist ideal.

Pflege: Um eine konstant hohe Boden- und Luftfeuchte zu garantieren, werden die Blätter und Ballen im Sommer täglich überbraust. Dünger 1 x pro Woche beugt Nährstoffmangel vor, den gelbe Blattränder anzeigen.

Pflanzenschutz: An lufttrockenen Standorten häufig Spinnmilben.

Überwinterung: Hell bei 15 (±5)°C.

Extra-Tipp: Die dicken Wurzeln lassen sich wie Kartoffeln zubereiten.

Aukube

(Aucuba japonica)

In klimatisch begünstigten Regionen sind diese immergrünen Ostasiaten winterhart. Gelb gesprenkelte Sorten (Bild) wie 'Variegata', 'Picturata' oder 'Crotonifolia' sind besonders beliebt.

Wuchs: Auch ohne Schnitt entwickeln sich kompakte Büsche. Doch nur durch regelmäßiges Stutzen lässt sich die Endhöhe unter 2 m halten.

Blüten und Früchte: Die auffälligen, roten, giftigen Beeren (kl. Bild) schmücken nur die weiblichen Sträucher. Es gibt auch gelb- und weißfrüchtige Sorten. Zur Bestäubung ist ein männliches Exemplar in der Nähe von Vorteil. Die kleinen Frühlingsblüten sind rötlich.

Standort: Ost- und Westterrassen sagen Aukuben am besten zu, aber auch Nordseiten sind möglich. An zu sonnigen Plätzen verbrennen die Blätter.

Pflege: Da keine üppige Blüte erwartet wird und das Wachstum eher gedrosselt werden soll, genügen 2 Gaben Dünger pro Monat. Erde konstant leicht feucht halten.

Pflanzenschutz: Keine Anfälligkeit.

Überwinterung: Draußen oder hell bei 8 (±8)°C; Töpfe im Freien isolieren.

Keulenlilie

(Cordyline australis)

Neben der grünblättrigen Art ist vor allem die rotblättrige Sorte 'Atropurpurea' ein Blickfang auf der Terrasse.

Wuchs: Die langen, schmalen Blätter stehen zunächst in dichten Büscheln nach oben, ältere neigen sich elegant über. Der Habitus erinnert an Palmen.

Blüte: Ab einem Alter von 5 bis 6 Jahren entwickeln sich jährlich im Sommer imposante weiße Blütenstände. Danach verzweigen sich die zunächst eintriebigen Agavengewächse.

Standort: Volle Sonne oder Halbschatten – beides ist den Pflanzen recht. 'Atropurpurea' hat höhere Lichtansprüche als die grüne Art.

Pflege: Verwenden Sie gut durchlässige Erde, die bis zum nächsten Gießdurchgang antrocknen sollte. 2 x Dünger pro Monat genügt.

Pflanzenschutz: Keine Anfälligkeit.

Überwinterung: Hell bei 8 (±8)°C; weitgehend trocken halten; kurzfristig leichter Frost wird vertragen.

Extra-Tipp: Häufig findet man *C. australis* als *»Dracaena«* oder *»Cordyline indivisa«* angeboten. Diese Namen sind jedoch anderen Arten vorbehalten.

Palmfarn

(Cycas revoluta)

Die Vertreter dieser entwicklungsgeschichtlich sehr alten Pflanzengattung sehen Palmen zwar sehr ähnlich, stehen aber den Baumfarnen näher.
Wuchs: Das Wachstum ist extrem langsam und mit ein Grund für den hohen Kaufpreis. Sie erreichen auch im Kübel ein Alter von über 80 Jahren.
Blüte: Die getrennt geschlechtlichen männlichen und weiblichen Exemplare blühen in Kübelkultur nur sehr selten.
Standort: Luftfeuchter Halbschatten.
Pflege: Durchlässige Erde bewahrt die empfindlichen Wurzeln vor Staunässe und Fäulnis. Es erfordert einiges Fingerspitzengefühl, die Bodenfeuchte auf konstant niedrigem Niveau zu halten. Im Sommer 1 x im Monat düngen.
Pflanzenschutz: Selten Wollläuse.
Überwinterung: Hell bei 15 (±5) °C; weitgehend trocken halten.
Extra-Tipp: Palmfarne sind streng geschützt (Washingtoner Artenschutzübereinkommen) und dürfen nicht der Natur entnommen werden. Anbieter müssen auf Anfrage den Nachweis führen können, dass die Pflanzen aus gärtnerischer Kultur stammen.

Papyrus

(Cyperus papyrus)

Die an ihren Enden mit einem Schopf fadenförmiger immergrüner Blätter versehenen Halme können im Nu 3 m Höhe erreichen. In ihrem Inneren befindet sich das Mark, aus dem schon die Ägypter Papier herstellten.
Wuchs: Aus den Wurzeln sprießen immer neue Triebe hervor, sodass die Pflanzgefäße rasch zu klein werden. Im März sollte man zu dicht gewordene Horste teilen und die Teilstücke weiter kultivieren. Der Schnitt beschränkt sich auf das Auslichten beschädigter oder alter Triebe.
Blüte: Gelb-braune Rispen.
Standort: Sonnig und windgeschützt.
Pflege: Halten Sie die Erde konstant feucht. Der Wasserstand sollte aber nicht mehr als die halbe Höhe des Topfes betragen, da die Wurzeln sonst unter Sauerstoffmangel leiden. Im Sommer jede Woche 1 x düngen.
Pflanzenschutz: Häufig Spinnmilben.
Überwinterung: Hell bei 10 (±8) °C.
Extra-Tipp: Die weit häufigere Art *C. alternifolius* bleibt deutlich kleiner, hat etwa 5 mm breite Blätter und bevorzugt einen Dauerplatz im Haus.

Zier-Bananen

(Ensete, Musa)

Bananen wachsen enorm schnell. Am häufigsten ist wohl *Ensete ventricosum* (Bild) sowie deren Sorte 'Maurelii' mit dunkelroten Blättern. Gemeinsam mit der grünblättrigen *Musa basjoo* (Japanische Faserbanane) ist sie am besten für die Kübelkultur im Freien geeignet.
Wuchs: Bananen sind staudige Gewächse, deren »Stamm« aus Blattscheiden besteht. Höhen von über 5 m sind keine Seltenheit. Zu große Pflanzen kann man abschneiden.
Blüte: Zwar entwickeln Zier-Bananen wunderschöne Blütenstände und Früchte, die jedoch nicht die Qualität von Fruchtbananen haben *(Musa acuminata, M. × paradisiaca)*, die Wintergartenbesitzern vorbehalten sind.
Standort: Wechselsonnig, luftfeucht und windgeschützt sollte es sein.
Pflege: Im Sommer mäßig, aber gleichmäßig feucht halten. Selten düngen.
Pflanzenschutz: Häufig Spinnmilben.
Überwinterung: Hell bei 10 (±5) °C; *M. basjoo* verträgt kurzzeitig Frost.
Extra-Tipp: Zwar sterben die Pflanzen nach der Blüte ab, doch ihr Leben lang bilden sie Seitenableger als Ersatz.

Wollmispel

(Eriobotrya japonica)

Diese ostasiatischen Fruchtgehölze haben neben 30 cm langen, oberseits dunkelgrünen und tief gefurchten, unterseits weißfilzigen Blättern, die wohltuenden Schatten spenden, eine Menge mehr zu bieten. Aus den duftenden Blütenkerzen reifen bis zum darauffolgenden Sommer erfrischend-aromatische, mirabellengroße, orangegelbe Früchte (Loquat oder Nespoli, kl. Bild).

Wuchs: Anfangs wachsen die immergrünen Wollmispeln meist mehrtriebig, später baumförmig heran. Korrekturschnitte sind nach der Ernte im Sommer oder im Spätwinter möglich.

Blüte: Die Blütenkerzen im Herbst sind in einen weißen Flaum gehüllt.

Standort: Wechselsonnige Plätze ohne Mittagshitze sind am besten.

Pflege: Im Sommer ziehen die Wurzeln reichlich Wasser, und man muss kräftig und häufig gießen. Trockenheit führt zu braunen Blatträndern. Jede Woche 1 x düngen (Mai–August).

Pflanzenschutz: Selten Läuse.

Überwinterung: Hell bei 10 (±8) °C, je heller der Standort, umso größer ist die Chance auf eine gute Ernte.

Bambusse

(Fargesia u. a.)

Angesichts der riesigen Bambus-Vielfalt, zu der zahlreiche Gattungen zählen, ist die Wahl nicht einfach. Sie sollte jedoch auf solche Vertreter fallen, die nicht mehr als 2 m Höhe erreichen. Denn die Trieblänge lässt sich nicht regulieren, ohne dass die Optik der Riesengräser beeinträchtigt würde. Zu diesen »zwergwüchsigen« Bambus-Gattungen gehören z. B. *Pleioblastus, Sasa* und *Pseudosasa*. Vertreter von *Phyllostachys* und *Fargesia* erreichen auch im Topf über 4 m Höhe.

Wuchs: Aus dem Wurzelstock sprießen immer neue reich beblätterte Triebe, die sich nicht verzweigen. Die Wurzeln füllen rasch selbst großzügige Pflanzgefäße aus und sollten daher regelmäßig im Februar/März geteilt und verjüngt werden.

Blüte: Die Blüte einer bestimmten Art erfolgt weltweit fast zeitgleich im Abstand von mehreren Jahrzehnten und ist nur sehr selten zu erleben (1998 sorgte die Blüte von *Fargesia murielae* für Aufsehen). Die Tatsache, dass die Pflanzen nach der Blüte absterben, ist daher kein Grund zur Besorgnis.

Standort: Je nach Art wird ein sonniger oder halbschattiger Platz bevorzugt. Pralle Sonne wird vertragen, aber meist nicht sonderlich geschätzt. Der Standort sollte nicht zugig sein, da die Gefahr von Trockenheit – vor allem im Winter – ansonsten zu hoch ist.

Pflege: Bambuswurzeln möchten stets über einen reichen Wasservorrat verfügen. Deshalb sollte die Erde ständig gut feucht, aber nicht staunass sein. Gedüngt wird 1 x pro Woche.

Pflanzenschutz: Keine Anfälligkeit.

Überwinterung: Die Mehrzahl der genannten Arten und Sorten ist frosthart. Erkundigen Sie sich jedoch beim Kauf nach der Frosttoleranz. Für alle genügt eine helle, frostfreie Überwinterung.

Oben: *Sasa*-Arten (l. vorne und r. hinten), *Phyllostachys aurea* (links hinten), *Fargesia nitida* (rechts vorne). Unten: *Fargesia murieliae* (links); *Phyllostachys aurea* (rechts).

Zimmer-Aralie

(Fatsia japonica)

Die handförmig eingeschnittenen glänzenden Blätter erhellen selbst halbschattige Terrassen mit Lichtreflexionen. Neben der dunkelgrünen Art sind buntblättrige Sorten wie 'Variegata' eine hübsche Alternative.

Wuchs: Die dicht mit Blättern besetzten Triebe wachsen zügig bis zu 2 m Höhe heran, lassen sich aber durch Rückschnitt im März leicht zügeln.

Blüte: Die meist im Herbst grünlich-gelben Blüten sammeln sich in kleinen Kugeln an den Enden großer Dolden.

Standort: Halbschatten; Sonne wird nur in Maßen vertragen, sonst verbrennen die Blätter; vor allem im Frühjahr langsam an die Sonne gewöhnen.

Pflege: Gleichmäßige Bodenfeuchte und jeden Monat 2 x Dünger – mehr brauchen die pflegeleichten aus Japan stammenden Pflanzen nicht.

Pflanzenschutz: Zuweilen Spinnmilben.

Überwinterung: Hell bei 8 (±8) °C; kurzer Frost bis –10 °C wird vertragen.

Extra-Tipp: Auch Schefflerien *(Schefflera)*, weit verbreitete Zimmerpflanzen, freuen sich über einen Sommerurlaub in halbschattiger Lage.

Zier-Ingwer

(Hedychium)

Aus der großen Familie der Zingiberaceae verdienen es zahlreiche Arten, mehr Verbreitung zu finden. Denn nicht nur ihre Blätter, sondern auch ihre Blüten sind ein fantastischer Schmuck. Bereits gelegentlich anzutreffen sind *Hedychium gardnerianum* (Kranzblume) mit herrlich duftenden gelben Blüten (Bild), *H. coronarium* (Schmetterlingslilie) mit weißen Duftblüten und *H. coccineum* (Roter Zier-Ingwer).

Wuchs: Die Triebe sprießen zunächst wie Strohhalme aus den dicken Wurzeln (Rhizomen), um dann nach und nach ihre Blättern zu entrollen. Jeder der krautigen Triebe kann 2 m Höhe erreichen, jedes Blatt 50 cm Länge.

Blüte: Die zwei- bis dreiwöchige Blüte fällt meist in die Spätsommermonate.

Standort: Wechselsonnig bis halbschattig, luftfeucht, geschützt, warm.

Pflege: Für eine mäßige, aber konstante Bodenfeuchte und Düngung sorgen.

Pflanzenschutz: Zuweilen Spinnmilben.

Überwinterung: Hell bei 10 (±5) °C; lässt man die Pflanzen im Herbst abtrocknen, welken die Blätter und man kann man die Töpfe dunkel einwintern.

Palisanderbaum

(Jacaranda mimosifolia)

Blattschmuck besonders feiner Art bietet dieser südamerikanische Baum mit seinen farnähnlichen Fiederblättern. Im Alter sorgt er für zusätzliche Effekte, wenn er himmelblaue Blütenglocken in großen Rispen zeigt. Bis dahin ist er ein graziler Schattenspender für heiße, vollsonnige Terrassen.

Wuchs: Wie für Bäume typisch, bildet sich zunächst ein einziger Haupttrieb, der sich erst ab einer Höhe von etwa 2 m von alleine verzweigt. Durch Schnitt kann man die Stammhöhe niedriger halten und die Pflanzen zu Halb- oder Hochstämmen erziehen.

Blüte: Ab einem Alter von etwa 12 Jahren ist mit ersten Blüten zu rechnen, die gleichzeitig mit oder vor dem Laubaustrieb im Frühjahr erscheinen.

Standort: Volle Sonne gibt älteren Pflanzen Kraft für die Blüte. Jüngeren Pflanzen genügt auch Halbschatten.

Pflege: Die Erde sollte stets leicht feucht, nie nass sein. 14-täglich düngen.

Pflanzenschutz: Spinnmilben und auch Blattläuse.

Überwinterung: (Halb-)Hell, 10 (±5) °C. Das Laub fällt im Winter ab.

Heiliger Bambus

(Nandina domestica)

Neben der Heimat Japan und China haben diese immergrünen Berberitzengewächse mit ihrem Namensvetter, dem Bambus, auch die Blätter und den Wuchs gemein: Sie setzen sich aus Einzeltrieben zusammen, die den Wurzeln entspringen. Die Blätter sind länglich zugespitzt. Ansonsten unterscheidet sich der Heilige Bambus jedoch deutlich von den Riesengräsern.

Wuchs: Meist werden nur 2 m Wuchshöhe erreicht, bei der Sorte 'Pygmaea' unter 1 m. Die Blätter sind im Austrieb und bei herbstlicher Kälte attraktiv rot bis rosa gefärbt. Die Sorte 'Firepower' trägt gelbes, rosa überzogenes Laub.

Blüte: Auf die weißen Sommerblüten folgen im Herbst rote Beeren. Während die Sorte 'Richmond' zwittrig ist, erscheinen bei der reinen Art nur an den weiblichen Pflanzen Früchte.

Standort: Sonne bis Halbschatten.

Pflege: Die anspruchslosen Pflanzen mögen nur eines nicht: Staunässe. 14-tägliche Düngung ist ausreichend.

Pflanzenschutz: Selten Spinnmilben.

Überwinterung: Hell bei 5 (±5) °C; Frost bis –10 °C wird vertragen.

Neuseeländer Flachs

(Phormium)

Die schwertförmigen stabilen Blätter dieser immergrünen Stauden sind nicht nur in ihrer grünen Stammform sehr attraktiv. Vor allem rotblättrige Sorten wie 'Purpureum' oder gelb-grüne wie 'Variegatum' ziehen die Blicke auf sich. Die etwas schwachwüchsigeren Hybriden aus *P. tenax* (Bild) und *P. cookianum* weisen sogar hellrot-rosafarbene Spielarten wie 'Maori Maiden' und dreifarbige wie 'Sundowner' oder 'Tricolor' auf, die vor allem in England weit verbreitet und als Blattschmuck sehr beliebt sind.

Wuchs: Die Blätter sind zwischen 1 und 1,5 m, selten 2 m lang.

Blüte: Die Blüten stehen im Hochsommer auf bis zu 2,5 m langen Stielen. Sie sind meist rotbraun gefärbt.

Standort: Volle Sonne ist ebenso willkommen wie Halbschatten. Buntlaubige Sorten sind lichthungriger.

Pflege: Man kann eigentlich nichts verkehrt machen. Zu viel oder zu wenig Wasser – die Pflanzen passen sich an!

Pflanzenschutz: Selten Wollläuse.

Überwinterung: Hell bei 7 (±5) °C.

Extra-Tipp: Die Horste lassen sich im Frühjahr teilen und so gut vermehren.

Steineibe

(Podocarpus macrophyllus)

Mit ihrem schmalem, blattähnlichem Laub lassen diese Immergrünen zunächst nicht vermuten, dass es sich um Nadelbäume handelt. Obwohl schon lange weltweit als Kübelpflanzen geschätzt, findet man sie hierzulande nur sehr selten angeboten. Die bekannteste Art ist *P. macrophyllus*.

Wuchs: Die Zweige stehen bei der Stammform etagenartig ab, bei der Sorte 'Maki' streben sie straff nach oben. Da die Kronen sehr schnittverträglich sind, werden sie in ihrer Heimat Japan zu Riesen-Bonsais erzogen.

Blüte: Männliche Exemplare tragen pollenreiche Zapfen, weibliche schmücken sich im Herbst mit schwarzen Beerenfrüchten.

Standort: Sonnig oder halbschattig, windgeschützt und warm.

Pflege: Eine gleichmäßige Bodenfeuchte auf niedrigem Niveau ist bei den anspruchslosen Pflanzen ebenso willkommen wie eine hohe Luftfeuchte. 14-täglich düngen.

Pflanzenschutz: Schild-, Wollläuse.

Überwinterung: Hell bei 5 (±5) °C; kurzer Frost bis –5 °C wird vertragen.

Wunderbaum

(Ricinus communis)

Meist nur als einjährige Sommerblume bekannt, besticht der Wunderbaum auch als mehrjährige Kübelpflanze mit seinen großen, handförmigen Blättern, die grün oder tiefrot gefärbt sind.
Wuchs: Die anfangs krautigen Triebe verholzen erst mit den Jahren. Die Kronen erreichen rasch 3 m Höhe.
Blüte: Die weiblichen Blüten bestehen aus einer Vielzahl roter Griffel. Die an den hochsommerlichen Ähren unterhalb sitzenden männlichen Blüten sind gelb. Die ölhaltigen Samen, die in kastanienähnlichen Kapseln stecken, haben medzinische Wirkung (Abführmittel); falsch dosiert sind sie hoch giftig!
Standort: Vollsonnig, warm und windgeschützt sollte es sein, da die Triebe und Blätter sehr bruchgefährdet sind.
Pflege: Die großen Blätter verlangen reichlich Wassernachschub und mindestens 1 x pro Woche Dünger. Korrekturschnitte sind jederzeit möglich.
Pflanzenschutz: Schädlinge vergreifen sich nur sehr selten an den Blättern.
Überwinterung: (Halb-)hell sollte es sein, bei 10 (±5) °C; kräftiger Rückschnitt vor dem Ausräumen im Frühjahr.

Petticoat-Palme

(Washingtonia)

Diese nordamerikanischen Palmen erweisen dem 1. Präsidenten der USA mit mächtigen, wenig eingeschnittenen Wedeln alle Ehre. *W. filifera* (Bild) unterscheidet sich mit weißen Fasern, die sich von den Blatträndern lösen, von der etwas schlankeren *W. robusta*.
Wuchs: Im Vergleich mit anderen Palmen wachsen Petticoat-Palmen sehr zügig heran und können auch im Topf rasch über 5 m Höhe erreichen.
Blüte: Ist bei Exemplaren in Kübelkultur nur selten und meist erst ab einem Alter von 15 Jahren zu beobachten.
Standort: Sonnig bis halbschattig, ohne pralle Mittagssonne, gerne luftfeucht. Gewöhnen Sie die Wedel im Frühjahr langsam an die Sonne, sonst kommt es rasch zu Verbrennungen.
Pflege: Wie alle Palmen verlangen auch sie viel Wasser, jedoch in größeren Abständen. Die Erde sollte bis zum nächsten Gießdurchgang gut abtrocknen. Düngen Sie 2–3 x monatlich.
Pflanzenschutz: Spinnmilben bei zu warmer, lufttrockener Überwinterung.
Überwinterung: Hell bei 7 (±5) °C, kurzzeitiger Frost (–5 °C) wird toleriert.

Palmlilie

(Yucca)

Vor allem ihre ausgesprochen robuste Natur sichert diesen palmenähnlichen Agavengewächsen seit jeher einen Stammplatz unter den Kübelpflanzen. Die häufigsten Arten sind *Y. aloifolia* (Bild) und *Y. elephantipes* mit grünem Laub sowie die graublättrige *Y. rostrata*.
Wuchs: Anfangs sind die Stämme von unten bis oben beblättert. Später stehen die riemenförmigen Blätter am Ende der Triebe in Schöpfen zusammen. Verkahlte, unförmige Pflanzen kann man jederzeit kappen. Selbst laublose Stämme bilden neue Seitentriebe.
Blüte: Die imposanten, meist hochsommerlichen Blütenstände sind dicht mit weißen Blütenglocken besetzt.
Standort: Vollsonnig, gerne heiß.
Pflege: Da Palmlilien ausgesprochen tolerant sind, werden selbst Dürre und Düngermangel toleriert. Dennoch sind auch sie für eine gute Pflege dankbar.
Pflanzenschutz: Schädlingsfrei.
Überwinterung: Hell bei 12 (± 8) °C. Die keinen Stamm bildende *Y. filamentosa* kann im Freien überwintern.
Extra-Tipp: Hüten Sie sich vor den Blattspitzen und gezähnten Blatträndern.

So abwechslungsreich kann eine Terrasse sein, auf der Grünpflanzen die Hauptrolle spielen! Man mag sich kaum entscheiden, ob man zuerst die zu Spiralen und Mehrfach-Pompons gezogenen Leyland-Zypressen, die stattlichen Lorbeerstämmchen oder den Buchskegel betrachten soll. Weiß blühende Strauchmargeriten begleiten die Szenerie.

Die Kunst des Formschnitts

Lässt man Pflanzen einfach wachsen, wie es ihnen gefällt, kommt nicht immer die Form heraus, die man sich gewünscht hat. Viele werden zu groß, zu ausladend oder unförmig. Deshalb haben die Gärtner schon vor Jahrhunderten den Formschnitt erfunden. Er zwingt die Kronen mit der Schere in Kugeln, Kegel und Quader oder zieht sie an Drahtgerüsten zu fantasievollen Formen. Jeder Trieb, der den vorgegebenen Rahmen zu sprengen droht, wird eingekürzt, damit er sich immer wieder verzweigt und die Kronen dichter und dichter macht.

Doch dieser Prozess braucht Zeit – viel Zeit. Durch den permanenten Rückschnitt werden die Kronen nur sehr langsam größer und fülliger. Deshalb haben Formschnitt-Pflanzen einen hohen Preis. Ihnen gebührt ein exponierter Standort, an dem sie optimal zur Geltung kommen, zum Beispiel als Wächter rechts und links der Terrassentür oder als Eskorte neben der Gartentreppe.

Praxis-Tipps

Welche Pflanzen sich für den Formschnitt eignen, finden Sie in der nebenstehenden Tabelle. Am einfachsten zu handhaben sind kleinblättrige Arten wie Buchs oder Liguster, da man sie mit der Heckenschere schneiden kann. Gleiches gilt für Nadelgehölze wie Scheinzypresse und Lebensbaum. Bei großlaubigen Kandidaten wie dem Lorbeer sollte man beim Rückschnitt jedoch die Blätter nicht durchtrennen. Man betrachtet jeden Zweig einzeln und kürzt ihn mit der Gartenschere ein.

Für Tierfiguren sind Arten mit biegsamen Trieben wie der Ionische Liguster am besten geeignet, da man sie an den Drahtformen entlangleiten kann. So kommt man rascher zu dichten Formen als z.B. beim langsam wüchsigen Buchs, der die Gerüste von unten her auffüllt.
Wer anfangs noch unsicher ist, sollte sich Schnittschablonen aus Holz oder Draht

Diese beiden Turteltäubchen aus kleinblättrigem Ionischen Liguster sind leider nicht winterhart. Sie verbringen den Winter daher hell und frostfrei im Haus.

bauen. Einfacher ist es, von Anfang an Unterkonstruktionen aus Draht in die Töpfe zu stellen und die Pflanzen in diese hineinwachsen zu lassen. So bleibt die Form stets vorgegeben.

Zur Schere greift man immer dann, wenn die Kronen drohen, außer Form zu geraten. Dies kann nur ein Mal pro Jahr, also abhängig von der Pflanzengattung mehrmals der Fall sein (siehe Tabelle). Dabei sollte man immer nur den Neuzuwachs wegnehmen und nicht ins ältere Holz schneiden. Kürzen Sie die Triebe lieber weniger, dafür aber umso häufiger ein. Geschnitten wird von Frühjahr bis Herbst. Für Nadelbäume sind April und August die geeignetsten Monate.

Links: Buchsbäume brauchen Jahrzehnte, um so heranzuwachsen. Im Winter sollte man die Töpfe gut isolieren und bei Trockenheit gießen.

Mitte: Leyland-Zypressen wachsen recht zügig heran.

Rechts: Der Ionische Liguster wird gerne zu Tier- und Fantasiefiguren erzogen.

Die besten Kübelpflanzen für den Formschnitt

Deutscher Name *(Botanischer Name)*	**Höhe**	**Schnitt**	**Bemerkungen**
Buchs *(Buxus sempervirens)*	bis 150 cm	2–3 x jährlich	alle Formen möglich
Scheinzypresse *(Chamaecyparis lawsoniana)*	bis 250 cm	1–2 x jährlich	Kugeln, Kegel, Kuben, Spiralen
Immergrüne Kissenmispel *(Cotoneaster microphyllus)*	bis 150 cm	2–3 x jährlich	v. a. Figuren
Leyland-Zypresse (× *Cupressocyparis leylandii)*	bis 250 cm	1–2 x jährlich	Kugeln, Kegel, Kuben, Spiralen
Berg-Stechpalme *(Ilex crenata)*	bis 300 cm	1–2 x jährlich	v. a. Riesen-Bonsai
Lorbeer *(Laurus nobilis)*	bis 300 cm	1–2 x jährlich	Kugeln, Kegel, Kuben, Spiralen (siehe Seite 196)
Ionischer Liguster *(Ligustrum delavayanum)*	bis 250 cm	3–4 x jährlich	alle Formen möglich
Eibe *(Taxus cuspidata, T. baccata)*	bis 250 cm	1–2 x jährlich	v. a. Kegel, Kuben
Lebensbaum *(Thuja occidentalis)*	bis 250 cm	1–2 x jährlich	Kugeln, Kegel, Kuben, Spiralen

AUS DEM GARTEN IN DEN TOPF

Was sich im Garten bewährt, ist auch für die Terrasse einen Versuch wert – nach diesem Motto erobern immer mehr Stauden den Kübelgarten. Diese mehrjährigen frostharten und krautigen Pflanzen haben den Vorteil, dass man sie im Winter nicht ins Haus holen muss. Sie können wie in den Blumenbeeten im Garten das ganze Jahr über draußen bleiben. Ausgenommen bei immergrünen Arten, welken ihre Blätter im Herbst und sprießen erst im nächsten Frühjahr wieder, um sich im Sommer mit bezaubernden Blüten zu schmücken. In den Blütenreigen stimmen prachtvolle Zwiebelblumen ein, die im Frühjahr gepflanzt und im Winter im kühlen Keller eingelagert werden.

Oben: Funkien (*Hosta*, siehe Seite 289) dürfen mit ihren schmucken, bunten Blättern auf keiner Schattenterrasse fehlen.

Links: Bunte Vielfalt – was Stauden (also mehrjährige, krautige Pflanzen) im Garten können, zeigen sie auch im Topf eindrucksvoll.

Hauswurz-Arten *(Sempervivum)* sind wahre Lebenskünstler, die selbst in kleinsten Pflanzgefäßen, in Mauernischen, Plattenfugen oder auf Dachpfannen ihr Auskommen finden. In ihren grünen, roten, weiß oder grau überzogenen Blättern speichern Sie Wasser und Nährstoffe und überdauern so karge Zeiten. Auch unter den Fetthennen-*(Sedum)* und Steinbrech-Arten *(Saxifraga)* finden sich wunderschöne, anspruchslose Kleinode.

Blütenstauden für jede Gelegenheit

Das Staudensortiment ist riesig – und jedes Jahr kommen neue Selektionen und Züchtungen hinzu, von denen sich so manche als »topftauglich« erweist. Machen Sie mit beim Experimentieren und entdecken Sie Ihre ganz persönlichen Kübel-Favoriten.

Wichtig bei der Wahl der Testkandidaten ist ihre Widerstandsfähigkeit. Nur robuste Arten, die sehr anpassungsfähig an den Standort und die Lebensbedingungen sind, kommen in Frage. Wüchsige Stauden, die auch im Garten zu dichten Horsten heranwachsen, sind die Richtigen. Sie werden sich auch angesichts des begrenzten Wurzelraums im Topf und wechselnder Pflegebedingungen behaupten. Alpine Raritäten oder Freiland-Orchideen mit ihren speziellen Ansprüchen sind jedoch selbst erfahrenen Terrassengärtnern nicht anzuraten.

Schöne Terrassen zum Nachpflanzen

(Bild siehe Seite 280/281)

① Muskateller-Salbei *(Salvia sclarea)*
② Flammenblume *(Phlox paniculata)*
③ Schmucklilie *(Agapanthus-*Hybride)
④ und ⑨ Duft-Wicke *(Lathyrus odoratus)*
⑤ Prachtscharte *(Liatris spicata)*
⑥ Federgras *(Stipa tenuissima)*
⑦ Schnee-Felberich *(Lysimachia clethroides)*
⑧ Prunkwinde *(Ipomoea purpurea)*
⑩ Blutweiderich *(Lythrum salicaria)*
⑪ Lavendel *(Lavandula angustifolia)*

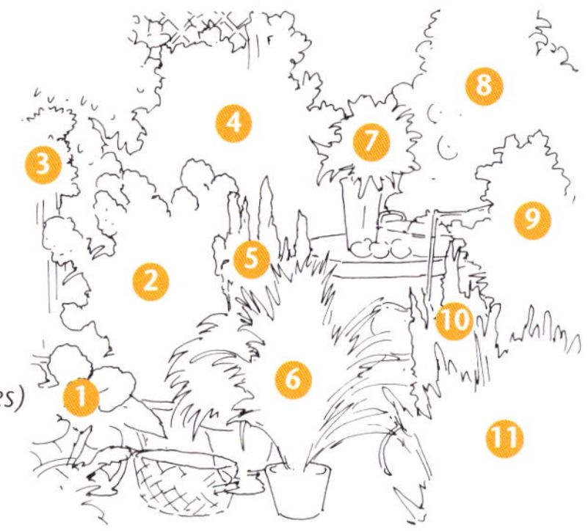

Achten Sie bei der Auswahl der Probekandidaten auf das Gesamterscheinungsbild der Pflanzen. Lassen Sie sich nicht allein von wunderschönen Blüten verführen, die sich dann vielleicht nur für kurze Zeit öffnen und ein unschönes, rasch welkendes Blattwerk hinterlassen. Schließlich muss man auf der Terrasse mit dem Platz haushalten, und da sollte jeder Topf ein Volltreffer sein. Ungeeignet in diesem Sinne sind z.B. Buschwindröschen, Türkischer Mohn, Maiglöckchen oder Akelei. Die meisten Punkte sammeln hingegen Bewerber, die neben einer langen Blütezeit attraktive Blätter haben, z.B. Funkie *(Hosta*, siehe Seite 289), Herbstanemone (z.B. *Anemone hupehensis)*, Bergenie *(Bergenia)*, Purpurglöckchen *(Heuchera)* oder Frauenmantel *(Alchemilla)*. Auch Gräser sind bis weit in den Herbst hinein attraktiv (siehe Seite 310 f.)

Die Wuchshöhe ist ein wichtiges Merkmal für die Verwendung. Niedrige, nur 10 bis 20 cm hohe Polsterpflanzen entwickeln in flachen Schalen ihren Charme, brauchen hier aber viel Aufmerksamkeit (z.B. häufiges Gießen). Sie eignen sich ebenso zur Unterpflanzung wie für gemischte Pflanzungen, bei denen ihre Triebe über den Topfrand wallen können. Wuchshöhen zwischen 30 und 80 cm harmonieren mit den meisten Pflanzgefäßen und eignen sich oft gut für Kombinationspflanzungen. Arten, die über 100 cm hoch werden, sollten dagegen als Solitärpflanzen eingesetzt werden. Sie benötigen häufig Stützstäbe, um bei Wind nicht umzuknicken. Die Töp-

Mit großen Holzbottichen, Keramik- und Steingutgefäßen ohne Abzugslöcher im Boden lassen sich wunderschöne Wassergärten gestalten. Für Blüten sorgen hier verschiedene Schwertlilien *(Iris,* siehe Seite 289) und Sumpf-Vergissmeinnicht *(Myosotis palustris)*. Halten Sie den Wasserstand auf etwa der Hälfte der Gefäßhöhe. Ab und zu sollte die Feuchtigkeit ganz verdunsten, damit sich die Erdporen mit frischem Sauerstoff füllen können. Beginnt das Wasser faulig zu riechen, sollte es sofort ausgetauscht werden. Fadenalgen oder Wasserlinsen, die sich rasch ansiedeln, fischt man regelmäßig heraus.

fe sollten von Anfang an großzügig bemessen und sehr standfest sein.

Dauerhaft für kurze Zeit

Stauden sind zwar langlebige Pflanzen, doch viele ermüden mit den Jahren, werden blühfaul und kahl. Man teilt sie deshalb in regelmäßigen Abständen und kultiviert nur die jüngeren Teilstücke weiter (Verjüngung). Dies gilt im Topfgarten umso mehr als im Gartenbeet, denn in den Pflanzgefäßen stoßen die Wurzeln viel früher an ihre Grenzen.

Terrassen-Stauden topft man alle 2 bis 4 Jahre im Frühling (oder Herbst) aus und

Der Goldfelberich *(Lysimachia,* siehe Seite 290) wächst in nur einem Jahr zu dichten Horsten heran, die im Sommer überreich blühen. Dafür verlangen sie reichlich Wasser und jede Woche ein Mal Mineraldünger. Alle zwei Jahre im März teilt man die Horste und kultiviert nur die jüngeren, kräftigsten und gesunden Teilstücke weiter.

Schönes aus Zwiebeln und Knollen: Auf dieser Terrasse sorgen (von links nach rechts) Dahlien (*Dahlia*, siehe Seite 288), Lilien (*Lilium*, siehe Seite 290), Indisches Blumenrohr (*Canna*, siehe Seite 287) und Schmucklilie (*Agapanthus*, siehe Seite 206) für reichlich Farbe.

gewinnt mit Hilfe eines Spatens oder einer Säge mehrere Teilstücke mit jungen, gesunden Knospen und Wurzeln. Diese setzt man in frische Erde in den alten Topf zurück, die älteren Teilen wirft man weg.

Solisten sind pflegeleichter

Das Miteinander von Stauden in einem Topf ist eine der schwierigsten Übungen für Mensch und Pflanze. Nur allzu rasch breitet sich eine Art zu stark aus und bedrängt ihre Nachbarn, ja schaltet sie im Extremfall sogar aus. Deshalb ist es immer einfacher, pro Topf nur mit einer Stauden-Art zu arbeiten und die Einzeltöpfe durch geschicktes Arrangieren zu einem Gesamtbild zusammenzufügen. Bei Kombinationspflanzungen müssen dagegen Wurzel- und Triebkraft der Pflanzen gleichrangig, die Standort- und Pflegeansprüche ähnlich sein und sowohl Blütenfarbe als auch Wuchsart zusammenpassen – eine schwierige Aufgabe, die oft erst nach Jahren der Übung gelingt.

TIPP

Wenn die Gartenstauden im Frühjahr geteilt werden, fällt eine Menge Pflanzenmaterial an, für das in den Beeten nicht immer Platz ist. Pflanzen Sie es in Töpfe und schmücken damit die eigene Terrasse oder bringen Sie sie bei der nächsten Einladung als Präsent zum Gartenfest mit.

Rezepte zum Nachpflanzen

Für folgende Vorschläge brauchen Sie einen Topf mit ca. 50 cm Durchmesser und 40 Liter Fassungsvermögen.

Blau wie der Mondhimmel:
Zentrum: 2 x Bergaster 'Veilchenkönigin' (*Aster amellus*; Blüte 8–9; 50 cm); Rand: 3 x Blaukissen 'Blue Emperor' (*Aubrieta × cultorum*; Blüte 4–5; 1 cm), 3 x Karpatenglockenblume (*Campanula carpatica*; Blüte 6–7; 20 cm).

Goldgelbes Sommer-Set:
Zentrum: 1 x Junkerlilie (*Asphodeline lutea*; Blüte 5–6; 80 cm); 3 x Mädchenauge (*Coreopsis verticillata*; Blüte 6–8; 50 cm); Rand: 3 x Goldkamille (*Anthemis biebersteiniana*; Blüte 5–7; 20 cm).

Weißes Glitzern in der Sommersonne:
Zentrum: 1 x Wiesenmargerite (*Leucanthemum vulgare*; Blüte 5–6; 50 cm); Rand: 3 x Silbergarbe (*Achillea ageratifolia*; Blüte 6–7; 15 cm), 2 x Schleierkraut 'Letchworth' (*Gypsophila repens*; Blüte 5–6; 10 cm).

Blütenträume aus der Zwiebel

Auch unter den sommerblühenden Zwiebelblumen gibt es zahlreiche Top(f)-Kandidaten, die Ihre Sommerterrasse mit prächtigen Blüten bereichern. Im Gegensatz zu den frühlingsblühenden Zwiebelblumen (siehe Seite 178 f.) sind sie jedoch meist frostempfindlich und verbringen die kalte Jahreszeit im Haus. Im März und April pflanzt man sie alljährlich in frische Erde und treibt sie einige Wochen an einem hellen, 10 bis 15 °C warmem Platz im Haus vor, bevor sie Mitte Mai nach draußen können. Auf diese Weise treiben Gladiolen, Dahlien, Lilien und Co. aus unscheinbaren braunen Zwiebeln und Knollen stattliche Blüten, die nicht nur im Topf, sondern auch in der Vase mit Sicherheit eine tolle Figur machen.

Im Herbst ist die Vorstellung, die man durch geschickte Sortenwahl von Juni bis Oktober ausdehnen kann, zu Ende. Man stellt die Töpfe bis zum ersten Frost an einen überdachten Platz, damit die Erde abtrocket. Sobald das Laub eingetrocknet ist, schneidet man es ab und holt die Zwiebeln aus der Erde. Sie werden von groben Erdresten befreit und mit Etiketten versehen, auf denen die Sorte und Blütenfarbe vermerkt ist. Sonst findet man im nächsten Frühling nichts mehr wieder. Dann schichtet man die Zwiebeln und Knollen in Kisten oder Schalen und lagert sie im gerade frostfreien Keller bis zum nächsten Frühjahr (siehe dazu auch die Überwinterungstipps bei den Porträts ab Seite 287).

Gladiolen zählen mit ihrem straffen, aufrechten Wuchs zu den Königinnen im Topfgarten der Zwiebelblumen. Besonders hohe Sorten stützt man mit Drahtstangen, die man in die Erde steckt. Die Blätter und Blütenstiele werden mit kleinen Bastschleifen oder dünnen Sisalseilen daran festgebunden.

Auf dieser Terrasse geht die Sonne niemals unter. Dafür sorgen (von links nach rechts) gelbe Dahlie *(Dahlia*, siehe Seite 288), Sonnenauge *(Heliopsis helianthoides* var. *scabra)*, Gewürzrinde *(Cassia corymbosa*, siehe Seite 216) und Sonnenhut *(Rudbeckia*, siehe Seite 291) im kleinen Topf vorne. Den rechten Terrassenrand bestimmen rote und weiße Dahlien.

Duftnesseln

(Agastache)

Die Blätter und Blüten dieser Wildstauden duften aromatisch, vergleichbar mit Anis oder Fenchel.

Wuchs: Die straff nach oben strebenden, in der Regel unverzweigten Triebe werden bis zu 1 m hoch. Das Laub ist im Austrieb rötlich überzogen.

Blüte: Während die Blütenähren von *A. foeniculum* (Bild) violettblau sind, trägt *A. rugosa* Purpurrosa. Die Blüte fällt in die Monate Juli und August.

Standort: Um ihr Aroma richtig entfalten zu können, lieben diese Stauden vollsonnige, heiße Plätze. Die Wurzeln bevorzugen durchlässige, mit Kies versetzte Erde. Sorgen Sie für zahlreiche Abzugslöcher im Topfboden.

Pflege: Gießen Sie in größeren Abständen, dann aber sehr reichlich, damit die Erde völlig durchtränkt wird. 14-tägliche Düngergaben genügen.

Pflanzenschutz: An den jungen Blättern treten zuweilen Blättläuse auf.

Überwinterung: Im Freien; Winterschutz ist nicht zwingend notwendig.

Extra-Tipp: Aus den frischen oder getrockneten Blättern lässt sich ein wohltuender Tee aufbrühen.

Prachtspieren

(Astilbe)

Für halbschattige bis schattige Terrassen sind diese Ostasiaten unverzichtbar. Ihre farbintensive Blüte dauert oft 3 Monate an. Auch die mehrfach gefiederten Blätter sind mit ihrem tiefgrünen Glanz sehr zierend. Für die Topfkultur sind vor allem die weniger als 50 cm hohe Sorten von *A. japonica* (früh blühend), *A. simplicifolia* (mittlere Blütezeit) und *A. chinensis* (spät blühend) geeignet (außer die var. *taquetii*), von den *A.* × *arendsii*-Sorten z. B. 'Fanal' (rot), 'Brautschleier' (weiß) oder 'Bonanza' (rosa).

Wuchs: Kompakte Horste mit weißen, roten oder rosafarbenen Blütenrispen.

Blüte: Bei Einsatz verschiedener Arten gestaffelt von Juni bis September.

Standort: Lichter Schatten ist ideal. Je sonniger, umso gleichmäßer sollte die Wasserversorgung sein.

Pflege: Lehmige Erde bildet die Basis für eine konstant hohe Bodenfeuchte und große Nährstoffvorräte, die 2 x im Monat aufgefüllt werden.

Pflanzenschutz: Keine Anfälligkeit.

Überwinterung: Im Freien bei mäßiger Bodenfeuchte (keine Dauernässe).

Glockenblumen

(Campanula)

Während die Zwergformen der Glockenblumen liebliche Begleiter für sonnige »blaue« Terrassen sind (z. B. *C. carpatica, C. cochleariifolia, C. portenschlagiana, C. poscharskyana)*, bereichert die mittelhohe *C. glomerata* (z. B. 'Suberba', 'Dahurica') halbschattige Plätze. *C. lactiflora, C. latifolia* und *C. persicifolia*, brauchen mit ihren über 80 cm hohen Trieben meist Stützhilfen.

Wuchs: Zwergformen werden nicht mehr als 20 cm hoch und eignen sich hervorragend für Schalen, deren Ränder sie mit ihren Trieben überwallen.

Blüte: Neben den beliebten blauen Blütenglocken gibt es bei vielen Arten weiße Sorten. Die Hauptblüte fällt in den Juni und Juli. Erste Blüten zeigen sich im Mai, die letzten im September.

Standort: Auch die Halbschattenbewohner vertragen Sonne, wenn die Bodenfeuchte konstant hoch ist. Dann sind sie sehr schöne Rosenbegleiter.

Pflege: Die durchlässige Erde mäßig feucht halten. 14-täglich düngen.

Pflanzenschutz: Häufig Schnecken.

Überwinterung: Im Freien, regengeschützt.

Indisches Blumenrohr

(Canna indica)

Mit farbgewaltigen Blüten und schmuckem Laub ziehen diese amerikanischen Rhizomstauden alle Blicke auf sich. Für die Topfkultur sind vor allem kleinwüchsige grünlaubige Sorten wie 'Cherry Red' (rot), 'Opera La Boheme' oder 'Orchid' (rosa), 'Lucifer' (rot mit gelbem Rand) oder 'Golden Lucifer' (gelb, rot gesprenkelt) empfehlenswert. Von den rotlaubigen Sorten bleiben 'Black Night' (dunkelrot), 'Verdi' und 'Ingeborg' (beide lachsorange) unter 80 cm. Zahlreiche weitere Sorten erreichen über 1 m Höhe. Sie brauchen große Töpfe, um standfest zu sein.

Wuchs: Großblättrige, dichte Horste.
Blüte: Je nach Sorte Juni bis Oktober.
Standort: Sonnig und windgeschützt.
Pflege: Anfang März pflanzt man die Rhizome in frische Erde und treibt sie im Haus hell bei etwa 15 °C an. Mitte Mai beziehen sie Quartier im Freien. Erde konstant feucht halten (hoher Bedarf) und 1 x pro Woche düngen.
Pflanzenschutz: Spinnmilben, Schnecken.
Überwinterung: Im Topf oder gesäubert in Kisten trocken und möglichst dunkel bei 5 (±5) °C lagern.

Mädchenaugen

(Coreopsis)

So unterschiedlich sich die Mädchenaugen präsentieren – sie alle sind mit ihrer reichen und lang anhaltenden Blütezeit wertvolle Kübelpflanzen. Während *C. grandiflora* (80 cm), *C. lanceolata* (20 cm) und *C. verticillata* (50 cm) gelbe Blüten präsentieren, zeigt *C. rosea* 'American Dream' Rosa. Sie alle sind mehrjährig, nur *C. tinctoria* (gelb, rötliche Mitte) ist einjährig.

Wuchs: Dichte, kompakte Horste.
Blüte: Die Blüte hält von Juni bis September an. *C. grandiflora* 'Sunrise' bietet halbgefüllte Blüten (Bild).
Standort: Vollsonnig, warm.
Pflege: Die Erde sollte humos und leicht lehmig sein, damit sie Wasser und Nährstoffe gut speichern kann. Schneiden Sie die Pflanzen nach der Blüte kräftig zurück. Jeden 2. Frühling teilen (Verjüngung).
Pflanzenschutz: Selten Blattläuse.
Überwinterung: Im Freien; Töpfe isolieren und regengeschützt aufstellen.
Extra-Tipp: Auch die gelb- und rotbraun blühenden Sonnenbräute *(Helenium × hybridum)* sind sehr wertvolle winterharte Kübelstauden.

Dahlien

(Dahlia)

Aus der riesigen Sortenfülle sind es vor allem die kleinwüchsigen Mignon- (Bild) und Gallery-Dahlien, die sich um die Topfkultur verdient machen, während Schmuck-, Halskrausen-, Pompon-, Semikaktus- und Kaktusdahlien, Anemonen- und Päeonienblütige Dahlien 1 m hoch werden. Stützen verhindern, dass sie umknicken.

Wuchs: Die aufrechten, dunkelgrün beblätterten Triebe stehen in Horsten.

Blüte: Von Juni bis Oktober in weißen, gelben, roten, rosa- und orangefarbenen Spielarten, gefüllt, halbgefüllt, einfach, ein- oder zweifarbig.

Standort: Sonnig, windgeschützt.

Pflege: Die humos-lehmige Erde konstant leicht feucht, aber nicht nass halten. 1 x pro Woche düngen.

Pflanzenschutz: Hohe Anfälligkeit für tierische Schädlinge und Viren.

Überwinterung: Nach dem ersten Frost Stängel auf Handbreite einkürzen, die Knollen austopfen und in leicht feuchtem Sand dunkel bei 5 (±5) °C lagern. Im März in frische Erde topfen und im Haus hell bei 15 °C antreiben. Ab Mitte Mai ins Freie stellen.

Schopflilien

(Eucomis)

Der Blattschopf am Ende ihrer reich dekorierten Blütenstiele hat diesen südafrikanischen Liliengewächsen den Namen eingetragen. Die cremeweißen, bei *E. bicolor* violett umrandeten Blüten verströmen ein herbes Parfum.

Wuchs: *E. comosa* (Bild) und *E. bicolor* bis 60 cm, *E. autumnalis* bis 30 cm hoch.

Blüte: Im Hoch- bis Spätsommer. Der Blütenstand hält 3 bis 4 Wochen. Danach entfernt man die Stiele, um den Pflanzen die Kraft für die Samenbildung zu ersparen. Es kann jedoch lohnen, einige Samen ausreifen zu lassen, denn sie keimen im Frühjahr leicht.

Standort: Vollsonnig und warm.

Pflege: Gleichmäßige Bodenfeuchte auf niedrigem Niveau und 1 x pro Woche Dünger gefällt den Zwiebeln am besten. Im April werden die Zwiebeln in frische, durchlässige Erde getopft und ins Freie gestellt. Die Zwiebelspitze sollte 10 cm unter der Erdoberfläche liegen.

Pflanzenschutz: Selten Spinnmilben.

Überwinterung: Vor dem ersten Frost holt man die Töpfe ins Haus. Trocken halten. Sobald das Laub welk ist, dunkel und trocken bei 7 (±5) °C stellen.

Gladiolen

(Gladiolus)

Obwohl viele Sorten dieser als Schnittblumen beliebten Schwertliliengewächse gut über 1 m hoch werden, sind sie allesamt hervorragend für die Kübelkultur geeignet, denn ihre schwertförmigen Blätter und kräftigen Blütenstiele sind meist sehr stabil.

Wuchs: Baby-(Nanus-)Gladiolen werden etwa 50 cm hoch, Primulinus-Gladiolen je nach Sorte 60 bis 80 cm, Butterfly-Gladiolen erreichen bis zu 1 m, Großblütige Gladiolen (Bild) bis zu 150 cm.

Blüte: Zwischen Juni und September, in weißen, gelben, roten, orange-, rosa- und mehrfarbigen Spielarten.

Standort: Vollsonnig und warm.

Pflege: Gleichmäßige Bodenfeuchte bekommt den Knollenpflanzen, die man im April etwa 5 cm tief in frische, durchlässige Erde pflanzt, am besten. 2 bis 3 x pro Monat düngen.

Pflanzenschutz: Anfällig für viele Krankheiten und Schädlinge (z. B. Thripse).

Überwinterung: Triebe Anfang November auf 5 cm Länge zurückschneiden, die Knollen von alten Hautresten und kleinen Brutzwiebeln befreien und dunkel bei 5 (±5) °C überwintern.

Taglilien

(Hemerocallis)

Taglilien sind ausgesprochen anspruchslose Stauden, die in großen Pflanzgefäßen viele Jahre gedeihen können. Werden ihre Horste zu groß, topft man sie im März aus und teilt sie. Einige jüngere, gesunde Teilstücke kultiviert man weiter. Neben klein- und miniaturblütigen Sorten bzw. Arten *(H. citrina*, Bild) erfreuen sich vor allem großblumige Formen großer Beliebtheit. Hierzulande sind über 500 Sorten erhältlich.

Wuchs: Die grasartigen Blätter bilden große, dichte, überhängende Horste.
Blüte: Je nach Sorte fällt die Blüte in die Zeit zwischen Juni und September mit einem Höhepunkt im Juli. Jede Blüte hält, wie der Name sagt, zwar nur einen Tag, doch ihre Vielzahl garantiert einen wochenlangen Flor. Bis auf Blau sind alle Farben, auch im Duett, vertreten.
Standort: Sonnig bis halbschattig.
Pflege: Mäßige Bodenfeuchte ist ideal. Dauernässe wird nicht toleriert, kurze Trockenheit schon. 14-täglich düngen.
Pflanzenschutz: Keine Anfälligkeit.
Überwinterung: Regengeschützt im Freien; in rauen Lage Töpfe isolieren.

Funkien

(Hosta)

Als Kübelstauden sind vor allem die großblättrigen unter den hierzulande über 150 erhältlichen Arten und Sorten empfehlenswert, ebenso buntblättrige, die zu stattlichen Solitärpflanzen heranwachsen können. Hierzu zählen die Sorten von *H. crispula, H. elata, H. fortunei* (Bild), *H. plantaginea, H. sieboldiana* und *H. ventricosa* sowie zahlreiche Hybriden. Entsprechend der Laubfarbe teilt man sie in Grün-, Weiß-, Gelb- und Blaublatt-Funkien ein.

Wuchs: In dichten Horsten.
Blüte: Die violetten, blauen oder weißen Blüten erscheinen je nach Art und Sorte zwischen Juni und September. Die Blüten von *H. plantaginea* duften.
Standort: Wechsel- bis absonnig.
Pflege: Eine konstant hohe Boden- und Luftfeuchte ist willkommen. 14-täglich düngen. Werden die Horste mit den Jahren zu dicht, teilt man sie im März. Verwenden Sie von Anfang an großzügig bemessene Pflanzgefäße.
Pflanzenschutz: Schützen Sie die Blätter vor allem im Frühjahr vor Schneckenfraß (Haube, Topfkrampe).
Überwinterung: Im Freien, halbschattig.

Schwertlilien

(Iris)

Unter den unzähligen Iris-Formen findet sich keine, die nicht auch im Topf eine Top-Figur machen würde. Während die 10 bis 20 cm hohen Zwerg-Bart-Iris (*Iris*-Barbata-Nana) kleine Töpfe schmücken, erobern Hohe und Mittelhohe Bart-Iris (*I.*-B.-Elatior/*I.*-B.-Media) mit 40 bis 120 cm Höhe große Gefäße. *I. spuria, I. sibirica, I. ensata, I. laevigata* (Bild), *I. ochroleuca* lieben feuchte Bottiche.
Wuchs: Da sich die Rhizome ausbreiten, verkahlen Iris allmählich von innen. Man teilt sie daher alle 2 bis 4 Jahre im Frühjahr. Die Rhizome sehr flach pflanzen. Die Hälfte sollte aus der durchlässigen Erde herausragen.
Blüte: Blau, Violett, Weiß und Gelb sind die vorherrschenden Farben der meist mehrfarbigen Blüten. Bartlilien und *I. sibirica* blühen im Mai/Juni, alle anderen zwischen Juli und August.
Standort: Vollsonnig und warm.
Pflege: Bart-Iris lieben eher trockene, *I. laevigata* und *I. ensata* nasse, alle anderen feuchte Bodenverhältnisse.
Pflanzenschutz: Rhizomfäulnis (Bakterienbefall). Schneckenfraß.
Überwinterung: Geschützt im Freien.

STAUDEN & ZWIEBELN

Lilien

(Lilium)

Die kompakten, weniger als 80 cm hohen Asiatischen Lilien (Bild) sind für die Topfkultur am besten geeignet. Doch da sie den herrlichen Blütenduft vermissen lassen, wird man auch Madonnen-Lilie *(L. candidum)*, Goldband-Lilie *(L. auratum)*, Königs-Lilie *(L. regale)* oder Pracht-Lilie *(L. speciosum)*, Trompeten-Hybriden und Orientalische Hybriden in Töpfen ziehen wollen, wo sie über 150 cm Höhe erreichen.

Wuchs: Die oft mehr als 10 cm durchmessenden Blüten stehen am Ende aufrechter, quirlig beblätterter Stiele.

Blüte: Hauptblüte im Juli/August.

Standort: Halbschattig und warm, einige Arten sonnig. Töpfe beschattet.

Pflege: Die dicken Lilien-Zwiebeln lieben eine gleichmäßige, leichte Bodenfeuchte und wöchentlich Dünger. Die beste Pflanzzeit für Topflilien ist im März. Da sie jedoch meist im Herbst angeboten werden, lagert man sie zunächst in feuchtem Sand im Keller.

Pflanzenschutz: Larven und Käfer der Lilienhähnchen fressen die Blätter an.

Überwinterung: Töpfe dunkel und leicht feucht bei 7 (±5) °C aufstellen.

Felberiche

(Lysimachia)

Der leuchtend gelb blühende Gold-Felberich *(L. punctata*, Bild) ist einer der robustesten Kübelstauden. Der Bronze-Felberich *(Lysimachia ciliata* 'Firecracker') trägt zusätzlich zu den gelben Blüten schokoladenbraunes Laub. Ebenfalls empfehlenswert ist der Schnee-Felberich *(L. clethroides)* mit seinen elegant überhängenden, weißen Blütentrauben, die sehr gerne von Schmetterlingen besucht werden.

Wuchs: Bis zu 80 cm hohe Horste. Die starkwüchsigen Pflanzen sollten alle 2 bis 3 Jahre im März geteilt und nur die jungen Teilstücke wieder eingepflanzt werden. *L. clethroides* und *L. ciliata* haben eine prächtige Herbstfärbung.

Blüte: Der leicht duftende Flor erscheint zwischen Juni und September.

Standort: Wechselsonnige, kühl-feuchte Plätze sind ideal.

Pflege: Alle Arten lieben eine konstant hohe Bodenfeuchte und 1 x pro Woche Dünger. Die Erde sollte mit etwas Lehm vermischt werden.

Pflanzenschutz: Schnecken,Blattläuse.

Überwinterung: Im Freien. Töpfe isolieren. Nicht austrocknen lassen.

Katzenminzen

(Nepeta)

Neben aromatisch duftenden silbergrauen Blättern haben diese 30 cm hohen Dauerblüher lavendelblaue *(N. × faassenii)*, die Sorte 'Snowflake' weiße und 'Dawn to Dusk' rosafarbene Blüten zu bieten, die Schmetterlinge anziehen. 'Six Hills Giant' (Bild) und *N. sibirica* – beide blaublütig – erreichen 50 bzw. 90 cm Wuchshöhe.

Wuchs: Die weichtriebigen Horste fallen ohne Stütze leicht auseinander.

Blüte: Schneidet man die Stängel nach der Hauptblüte, die von Mai bis Juli andauert, kräftig zurück, erfolgt eine Nachblüte im September.

Standort: Sonnig, gerne heiß.

Pflege: Halten Sie die optimalerweise durchlässige Erde lieber etwas zu trocken als zu nass und düngen Sie von April bis August 2 x im Monat.

Pflanzenschutz: Zuweilen Blattläuse.

Überwinterung: Im Freien. Töpfe regengeschützt aufstellen.

Extra-Tipp: Wenn Sie eine Katze haben, sollten Sie auf diese Staude verzichten, denn die Tiere legen oder wälzen sich nur allzu gerne zwischen den herb duftenden Trieben.

Flammenblumen

(Phlox)

Wer für seine Terrassenpflanzen eine üppig blühende Ergänzung sucht, ist mit Hohem Phlox *(P. paniculata)* richtig beraten. Setzen Sie wegen der Standfestigkeit auf Sorten mit weniger als 1 m Wuchshöhe wie 'Aida' (rot), 'Redivius' (lachsrot), 'Orange' (orange), 'Pax' (weiß), 'Württembergia' (rosa) oder 'Wilhelm Kesselring' (Bild). Die niedrigen Polster-Phlox *(P. subulata, P. douglasii)* eignen sich dagegen einzeln für kleine Schalen oder als Unterpflanzung.

Wuchs: Polster-Phlox bilden dichte, an den Topfränder überwallende Bodendecker, Hohe Phlox aufrechte Horste.

Blüte: Farbe sortenabhängig in Rot-, Violett-, Rottönen oder in Weiß. Blütezeit im Juli und August. Kürzt man die Triebe im Juni auf 2/3 ein, fällt die Blüte in den September. Rückschnitt nach der Blüte fördert eine Nachblüte.

Standort: Sonnig, luftig, keine Hitze.

Pflege: Erde gleichmäßig feucht halten, 14-täglich düngen.

Pflanzenschutz: Mehltau ist häufig. Der im Garten gefürchtete Älchenbefall tritt bei Topfpflanzen selten auf.

Überwinterung: Im Freien.

Sonnenhüte

(Rudbeckia bzw. *Echinacea)*

Diese im Garten sehr beliebten Dauerblüher halten auch im Topfgarten immer mehr Einzug. Neben goldgelben Blüten mit schwarzen Blütenköpfchen *(R. fulgida* var. *speciosa* (Bild), *R. fulgida* var. *sullivantii* 'Goldsturm') sorgen auch gefüllte Sorten *(R. laciniata* 'Goldquelle') für dauernden Sonnenschein auf der Terrasse. Der ähnliche **Purpursonnenhut** *(Echinacea purpurea)* zeigt karminrosa oder weiße ('Albus') Blüten.

Wuchs: Die standfesten Triebe werden 60 bis 80 cm hoch. Die Horste sollten alle 3 bis 4 Jahre geteilt und nur die jüngeren Teilstücke weiter kultuviert werden. Weitere Stauden-Rudbeckien, die oft 2 m erreichen, eignen sich nur wenig für die Kübelkultur.

Blüte: Die Hauptblüte liegt in den Monaten Juli und August, hält aber oft bis in den September hinein an.

Standort: Sonnig, aber nicht heiß.

Pflege: Die Erde sollte stets leicht feucht sein. Jede Woche 1 x düngen.

Pflanzenschutz: Blättläuse, Schnecken.

Überwinterung: Im Freien.

Extra-Tipp: Auch der einjährige Sonnenhut *(R. hirta)* ist ein üppiger Blüher.

Ehrenpreis

(Veronica bzw. *Pseudolysimachion)*

Die Gattung *Veronica* vereint eine Vielzahl in Wuchs und Blüte sehr unterschiedlicher Arten. Die niedrigen davon eignen sich für die Topfkultur.

Wuchs: Während *V. prostrata, V. armena, V. repens* und *V. cinerea* mit 10 cm Höhe flache Polster bilden, wachsen *P. spicatum, V. austriaca, P. incanum* und *V. teucrium* (Bild) zu dichten 30 cm hohen Horsten heran. *V. incana* und *V. cinerea* zeigen attraktives, graues Laub.

Blüte: Bis auf *V. spicata* in Rosa und Rot (Juli bis September) blühen die genannten Arten allesamt hell- bis violettblau (Mai bis Juli). Von vielen gibt es weiß blühende Sorten.

Standort: Vollsonnig, gerne heiß.

Pflege: Verwenden Sie durchlässige Erde, um stauende Nässe von Anfang an auszuschließen. 14-täglich düngen.

Pflanzenschutz: Nässe lässt die Wurzeln rasch faulen. Schädlingsfrei.

Überwinterung: Im Freien; regengeschützt stellen; kleine Töpfe isolieren.

Extra-Tipp: Schneiden Sie die Pflanzen jedes Jahr nach der Blüte kräftig zurück, um ein Verkahlen der Polster oder Horste von innen zu verhindern.

TERRASSEN FÜR NASCH-KATZEN

Für ein Vier-Gänge-Menü reicht die Ernte, die uns der Terrassengarten bietet, zwar meist nicht aus, doch eine Single-Portion Blatt- oder Tomatensalat, ein paar frische Kräuter zum Würzen oder heiße Himbeeren zum Vanille-Eis sind allemal möglich. Vor allem hat man bei selbst angebautem Gemüse immer das Gefühl, dass es viel gesünder und schmackhafter ist als das gekaufte. Schließlich können Sie zu Hause mit der Ernte warten, bis die Früchte vollreif sind, während die Handelsware oft verfrüht gepflückt wird, um die häufig sehr langen Transportwege zu überstehen. Anstatt viel Zeit im Lager zu verbringen, ist die Ernte stets frisch und vitaminreich. Außerdem können Sie so über die Menge und den Einsatz von Pflanzenschutzmitteln selbst bestimmen. Und für Ihre Kinder ist der Nutzgarten im Topf ein ideales Probierfeld, um erste Erfahrungen zu sammeln.

Oben: In der Schale sorgen Thymian *(Thymus,* klein), Salbei *(Salvia,* graugrüne Blätter) und Bohnenkraut *(Satureja,* weiß) für frische Würze. Das Pfennigkraut *(Lysimachia nummularia)* begleitet sie mit langen Ruten. Rechts daneben blüht der duftende Oregano in Dunkelrosa.

Links: Nutzterrassen mit Paprika, Stielmangold, Tomate und Basilikum locken mit kulinarischen und optischen Genüssen.

Frische Rosmarinblätter *(Rosmarinus*, links), Thymian *(Thymus*, Mitte) und Petersilie *(Petroselinum*, rechts) geben dem Sommersalat den letzten Schliff. In Öl oder Essig eingelegt, geben Rosmarinzweige ihr würziges Aroma an die Flüssigkeit ab.

Schönes mit Nützlichem verbinden

Das Rennen um die begehrten Logenplätze im Topfgarten sollten diejenigen Nutzpflanzen machen, die nicht nur etwas für den Gaumen, sondern zugleich auch etwas fürs Auge bieten.

Schöne Terrassen zum Nachpflanzen

(Bild siehe Seite 292/293)

① Paprika *(Capsicum annuum)*
② und ④ Stielmangold 'Vulkan' *(Beta vulgaris)*
③ Kaplilie *(Tulbaghia violacea)*
⑤ Basilikum *(Ocimum basilicum)*
⑥ Tomate *(Lycopersicon esculentum)*
⑦ Möhre *(Daucus carota)*

Artischocke und Cardy lassen auch im Topf delikate Blütenböden bzw. Blattstiele heranreifen.

Auffällig große Blätter präsentieren Rhabarber *(Rheum officinale)*, der geräumige Pflanzgefäße braucht, Artischocke *(Cynara scolymus)* oder Cardy *(Cynara cardunculus)* mit ihrem distelähnlichen Laub sowie der Palmkohl, ein Verwandter des Grünkohls *(Brassica oleracea, Sabellica*-Gruppe). Stielmangold-Sorten wie etwa 'Bright Lights' *(Beta vulgaris)* ziehen mit roten, weißen oder gelben Blattstielen die Blicke auf sich. Gern gesehen sind buntlaubige Kräuter wie diverse Sorten des Salbei *(Salvia*, siehe Seite 208) oder der Melisse (z. B. *Melissa officinalis* 'Goldfleck'). Mit attraktiven, rotvioletten Blättern wartet Basilikum auf *(Ocimum*, siehe Seite 299). Ebenfalls nicht nur für kulinarische, sondern auch für optische Genüsse sorgen farbenfrohe oder ungewöhnlich geformte Früchte. Meister in dieser Klasse sind Tomaten, Paprika, deren reifende Früchte weithin leuchten, und natürlich die große Gruppe der Zierkürbisse. Auch bunte Buschbohnen wie die blaue 'Blauhilde', die gelbe 'Rodcor' oder die gelbhülsigen Wachsbohnen sind schon lange vor der Ernte echte Hingucker.

Selbst schöne Blüten müssen auf der Nutzterrasse nicht fehlen. Dafür sorgen unter den Kräutern z. B. Thymian *(Thymus)*, Oregano *(Origanum)*, Lavendel *(Lavandula*, siehe Seite 207), Rosmarin *(Rosmarinus*, siehe Seite 199) oder Salbei *(Salvia*, siehe Seite 208). Beim Gemüse haben Artischocke *(Cynara scolymus)*, Zucchini und Kürbis *(Cucurbita pepo)* und Topinambur *(Helianthus*

tuberosus), deren Knollen wie Kartoffeln zubereitet werden, wunderschöne Blüten zu bieten. Lässt man Knoblauch und Schnittlauch *(Allium)* oder Fenchel *(Foeniculum)* blühen, wird man über das wunderschöne Ergebnis erstaunt sein.

Für die besondere Note in Ihrem Topfgarten sorgen duftende Kräuter, die ihr Aroma nicht erst beim Kochen , sondern schon in der Sonne entfalten (siehe Seite 236 ff.).

Gut gepflegt ist halb geerntet

Am einfachsten macht es uns das Gemüse, da es meist nur einjährig gezogen wird. Das Umtopfen und Überwintern entfällt damit. Dafür brauchen die Pflanzen im Sommer reichlich und vor allem sehr regelmäßig Wasser und Dünger, sonst schosst der Salat, schrumpeln die Roten Bete oder platzen die Tomaten. Je weniger Stress Sie die Pflanzen aussetzen, umso besser wachsen und fruchten sie.

Und günstig ist das Gemüsegärtnern auf der Terrasse obendrein, denn von der Artischocke bis zur Zucchini können Sie Ihr Topf-Gemüse aus Samen selbst heranziehen. Das Gros wird zwischen Mitte Februar und Anfang Mai auf einer hellen, aber nicht sonnigen Fensterbank im Haus vorkultiviert oder nach Ende der Frostperiode direkt ins Freie gesät. Beheizbare Anlehn-Gewächshäuser, die speziell für Balkone und Terrassen konstruiert sind, eignen sich besonders gut für die Kinderstube späterer Rohkostsalate und Gemüse-Potpourries.

Auch Kräuter verlangen nicht viel Pflege. Die meisten von ihnen sind langlebig und überstehen die Winter mühelos draußen im Freien, wenn man die Töpfe geschützt stellt oder ausreichend isoliert und dafür sorgt, dass sie nicht zu viel Nässe abbekommen. Im Sommer verzeihen viele von ihnen kurze Trockenheit problemlos. Beim Düngen ist allgemein eher Zurückhaltung angesagt, denn allzu hohe Stickstoffwerte können auf Kosten des Aromas gehen, was Schade wäre.

Obstgehölze im Topf brauchen eine ebenso konstante Pflege wie das Gemüse. Bei ungleichmäßiger Dünger- und Wasserversorgung werfen sie sonst ihre Fruchtansätze frühzeitig ab – und aus ist der Traum von der Schlemmerterrasse. Sie werden ebenso häufig umgetopft wie andere Kübelpflanzen und regelmäßig im Spätwinter geschnitten, damit sie statt zahlloser Zweige jedes Jahr viele Blüten und Früchte ansetzen.

Ergänzen Sie Ihren Einkauf vom Markt mit einigen selbst geernteten Tomaten, Bohnen, Paprika oder Gurken aus Ihrem Terrassengarten.

Während Buschbohnen weniger als 1 m hoch werden, erreichen Stangenbohnen bis zu 3 m. Beide bieten neben grünen Bohnen auch goldgelbe oder tief violettblaue Sorten.

Hier wetteifern die Busch- und Cocktail-Tomaten 'Mirabell', 'Sweet 100', 'Orange Bourgoin' und 'Carotina' um die besten Sonnenplätze. Rechts gesellt sich eine Stabtomate 'Red Pear' hinzu, im Kasten ganz rechts die Ampeltomate 'Red Balcony'.

Gemüse ernten – leicht und schnell

Wer auf hohe Ernteerträge auf kleinstem Raum spekuliert, sollte in erster Linie auf schnellwüchsiges Gemüse setzen.

Dazu zählen vor allem **Radieschen**, die schon vier bis sechs Wochen nach der Aussaat erntereif sind. Probieren Sie es einmal mit zweifarbigen Sorten wie 'Rundes halbrot-halbweiß' oder länglichen wie den weißen 'Eiszapfen'.

Gleich danach kommen die **Salate**. Kopfsalate brauchen fünf bis sieben Wochen von der Aussaat bis zur Ernte, Eissalate nur eine Woche mehr. Pflanzen Sie zur Abwechslung auch rotblättrige Sorten wie 'Barbarossa' (Kopfsalat) oder 'Sioux' (Eissalat). Ebenfalls sehr ökonomisch sind Pflücksalate, denn sie ermöglichen mehrere Ernten. Man zupft dabei nur die jeweils äußeren Blätter ab. Die Herzblätter im Zentrum bleiben stehen. Erst nach drei bis vier Erntewochen wird nachgesät. Hier gibt es mit 'Lollo Rossa' oder dem Roten Eichblattsalat 'Red Salad Bowl' ebenfalls rote Varianten. Auch der bittere, rot-weiße Radicchio ist mit acht bis zehn Wochen Kulturdauer mit von der Partie. Im Herbst ist Zeit für den Feldsalat. Er würde in der Hitze des Sommers rasch »schießen« und Blüten bilden. Deshalb sät man ihn erst ab August aus.

Tomaten sind so beliebt wie kaum ein anderes Gemüse. Zu den Sorten, die nicht so kräftig wachsen und dennoch hohe Erträge bringen, zählen rote Cocktail-Tomaten wie 'Balkonstar', 'Minibell' oder 'Red Robin', gelbfrüchtige Variationen wie 'Yellow Canary' und 'Mirabell' und selbstverständlich die beliebten hübschen Kirschtomaten wie zum Beispiel 'Sweet 100'. Stellen Sie Tomatenpflanzen unbedingt nach Möglichkeit regengeschützt unterm Dachüberstand auf, damit sie nicht unter der Kraut- und Braunfäule leiden.

Kartoffeln im Topf zu ziehen, ist zwar unrentabel, macht aber umso mehr Spaß. Dazu füllt man große Töpfe oder Fässer zunächst zur Hälfte mit Erde und legt zwei bis drei Setzkartoffeln hinein. Mit dem Wachstum der Triebe füllt man anschließend alle zwei bis drei Wochen Erde nach, sodass immer nur etwa 20 cm der Pflanzen herausschauen. So bilden sich bis zum Herbst mehrere Lagen Kartoffeln. Probieren Sie es auch mal mit blaufleischigen Sorten wie 'Vitt Lotte' oder rotschaligen wie 'Franceline'.

Leckeres und dekoratives Gemüse für Topf und Kübel

Deutscher Name	Aussaat	Ernte	Pflegetipps
Artischocke	März–April	Juli–August	mehrjährig; mit Winterschutz frostfest; essbare Blütenböden
Buschbohne	Mai–Juli	Juli–September	Pflanzen werden nur 50 cm hoch; keine Stützhilfen nötig
Kopf- und Pflücksalat	März–August	Mai–Oktober	nicht über die Blätter gießen, um Fäulnis zu vermeiden
Mangold	April–Mai	Juni–Oktober	direkt in die Töpfe säen; Blätter werden wie Spinat zubereitet
Paprika	Februar–März	Juli–September	Vorkultur im Zimmer, erst nach Mitte Mai ins Freie stellen
Radieschen	März–Sept.	April–Oktober	große Knollen entwickeln sich bei 5 x 15 cm Standweite
Tomate	März–April	Juli–Oktober	Vorkultur im Zimmer bei 20 °C; ab Anfang Mai ins Freie stellen
Topinambur	Sept./April	Mai–Juni	Vermehrung über die Knollen; bis zu 3 m hoch; schöne Blüten
Zucchini	April–Mai	Juli–September	großzügige Pflanzgefäße wählen; sehr wüchsig; lange Triebe

Oben links: Pflanzen Sie auch im Terrassengarten Ihr Gemüse nach den Regeln der Mischkultur. Eine Studentenblume *(Tagetes)* hält den Salat gesund.

Oben rechts: Die leuchtend rot gestielten Blätter des Stielmangolds 'Vulkan' können laufend geernet und wie Spinat zubereitet werden. Sorten wie 'White Silver', 'Walliser' oder 'Genfer Spezial' haben weiße Blattstiele.

Unten links: Paprikapflanzen sind sehr wärmebedürftig und sollten erst ab Anfang Juni im Freien gezogen werden. Während Gemüsepaprika süß schmeckt, sind die Sorten der Gewürzpaprika (z. B. 'De Cayenne') scharf.

Unten rechts: Neben klassisch grünen Zucchini-Sorten überrascht 'Black Jack' mit tiefvioletten, 'Golden Rush' mit goldgelben Früchten. Verwenden Sie für die wüchsigen Pflanzen große Töpfe.

Kräutertreppen: Auf kleinen Eisen-Etageren finden viele Kräuter auf wenig Raum Platz. Gelb geränderter Zitronen-Thymian *(Thymus × citriodorus* 'Doone Valley') beherrscht die oberste Etage. Die Reihe darunter teilen sich Gelbblättriger Oregano *(Origanum vulgare* 'Aureum'), Purpur-Salbei *(Salvia officinalis* 'Purpurascens') und Zitronen-Thymian *(Thymus × citriodorus* 'Silver Queen'). Auf dem Boden stehen weitere Töpfe mit Ysop *(Hyssopus officinalis)*, Thymian *(Thymus vulgaris)* und Steinquendel *(Calamintha nepeta)*.

Frische Kräuter am laufenden Band

Ein kleiner Kräutergarten auf der Terrasse erleichtert Ihnen das Kochen ungemein – selbst wenn Sie einen großen Gemüsegarten haben. Denn mit den Kräutertöpfen in Hausnähe verkürzen Sie die Wege, und man kommt rasch trockenen wie sauberen Fußes zu ein paar Schnittlauch-Halmen fürs Spiegelei, Basilikum zu Tomaten und Mozzarella oder Oregano-Blättchen für die Pizza.

Das ständige Stiebitzen von Trieben und Blättern schadet den Kräutern dabei keineswegs. Im Gegenteil: Der permanente Rückschnitt animiert sie, sich immer wieder zu verzweigen. So bleiben sie buschig und kompakt. Bei manchen ist die dauernde Ernte sogar notwendig, damit sie wie der Schnittlauch keine Blüten ansetzen, die sich qualitätsmindernd auswirken würden. Bei anderen aromatischen Kräutern wie der Kapuzinerkresse oder dem Borretsch wartet man dagegen sehnsüchtig auf die Blüten, denn sie sind essbar und zieren Salate oder Desserts.

Kräuterspirale auf Topf-Art

Selbst auf die beliebte Kräuterspirale muss der Terrassengärtner nicht verzichten. Nur baut er sich dazu keine Natursteinmauern, sondern verwendet Stellhilfen: Während die untersten, schattenverträglichen Kräuter wie Pfefferminze, Petersilie, Zitronenmelisse und Sauerampfer auf dem Boden stehen, hebt man sonnenhungrige Vertreter mit Hilfe von umgedrehten Töpfen, Säulen oder Etagèren in die Höhe. Die obersten Plätze gebühren trockenheitsverträglichen Kräutern wie Thymian oder Currykraut.

Bei den Töpfen für Ihre Kräuterkultur haben Sie freie Wahl. Ob einfache oder dekorierte Blechbüchsen, ein ausgedienter Römertopf oder spezielle Kräutertöpfe aus gebranntem Ton – Hauptsache, die Behälter haben Abzugslöcher im Boden und eine mehrere Zentimeter dicke Kiesschicht als Dränage. Denn der einzige Pflegefehler, den die sonst sehr pflegeleichten Kräuter übel nehmen, ist Staunässe.

Oben links: Kleinblättrige Basilikum-Sorten wie 'Balkonstar' und 'Buschbasilikum' (grün) oder dunkelrote bis violette Sorten wie 'Dark Opal' oder 'Rubin' sind besonders aromatisch. Da die einjährigen Kräuter sehr wärmebedürftig sind, kommen sie erst ab Juni ins Freie.

Oben rechts: Die Blüten und jungen Blätter der Kapuzinerkresse *(Tropaeolum)* haben einen feinen, kresseartigen Geschmack, mit dem man Salate verfeinert.

Unten links: Oregano *(Origanum vulgare)* ist frostfest und mehrjährig, Majoran *(Origanum majorana)* dagegen sehr kälteempfindlich und einjährig. Oregano bietet neben grünlaubigen diverse gelblaubige Sorten wie 'Aureum' oder 'Gold Tip'.

Unten rechts: Nicht nur dem Echten Thymian *(Thymus vulgaris)* gebührt ein Stammplatz auf der Terrasse, auch der Zitronen-Thymian *(Thymus × citriodorus)* ist sehr aromatisch.

Die besten Kräuter für Töpfe und Pflanzkästen

Name	Anzucht	Ernte	Bemerkungen
Basilikum *(Ocimum)*	Aussaat	junge Blätter	einjährig; Ernte endet mit der Blüte; geschützter, warmer Standort
Currykraut *(Helichrysum)*	Aussaat, Teilung	junge Blätter	mit Winterschutz mehrjährig; eher trocken halten; sonniger Platz
Kapuzinerkresse *(Tropaeolum)*	Aussaat	Blüten	einjährig (Überwinterung lohnt nicht); leicht scharfer Geschmack
Majoran *(Origanum majorana)*	Aussaat	junge Triebe	einjährig; bestes Aroma kurz vor der Blüte; durchlässige Erde
Oregano *(Origanum vulgare)*	Aussaat, Teilung	junge Triebe	mit Winterschutz mehrjährig; vollsonniger, warmer Standort
Pfefferminze *(Mentha × piperita)*	Teilung	Blätter	mehrjährig; stark wüchsig; häufig teilen; bestes Aroma vor Blüte
Salbei *(Salvia)*	Aussaat, Stecklinge	Blätter	mehrjährig; regelmäßiger Schnitt bewahrt die Form
Thymian *(Thymus)*	Teilung, Stecklinge	Blätter	mehrjährig; regelmäßiger Rückschnitt hält die Polster dicht
Ysop *(Hyssopus)*	Teilung, Stecklinge	junge Triebe	mehrjähriger Halbstrauch; 30–60 cm; sonnenliebend
Melisse *(Mentha)*	Teilung	junge Triebe	mehrjährig, rasch wüchsig; große Töpfe verwenden; Halbschatten

Ein kleiner Pfirsichbaum und Rote Johannisbeeren wachsen einem auf dieser Terrasse buchstäblich in den Mund. Damit die Früchte ausreifen und ihren vollen Geschmack erreichen, ist viel Sonne und eine sehr konstante Versorgung mit Wasser und Nährstoffen nötig.

Leckeres Obst im Topf

Zum Naschen sind Obstgehölze auf der Terrasse genau das Richtige für die ganze Familie.

Besonders gut für die Topfkultur geeignet ist **Beerenobst**. Schwarze und Rote Johannisbeeren, Josta- und Stachelbeeren brauchen als Stämmchen gezogen nicht viel Platz, zumal sie nach der Ernte geschnitten werden, um auch im nächsten Jahr wieder reich zu tragen. Selbst Heidelbeer-, Preiselbeer- oder Maibeeren-Sträucher *(Lonicera kamtschatica)* sind einen Versuch wert, sofern man sie in saure Rhododendron-Erde pflanzt. Himbeeren, Brombeeren, Tay-, Logan- oder Boysenbeeren bieten sich als ungewöhnlicher Sichtschutz an, wenn man sie an Drähten entlangranken lässt.

Ebenso beliebt wie einfach sind **Erdbeeren**. Sie nehmen mit jedem Gefäß Vorlieb – egal, ob Balkonkasten, Kräutertopf, Regenfass oder Blumenampel. Besonders dekorativ machen sie sich in so genannten Erdbeertöpfen, die mehreren Pflanzen auf verschiedenen Etagen Platz bieten. Da weder mehrmals tragende Erdbeeren, zu denen die Wald- und Monatserdbeeren zählen (z.B. 'Rapella', 'Ostara', 'Alexandria', 'Evita'), noch einmal tragende Sorten im Topf über mehrere Jahre gute Ernten erwarten lassen, tauscht man sie spätestens im zweiten Jahr gegen neue Pflanzen aus.

Möchte man **Obstbäumchen** im Topf kultivieren, sollte man zu besonders schwachwüchsigen Formen greifen. Unter diesen Mini-Obstbäumen findet man häufig Pfirsiche und Nektarinen. Als Alternative bieten sich so genannte »Ballerinas« an, schmalkronige säulenförmige Bäume bis zu 3m Höhe. Erhältlich sind vor allem Apfel-Ballerinas wie 'Bolero', 'Polka', 'Waltz' oder 'Flamenco'. Eine dritte, sehr platzsparende Möglichkeit ist Spalierobst; Die Äste sind hierbei streng symmetrisch an einem Fächerspalier in U-Form (Palmette) oder in parallelen, schräg nach oben zeigenden Linien erzogen (Kordon).

Nicht zu vergessen das exotische Obst. Folgenden Arten sichern Ihnen eine kleine, aber feine Ernte: Granatapfel *(Punica*, siehe Seite 199), Feige *(Ficus*, siehe Seite 195), Wollmispel *(Eriobotrya*, siehe Seite 274), Kaki *(Diospyros kaki)*, Brasilianische Guave *(Acca*, siehe Seite 222), Zitrus *(Citrus*, siehe Seite 194), Passionsblumen *(Passiflora*, siehe Seite 266), Erdbeerbaum *(Arbutus*, siehe Seite 192), Guaven *(Psidium guajava, P. littorale)* u.v.a.

Pflegeleichtes Obst im Topf lädt zum Naschen ein

Obstart	Blüte	Reifezeit	Wuchs- und Erziehungsform
Apfel	weiß-rosa; April–Mai	August–Oktober	Spalierbäumchen, Ballerina
Erdbeere	weiß; Mai–Oktober	Juni–Oktober	Bodendecker; Ampelpflanzen
Heidelbeere	weiß-rosa; Mai	August	Büsche
Himbeere	weiß; Mai–Juni	August–September	als Kletterpflanze an Gerüsten, Drähten oder Zäunen
Johannisbeere	grün-gelb; April–Mai	Juli	Stämmchen; Büsche
Kiwi	weiß; Juni–Juli	Oktober–November	starkwüchsige Kletterer; männliche u weibliche Pflanze nötig
Pfirsich	rosa; März–April	Juli–September	Mini-Obstbäume; Spalierbäumchen; Blüte vor Spätfrost schützen
Wein	gelb-grün; Mai–Juni	September–Oktober	Kletterpflanze; Kronenschirm auf Drahtgerüsten (»Hochstamm«)
Andenbeere	gelbweiß, Juni–Juli	September	einjährige Büsche, bot. Name: *Physalis peruviana*

Oben links: Ob als Mini-Stämmchen oder Ballerina-Form – kleine Obstbäumchen sichern Ihnen auch im Topf kleine Ernten süßer Pfirsiche oder Äpfel.

Oben rechts: Damit die dünnen Triebe der Himbeeren Halt bekommen, lässt man sie an Drahtgerüsten hochklettern.

Unten links: Erdbeeren in Töpfen faulen nicht so schnell wie ihre Verwandten im Gartenbeet, da sie nicht auf der feuchten, kalten Erde liegen. Ihnen gebührt ein vollsonniger Platz.

Unten rechts: Weinreben können nicht nur als Kletterpflanzen erzogen werden. Auch zu Stämmchen lassen sie sich formen, wenn man sie jedes Jahr im Winter kräftig zurückschneidet. Achten Sie beim Kauf auf robuste Sorten, die nicht anfällig für Mehltau und andere typische Weinkrankheiten sind (z. B. 'Isabella', 'Elvira', 'Concord', 'Bianca').

HERBST

IN SATTEN HERBSTFARBEN SCHWELGEN

Wer glaubt, im Herbst sei die Terrassen-Saison zu Ende, wird überrascht sein. Denn jetzt trumpft der Terassengarten noch einmal so richtig auf – mit leuchtenden Früchten, skurrilen Samenständen, farbenfrohen Blättern und späten Blüten. Feiern Sie Ihr ganz persönliches Ernte-Dank-Fest. Halloween lädt Sie ein zum Schnitzen schaurig-schöner Kürbis-Köpfe. Die vielen bunten Herbstblätter werden in der Blumenpresse getrocknet und auf kreative Grußkarten geklebt oder in all ihrer Formenvielfalt zu Bildern arrangiert. Die Gräser locken mit ihren fedrigen oder wattebauschigen Samenständen zu Trockengestecken, die Beeren zu bunten Türkränzen und anderen floristischen Arrangements. Langeweile kommt hier also ganz bestimmt nicht auf. Stürzen Sie sich hinein in den Zauber des Herbstes.

Oben: Scheinbeeren wetteifern mit rotbackigen Äpfeln und bunten Kürbissen um die besten Plätze am Tisch.

Links: Im Herbst packt die Natur noch einmal ihren Farbenkasten aus und kleidet ihre Schützlinge in leuchtende Gewänder, die sie mit auffälligen Früchten verziert.

Violett, Rot, Orange und Gelb – das sind die vorherrschenden Farben des Herbstes, die hier unter anderem von Sonnenhut *(Rudbeckia)*, Lampionblume *(Physalis)* und Besenheide *(Calluna)* präsentiert werden.

Verlängern Sie die Terrassen-Saison

Die erste Nacht, in der glitzernder Raureif die Pflanzen überzieht, läutet nicht das Sommerende, sondern den Herbstanfang ein! Geben Sie der Kälte nicht vorzeitig klein bei, sondern lassen Sie Ihre Kübelpflanzen so lange wie möglich draußen. Das härtet sie ab und dämmt mögliche Schädlingsherde ein, die der Kälte nicht gewachsen sind. Genießen Sie so die späten Blüten des Mönchspfeffers *(Vitex,* siehe Seite 209) oder des Löwenohrs *(Leonotis,* siehe Seite 218) bis weit in den Oktober hinein. Drohen erste Frostnächte, holt man die Pflanzen kurzzeitig ins Haus. Mit dem Ansteigen des Thermometers stellt man sie am nächsten Morgen jedoch sogleich wieder hinaus ins Freie. Die robusteren unter den **klassischen Kübelpflanzen**, zu denen viele mediterrane Arten zählen (siehe Seite 192 ff.) können je nach Lage und Witterungsverlauf oft bis November im Freien bleiben, so lange sich kein Dauerfrost ankündigt. Beachten Sie hierzu die Temperaturangaben der einzelnen Porträts in diesem Buch. Geschützte Plätze vor Hauswänden, die Wärme speichern und diese in kühlen Nächten abgeben, können die Freilandsaison ebenso verlängern wie wind- und regengeschützte Standorte, an denen die Auskühlung minimal ist.

Schöne Terrassen zum Nachpflanzen

(Bild siehe Seite 304/305)

① Flügel-Spindelstrauch *(Euonymus alatus)*
② und ③ Feuerdorn *(Pyracantha coccinea)*
④ Stechpalme *(Ilex × meserveae)*
⑤ Pfaffenhütchen *(Euonymus europaeus)*
⑥ Pampasgras *(Cortaderia selloana)*

Späte Schönheiten

Bei vielen **Stauden** im Topf ist jedoch gar keine Saison-Verlängerung nötig – sie blühen von Haus aus erst zu fortgeschrittener Jahreszeit. Zu diesen Spätzündern zählen unter den hohen Vertretern (50 bis 80 cm) Herbst-Fetthenne *(Sedum telephium)*, Japan-Anemone *(Anemone hupehensis* bzw. *A. japonica)*, Grönland-Margerite *(Dendranthema arcticum)* und viele Aster-Arten (z. B. *Aster dumosus*). Lampionblumen *(Physalis alkekengi* var. *franchetii)* zeigen ihren wahren Schmuck im Herbst mit leuchtend orangeroten Fruchtkelchen.

Laden Sie neue Gäste ein

Ihre Terrasse bekommt jetzt obendrein Gesellschaft von spät blühenden **einjährigen**

Sommerblumen, allen voran den Herbst-Chrysanthemen *(Dendranthema)*. Sie sind die ungeschriebenen Blütenköniginnen des Herbstes. Ihre Blütenknospen sind so zahlreich, dass sie das Laub unter sich begraben. Damit die Blütenpracht möglichst lange anhält, hüllt man die Kronen in kalten Nächten in Vliese, wie sie im Gemüsegarten zur Ernteverfrühung üblich sind, deckt sie mit Zeitungspapier ab oder holt sie über Nacht ins Haus. Färben sich die Blüten schwarz, ist der Zauber vorbei (Frostschaden), und man trennt sich von den Pflanzen. Eine Überwinterung lohnt meist nicht.

Ebenfalls ein Meister des Herbstes ist der Zierkohl *(Brassica oleracea)*. Nicht nur, dass er seine Blätter mit zunehmender Kälte in immer leuchtendere Violett-Töne oder edles Schneeweiß taucht – er schmeckt obendrein wie Grünkohl, wenn man ihn dünstet. Allerdings geht dabei die schöne Färbung verloren, und man muss sich mit braun-grünen Kohlgerichten begnügen. Wer rechtzeitig daran denkt, kann Zierkohl ab Mai selbst aussäen und anziehen. Er keimt rasch und stellt keine Ansprüche.

Augen- und Gaumenschmaus

Herbstzeit ist Erntezeit. Jetzt sind Äpfel, Weintrauben und anderes Topf-Obst vollreif (siehe Seite 300). Auch folgende Ziergehölze warten nun mit leckeren Früchtchen auf: Felsenbirnen *(Amelanchier)*. Mehlbeeren *(Aronia)*, Scheinquitten *(Chaenomeles)* und Vogelbeeren *(Sorbus aucuparia* 'Edulis') lassen sich zu feinen Gelees und Konfitüren verarbeiten.

Doch nicht alles, was zum Naschen verlockt, ist auch wirklich essbar. Die Beeren von Liguster *(Ligustrum vulgare)*, Kirschlorbeer *(Prunus laurocerasus)*, Stechpalme *(Ilex aquifolium)*, Pfaffenhütchen *(Euonymus europaeus*, siehe Seite 314) oder Efeu *(Hedera*, siehe Seite 264) werden als giftig eingestuft. Die weit größere Zahl der Beeren wie Zwergmispel *(Cotoneaster*, siehe Seite 313), Mahonie *(Mahonia)*, Schneebeere *(Symphoricarpos albus)* oder Feuerdorn *(Pyracantha*, siehe Seite 315) sind nur schwach giftig

Das Herbstlicht taucht den Terrassengarten in einen sanften, warmen Ton, der Schwarzäugige Susanne *(Thunbergia)*, Chinaschilf *(Miscanthus)*, Herbst-Fetthenne *(Sedum telephium)*, Natal-Gras *(Rhynchelytrum)*, Glockenblume *(Campanula rapunculoides)* und Schmuckkörbchen *(Cosmos)* noch einmal erglühen lässt.

Besenheiden *(Calluna)* lassen mit ihrem violetten, weißen, rosafarbenem oder roten Blütenreichtum vergessen, dass der Winter naht. Eine Unsitte ist es, die mehrjährigen Sträucher mit Spraydosen gelb, golden oder blau zu färben. Die Farbschicht hemmt die Atmung, die Pflanzen werden geschwächt und gehen häufig ein. Setzen Sie deshalb auf die natürliche Farbenpracht.

Was könnte das Bild vom »Goldenen Herbst« besser zeigen als dieses farbgewaltige Arrangement, in dem orangerote Herbst-Chrysanthemen *(Dendranthema)*, die orangeroten Kelche der Lampionblume *(Physalis)* und die roten Beeren des Zwergmispel-Hochstamms *(Cotoneaster)* die Hauptrolle spielen.

Bevor strenger Frost die Blüten schwarz färbt, bezaubern Herbst-Chrysanthemen *(Dendranthema)* viele Wochen lang mit ihrer Blütenfülle.

und verursachen erst bei Verzehr größerer Mengen Bauchschmerzen, Erbrechen oder Durchfall. Um jedes Risiko zu vermeiden, sollten Sie Ihren Kindern generell untersagen, Beeren selbst zu pflücken und zu essen. Die ersten Jahre kann man gefährliche Früchte abschneiden, die in Höhen reifen, die für Kinderhände erreichbar sind, ohne deshalb ganz auf die Pflanzen verzichten zu müssen. Im Zweifelsfall helfen die Gift-Notruf-Zentralen kostenlos weiter (Infos unter www.giftnotruf.de).

Teilen macht Freude

Denken Sie trotz aller Erntefreuden auch an die Tierwelt. Den Vögeln und Nagern zuliebe sollten Sie auch auf der Terrasse einige Früchte hängen lassen. Hier sind sie nicht nur eine natürliche Vorratskammer, sondern auch wahre Kunstobjekte. Überzieht sie der Raureif mit seinen funkelnden Kristallen, werden sie obendrein zu wunderschönen Fotomotiven. Die Samenstände der Gräser dienen Vögeln als kleine Mahlzeit zwischendurch. In hohlen Halmen halten nützliche Insekten und ihre Nachkommen Winterschlaf. Man schneidet sie deshalb nicht schon im Herbst zurück, sondern erst im Frühling vor dem frischen Austrieb. Zugleich bieten die alten Halme und Blätter über die Wintermonate den Pflanzenwurzeln gesunden Selbstschutz vor Frost.

Bereiten Sie mit Anbruch kühlerer Temperaturen Vogel-Futterplätze vor. Fällt der erste Schnee, der die natürlichen Vorräte verdeckt, müssen die kleinen Tiere rasch alternative Nahrungsquellen finden, ohne beim Suchen allzu viel Energie zu verlieren. Da ist es gut, wenn Sie im Spätherbst schon einige Futterplätze entdeckt haben und bei Bedarf rasch hinfinden. Achten Sie wie im Garten darauf, dass die Futterplätze vor Katzen sicher und sauber sind. Optimal sind kleine Vogelhäuschen mit Futterspeichern, in denen sich zeitgleich nur wenige Tiere aufhalten und die Körner nicht mit Kot verschmutzt werden können. Verwenden Sie nur naturbelassene Körner und frische oder getrocknete, ungeschwefelte Früchte, für Meisenknödel nur ungesalzenes, ungeräuchertes Fett.

Hallo Halloween!

Mit der Jahrtausendwende hat das amerikanische Halloween-Fest endgültig auch in Europa Einzug gehalten. Kürbisse liegen so stark im Trend wie selten zuvor. Hunderte von Sorten werden als Saatgut und im Herbst als fertige Früchte angeboten, der schwerste Kürbis der Welt gekürt und immer neue Kochbücher mit den besten Kürbisrezepten vorgestellt. Wer selbst der

»Pumpkinmania« verfallen ist, hat die Qual der Wahl zwischen Bischofsmützchen, Teufelskrallen, Kronen-, Schwanenhals- oder Kalebassenkürbissen in Dutzenden von Sorten, die aus Holland, Frankreich oder England zu uns kommen. In großzügigen Pflanzgefäßen bei reichlich Wasser und Dünger lassen sich Zierkürbisse auch auf der Terrasse kultivieren – riesigen Speisekürbissen bleibt jedoch ein Platz im Gemüsegarten vorbehalten. Flächensparend ist es, die meterlangen Kürbistriebe nicht am Boden entlangzuleiten, sondern in die Höhe zu binden.

Bunt gemischt

Neben den auf den folgenden Seiten vorgestellten winterharten Arten warten auch folgende klassische Kübelpflanzen mit wunderschönen Herbstaspekten auf: Der Heilige Bambus *(Nandina*, siehe Seite 276) färbt seine Blätter feuerrot, ohne sie jedoch zu tauschen – sie werden im Frühling wieder grün – und trägt ebenso gefärbte Beeren. Kreppmyrte *(Lagerstroemia*, siehe Seite 196) und Granatapfel *(Punica*, siehe Seite 199) zeigen ihr leuchtend orangegelbes Herbstlaub. Myrte *(Myrtus*, siehe Seite 197), Mittelmeerschneeball *(Viburnum tinus)*, Lorbeer *(Laurus*, siehe Seite 196) und Liguster *(Ligustrum delavayanum*, siehe Seite 279) schmücken sich mit blauen Beeren.

Auch winter- und immergrüne Stauden spielen jetzt ihre Vorteile aus, während sich andere langsam ins Erdreich zurückziehen. Purpurglöckchen *(Heuchera)*, Bergenie *(Bergenia)*, Johanniskraut *(Hypericum calycinum)*, Günsel *(Ajuga)*, Teppich-Phlox *(Phlox subulata)*, Palmlilie *(Yucca filamentosa)*, Schleifenblume *(Iberis)*, Thymian *(Thymus)* sowie diverse Streinbrech- und Mauerpfeffer-Arten *(Saxifraga, Sedum)* zeigen Ihnen weiterhin die grüne Karte.

Feiern Sie mit selbst geschnitzten Kürbisköpfen bis weit nach Mitternacht ein schaurig-schönes Halloween-Fest auf Ihrer Terrasse.

Die feurige Farbe des Wilden Weins *(Parthenocissus)* bietet einen stilvollen Hintergrund für ein Arrangement kleiner und großer Kürbisse. Zierkohl *(Brassica)* und Besenheide *(Calluna)* begleiten die Szenerie.

ZIERGRÄSER

Seggen
(Carex)

Aus der riesigen Seggen-Familie mit rund 3000 Arten halten immer mehr Einzug in den Terrassengarten. Attraktive, weißgrüne Halme präsentieren die Variegata-Sorten von *C. ornithopoda* und *C. morrowii*, rote bei *C. buchananii*, gelbe bei *C. elata* 'Bowles Golden' und *C. hachijoensis* 'Evergold' (Bild) sowie grüne bei *C. plantaginea, C. sylvatica, C. umbrosa* oder *C. montana*. Sie alle werden bis zu 30 cm hoch.

Wuchs: Die zumeist wintergrünen Halme neigen sich elegant über die Topfränder, sodass die Form kleiner Wasserglocken entsteht. Zu den höherwüchsigen Arten (40 bis 60 cm) zählen *C. pseudocyperus, C. pendula, C. muskingumensis* und *C. grayi*, die sumpfig-feuchte Bedingungen lieben.

Blüte: Bei kleinen Arten unauffällig, bei höheren Arten z.T. sehr attraktiv (z.B. Morgensternsegge *(C. grayi)*).

Standort: Bis auf *C. buchananii* (Sonne) bevorzugen Seggen Halbschatten.

Pflege: Erde konstant leicht feucht bis nass halten (s.o) 14-täglich düngen.

Pflanzenschutz: Schneckenfraß.

Überwinterung: Im Freien.

Schwingel
(Festuca)

Klein und zierlich, lassen sich Schwingel in dekorativen Mini-Pflanzgefäßen auf Tischen oder Etageren arrangieren.

Wuchs: Mit weniger als 20 cm Höhe bestechen vor allem Blau-Schwingel *(F. cinerea)* mit Sorten wie 'Blaufuchs' oder 'Meerblau' und Schaf-Schwingel *(F. ovina)* mit ihren graublauen Halmen. Der Regenbogen-Schwingel *(F. amethystina)* schimmert je nach Lichteinfall Blau bis Violett. Bärenfell-Schwingel *(F. gautieri)* ist grünlaubig.

Blüte: Die filigranen Rispen überragen die Halme um etwa das Doppelte.

Standort: Je sonniger und wärmer der Terrassenplatz, umso intensiver ist die Färbung blauhalmiger Arten.

Pflege: Als Grundregel gilt: Trockenheit wird vertragen, Staunässe nicht. 1 x monatlich düngen. Auf magerem Substrat ist die Färbung ausgeprägter.

Pflanzenschutz: Keine Anfälligkeit.

Überwinterung: Im Freien (Nässeschutz).

Extra-Tipp: Ebenfalls blauhalmige Kleinode sind das Schillergras *(Koeleria glauca)* und der Blaustrahlhafer *(Helictotrichon sempervirens)*.

Rutenhirse
(Panicum viragtum)

Das schönste an der Rutenhirse ist ihre braunrote bis goldgelbe spätsommerliche bis herbstliche Färbung, die bei Sorten wie 'Hänse Herms', 'Rehbraun' oder 'Shenendoah' besonders intensiv ist. 'Heavy Metal' oder 'Blue Tower' zeigen graublaue Halme.

Wuchs: Die stabilen bis zu 80 cm langen Blätter stehen in straff aufrechten Horsten beisammen und bleiben bis weit in den Winter hinein erhalten.

Blüte: Die feinen hochsommerlichen Rispen erreichen bis zu 1 m Höhe.

Standort: Diese Präriegräser lieben vollsonnige Plätze. Trockenheit und Hitze meistern sie mit Bravour.

Pflege: Die Erde nur leicht feucht halten und erst gießen, wenn das Substrat abgetrocknet ist. Bräunlich verfärbte Blätter sind arttypisch und nicht auf Wassermangel zurückzuführen.

Pflanzenschutz: Keine Anfälligkeit.

Überwinterung: Im Freien (Nässeschutz).

Extra-Tipp: Abgetrennte Ausläufer kann man im Frühling zu neuen Pflanzen heranziehen. Ebenfalls feurig herbstrot ist das Pfeifengras *(Molinia)*.

Hasenschwanzgras

(Lagurus ovatus)

Der deutsche Name dieses einjährigen Kleinods beschreibt die flauschigen Blüten hinlänglich. Man möchte sie pflücken und damit sanft über die Wangen streifen – so weich sind sie.

Wuchs: Die bis zu 30 cm langen Halme bilden lockere Horste, die weit weniger kompakt sind als die der anderen auf dieser Seite beschriebenen Gräser.

Blüte: Die Blüten (40 cm) erscheinen von Juni bis August in reicher Zahl.

Standort: Sonnig und warm.

Pflege: Ab Ende Februar werden die Samen ausgesät und im Haus vorkultiviert, bis sie Mitte Mai Quartier auf der Terrasse beziehen können. Nährstoffarme Erde verwenden und nicht nachdüngen. Eher trocken halten.

Pflanzenschutz: Keine Anfälligkeit.

Überwinterung: Entfällt.

Extra-Tipp: Auch die einjährige Mähnengerste *(Hordeum jubatum)* trägt ungewöhnliche, attraktive Blütenstände, ebenso das mehrjährige Zittergras *(Briza media)*, auch »Herzerl-Gras« genannt, sowie das Moskitogras *(Bouteloua gracilis)*, die allesamt trockene, nährstoffarme Bedingungen schätzen.

Schlangenbärte

(Ophiopogon)

Noch weitgehend unbekannt, würde vor allem der Schwarze Schlangenbart *(O. planiscapus*, Bild) aus Japan mit seinen tief dunkelroten Halmen weitere Verbreitung verdienen.

Wuchs: Die 1 bis 1,5 cm breiten, spitz zulaufenden, oft leicht gedrehten Blätter neigen sich elegant über.

Blüte: Die weißlichen Blüten zeigen sich im Hoch- und Spätsommer.

Standort: Während die grünhalmigen Arten *(O. japonicus, O. juburan)* halbschattige Plätze bevorzugen, ist die schwarze Form lichthungriger.

Pflege: Halten Sie die Erde konstant leicht feucht, aber nicht staunass. Eine Düngegabe pro Monat genügt.

Pflanzenschutz: Schneckenfraß.

Überwinterung: Mit Schutz im Freien.

Extra-Tipp: Ebenfalls mit auffällig gefärbten Blättern warten die in Weiß oder Gelb längs- oder quer gestreiften 'Variegatus'-, 'Strictus'- oder 'Zebrinus'-Sorten von Chinaschilf *(Miscanthus sinensis)*, Rohr-Glanzgras *(Phalaris arundinacea)*, Glatthafer *(Arrhenatherum elatius)* oder Wald-Marbel *(Luzula sylvatica)* auf.

Federborstengräser

(Pennisetum)

Neben ihrem eleganten, feinhalmigen Wuchs ziehen vor allem die »Flaschenbürsten« von *Pennisetum alopecuroides* (Bild) und *P. orientale* die Blicke auf sich.

Wuchs: Die Horste erreichen sortenabhängig 30 bis 100 cm Höhe.

Blüte: Je nach Sorte und Reifegrad der Blüten schimmern die flauschigen Rispen violett, rosa, cremefarben oder weiß in der Spätsommersonne.

Standort: An einem geschützten, warmen Platz können Sie sich einer üppigen Blüte sicher sein. Geben Sie den Horsten zwei bis drei Jahre Zeit, damit sie einwachsen und zu voller Schönheit heranreifen können.

Pflege: Die Ziergräser schätzen eine konstante, aber mäßige Wasserversorgung. Vermeiden Sie Staunässe und düngen Sie 1–2 x pro Monat.

Pflanzenschutz: Keine Anfälligkeit.

Überwinterung: Mit Winterschutz im Freien. Junggräser im Haus (0 (±5) °C).

Extra-Tipp: Eine besondere Versuchung sind die ein- bis zweijährigen frostempfindlichen Arten *P. setaceum* und *P. villosum*, die man jährlich ab Februar im Haus neu aussät und anzieht.

ZIERGEHÖLZE

Fächer-Ahorn

(Acer palmatum)

Diese langsam wüchsigen Kleinbäume sind das beste Beispiel dafür, dass auch Pflanzen ohne auffällige Blüten wunderschön sein können. Wählen Sie aus über 100 Sorten solche mit rotem (z. B. 'Atropurpureum', 'Bloodgood') und obendrein fein geschlitztem Laub (z. B. 'Dissectum Garnet', 'Dissectum Nigrum') oder grün geschlitzte Sorten wie 'Dissectum Viridis'.

Wuchs: Die Kronen sind im Alter breiter als hoch, selten mehr als 2 m.

Blüte: Was die kleinen gelblichen Frühjahrsblüten an Attraktivität vermissen lassen, macht das Laub wett, das sich im Herbst in leuchtende Rot-, Orange- oder Gelbtöne taucht.

Standort: Windgeschützt, halbschattig bis sonnig, aber nicht vollsonnig.

Pflege: Gleichmäßig feucht halten und 2 x im Monat düngen. Ohne Rückschnitte wachsen die Kronen am schönsten, oft sehr bizarr, heran.

Pflanzenschutz: Keine Anfälligkeit.

Überwinterung: Geschützt im Freien.

Extra-Tipp: Auch die Sorten des Japanischen Ahorns *(A. japonicum)* sind wunderschöne Kübelgäste.

Liebesperlenstrauch

(Callicarpa bodinieri)

Mit einer Fülle leuchtend pinkfarbener bis violetter Beeren, die wie Perlen glänzen, macht dieser sommergrüne Strauch seinen beiden Namen »Schönfrucht« oder »Liebesperlenstrauch« im Herbst alle Ehre. Zuvor färbt er sein im Sommer mattgrünes Laub auffallend gelb.

Wuchs: Mit den Jahren kann der aus China stammende Zierstrauch auch im Pflanzgefäß über mannshoch werden.

Blüte: Die lilafarbenen Blüten erscheinen meist im Juli oder August. Der Fruchtansatz ist bei der Sorte 'Profusion' besonders hoch. Eine zweite Pflanze als Bestäubungspartner in der Nähe ist ratsam. Die Beeren haften bis weit in den Winter hinein an den Zweigen.

Standort: Die anspruchslosen Sträucher sind mit sonnigen Plätzen ebenso zufrieden wie mit halbschattigen, wenn sie warm und geschützt sind.

Pflege: Mischen Sie Kies oder Blähton in die Pflanzerde, damit sie gut durchlässig ist. Nässe vertragen die Wurzeln nicht. 2 x im Monat düngen.

Pflanzenschutz: Keine Anfälligkeit.

Überwinterung: Mit Wurzelschutz im Freien oder gerade frostfrei im Haus.

Besenheide

(Calluna vulgaris)

Denkt man an den Herbst, denkt man auch an Heide. Angesichts der Sortenfülle bleibt dabei kein Wunsch offen.

Wuchs: Selten werden mehr als 50 cm Höhe erreicht. Die schmalen nadelartigen Blätter sind im Sommer dunkelgrün, im Winter oft graugrün gefärbt. Auch gelblaubige (z. B. 'Goldhaze', 'Boskoop') und graulaubige Sorten sind erhältlich (z. B. 'Silver Knight').

Blüte: Die Blüten sind einfach oder gefüllt, weiß, rosafarben, violett oder rot, geschlossen (Knospenblüher) oder offen. Sortenbedingt fällt die Blüte in die Monate August und September mit Verlängerung bis in den Oktober.

Standort: Vollsonnig.

Pflege: Neben saurer Erde verlangt die Besenheide einen jährlichen Rückschnitt im Vorfrühling, da die jungen Triebe am reichsten blühen.

Pflanzenschutz: Probleme treten meist nur bei kalkhaltigem Boden auf.

Überwinterung: Im Freien.

Extra-Tipp: Vermeiden Sie blau oder leuchtend blühende Pflanzen: Die Farbe stammt aus der Spraydose und hemmt die lebenswichtige Atmung.

Bartblume

(Caryopteris × clandonensis)

Klein, aber fein – das ist das Motto dieser Kleinode, die ihr graugrünes aromatisch duftendes Laub ab August mit blauen Blütenrispen schmücken.
Wuchs: Aus den Wurzeln schießen jährlich neue Triebe hervor, sodass sich bei Sorten wie 'Kew Blue' oder 'Heavenly Blue' dichte Büsche von nicht mehr als 1 m Höhe bilden.
Blüte: Da sich die bis Oktober erscheinenden Blüten an den Enden einjähriger Triebe entwickeln, sollte man die Sträucher jedes Jahr im Herbst oder Frühling kräftig auslichten, sofern sie nicht natürlicherweise zurückfrieren.
Standort: Sonnig, warm, windgeschützt.
Pflege: Verwenden Sie durchlässige Erde, da die Wurzeln bei Nässe rasch unter Fäulnis leiden. In größeren Abständen, dann aber reichlich gießen und 2 x im Monat düngen.
Pflanzenschutz: Keine Anfälligkeit.
Überwinterung: Mit Winterschutz im Freien oder gerade frostfrei im Haus (hell oder dunkel).
Extra-Tipp: Auch die **Blauraute** *(Perovskia)* ist ein attraktiver blau blühender Gast auf der Herbstterrasse.

Zwergmispeln

(Cotoneaster)

Als Verkehrsbegleitgrün und unduldsame Bodendecker in Verruf geraten, erleben die Mispeln jetzt eine Renaissance als attraktive Kübelpflanzen, die sich im Herbst mit einer Vielzahl dekorativer roten Beeren schmücken.
Wuchs: Besonders empfehlenswert sind niedrige, bodendeckende Arten, deren Triebe elegant über die Topfränder herabhängen wie bei vielen immergrünen Sorten von *C. dammeri* (Bild), *C. salicifolius* und *C. microphyllus* oder den sommergrünen Formen von *C. adpressus, C. horizontalis* oder *C. praexox.* Sie alle werden nicht mehr als 1 m hoch, aber mit ihren langen Trieben oft um ein Vielfaches breiter. *C. franchetii, C. salicifolius* var. *floccosus* und *C. × watereri* werden über 2 m hoch, brauchen große Gefäße und Winterschutz (immer- bis wintergrün).
Blüte: Weiß, Rosa oder Rot; im Juni.
Standort: Ob Sonne oder Halbschatten, Mispeln gedeihen überall.
Pflege: Keine besondere Pflege nötig.
Pflanzenschutz: Feuerbrandgefahr; befallene Pflanzen sofort entfernen.
Überwinterung: Im Freien.

Heiden

(Erica)

Ihre winterliche Blütezeit macht die Schnee-Heide *(E. carnea)* mit über 100 Sorten zu einem unverzichtbaren Begleiter für jeden, der schon im Januar Farbe auf der Terrasse wünscht.
Wuchs: Höhen um 20 cm sind die Regel. Die dunkelgrünen nadeligen Blättchen stehen in Quirlen um die Triebe.
Blüte: Die ersten der glockenförmigen weißen, violetten, roten oder rosafarbenen Blüten zeigen sich oft schon im November, z.B. bei *E. gracilis* (Bild), die Hauptblüte fällt jedoch je nach Sorte in die Monate Januar bis Mai. Glocken-Heide *(E. tetralix)* und Graue Heide *(E. cinerea)* blühen dagegen im Sommer, die Cornwall-Heide *(E. vagans)* im Herbst.
Standort: Sonnig, aber luftfeucht.
Pflege: Anders als die Besenheide kommt *Erica* nicht mit Trockenheit zurecht. Halten Sie die nur leicht saure Erde (Kalktoleranz bis pH 6,5) stets etwas feucht. 1 x im Monat düngen.
Pflanzenschutz: Probleme bei Trockenheit. Humose Erde beugt vor.
Überwinterung: Schneeheide ungeschützt, andere *Erica*-Arten mit sorgfältigem Winterschutz im Freien.

ZIERGEHÖLZE

Spindelsträucher

(Euonymus)

Die feurigste Herbstfärbung hat zweifelsohne der Flügel-Spindelstrauch *(E. alatus)*, doch auch die Kriech- oder Kletter-Spindelsträucher *(E. fortunei)* überziehen ihre kleinen immergrünen Blätter im Herbst mit einem Schleier in Rosa oder Rot. In den Sommermonaten überzeugen sie mit schmucken, gelbgrünen (z.B. 'Emerald 'n' Gold') oder weiß-grünen Blättern (z.B. 'Variegatus'). Das Pfaffenhütchen *(E. europaeus*, Bild) schmückt sich mit feuerroten Kapseln, die giftige orange Samen enthalten.

Wuchs: Mit weniger als 1m Höhe besonders für die Kübelkultur geeignet ist der Flügel-Spindelstrauch 'Compactus'. Kriech-Spindeln können an Kletterhilfen erzogen werden, wobei die Länge selten mehr als 1m beträgt.

Blüte: Gelblich-weiß, unscheinbar.

Standort: Sonnig bis halbschattig, bei Kriech-Spindeln sogar schattig.

Pflege: Völlig anspruchslos. Jederzeit Form- und Rückschnitte möglich.

Pflanzenschutz: Keine Anfälligkeit.

Überwinterung: Im Freien. Die immergrünen Kriech-Spindelsträucher im Winter an frostfreien Tagen gießen.

Ginkgo

(Ginkgo biloba)

Diese florengeschichtlich sehr alte Gattung zählt zu den Nadelbäumen, obwohl die verbreiterten vielgestaltigen Nadeln wie Blätter aussehen. Sie färben sich im Herbst leuchtend gelb.

Wuchs: Der ausgesprochen langsame, sparrige Wuchs macht den Ginkgo, auch Fächerblattbaum genannt, zu einem jahrzehntelang, moderaten Kübelgast, obwohl ausgepflanzte Bäume bis zu 30m Höhe erreichen können.

Blüte: Vor den stinkenden Herbstfrüchten, die auf die unspektakulären Frühjahrsblüten folgen, brauchen Sie sich bei Kübelpflanzen nicht zu fürchten, denn sie bilden sich selbst bei ausgepflanzten Exemplaren erst ab einem Alter von 25 Jahren und dann auch nur an weiblichen Exemplaren.

Standort: Der Ginkgo ist ausgesprochen anpassungsfähig, schätzt aber sonnige Plätze mehr als schattige.

Pflege: Eine gleichmäßige, aber mäßige Bodenfeuchte und Dünger 2 x im Monat sind willkommen. Schnittmaßnahmen sind nicht notwendig.

Pflanzenschutz: Keine Anfälligkeit.

Überwinterung: Im Freien.

Strauchveroniken

(Hebe)

H. × andersonii (Bild) wird wohl am häufigsten angeboten, ist aber nicht zuverlässig frosthart. Eine Überwinterung mit Wurzel- und Kronenschutz im Freien ist dagegen bei Hybriden wie 'Autumn Glory', 'Autumn Beauty', 'Midsummer Beauty', 'Maori Gem', *H. albicans, H. buxifolia, H. pinguifolia* oder *H. salicifolia* möglich.

Wuchs: Die zumeist immergrünen Büsche erreichen sortenbedingt bis zu 50cm oder bis zu 1m Höhe.

Blüte: Im Spätsommer bis Herbst erscheinen weiße oder violette Blüten in kleinen Kerzen oder dichten Büscheln.

Standort: Sonnig bis halbschattig.

Pflege: Verwenden Sie durchlässige, mit grobem Sand oder Kies vermischte Erde, damit es nicht zu Staunässe kommen kann, da man das Substrat konstant leicht feucht halten sollte. Ein Rückschnitt nach der Blüte erhöht den nächstjährigen Blütenansatz.

Pflanzenschutz: Frosttrocknis im Winter; an frostfreien Tagen gießen.

Überwinterung: Mit Winterschutz im Freien oder hell im Haus bei Temperaturen um 0°C.

... FÜR HERBSTLICHE TERRASSEN

Zier-Äpfel

(Malus-Hybriden)

Die Äpfelchen dieser Kleinbäume sind nicht nur hübsch anzuschauen. Zu Gelee oder Kuchenbelägen verarbeitet, sind sie auch ein wahrer Genuss für Ihre Geschmackssinne.

Wuchs: Aus dem Angebot von über 20 Sorten werden die von Natur aus klein bleibenden bevorzugt. Dazu zählen 'Golden Hornet' (Blüte: weiß/Äpfel: gelb; gr. Bild), 'John Downie' (weiß/rot; kl. Bild), 'Professor Sprenger' (weiß/orange), 'Royaltii' rot/rot) sowie *M. sargentii* (rosa/rot). Sie erreichen im Gefäß selten mehr als 3 m.

Blüte: Die Blüte fällt meist in den Mai.

Standort: Sonnig, warm, windgeschützt.

Pflege: Regelmäßiges Zurückschneiden und Auslichten der Kronen im Spätwinter (Februar) hält sie vital und blühfreudig. Die Erde sollte auf niedrigem Niveau gleichmäßig feucht gehalten werden. Schwankungen können zum Abwurf der Fruchtansätze führen. Jede Woche 1 x düngen.

Pflanzenschutz: Typische pilzliche Apfelkrankheiten wie Schorf und Schädlinge wie Blattläuse, Wickler etc.

Überwinterung: Bis –10 °C im Freien.

Scheinbeere

(Pernettya bzw. *Gaultheria mucronata)*

Ihre Beliebtheit verdanken die Scheinbeeren, auch Torfmyrten genannt, ihren spätsommerlichen Beeren, die je nach Sorte weiß (z. B. 'Alba'), rot (z. B. 'Coccinea') oder rosa (z. B. 'Rosea') gefärbt sind. Damit sie sich an den weiblichen Pflanzen jedes Jahr neu bilden, ist zumindest ein männliches Exemplar in unmittelbarer Nachbarschaft zur Bestäubung erforderlich.

Wuchs: Die immergrünen Triebe sind mit kleinen Blättchen besetzt, dicht verzweigt und bis zu 1 m hoch, neigen sich aber auch gerne über.

Blüte: Die kleinen weißen krugförmigen Blüten erscheinen ab Mai an den im Vorjahr gewachsenen Trieben. Regelmäßiger Rückschnitt zur Verjüngung der Kronen ist daher ratsam.

Standort: Halbschattig und feucht.

Pflege: Die Heidegewächse wünschen sich saure Erde. Mischen Sie deshalb beim Umtopfen stets Rhododendronerde unter und düngen Sie monatlich mit Azerca-Dünger für Rhododendron.

Pflanzenschutz: Keine Anfälligkeit.

Überwinterung: Gut geschützt im Freien oder frostfrei und hell im Haus.

Feuerdorn

(Pyracantha coccinea)

Je nach Sorte zieht der Feuerdorn ab August die Blicke mit roten (z. B. 'Bad Zwischenahn', 'Red Column'), orangefarbenen (z. B. 'Golden Charmer', 'Orange Glow', 'Teton', 'Mohave') oder gelben (z. B. 'Soleil d'Or') Beeren in großer Zahl auf sich.

Wuchs: Die bedornten immergrünen Triebe wachsen zunächst sparrig, verdichten sich jedoch im Alter zu kompakten Büschen, die oft breiter als hoch werden, wobei über 2 m in Kübelkultur selten sind. 'Koralle' und 'Red Cushion', beide mit rotem Fruchtschmuck, bleiben unter 1 m.

Blüte: Die vielen weißen Mai- oder Juni-Blüten duften je nach Sorte leicht.

Standort: Sonnig bis halbschattig. Die Herbstsonne bringt die Früchte erst so richtig zum Leuchten.

Pflege: Durchlässige Erde, die keine Dauernässe aufkommen lässt, ist den Rosengewächsen am liebsten. Gießen Sie in größeren Abständen reichlich und düngen Sie 2–3 x im Monat.

Pflanzenschutz: Feuerbrandgefahr. Befallene Pflanzen sofort entfernen.

Überwinterung: Geschützt im Freien.

WINTER

WUNDERSCHÖNE WINTERZEIT

Wenn Schnee und Frost Einzug auf der Terrasse halten, sollten Sie sich bequem auf Ihrem Sofa zurücklehnen und nach draußen schauen. Denn hier zaubert Väterchen Frost vergängliche Bilder auf die Blätter und Zweige. Schneeflocken hüllen die Kronen ein und geben ihnen eine sanfte, völlig neue Silhouette. Lassen Sie einige frostfeste Deko-Elemente draußen stehen – Steinfiguren, Schalen, dicke Glaskugeln oder Eisen-Obeliske –, um auch sie von der Kälte in Kunstwerke auf Zeit verwandeln zu lassen. In der Adventszeit sorgen Lichterketten in den Kronen Ihrer Kübelpflanzen für romantische Stimmung. Große Schleifen verwandeln sie schon lange vor den Weihnachtstagen in Christbäume, aufgehängte Meisenknödel in Tummelplätze für Vögel – und das alle Jahre wieder.

Oben: Brechen Sie mit Kerzen und Teelichtern das Eis, das Ihre Terrasse im Winter gefangen hält, und stimmen Sie sich so auf die Weihnachtszeit ein.

Links: Selbst während der kalten Jahreszeit muss Ihre Terrasse nicht trist und kahl sein. Immergrüne bewahren auch jetzt Ihre »Grüne Oase«, und der Schnee setzt ihr ein Sahnehäubchen auf. Farbige Rinde oder Drehwuchs sorgen für Hingucker.

Dickwandige Gefäße und frostfeste Accessoires bleiben im Winter draußen, wo sie der Schnee verdeckt und freigibt, ganz wie es ihm beliebt. Schneit es ununterbrochen, schüttelt man einen Teil der weißen Pracht von den Pflanzen ab, damit ihr Gewicht keine Zweige knickt oder abbricht.

Immer grün, immer schön

In der kalten Jahrezeit zeigt sich der ganze Vorteil **immergrüner Pflanzen**. Sie sorgen auch jetzt noch für lebendiges Grün, wenn andere Kronen bereits splitternackt dastehen. Das kann zwar auch sehr attraktiv sein, vor allem wenn man an die leuchtend roten oder gelben Zweige der Hartriegel *(Cornus)* oder die verdrehten Äste von Korkenzieher-Weide, -Hasel oder -Robinie denkt *(Salix matsudana* 'Tortuosa', *Corylus avellana* 'Contorta', *Robinia pseudoacacia* 'Tortuosa'). Das Immergrün von Rhododendron *(Rhododendron,* siehe Seite 183), Kirschlorbeer *(Prunus laurocerasus* 'Otto Luyken'), Schattenglöckchen *(Pieris floribunda)*, Lorbeerrose *(Kalmia angustifolia)*, Stechpalmen *(Ilex)*, Mahonien *(Mahonia)* oder Buchsbaum *(Buxus)* schätzt man jedoch meist mehr. Und wer Lust auf ein Extra-Quäntchen Farbe hat, setzt auf bunte Nadelbäumchen im Topf wie die Gelbe Fadenzypresse *(Chamaecyparis pisifera* 'Filifera Aurea Nana'), den Blauen Strauch-Wacholder *(Juniperus chinensis* 'Blaauw') oder die Zwerg-Blau-Fichte *(Picea pungens* 'Glauca Globosa'). Efeu *(Hedera,* siehe Seite 264) sollte ebensowenig auf der Winterterrasse fehlen wie Skimmien *(Skimmia)*.

Die Pflicht zur Kür machen

Da der Frost in Pflanzgefäße viel rascher und tiefer eindringt als in den Gartenboden, sollte man auch »frostharten« Kübelpflanzen einen Wurzel- und Kronenschutz gewähren (siehe Seite 339). Die notwendigen Schutzmäntel kann man dekorativ einsetzen, wenn man sie statt mit Schnüren mit großen Schleifen zubindet und auf die Kronen- oder Zeltspitzen hübsche Figuren setzt.

Schöne Terrassen zum Nachpflanzen

(Bild siehe Seite 318/319)

① und ⑧ Hartriegel *(Cornus alba)*
② Korkenzieher-Haselnuss *(Corylus avellana* 'Contorta')
③ Kiefer *(Pinus sylvestris* 'Watereri')
④ China-Schilf *(Miscanthus sinensis)*
⑤ Fichte *(Picea orientalis)*
⑥ Efeu *(Hedera hibernica)*
⑦ Zuckerhut-Fichte *(Picea glauca* 'Conica')
⑨ Lavendel *(Lavandula angustifolia)*
⑩ Zwergmispel *(Cotoneaster horizontalis)*

Wacholder

(Juniperus)

Ein geschmackvoll verzierter Wacholder wie *J. communis* (Bild) ist ebenso schön wie eine Weihnachtsfichte – vielleicht sogar schöner, denn er sorgt viele Jahre lang sommers wie winters für einen grünen oder graugrünen Background.

Wuchs: Eine kompakte hellgrüne säulenförmige Krone entwickelt *J. communis* 'Compressa' (Höhe ca. 1 m). *J. chinensis* 'Blaauw' und *J. communis* 'Hibernica' wachsen zu blauen, bis zu 3 m hohen Säulen heran. Attraktive blaue Zwergformen sind die Sorten 'Blue Carpet' und 'Blue Star' *(J. squamata)*. Flächig wachsende Arten und Sorten sind nur bedingt für die Kübelkultur geeignet, da sie mit 2 bis 3 m Breite meist zu ausladend werden.

Blüte: Blüte und Beeren unscheinbar.

Standort: Sonnig bis vollsonnig.

Pflege: Durchlässige, mit grobem Sand oder Kies vermischte Erde ist willkommen. Gegen Trockenheit und Hitze unempfindlich. Boden leicht feucht, aber nie nass halten, 1 x im Monat düngen.

Pflanzenschutz: Keine Anfälligkeit.

Überwinterung: Im Freien. Schneelasten abschütteln (Bruchgefahr).

Fichten

(Picea)

Wer schon die Vorweihnachtszeit mit einem geschmückten Baum auf der Terrasse genießen möchte, ist mit einer Fichte bestens beraten. Gut geeignet, weil klein bleibend sind Zwergformen der Serbischen Fichte *(P. omorika* 'Nana'), der Kaukasus-Fichte *(P. orientalis* 'Gracilis', Bild), der Blau-Fichte *(P. pungens* 'Glauca Globosa') sowie der Zuckerhut-Fichte *(P. glauca* 'Conica').

Wuchs: Zahlreiche weitere Mini-Sorten der Fichte *(P. abies)* schmücken mit ihren kompakten, oft kugelrunden, selten mehr als 50 cm hohen Kronen Tröge und Töpfe: 'Echiniformis', 'Little Gem', 'Maxwellii', 'Pygmaea'.

Blüte: Wie die Zapfen unbedeutend.

Standort: Mit Trockenheit und Hitze kommen die Waldpflanzen nicht zurecht. Der Standort sollte deshalb halbschattig und luftfeucht sein.

Pflege: Erde konstant leicht feucht halten. Erde zwei Mal im Monat mit Koniferen-/Tannendünger versorgen.

Überwinterung: Fichten sind zuverlässig winterfest. Die Kronen sollten jedoch im Winter schattiert werden, damit es nicht zu Frosttrocknis kommt.

Kiefer

(Pinus)

Aus der großen Gattung der Kiefern kommen für den Terrassengarten vor allem kleinwüchsige Formen in Frage wie Grannen-Kiefer *(P. aristata)*, Kleine Schlangenhaut-Kiefer *(P. leucodermis* 'Compact Gem'), Niedrige Schwarz-Kiefer *(P. nigra* 'Nana'), Weymouths-Kiefer *(P. strobus* 'Radiata'), Kleine Silber-Kiefer *(P. sylvestris* 'Watereri'), Kleine Aleppo-Kiefer *(P. halepensis* 'Nana'), Zwerg-Kiefer *(P. pumila* 'Glauca', 'Nana') sowie verschiedene Sorten der Krummholz-Kiefer *(P. mugo)* wie 'Humpy' oder 'Mops'.

Wuchs: Letzere bleiben unter 1 m, die vorgenannten meist unter 2 m Höhe, werden im Alter aber oft ebenso breit.

Blüte: Unauffällig; attraktive Zapfen.

Standort: Sonnig bis vollsonnig.

Pflege: Artbedingt wird Luft- und Bodentrockenheit nicht oder sehr gut vertragen. Trockenkünstler sind beispielsweise *P. aristata* und *P. sylvestris*, anspruchsvoll gibt sich *P. strobus*. Sorgen Sie für konstant leichte Erdfeuchte und düngen Sie 2 x im Monat.

Pflanzenschutz: Keine Anfälligkeit.

Überwinterung: Im Freien.

PRAXIS

Ausräumen

Wenn Sie Ihre Kübelpflanzen nach den Eisheiligen Mitte Mai aus dem Winterquartier holen, sind sie keine direkte Sonneneinstrahlung gewöhnt. Die Blätter laufen Gefahr, zu »verbrennen« und braune, später faulige Stellen zu bekommen.

Um einen solchen **Sonnenbrand** zu vermeiden, stellt man vor allem immergrüne Arten 10 bis 14 Tage lang an einen halbschattigen Platz. Alternativ wirft man ein Schattiernetz über die Kronen. Zuweilen hilft auch schon die ausgefahrene Markise oder ein aufgespannter Sonnenschirm.

Kübelpflanzen sollten ihr Winterquartier so früh wie möglich verlassen. Die frische Luft vertreibt Schädlinge und Pilzkrankheiten, und das Licht weckt die Lebensgeister. Robuste Arten sollte man deshalb schon im April nach draußen räumen, sofern das Wetter mild ist. Frostempfindliche Arten müssen nur dann noch einmal über Nacht oder für einige Tage ins Haus geholt werden, wenn das Thermometer unter die Null-Grad-Grenze fällt.

Umtopfen und Einpflanzen

Kübelpflanzen müssen nicht zwingend jedes Jahr umgetopft werden. Entscheidend ist der Durchwurzelungsgrad der Erde. Zieht man am Stamm, sollte sich der Ballen im Ganzen aus dem Topf lösen. Bröckelt die Erde an den Seiten ab, besteht kein Handlungsbedarf. Ein weißer Wurzelfilz zeigt dagegen an, dass es höchste Zeit ist. Der beste Termin zum Umtopfen ist das Frühjahr vor dem frischen Austrieb der Pflanzen (von Ende Februar bis April).

Das neue Pflanzgefäß sollte nur eine Nummer größer sein als das alte. Optimal ist ein 2 bis 4 cm breiter Rand, den man mit frischer Kübelpflanzenerde auffüllen kann. Wählen Sie den Topf dagegen zu groß, wird das Substrat erst nach Monaten durchwurzelt. In dieser Zeit werden wertvolle Nährstoffe ausgewaschen, und die Erde ist stärker vernässungsgefährdet. Die Pflanzen

Kübelpflanzen umtopfen Schritt für Schritt

1 Ballen lösen
Fahren Sie mit einer Klinge an der Innenwand des Topfes entlang, um fest sitzende Wurzelballen zu lösen. Auch wässern hilft.

2 Wurzelfilz lockern
Stark durchwurzelte Ballen kürzt man ringsum etwa 1 cm ein oder schneidet kleine Keile heraus, um die Bildung neuer Wurzeln anzuregen.

3 Bodenlöcher abdecken
Damit die Abzugslöcher im Topfboden nicht durch rieselnde Erde oder Wurzeln verstopfen, legt man ein bis zwei Tonscherben darüber.

4 Dränage einfüllen
Eine Schicht Kieselsteine oder Splitt schützt die Wurzeln vor Staunässe. Die Dränageschicht sollte etwa 1/8 der Topfhöhe betragen.

5 Erde mischen
Blähton oder Kies machen die frische Kübelpflanzenerde lockerer und durchlässiger.

6 Langzeitdünger
Mischen Sie Langzeitdünger ins Substrat, um die Grundversorgung für Monate zu sichern.

7 Erde einfüllen
Den Ballen so einsetzen, dass er nicht tiefer sitzt als zuvor. Etwa 2 cm hohen Gießrand lassen.

8 Erde festigen
Um Hohlräume im Substrat zu schließen, die Erde am Rand vorsichtig festdrücken.

Gut zu unterpflanzen sind:

- Ballerina-Obstbäumchen (Seite 300)
- Erdbeerbaum *(Arbutus*, Seite 192)
- Keulenlilie *(Cordyline*, Seite 272)
- Liguster-Stämmchen *(Ligustrum*, Seite 278)
- Flanellstrauch *(Fremontodendron*, Seite 217)
- Lorbeer-Stämmchen *(Laurus*, Seite 196)
- Mandelbaum *(Prunus dulcis)*
- Myrten-Stämmchen *(Myrtus*, Seite 197)
- Rosen *(Rosa*, Seite 254 ff.)
- Zier-Bananen *(Ensete/Musa*, Seite 273)

investieren mehr Kraft in die Bildung neuer Wurzeln und Triebe als in die von Blüten und Früchten.

Legen Sie Tontöpfe vor dem Bepflanzen etwa 30 Minuten in einem Eimer Wasser, damit sich die Poren füllen können, und gießen Sie frisch umgetopfte Pflanzen durchdringend an.

Unterpflanzen

Bei Stämmchen oder sehr schlanken Pflanzen möchte man nicht auf die nackte Erde blicken. Eine Unterpflanzung ist jedoch nur bei Kübelpflanzen ratsam, die keine kräftigen oder sehr empfindlichen Wurzeln haben. Bei stark wüchsigen Pflanzen wie Engelstrompeten *(Brugmansia*, siehe Seite 240) oder Oleander *(Nerium*, siehe Seite 197) würden die Wurzeln kleineren Begleitern Platz, Nährstoffe und Wasser rauben. Die Lösung besteht hier darin, beim Umtopfen großzügigere Pflanzgefäße zu wählen und als Platzhalter für die Unterpflanzung kleine Plastiktöpfe in die Erde einzusenken. In sie werden die Begleitpflanzen gesetzt und dann auch separat mit Wasser und Dünger versorgt.

Zur Unterpflanzung sind vor allem einjährige Balkonblumen geeignet, da sie mit dem doch recht beengten Wurzelraum für eine Saison am besten zurecht kommen, ohne bei richtiger Pflege an Blütenreichtum zu sparen.

Zwiebelblumen pflanzen

Wer im Vorfrühling den Blütenzauber von Krokus & Co. genießen will (siehe Seite 176 ff.), muss schon im September und Oktober des Vorjahres ans Pflanzen denken. So können Zwiebeln, Knollen und Rhizome noch vor dem Wintereinbruch gut einwurzeln.

Für die Einpflanztiefe gilt: Von der Zwiebelspitze bis zur Erdoberfläche sollte so viel Abstand bleiben wie die Zwiebel hoch ist. Kleinere

Damit der Fuß der Fuchsie nicht kahl wirkt, stellt man ihr Efeuranken als Partner für den Schatten zur Seite. Um die Fuchsienwurzeln beim Vorbereiten der Pflanzlöcher nicht übermäßig zu schädigen, wählt man zur Unterpflanzung kleine Jungpflanzen.

UMTOPFEN …auf einen Blick

- **Termin: vor dem frischen Austrieb zwischen Februar und April.**
- **Rhythmus: erst, wenn die Erde gut durchwurzelt ist.**
- **Erde: frisches, hochwertiges Kübelpflanzensubstrat verwenden.**
- **Topf: wenig größer als der alte.**

Frühlings-Zwiebelblumen schon im Herbst einpflanzen

1 Nässe ist unerwünscht
Füllen Sie zuunterst eine 5 bis 8 cm dicke Dränageschicht aus Blähton (Hydrokultur) oder Kies ein, damit die Zwiebeln später nicht unter Nässe leiden.

2 Oben und unten
Eine Bahn Vlies, die man sich in passender Größe zurechtschneidet, verhindert, dass sich die Dränage allmählich mit Erde zusetzt (Verschlämmung).

3 Je größer, desto besser
Sparen Sie nicht am falschen Ende: dicke und etwas teurere Zwiebeln blühen reicher. Sie zeigen ihre Oberseite mit Knospen, ihre Unterseite mit Wurzelresten an.

4 Auf in den Winter
Man deckt die Zwiebeln doppelt so hoch mit Erde ab, wie sie selbst groß sind, und füllt mit frischem, durchlässigem Substrat auf. Festdrücken, angießen, fertig.

Korrekturen nehmen die Pflanzen mit Hilfe ihrer Wurzeln selbst vor. Verwenden Sie sehr durchlässige, mit Kies oder Splitt vermischte Erde und streuen Sie unter jede Zwiebel eine 2 cm dicke Schicht als Dränage.

Wer den Pflanztermin im Herbst verpasst hat, kauft im Frühling vorgetriebene Zwiebelblumen ein. Sie werden dann wie andere Terrassenpflanzen ausgetopft und zu mehreren in größere Gefäßen gesetzt. Auch hier raten wir zu durchlässiger Erde. Zwiebel-, Knollen- und Rhizompflanzen, die im Sommer blühen (z. B. Dahlia, siehe Seite 288, Canna, siehe Seite 287), setzt man ab Februar in frische Erde und treibt sie im Haus an. Dazu stellt man sie sehr hell bei über 15 °C im Haus auf. Zunächst nur sehr wenig gießen, mit dem Sprießen der Knospen die Wassermengen stetig steigern. Ab Mitte Mai, bei milder Witterung auch früher, beziehen die Pflanzen ihren Platz auf der Terrasse. Ohne Austreiben blühen sie später, aber ebenso reich.

Achten Sie beim Kauf darauf, dass die Pflanzen keine Verletzungen oder Schädlinge haben und die Erde frisch riecht.

Einkaufen

Die beste Zeit für den Kübelpflanzeneinkauf ist der Frühling, da Sie die Neuankömmlinge dann während der kommenden Monate sofort genießen können. Lassen Sie sich jedoch nicht vorzeitig zum Kauf verführen. Heute werden Kübelpflanzen vielfach in Glashäusern vorgetrieben, damit sie weit vor ihrer Zeit blühen und auf Kundenfang gehen. Stellt man diese Frühchen zu Hause sogleich nach draußen, sind Rückschläge vorprogrammiert. Eine Übergangszeit im Haus ist ebenfalls problematisch, da sie voll aktiv sind und bei Lichtmangel oder trockener Luft rasch leiden. Haben Sie deshalb Geduld bis zum Mai.

Schneiden

Die wichtigste Regel beim Rückschnitt lautet: Fassen Sie den Mut dazu! Schneiden Sie lieber häufig, aber jedes Mal wenig, statt selten und dafür kräftig. Viel zu viele Terrassengärtner scheuen sich, ihren Pflanzen auch nur ein Blatt zu krümmen. Das Ergebnis sind nach wenigen Jahren völlig aus der Form geratene oder verkahlte Exemplare.

Für die Pflanzen am besten ist es, wenn man stets nur den Neuzuwachs um die Hälfte oder bis zu zwei Dritteln einkürzt. Die frischen Triebe sind noch dünn und weich, die Schnittwunden heilen sehr rasch. Diesen so genannten Erhaltungs- oder Korrekturschnitt kann man im Frühjahr und Sommer jederzeit durchführen, sobald sich die neuen Triebe zu weit aus der angestrebten Kronenform hervorwagen. Bei einmalig blühenden Pflanzen sollte der letzte Rückschnitt sechs bis acht Wochen vor der Blütezeit erfolgen. Nach dem Rückschnitt verzweigen sich die Triebe neu und bilden so immer dichtere Kronen. Bei Dauerblühern lässt es sich nicht vermeiden, dass dem Schnitt einige Blüten zum Opfer fallen. Der Verlust wird jedoch umgehend durch neue Knospen ausgeglichen.

Selbst blühende Pflanzen kürzt man im Sommer ein, wenn die neuen Triebe zu weit aus der Kronenform herausragen.

Rückschnitt

1 Verjüngungskur für alte Pflanzen
Im Abstand mehrerer Jahre können Sie im Frühjahr oder vor dem Einräumen unförmige oder zu große Kronen kräftig einkürzen.

2 Kronenpflege im Sommer
Nach der Hauptblüte werden diejenigen Triebe eingekürzt, die zu weit aus der Krone herausragen. Sie verzweigen sich danach neu.

3 Nach dem Schnitt
Bis zum Herbst hat sich der gestutzte Oleander buschig entwickelt und bereits Blüten für das nächste Jahr angelegt.

Ins alte Holz, das bereits eine verhärtete Rinde oder Borke zeigt, sollte nur im Ausnahmefall geschnitten werden. Die Notwendigkeit entsteht meist nur, wenn der Korrekturschnitt vernachlässigt wurde. Der beste Zeitpunkt für einen kräftigen Rückschnitt zu großer oder außer Form geratener Kronen ist das Frühjahr, vor dem neuen Austrieb zwischen Ende Februar und Anfang April. Die Zeitspanne, bis der Saftstrom der Pflanzen einsetzt und die Wunden schließt, ist so möglichst klein. Nimmt man diesen Verjüngungsschnitt dagegen im Herbst vor, bieten die Wunden Eintrittspforten für Krankheiten. Anstatt alle Triebe einzukürzen, bietet es sich vielfach an, einige der ältesten ganz herauszunehmen, um Platz für neue Wurzelschosse zu schaffen (Verjüngung).

Setzen Sie die gut geschärfte und gereinigte Schere beim Rückschnitt sorgfältig an. Betrachten Sie jeden Zweig einzeln und definieren Sie in der gewünschten Schnitthöhe Blätter oder Knospen, die zum Kronenäußeren zeigen. Wenige Millimeter oberhalb davon werden die Triebe dann leicht schräg (parallel zur Wuchsrichtung der Knospe) abgeschnitten.

Hochstämmchen ziehen

Ist man im Schnitt seiner Kübelpflanzen geübt, kann man sich an die Erziehung eines Hochstämmchens wagen. Dazu benötigt man eine Pflanze mit geradem Mitteltrieb. Im Lauf der ersten Jahre zwingt man die Kronen, sich immer weiter in die Höhe zu schieben, indem man die unteren Äste konsequent entfernt. Ist die gewünschte Stammhöhe erreicht, kappt man die Triebspitze, damit sich eine Krone bildet, die aus vielen kleinen Zweigen und Verzweigungen aufgebaut ist. Die neuen Seitentriebe immer wieder einkürzen. So bildet sich mit den Jahren

Rückschnitt bei Stämmchen

1 Alles hat ein Ende
Auch der üppige Flor der Strauchmargerite hält nicht ewig an. Damit er sich erneuert, sollte man die Kronen in einer Blühpause stutzen.

2 Kugelrunde soll die Krone sein
Bewahren Sie beim Rückschnitt die runde Kronenform. Kronendurchmesser und Stammhöhe sollten in harmonischem Verhältnis stehen.

3 Alle Jahre wieder
Die gestutzten Kronen reagieren auf den Rückschnitt mit einer Fülle neuer Blüten, die der vorangegangenen in nichts nachsteht.

Ein Hochstämmchen selbst erziehen

1 Und hoch die Kronen
Suchen Sie sich eine Pflanze mit möglichst geradem Mitteltrieb aus. Bis zur gewünschten Stammhöhe alle Seitentrieben entfernen, damit die Kraft in die Spitze fließt.

2 Und hoch die Kronen
Die Spitze kappen und in den Folgejahren die Kronentriebe laufend stutzen, damit sie sich immer weiter verzweigen. Der Kronendurchmesser nimmt nur langsam zu.

3 Stramme Haltung von Anfang an
Stellen Sie den Stämmen von Anfang an Stützstäbe für eine gerade Haltung zur Seite. Für gedrehte Stämme verwendet man Drahtspiralen.

eine Kugelkrone. Auch hier gilt: Je häufiger, aber leichter Sie die Kronen schneiden, umso besser bekommt es den Pflanzen und umso dichter werden sie.

SCHNEIDEN ... auf einen Blick

- **Termin: vor dem frischen Austrieb zwischen Februar und April.**
- **Rhythmus: lieber häufig und wenig, als selten und kräftig.**
- **Werkzeug: Schnitte mit scharfer, sauberer Klinge verheilen rasch und beugen Infektionen vor.**

Wildtriebe entfernen
Bei veredelten Pflanzen treiben zuweilen die Unterlagen aus. Entfernen Sie diese Wildlinge, da sie unnötig Energie rauben.

Formschnitt
Figuren und geometrische Kronen brauchen eine sehr strenge Hand. Die Schaf-Schere wird mehrmals pro Jahr angesetzt.

Gießen

Wie beim Schnitt, so gilt auch beim Gießen: Versorgen Sie Ihre Pflanzen lieber häufig und maßvoll als selten und reichlich. Bis auf wenige Trockenkünstler schätzen Kübelpflanzen eine gleichmäßige Wasserversorgung. Die Erde sollte weder austrocknen noch ständig nass sein.

Trocknet die Erde versehentlich einmal aus, hilft ein 30-minütiges Tauchbad. Steigen keine Luftbläschen mehr auf, lässt man die Erde gut abtropfen und stellt den Topf zurück an seinen Platz. Regnet es im Sommer Bindfäden, sollten Sie Untersetzer und Übertöpfe regelmäßig ausleeren, damit es nicht zu Staunässe kommt.

Die beste Zeit zum Gießen sind an sonnigen Tagen die frühen Morgenstunden und der Abend, wenn die Töpfe nicht aufgeheizt sind und der Temperaturunterschied zwischen Wasser und Erde nicht zu einem Kälteschock führt. Versuchen Sie, die Blätter und Stämme beim Gießen nicht zu benetzen, da dies nicht nur unschöne Flecken, sondern auch Verbrennungen – Wassertropfen wirken in der Sonne wie Brenngläser – oder Fäulnis zur Folge haben kann.

Besonders durstigen Pflanzen wie dem Oleander gönnt man einen Wasservorrat im Untersetzer, den die Erde aufsaugt.

Das beste Gießwasser für Kübelpflanzen ist Regenwasser, da es kalkarm ist. Sammeln Sie es in großen Tonnen, damit es vor dem Gebrauch abstehen und sich an die Lufttemperatur angleichen kann. Kaltes Wasser direkt aus der Leitung ist ungeeignet. Es sollte entkalkt werden (z. B. mit Torf) und einige Tage abstehen.

Möchten Sie einige Tage verreisen, hilft eine einfache automatische Bewässerung. Tonkegel fordern Feuchtigkeit von einem höher gelegenen Wasser-Reservoir an, sobald die Erde abtrocknet. Bei längerer Abwesenheit sind computergesteuerte Systeme zu empfehlen.

GIESSEN ...auf einen Blick

- **Verwenden Sie nur Regenwasser.**
- **Gießen Sie in größeren Abständen, dann aber reichlich.**
- **Befeuchten Sie nur die Erde, nicht die Blätter oder Stämme.**
- **Gießmenge bei trockener Erde auf mehrere Portionen verteilen.**

Düngen

Zwar steckt eine gute Portion Ansichtssache dahinter, doch die Erfahrung zeigt, dass für Pflanzen in Töpfen **mineralische Sofortdünger** ihre Vorteile haben. Gemeint sind hiermit Dünger in Pulverform oder Flüssigdünger, die, im Gießwasser aufgelöst und in kurzen Abständen – meist jede Woche ein Mal –, auf die Erde gegeben werden. Der Vorteil mineralischer Sofortdünger ist ihre genaue Dosierbarkeit. Hält man sich an die Herstellerangaben, erhalten Ihre Pflanzen eine ausgewogene Mischung aus Haupt- und Neben-Nährstoffen. Und: Diese sind sofort verfügbar.

Bei **organischen Düngern** schwanken die Inhaltsstoffe naturgemäß und müssen erst von Kleinstorganismen aufgeschlossen werden, bevor die Pflanzenwurzeln sie aufnehmen können. Dadurch kann es zu Mangelsituationen kommen, obwohl Sie sorgfältig gedüngt haben. Dafür haben organische Dünger den Vorteil, dass sie das Bodenleben aktivieren, ein gesundes, kräftiges Wurzelwachstum ermöglichen und dadurch die Nährstoffaufnahme verbessern. Optimal ist daher eine Kombination aus beiden. Achten Sie auf hochwertige Kübelpflanzendünger mit hoher Nährstoffkonzentration. Sie finden Angaben zum Stickstoff (N)-, Phosphat (P)-, Kalium (K)- und Spurenelemente-Gehalt auf der Packung (z. B. 10–5–15), ebenso die richtige Dosierung.

Die Darreichungsform organischer oder synthetischer Dünger ist weniger entscheidend als ihr Gehalt an Nährstoffen.

Für einige Kübelpflanzen werden **Spezialdünger** angeboten, beispielsweise Zitrus-, Engelstrompeten-, Fuchsien- oder Petuniendünger, die auf die speziellen Nährstoffansprüche dieser Gattungen ausgerichtet und besonders effizient sind. Auch Einzelnährstoffe wie Eisen oder Aluminiumsulfat sind erhältlich.

Die Nährstoffversorgung Ihrer Kübelpflanzen steht in engem Zusammenhang mit der Qualität der Erde und des Gießwassers. Reichert sich beispielsweise zu viel Kalk im Boden an, werden Elemente wie Eisen so gebunden, dass sie von den Pflanzen nicht mehr aufgeschlossen werden können. Hier hilft keine Zusatzdüngung, sondern nur eine Verbesserung des Substrats.

Langzeitdünger zur Grundversorgung auf die Erde streuen, leicht einarbeiten und angießen. Zum Ausgleich akuter Mangelerscheinungen sind sie jedoch ungeeignet, da sie einige Wochen brauchen, um aufgeschlossen und wirksam zu werden.

DÜNGEN ... auf einen Blick

- **Sofortdünger niemals höher dosieren als vom Hersteller angegeben (Versalzung). Bei Mangelerscheinungen den Rhythmus erhöhen.**
- **Nur auf feuchte Ballen düngen.**
- **Verwenden Sie bevorzugt hochwertige (Spezial-)dünger.**
- **Jede Düngung endet im August.**

Vermehren

Die schnellste Methode, mehr aus krautigen Kübelpflanzen (z. B. Stauden siehe Seite 281 ff.) zu machen, ist das **Teilen** im Frühjahr. Dazu schneidet man die Wurzeln in zwei oder mehr Teile und zieht diese sodann in neuen Töpfen zu eigenständigen Pflanzen heran.

Verholzende Kübelpflanzen vermehrt man in den Sommermonaten durch **Stecklinge**. Dazu schneidet man ausgereifte, aber noch nicht verholzte Triebspitzen ab und steckt sie in feuchte Erde. An den ehemaligen Blattansätzen (Knoten) oder Schnittstellen bilden sich bei hoher Luftfeuchte und ausreichend Wärme Wurzeln.

Teilen Sie die Wurzeln zu groß gewordener Stauden im Frühling vor dem frischen Austrieb mit einem Messer oder einer Säge in mehrere Teilstücke, die anschließend in Einzeltöpfen weiter kultiviert werden.

Die **Aussaat** ist eine langwierige Methode, die hohe Bodentemperaturen (24 °C) erfordert. Verwenden Sie nur frisches Saatgut.

VERMEHREN ...auf einen Blick

- **Nur gesundes, blühfreudiges Pflanzenmaterial verwenden.**
- **Hohe Luftfeuchte und Temperaturen fördern das Wachstum.**
- **Ab August reichen Licht und Wärme für Stecklinge oft nicht mehr aus. Ideal sind Juni und Juli.**

Kübelpflanzen durch Stecklinge vermehren

1 Stecklinge schneiden
Schneiden Sie nicht blühende Triebspitzen von 10–15 cm Länge ab.

2 Blätter entfernen
Bis auf drei oder vier an der Spitze werden alle Blätter entfernt.

3 Stecklinge einsetzen
Stecklinge 3 bis 5 cm tief und senkrecht in frische Aussaaterde setzen.

4 Gutes Klima
Helle, nicht sonnige Plätze unter Glashauben sind zur Wurzelbildung ideal.

Pflanzenschutz

Damit Ihre Kübelpflanzen gesund bleiben, ist regelmäßige Beobachtung wichtig. Sehen Sie in Ihrem Terrassengarten jeden Tag nach dem Rechten – und wenn es nur

Ein bewährtes Hausmittel gegen Läuse und andere Schädlinge ist die Spritus-Schmierseifen-Lösung. Alternativ zum Spiritus kann man Zitronensaft oder Essig verwenden. Lösung vor der Behandlung stets an einzelnen Blättern testen (Verträglichkeit).

für wenige Minuten ist. So fallen Ihnen Veränderungen sofort auf. Und je eher Sie darauf reagieren, umso kleiner bleibt der Schaden. Ziehen Sie dabei nicht nur Schädlinge in Betracht. Viel häufiger ist das Kränkeln einer Pflanze auf Pflegefehler zurückzuführen: Dauernässe oder Trockenheit mit folgenden Wurzelschäden, zu heiße oder fußkalte, lichtarme oder -intensive Standorte, Düngermangel oder Überdüngung. Überprüfen Sie deshalb zunächst die Pflege- und Standortbedingungen. Die Pflanzenporträts und Pflegetipps helfen Ihnen dabei.

Einfache Mittel helfen

Stellen Sie fest, dass Schädlinge die Ursache für gelbe oder fallende Blätter sind, sorgen folgende Methoden für Abhilfe:

Absammeln: Große Schadtiere wie Schnecken, Raupen oder Käfer kann man von Hand absammeln. Tragen Sie dabei Handschuhe, um sich vor eventuellen Absonderungen zu schützen. Am erfolgreichsten ist oft der Fang nachts mit einer Taschenlampe.

Abwischen: Woll,- Schild- und Schmierläuse leben unter ihren Schutzhüllen dicht an die Blätter und Zweige geschmiegt. Mit einem rauen Lappen, einem Borstenpinsel oder einer alten Zahnbürste lassen sie sich abreiben. Anschließend die Triebe mit einem Pflanzenschutzmittel behandeln, um Eigelege und nicht entdeckte Jungtiere unschädlich zu machen, bevor sie sich erneut ausbreiten.

Abschneiden: Viele Schädlinge siedeln sich bevorzugt an den frischen Triebspitzen an. Schneidet man diese ab, dämmt man die Population bereits erheblich ein.

Oben: Eine Brühe aus Acker-Schachtelhalm wirkt vorbeugend gegen Pilzkrankheiten. Unten: Schadinsekten wie die Weiße Fliege stehen auf die Farbe Gelb. Mit leimbeschichteten Gelbtafeln lassen sie sich wegfangen.

Hausmittel: Die Spiritus-Schmierseifen-Lösung ist ein bewährtes Hausmittel gegen wenig bewegliche saugende Insekten, vor allem Läuse. Benetzt man die Tiere damit, wird ihre Schutzhülle angegriffen, und sie trocknen aus. Für die Lösung werden eine Messerspitze Schmierseife und eine Kappe Spiritus in einem Liter Wasser aufgelöst. Auch vor einem scharfen Wasserstrahl nehmen Schädlinge wie Blattläuse Reißaus.

Bei der Anwendung von Pflanzenschutzmitteln als Lösung ist es wichtig, alle Pflanzenteile zu benetzen – auch die Zweige und Blattunterseiten. Alternativ zum »Spritzen« bieten sich Pflanzenschutzstäbchen oder -pflaster an.

Mechanische Methoden zum Fang: Ganz ohne Giftstoffe kommen folgende Pflanzenschutzprodukte aus: Mit Leim bestrichene Gelbtafeln, an denen Insekten festkleben, oder Leimringe, die man gegen Schädlinge auf ihrem Weg in die Kronen um die Töpfe legt. Gegen Ameisen helfen Tauchbäder.

Pflanzenschutzmittel

Die heutigen Zulassungsbestimmungen garantieren, dass für den Menschen von den Mitteln keine Gefahr ausgeht. Bei Kübelpflanzen mit essbaren Früchten sollte man dennoch auf Ihren Einsatz verzichten. Lassen Sie sich im Fachhandel beraten. Ob Ihre Pflanzen die Mittel vertragen, zeigt der Test

Nützlinge wie die Fadenwürmer (Nematoden) gegen schädliche Käfer können Sie über ein Gutscheinsystem im Fachhandel bestellen. Die Tiere kommen per Paketdienst zu Ihnen nach Hause und werden an Ort und Stelle ausgesetzt.

an zunächst einzelnen Blättern. Ölhaltige Präpararate sollten nur an bewölkten Tagen eingesetzt werden (Verbrennungsgefahr).

Pflegefehler

Sonnenbrand
Schadbild: Die Blätter zeigen braune oder schwarze unregelmäßige Flecken, die Blüten Verfärbungen. Tritt vor allem im Frühjahr nach dem Ausräumen der Pflanzen auf, aber auch bei Arten, die an Halbschatten angepasst sind.
Ursache: Zu starke Besonnung.
Bekämpfung: Pflanzen 10 bis 14 Tage halbschattig stellen oder zur Eingewöhnung bei starker Einstrahlung schattieren.

Chlorose
Schadbild: Die Blätter erscheinen fahl oder gelb, die Blattadern aber bleiben häufig grün.
Ursache: Unterversorgung mit Nährstoffen. Dies kann an Wurzelschäden in Folge von Staunässe oder Trockenheit liegen, an Düngermangel oder falscher Substratqualität (z. B. zu hoher oder zu niedriger pH-Wert).
Bekämpfung: Verbesserung der Pflege (Dünge-Rhythmus); Umtopfen zur Substratverbesserung.

Pilzkrankheiten

Mehltau
Schadbild: Beim Echten Mehltau zeigen die Blätter ober- und unterseits weiße, mehlige Beläge, beim Falschen Mehltau i. d. R. nur blattunterseits. Die Blätter verbraunen und fallen ab.
Ursache: Pilzinfektion (Sporen werden in der Luft übertragen), die sich bei hoher Luftfeuchte oder ständig nassen Blättern besonders stark ausbreitet.
Bekämpfung: Abschneiden; Pflanzenschutzmittel.

Oleanderkrebs
Schadbild: Die Triebe zeigen geschwürartige Wucherungen (»Krebs«). Die Triebspitzen und Blüten verbraunen.
Ursache: Eine Bakterien-Infektion, die durch hohe Luftfeuchte und geschwächte Pflanzen gefördert wird.
Bekämpfung: Befallene Triebe ganz entfernen. Werkzeug nach jedem Schnitt sorgfältig desinfizieren. Pflanzenschutzmittel stehen nicht zur Verfügung.

Die wichtigsten Kübelpflanzen-Schädlinge auf einen Blick

Spinnmilben/Rote Spinne
Schadbild: Die Blätter sind mit weißen Punkten übersät (leergesaugte Blattzellen), später Gespinste in den Blattachseln. **Ursache:** Winzige weiße, grüne oder rote Tiere. Zuwanderung begünstigt durch trockene Luft. **Bekämpfung:** Pflanzenschutzmittel gegen Spinnentiere; sie zählen nicht zu den Insekten!

Blattläuse
Schadbild: Deformierte Blätter. Bevorzugt frische Triebe und Blütenknospen. **Ursache:** Tiere einige Millimeter groß und daher meist gut sichtbar. Sehr unterschiedliche Färbung, da große Artenvielfalt. Zuwanderung aus dem Garten. **Bekämpfung:** Abschneiden; Haus- und Pflanzenschutzmittel.

Schildläuse
Schadbild: Fahle Blätter mit klebrigem Honigtau überzogen, auf dem sich in Folge schwarze Rußtaupilze ansiedeln. **Ursache:** Unter meist braunen Schutzschilden lebende Läuse, die bevorzugt an den Blattunterseiten und Zweigen sitzen. **Bekämpfung:** Abwischen; Haus- und Pflanzenschutzmittel.

Woll-/Schmierläuse
Schadbild: Wie bei Schildläusen; häufig im Winterquartier. **Ursache:** Die Schädlinge hüllen sich in weiße Watte oder sehen wie mit Mehl bepudert aus. Da sie 2 bis 3 mm groß sind, sind sie in den Blattachseln oder auf den -unterseiten gut sichtbar. **Bekämpfung:** Abwischen; Haus- und Pflanzenschutzmittel.

Weiße Fliege
Schadbild: Wie bei Schildläusen. **Ursache:** Weiße, flugfähige Motten, die in Scharen auffliegen, wenn man die Blätter bewegt. Zuwanderung aus dem Garten (z. B. Gemüsegarten) **Bekämpfung:** Mechanisch (Gelbtafeln); wiederholt Pflanzenschutzmittel (Zuflug).

Dickmaulrüssler
Schadbild: Die Käfer verraten sich durch buchtig angefressene Blattränder; die Larven schädigen die Wurzeln und schwächen die ganze Pflanze. **Ursache:** Nachtaktive Käfer und weiße Larven (beide ca. 1 cm). **Bekämpfung:** Absammeln; Nützlinge gegen Larven.

Schmetterlingsraupen
Schadbild: Die Blätter sind durchlöchert oder an den Rändern gebuchtet angefressen. **Ursache:** Die Larven diverser aus der Landschaft zuwandernder Schmetterlingsarten. **Bekämpfung:** Absammeln (Handschuhe tragen!); Pflanzenschutzmittel.

Schnecken
Schadbild: Wie bei Schmetterlingsraupen; Schleimspuren. **Ursache:** Jungtiere von Nackt- und Gehäuseschnecken klettern z. T. bis in die Kronenspitzen. Große Schnecken bleiben aufgrund ihres Gewichts unten. **Bekämpfung:** Absammeln (vor allem abends und nachts).

Überwintern

Dehnen Sie den Aufenthalt Ihrer Kübelpflanzen im Freien so lange wie möglich aus. Erst wenn die Temperaturen konstant unter den kritischen Wert (siehe Porträt) fallen, holt man sie ins Haus. Krankheiten und Schädlingen macht dies das Leben schwer, Ihre Pflanzen härtet es ab. Arten, die leichten Frost vertragen, können oft bis Ende Oktober draußen bleiben und genießen schon im April wieder die frische Terrassenluft.

Laub abwerfende Kübelpflanzen müssen nicht zwingend hell überwintert werden, da sie ihre Aktivität im Winter komplett einstellen. Zu diesen besonders pflegeleichten Kandidaten zählen beispielsweise Salbei *(Salvia)*, Gewürzrinde *(Cassia)*, Feige *(Ficus)* und Schmucklilie *(Agapanthus)*. Hinweise zur Überwinterung der einzelnen Arten finden Sie in unseren ausführlichen Pflanzenporträts.

Im Winterquartier sind zwei Parameter zu beachten, die in starker Abhängigkeit zueinander stehen: **Lichtmenge und Temperatur**. Dabei ist für immergrüne Arten erstere sehr viel wichtiger, obwohl letztere meist mehr Beachtung findet. Dies liegt wohl daran, dass man Temperaturen aufs Grad genau, Lichtmengen aber nur über Lux-Werte mit speziellen Geräten angeben kann.

Gönnen Sie Ihren Schützlingen stets den allerhellsten Platz, den sie zur Verfügung haben! Denn auch dann ist die Lichtausbeute angesichts unserer mitteleuropäisch kurzen Wintertage und flacher Sonneneinstrahlungswinkel gering. Als Winterquartier kommen daher nur sehr helle Plätze in Frage: Treppenhäuser, selten beheizte Wohnräume oder Glasbauten wie Wintergärten und Gewächshäuser. Vermeiden Sie Vorhänge, die Licht schlucken.

Je wärmer ein Standort ist, umso heller muss er sein, je kühler er ist, umso lichtärmer kann er sein. Bei Laub abwerfenden Arten sind

Immergrüne Arten müssen zwingend hell überwintert werden, wenn sie nicht alljährlich in ihrer Entwicklung stark zurückgeworfen werden sollen. Zwar dulden Oleander *(Nerium)*, Lorbeer *(Laurus)* und Co. halbdunkle Plätze, doch ist dies meist mit Laubverlusten verbunden. Die Pflanzen brauchen in der Folge im Frühjahr eine deutlich längere Anlaufzeit, um sich zu voller Schönheit zu entwickeln.

In frostfreien, hellen Garagen finden mediterrane Kübelpflanzen ein ideales Winterquartier. Selbst einige Nächte mit Temperaturen leicht unter 0 °C schaden nicht. Im Gegenteil: Kühle Temperaturen verordnen ihnen eine Ruhepause, in der sie kaum Energie verbrauchen und die es ihnen ermöglicht, im Frühjahr mit voller Kraft in die neue Saison zu starten.

dunkle Überwinterungsquartiere möglich, denn bei Temperaturen unter etwa 15 °C treten die Pflanzen in eine Ruhephase, in der sie auf einen Energiesparmodus umschalten. Bei Temperaturen darüber versuchen sie dagegen weiterzuwachsen. Fehlt ihnen dann das Licht, sind fahle, dünne Triebe die Folge; die Pflanzen werden geschwächt, und Schädlinge haben ein leichtes Spiel.

Dabei ist nicht die Temperatur der Luft, sondern die der Erde entscheidend. Klettert das Thermometer im Winterquartier tagsüber für einige Stunden auf über 20 °C, tut dies nichts zur Sache. Die Wurzeln bleiben dabei kühl und halten an ihrer Winterruhe fest. Erst lang anhaltend hohe Temperaturen, vor allem von Fußbodenheizungen, vermögen sie aufzuwecken.

Gießen Sie im Winter mit viel Fingerspitzengefühl. Die meisten Kübelpflanzen werden in dieser Zeit ertränkt! Bei Kälte führen nasse Ballen noch rascher zu Wurzelschäden als im Sommer. Gießen Sie generell erst, wenn die Erde gut abgetrocknet ist, und auch dann sehr dosiert. Der Bedarf ist während der Ruheperiode sehr gering. Bei laublosen Arten genügt es, alle zwei bis drei Wochen die Feuchte anzupassen.

Achten Sie auf **Hygiene** im Winterquartier. Welkes Laub wird regelmäßig abgesammelt, um keinen Nährboden für Krankheiten zu bieten. Schädlingsbefallene Pflanzen sofort isolieren und behandeln, bevor sie benachbarte Exemplare anstecken. Lüften Sie kurz, aber so oft wie möglich, wenn die Tage frostfrei sind, um die Luft auszutauschen und Pilzinfektionen vorzubeugen.

Überwinterung im Freien

Frostharte Kübelpflanzen verbringen den Winter draußen. Gewähren Sie jedoch auch ihnen einen leichten Schutz vor Frost, Nässe und der Wintersonne. Da Frost in Pflanzgefäße sehr viel schneller und tiefer eindringt als in den ge-

Zum Transport bindet man abstehende Zweige oder Blätter zusammen, damit sie nirgendwo hängen bleiben und knicken.

wachsenen Boden, umwickelt man die Töpfe mit Kokosmatten oder anderen isolierenden Materialien. Gegen Nässe hilft ein regengeschützter Platz. Untergelegte Tonfüße oder Ziegel gewährleisten einen zügigen Wasserablauf. Schutz vor der Wintersonne, die Rinde reißen und immergrüne Blätter vertrocknen lässt, wenn der Wassernachschub zeitgleich durch Frost unterbrochen ist (Frosttrocknis), bieten Bastmatten, Vliese, Schattiernetze oder Fichtenreisig, die man locker um die Kronen legt.

ÜBERWINTERN ...auf einen Blick

- **Pflanzen möglichst lange draußen lassen. Das härtet sie ab und dämmt Schädlinge ein.**
- **Beachten Sie im Winterquartier das Verhältnis zwischen Licht und Wärme.**
- **Auch winterharte Pflanzen in Gefäßen brauchen Winterschutz.**

Folien als Kronenschutz sind ungeeignet, da sie als Wärmefallen zu verfrühtem Austrieb führen.

So schützen Sie frostharte Kübelpflanzen im Winter

1 Schutz vor Kälte
Ein Mantel aus Kokosmatten lässt strengen Frost nicht so rasch und tief in die Pflanzgefäße eindringen. Stellen Sie die Töpfe zur Isolierung auf Füße.

2 Sonnenschutz
Im Winter richtet die Sonne mehr Schaden als Nutzen an, denn sie trocknet gefrorene Pflanzen aus. Ein Vlies schattiert und schützt zugleich etwas vor Kälte.

3 Windschutz
Wind kühlt die Pflanzen im Freien noch stärker aus als Frost alleine. Eine Hülle oder ein Zelt aus Bastmatten schützt – zugleich auch vor Nässe.

4 Rundum-Schutz
Dachziegelartig aufgebundene Fichtenzweige schattieren, schützen vor Niederschlägen und Wind und bauen isolierende Luftschichten auf – ein Allround-Schutz.

Pflanzgefäße

Bei der Auswahl der Pflanzgefäße sollten Sie nicht nur auf die Schönheit achten. Auch Ihre Pflanzenschätze sollten sich darin wohl fühlen und Ihnen viele Jahre Freude bereiten. Achten Sie deshalb neben hoher Qualität auf folgende Kriterien. Zum Kauf empfiehlt es sich, einen Meterstab mitzunehmen, da man sich leicht in der passenden Topfgröße täuschen kann.

Haltbarkeit

Je dickwandiger ein Pflanzgefäß ist, umso höher ist seine Lebenserwartung (z. B. handgearbeitete italienische Terrakotta aus Impruneta). Kleinere Blessuren wie abgeplatzte Ornamente oder gekerbte Ränder tun der Haltbarkeit noch keinen Abbruch. Erst Risse, die im Winter dann entstehen, wenn die in den Wandporen gespeicherte Feuchtigkeit gefriert und sich ausdehnt, lassen die Wände reißen, der Topf bricht entzwei. Naturbelassene oder glasierte Tonwaren sind hierfür anfälliger als Steingut oder Keramik. Holzgefäße halten nur dann viele Jahre dem Wechsel aus Nässe und Trockenheit stand, wenn man sie regelmäßig mit einem Holzschutzmittel behandelt.

Form

Die Öffnung bepflanzter Gefäße sollte grundsätzlich größer sein als die Grundfläche (konisch). Verjüngt sich der Topf, z. B. bei bauchigen Amphoren, bekommt man eingewachsene Pflanzen nicht mehr aus dem Gefäß heraus. Solche Gefäße sind daher weniger zum Bepflanzen als vielmehr zum Dekorieren geeignet. Wer sie dennoch bepflanzen möchte, hängt einen Plastiktopf in die Öffnung und bepflanzt diesen.

Töpfen mit breiter Basis ist generell der Vorzug zu geben, da sie standfester sind. Schmalfüßige Gefäße werden bei Wind leichter umge-

① Echte italienische Terrakotta aus der Region Florenz (Impruneta) ist langlebig, aber hochpreisig.
② Schwere, glasierte Tonwaren sollten vorwiegend als Übertöpfe eingesetzt werden.
③ Bleigefäße dienen nur als Übertöpfe. Sie werden gerne in England und Frankreich verwendet.
④ Maschinengefertigte Tontöpfe sind preisgünstig und in modernem Design erhältlich.

worfen, wobei nicht nur der Topf, sondern auch die Pflanze zu Bruch gehen kann. Für mehr Standfestigkeit sorgt eine wasserdurchlässige Füllung aus Sand oder Kies.

Material

Pflanzenwurzeln fühlen sich bei einer gleichmäßigen Versorgung mit Wasser und Sauerstoff am wohlsten. Tongefäße scheinen diese Bedingung am besten zu erfüllen, da sie »atmen«. Über die Gefäßwände verdunstet im Sommer jedoch so viel Wasser, dass man mit dem Gießen oft kaum nachkommt. Zudem ist die Atmungsaktivität der Gefäßwände unterbrochen, sobald sie wassergesättigt sind. Nach unserer Erfahrung sind Kübelpflanzen deshalb in einfachen Plastiktöpfen am besten aufgehoben, da hier die gleichmäßigsten Kulturbedingungen möglich sind. Da sie jedoch nicht gerade hübsch anzusehen sind, stellt man die Plastik-Container in attraktive Übertöpfe aus Ton oder anderen Materialien. Alternativ bietet der Fachhandel hochwertige Kunststoffgefäße an, die z.B. italienischer Terrakotta täuschend echt nachempfunden sind und somit Pflanzenfreundlichkeit und Schönheit optimal verbinden.

Gewicht

Bedenken Sie vor dem Kauf, dass viele Ihrer Pflanzen im Spätherbst ins Haus müssen. Da können schwere Gefäße schnell zur Last werden. Setzen Sie deshalb auf Leichtgewichte aus Kunststoff oder Holz oder halbieren Sie die Mühe und verwenden Sie Pflanzgefäß und Übertopf separat, um sie einzeln bewegen zu können. Tragegurte, die um die Töpfe gelegt werden, oder stabile Behälter mit Griffen, in denen man die Pflanzen wegtragen kann, schonen den Rücken ebenso wie stufentaugliche Sackkarren. Alternativ bieten sich auch rollbare Untersetzer zum Verschieben schwerer Gefäße an.

Steingut-Töpfe sind sehr frostfest. Schön machen sich Sets mit unterschiedlichen Topfgrößen, da sie optisch mehrere Pflanzen zu einer Einheit zusammenfassen.

Farbe

Die Wahl der Farbe ist nicht nur eine Geschmacksfrage. Dunkle Töpfe heizen sich in der Sonne sehr viel stärker auf als helle, und die Wurzeln können Hitzeschäden davontragen. Achten Sie auf dickwandige Töpfe, da diese sich deutlich langsamer erwärmen, oder setzen Sie auf das bewährte Duo: einfacher Plastik-Container plus dekorativer Übertopf. Zur Direktbepflanzung ungeeignet sind – zumindest bei sonnigen Standorten – in diesem Sinne auch Metallgefäße, da sie rasch überhitzen.

Lasierte Gefäße wie diese sizilianischen Zitrus-Töpfe sollten im Winter nicht im Freien bleiben. Es genügen feinste Risse in der Lasur, um sie zu beschädigen. In die Risse dringt Feuchtigkeit ein, die bei Frost gefriert und sich ausdehnt. Die Lasur platzt ab. Im Extremfall reißen die Gefäßwände mitten entzwei.

Mobiliar

Möbel auf der Terrasse müssen gleich mehrere Kriterien erfüllen. Zum einen sollen sie zum eigenen Geschmack und zum angestrebten Stil passen. Zum anderen sollten sie lange haltbar und vor allem bequem sein. Deshalb ist es oft besser, im Fachhandel vor Ort eine »Sitzprobe« durchzuführen als schnell etwas aus dem Katalog zu ordern, das zwar den optischen, nicht aber unbedingt den praktischen Gesichtspunkten entspricht.

① Achten Sie bei der Möbelauswahl auf Sitzkomfort (ergonomische Form).
② Metallmöbel gibt es für die junge Terrasse in peppigen Farben.
③ Korbmöbel halten länger, wenn man sie bei Regen einräumt.
④ Gusseiserne Modelle halten eine kleine Ewigkeit.

Möbel aus Kunststoff werden zwar allenthalben sehr günstig angeboten, doch lässt die Haltbarkeit von Billigprodukten oft zu wünschen übrig. Das Material wird in der Sonne (UV-Strahlung) spröde und bricht. Setzen Sie deshalb auf Qualität. Heute sind sogar täuschend echte Holzimitate aus Kunststoff erhältlich. Zahlreiche Hersteller fertigen ihre Produkte aus umweltgerechtem Recycling-Material. Achten Sie auch bei den Bezügen auf hochwertige Stoffe, die in der Sonne nicht bleichen.

Möbel aus Holz strahlen nicht nur Wärme aus, sie sind im Vergleich zu Metall- oder Mosaikmöbeln auch tatsächlich warm. Bitte achten Sie beim Kauf von Holzmöbeln unbedingt auf die Herkunft (Zertifikate). Heimischen Hölzern ist aufgrund der nachhaltigen Forstwirtschaft und kürzerer Transportwege der Vorzug vor Tropenhölzern zu geben. Regelmäßige Holzpflege garantiert, dass die Möbel nicht auslaugen. Im Winter sollte man sie ins Haus holen oder abdecken und erhöht stellen, damit ihnen die Nässe nichts anhaben kann.

Filigrane Eisenmöbel sollten auf breiten Füßen stehen, sonst verhaken sich die Stuhl- und Tischbeine in jeder Fuge des Belags. Ältere Terrassenmöbel kommen als Beistelltische zu neuen Ehren, auf denen kleinere Kübelpflanzen oder Blumensträuße arrangiert werden. Einige Rost- oder Holzflecken stören hier keineswegs. Wer ein wenig handwerkliches Geschick hat, kann auch über den Eigenbau individueller Möbelstücke nachdenken. Aus grob behauenen Ästen lassen sich rustikale Sitzgelegenheiten zimmern, aus Weidenruten urige Modelle flechten oder mit Hilfe kleiner Fliesenstückchen alte Tischflächen in Mosaik-Kunstwerke verwandeln.

Accessoires

Bei der Detail-Gestaltung Ihrer Terrasse gilt das Gleiche wie für die Pflanzenauswahl: Entscheiden Sie sich lieber für einige wenige, aber dafür markante Stücke als für eine Fülle kleiner Elemente, von denen keines so richtig zur Geltung kommt. Zu selbst gefertigten Stücken, z.B. getöpferten Figuren oder Vasen, entwickelt man ein deutlich engeres Verhältnis als zu gekauften. Wechseln Sie die Dekoration gelegentlich aus: Terrassen-Objekte finden ein neues Zuhause im Garten, im Gegenzug probiert man Elemente aus dem Garten auf der Terrasse aus.

Große Windlichter sind nicht nur attraktive Schmuckstücke für den Terrassengarten. An lauen Sommerabenden verlängern sie die Mußestunden, während man dem Gezwitscher der Vögel lauscht oder mit Hilfe ausgelagerter Lautsprecher oder einer kleinen Stereoanlage sanfte Musik im Freien genießt. Was braucht man mehr zum Entspannen?

Um die schönen Abende auf der Terrasse zu verlängern, sind Lichter eine unverzichtbare Ergänzung. Wer es natürlich mag, setzt auf Kerzen, die in Windlichtern selbst bei einem leichtem Lüftchen zuverlässig brennen. Auch eine dezente elektrische Beleuchtung kann sehr romantisch sein, wenn Sie beispielsweise blühende Pflanzen oder Deko-Elemente anstrahlen.

Sind die Sommerabende in Mitteleuropa nicht so lau, wie wir es uns wünschen, kann man mit einem kleinen »Ofen« wie diesem nachhelfen. Wer möchte, nutzt die wohlige Wärme zugleich für ein paar saftige Steaks oder herzhafte Würstchen.

Wasser sollte auf keiner Terrasse fehlen – und sei es nur eine stille Wasserschale, ein Aroma-Brunnen, den man während der Sommermonate nach draußen entführt, oder ein Wandbrunnen mit integriertem Wasserkreislauf, der ständig plätschert.

Wer gerne grillt, sollte dafür einen festen Platz einplanen. Dann brauchen Sie den Grill nicht jedes Mal wieder mühsam aufzubauen. Halten Sie genügend Abstand von benachbarten Pflanzen, damit die Blätter von der Hitze der Flammen nicht in Mitleidenschaft gezogen werden.

Bodenbelag

Schöne Terrassen, auf denen man sich wohl fühlt, fangen schon mit dem Boden an.

① Fantasievoll: Holzfliesen können Sie nach Belieben farbig streichen.
② Haltbar: Betonsteine halten viel aus. Eine Alternative sind alte Klinkersteine.
③ Natürlich: Die Auswahl an Natursteinen von Granit bis Basalt ist groß.
④ Abwechslungsreich: Ein Materialmix sorgt für Lebendigkeit.

Ziehen Sie nicht nur rechteckige Terrassenformen in Betracht. Gestufte oder abgerundete Ränder bilden einen deutlich harmonischeren Übergang zum Garten. Kantensteine verhindern lediglich, dass die Ränder im Laufe der Jahre »ausfransen«. Kleine Mäuerchen oder eine niedrige Heckenumpflanzung (z.B. mit Buchs) schaffen dagegen einen optisch klaren Rahmen für Ihre Terrasse, der Gemütlichkeit verspricht und Ihnen die spätere Gestaltung erleichtern wird.

Flächen aus nur einem Material wirken monoton. Daran ändern auch ungewöhnliche Steinformen nichts, die man dennoch zu gleichförmigen Flächen zusammenfügt. Für Abwechslung sorgt dagegen ein Material-Mix. Integrieren Sie z.B. Reihen oder Kreise aus Granit-Kleinpflaster in den Belag. Die Kür sind Terrassen, die aus einer Vielzahl unterschiedlicher Materialien arrangiert sind – vom bunten Fliesenstück bis zur Natursteinplatte. Die Verlegearbeiten sind hier jedoch aufwändiger, da trotz verschiedener Materialdicken eine ebene Fläche gefordert ist, deren Fugen schmal bleiben sollten, damit Tisch und Stühle später nicht darin verkanten.

Gekieste Terrassen wirken sehr natürlich, haben aber einige praktische Nachteile: Sie lassen sich nicht fegen oder mit dem Druckstrahler reinigen. Pflanzen siedeln sich an, die man regelmäßig entfernen sollte. Legen Sie, falls Sie sich dennoch dafür entscheiden, vor der Kiesschüttung Bändchengewebe oder andere Textilmatten unter, die für Unkräuter den Bodenanschluss verhindern. Für Auffrischung sorgt von Zeit zu Zeit eine Schicht frischer Kies.

Sonnenschutz

Die Sonne ist einer der liebsten Gäste im Terrassengarten. Doch wenn sie um die Mittagszeit mit voller Kraft vom Himmel brennt, wird es des Guten rasch zu viel, und wir verziehen uns an den schönsten Tagen des Jahres ins Haus.

Markisen, Sonnen-Schirme und Sonnen-Segel sorgen stattdessen für kühlenden Schatten. Allerdings müssen sie stabil konstruiert und sicher befestigt sein, damit sie auch den Windböen eines plötzlichen Sommergewitters Stand halten. Die Textilien sollten witterungsbeständig sein und sich unter der Einwirkung von UV-Licht und Regen nicht verändern. Doppelt effektiv sind imprägnierte Stoffe, die obendrein als kurzzeitiger Regenschutz dienen, wenn der Himmel plötzlich seine Schleusen öffnet.

Für kleine Terrassen von Vorteil sind Ausleger-Sonnenschirme. Ihr Fuß wird am Terrassenrand platziert, während der Schirm mit Hilfe eines verlängerten Arms über dem Sitzplatz schwebt.

Ebenso Platz sparend sind Terrassentische mit integriertem Schirm, für den in der Tischmitte eine Verankerung vorgesehen ist. Achten Sie bei solchen Modellen also auf eingebaute Gelenke, die es Ihnen ermöglichen, den Schirm nach dem Sonnenstand auszurichten, ohne die oft schweren Füße verrücken zu müssen.

Streifen Sie abgetrockneten Sonnenschirmen am Abend Schutzhüllen über und lagern Sie alle Teile während der Wintermonate im Haus. So haben Sie einige Sommer länger etwas von den dekorativen Schattenspendern.

① Sonnenschirme bieten Mensch und Pflanze willkommenen Schatten an allzu heißen Sommertagen. Gelenke ermöglichen es, den Schattenwurf dem Lauf der Sonne anzugleichen.
② Ausleger-Schirme lösen das Problem störender Schirmfüße auf elegante Weise.
③ Sonnensegel brauchen stabile Verankerungen (z. B. Metallstangen, Wandhaken), damit man sie straff spannen kann. Eine Lageänderung wie bei ① ist nicht möglich.

JANUAR

Prüfen Sie, ob der Winterschutz bei Pflanzen, die draußen überwintern, noch fest sitzt. Wind und Wetter, aber auch Tiere können ihn lockern. In den Winterquartieren im Haus sollten Sie jede Woche nach dem Rechten sehen, bei Bedarf gießen (lieber zu wenig als zu viel!), welkes Laub entfernen und schädlingsbefallene Pflanzen separat stellen.

FEBRUAR

Mit steigenden Temperaturen und Tageslängen beginnen viele Pflanzen in hellen Winterquartieren auszutreiben. Rücken Sie diese möglichst nah ans Fenster, damit die jungen Triebe nicht fahl und dünn werden. Die übrigen Pflanzen bleiben weiterhin auf Sparflamme: Erde nur leicht feucht halten, nicht düngen. Die Vorkultur für selbst gesäte Sommerblumen beginnt. Sommerblühende Zwiebelblumen kann man jetzt im Haus vortreiben.

MÄRZ

Jetzt ist die beste Zeit zum Umtopfen und Schneiden im Haus überwinterter Pflanzen. Setzen Sie stark durchwurzelte Pflanzen in eine Nummer größere Töpfe. Die Kronen strauchiger Arten werden mit der Schere wieder in Form gebracht, kranke oder beschädigte Triebe bis ins gesunde Gewebe eingekürzt (siehe Seite 328). Bei Stauden im Freien wie den Gräsern werden Blattreste vom Vorjahr entfernt. Stauden jetzt teilen.

APRIL

Ja nach Witterung wird ab Ende März oder Anfang April der Winterschutz Ihrer Kübelpflanzen im Freien entfernt – vor allem der Kronenschutz, damit er die frisch sprießenden Triebe nicht behindert. Halten Sie jedoch für Spätfröste Tücher zum Abdecken bereit. Wüchsige Pflanzen werden ab Anfang des Monats gedüngt.

MAI

Nach den Eisheiligen Mitte Mai (Pankratius, Servatius, Bonifatius und Sophie) ist die Gefahr von Spätfrösten gebannt, und auch empfindlichere Pflanzen von der Sommerblume bis zur klassischen Kübelpflanze können nun ihren Platz auf der Terrasse beziehen. Steigern Sie den Dünge-Rhythmus. Immergrüne Pflanzen anfangs schattieren oder halbschattig stellen, damit sie nach dem lichtarmen Winter keinen Sonnenbrand bekommen.

JUNI

Jetzt können sogar tropische Zimmerpflanzen hinaus in den Sommerurlaub auf die Terrasse. Welke Blüten sollten Sie bei all Ihren Terrassenpflanzen abschneiden oder auszupfen, sofern Sie nicht beabsichtigen, die Samen zu ernten. Die Samenbildung kostet nur unnötig Kraft. Dämmen Sie Schädlinge ein, die sich jetzt gerne an den jungen Blättern und Blüten laben (siehe Seite 334). Gesunde Triebspitzen bewurzeln jetzt sehr gut (Stecklinge).

JULI

Schützen Sie Ihre Pflanzen vor Sommergewittern. Schwere Übertöpfe mit breiter Basis machen sie standfester. Hochstämmchen sichert man mit Seilen an der Hauswand. Aus der Form geratene Kronen werden noch einmal korrigiert, indem man die Triebspitzen einkürzt. Lockern Sie verkrustete Erde in den Töpfen mit einer Kralle auf.

AUGUST

Lassen Sie Ihre Pflanzen nicht darben. In heißen Sommern ist bei vielen sogar zweimaliges Gießen pro Tag erforderlich, bevorzugt in den frühen Morgen- und späten Abendstunden. Organisieren Sie eine Urlaubsbetreuung für Ihre Pflanzen. Weiterhin auf Schädlinge achten, die bei gestressten Pflanzen (Trockenheit, Hitze) ein leichtes Spiel haben. Ende des Monats beginnt die Haupt-Pflanzzeit für frühlingsblühende Zwiebelblumen.

SEPTEMBER

Anfang des Monats wird die Düngung eingestellt. Nur Sommerblumen, die noch reich blühen sollen, bis der Frost ihnen ein Ende bereitet, werden weiterhin gedüngt. Kälteempfindliche Arten holt man in kühlen Nächten bereits ins Haus. Sie sollten schädlingsfrei sein, damit sie in den oft beengten Winterquartieren Nachbarpflanzen nicht anstecken. Machen Sie Ihre Terrassenmöbel mit einer Abdeckung winterfest oder lagern Sie sie im Haus.

OKTOBER

Kosten Sie die Wärme so lange wie möglich aus. Erst wenn die Temperaturen nachts unter den kritischen Wert fallen, werden frostempfindliche Pflanzen zum Überwintern ins Haus gebracht. Reinigen Sie leere Pflanzgefäße, damit sie im Frühjahr sofort wieder einsetzbar sind. Alte Erdreste können zudem Krankheitskeime enthalten.

NOVEMBER

Spätestens mit dem ersten strengen Frost wird der Winterschutz bei Pflanzen angelegt, die im Freien überwintern (siehe Seite 339). Im frostfreien Winterquartier werden herabfallende Blätter entfernt. Stehen die Kronen zu dicht, werden sie leicht ausgelichtet. Der Haupt-Rückschnitt erfolgt jedoch im März. Stellen Sie schon jetzt Vogelhäuschen für die Winterfütterung auf, damit sie die Tiere vor dem ersten Kälteeinbruch finden.

DEZEMBER

Immergrüne Arten im Freien verdunsten auch im Winter Wasser, wenn sie von der Sonne beschienen werden. Gießen Sie die Ballen deshalb durchdringend, wenn der natürliche Niederschlag nicht ausreicht. Nach kräftigen Schneefällen ist es ratsam, einen Teil des Schnees von den Kronen abzuschütteln. Zwar schützt er die Triebe, sein Gewicht kann jedoch zu Astbrüchen führen. Für die Wurzeln bietet Schnee eine gute Isolationsschicht.

Garten-Versandhandel

Ahrens + Sieberz
53718 Siegburg-Seligenthal
www.ahrens-sieberz.de

Baldur Garten
Elbingerstr. 12
64625 Bensheim
www.baldur-garten.de

Dehner
86640 Rain am Lech
www.dehner.de

OBI@OTTO
20088 Hamburg
www.OBI@OTTO.de

Gärtner Pötschke
Beuthener Str. 4
41561 Kaarst
www.gaertner-poetschke.de

Balkon- und Sommerblumen

Blumenschule Engler
Augsburger Straße 62
86956 Schongau
www.blumenschule.de

Fuchsiengärtnerei Heinke
Eichholzstr. 2
44289 Dortmund 41
www.fuchsien heinke.de

Anne Kirchner-Abel
Schützenstr. 24
74229 Duisburg
www.kirchner-abel.de
(Datura)

Stegmeier-Gartenbau
Unteres Dorf 7
73457 Essingen
www.gaertnerei-stegmeier.de
(Geranien/Duftpelargonien)

Kräuter und Gemüse

Bruno Nebelung
Kiepenkerl-Pflanzenzüchtung
Postfach 1263
48348 Everswinkel
www.kiepenkerl.de

Syringa Duft- und Würzkräuter
Bernd Dittrich
Bachstraße 7
78247 Hitzingen-Binningen
www.syringa-samen.de

Raritätengärtnerei
Franz Treml
Matzelsdorfer Weg 31
93444 Kötzing
www.pflanzentreml.de

Blumenzwiebeln

Albrecht Hoch
Potsdamer Str. 40
14163 Berlin
www.albrechthoch.de

Der Blumenzwiebelversand
Bernd Schober
(ehemals Kurt Kernstein)
Stützlinger Straße 94a
86165 Augsburg
Tel. 0821/72989500
www.der-blumenzwiebelversand.de

Niederlande:
Van Tubergen
Postfach 144
NL 8250 Dronten
www.vantubergen.nl

Samen

Chrestensen
Erfurter Samen- und Pflanzenzucht GmbH
Postfach 1000
99079 Erfurt
www.chrestensen.de

Blumen Jansen
Postfach 30 01 15
46399 Bocholt

Thompson & Morgan
Poplar Lane
Ipswich, Suffolk, UK JP8 3 BU
Tel.: +44/(0) 1473/688821
www.thomson-morgan.com

Treppens
Berliner Straße 88
14169 Berlin
www.treppens.de

Kübelpflanzen

Die meisten der im Buch vorgestellten Kübelpflanzen finden Sie in gut sortierten Gärtnereien oder Gartencentern sowie der Versandgärtnerei der Autorin:

flora toskana
Hans-Peter Maier &
Tanja Ratsch
Schillerstraße 25
89278 Nersingen OT Strass
Tel.: 07308/9283387
www.flora-toskana.de
(Mediterrane und exotische Kübelpflanzen)

Nachfolgend eine Auswahl weiterer Gärtnereien und spezieller Anbieter mit Versand ohne Anspruch auf Vollständigkeit:

Rudolf und Klara Baum
Scheffelrain 1
71229 Leonberg
Tel.: 07152/27558
(v.a. Fuchsien, Passionsblumen, Hibiskus)

Flora Mediterranea
Christoph und Maria Köchel
Königsgütler 5
84072 Au in der Hallertau
Tel.: 08752/1238
www.floramediterranea.de

Monika Gottschalk
Diebsteinweg 18
36358 Herbstein-Lanzenhain
Tel.: 06643/1794
(Engelstrompeten)

Anne Kirchner-Abel
Schützenstr. 24
47229 Duisburg
Tel.: 02065/49271
www.kirchner-abel.de
(Engelstrompeten)

G. Koitzsch
Arheilger Str. 16
64390 Erzhausen/Darmstadt
Tel.: 06150/6147

Kübel-Garten
Helga Mittmann
Eichenweg 21
48499 Salzbergen
Tel.: 05976/1064

Stegmeier Gartenbau
Unteres Dorf 7
73457 Essingen
Tel.: 07365/230
www.gaertnerei-stegmeier.de
(v. a. Geranien/Pelargonien)

Stauden

Staudengärtnerei
Dieter Gaißmayer
Jungviehweide 3
89257 Illertissen
Tel.: 07303/7258
www.gaissmayer.de

Staudengärtner H.-R. Klose
Rosenstraße 10
34253 Kassel
Tel: 0561/515555
www.staudengaertner-klose.de

Kletterpflanzen

Blumen & Passiflora
Torsten Ulmer
Hevener Str. 18
58455 Witten
Tel.: 02302/26276
(Passionsblumen)

Clematis-Kulturen
F.-M. Westphal
Peiner Hof 7
25497 Prisdorf
Tel.: 04101/74104
www.clematis-westphal.de
(Waldreben/Clematis)

Rosen

W. Kordes' Söhne
Rosenschulen
Rosenstraße 34
25365 Klein Offenseth-Sparrieshoop
www.kordes-rosen.com

Noack-Rosen
Baum- und Rosenschulen
Im Fenne 54
33334 Gütersloh
www.noack-rosen.de

BKN Strobel über:
Rosenrot Pflanzenversand
Besenbek 4b
25335 Raa-Besenbek
www.rosarot-pflanzenversand.de

Österreich:
Grumer Rosen
Raasdorfer Straße 28–30
A-2285 Leopoldsdorf
www.grumer.at

Schweiz:
Richard Huber AG
Rothenbühl 8
CH-5605 Dottikon AG
www.rosen-huber.ch

Gehölze

Lorenz von Ehren
Baumschule
Maldfeldstraße 4
21077 Hamburg
www.lve.de

Baumschule Huben
Schriesheimer Fußweg 7
68526 Ladenburg
www.huben.de

Wörlein Baumschulen
Baumschulenweg 9
86911 Dießen a. Ammersee
www.woerlein.de

Gefäße

Eine gute Auswahl erhalten Sie zumeist in Gartencentern in Ihrer Nähe. Beispiele für Spezialanbieter von Gefäßen aus bestimmten Materialien sind u.a. folgende:

Impruneta-Terracotta:
Fränkische Toskana
A & U Müller GbR
Feuerbacher Weg 3
97353 Wiesentheid
Tel.: 09383/7992
www.impruneta-versand.de

Gefäße aus Keramik und Steinzeug:
Hentschke Steinzeug
Hofstetten 1
84326 Falkenberg
Tel.: 08727 / 1474
www.hentschke-keramik.de

Asia-Terrakotta:
Albert Helmes
Terracotta- und Keramikimport und Großhandel
Tenstedter Straße 45
49692 Cappeln
Tel.: 0 44 78 / 14 28
www.albert-helmes.de

Tonwaren (handgefertigt):
Keramik Atelier Feuerland
Thomas Stüke
Meyerhofstraße 26
49143 Bissendorf
Tel.: 0 54 02 / 26 41
www.feuerland.de

Edelstahl-Gefäße:
F&B Keramik GmbH
Weberstr. 21
72145 Hirrlingen
Tel.: 07478-91116
www.kera-design.de

Möbel

Arte Toscana
Englinger Str. 18
82544 Moosham
Tel.: 08176 / 4 28

GARPA
Garten- und Park Einrichtungen GmbH
Kiehnwiese 1
21039 Escheburg
www.garpa.de

Garvita
Schwarzed 1
84549 Engelsberg
(Ausleger-Sonnenschirme)

Haidermetall
Eduard Haider KG
Dezhantseeser 4
95704 Pullenreuth
Tel.: 09234 / 99 20 – 0

HESPERIDEN
Thomas Fleischmann GmbH
In der Schmalau 4
90427 Nürnberg
www.hesperiden.de

IKEA
Alle Filialen
www.ikea.de
(u.a. Liege auf dem Titelbild)

Der Laden im Torbogen
Haxthausen 8
85354 Freising
www.laden-im-torbogen.com

osmo Holz und Color GmbH & Co. KG
Affhüppen Esch 12
48231 Warendorf
www.osmo.de

Royal Arrow
Gottlieb-Daimler-Str. 2
24568 Kaltenkirchen
Tel.: 04191 / 95 07 49
(Teak Möbel)

Teak Traditionals
Lübecker Straße 29
46485 Wesel
www.teakandarden.de

Unopiù
Am Dornbusch 24-26
64390 Erzhausen
www.unopiu.de

Gloster Furniture Ltd
Concorde Road, Patchway
Bristol BS34 5TB/England
www.gloster.com

Dekoration

Blattwerk
Stiftung Liebenau
Siggenweilerstr. 11
88074 Meckenbueren
www.liebenauer-landleben.de

Country Garden
Auf den Beeten 12
72119 Ammerbuch-Rensten
www.country-garden.de

Gisela Engelmayer
Wendelins 1a
87487 Wiggensbach

Gartenlust Karin Schröder
Altemühle 1
58553 Halver
www.gartenlust-halver.de

Garten-Wohnen-Schenken
Kreuth 1
84104 Rudelzhausen
www.kreuth1.de

Terra d'Oro
Keramik & Design
Zugspitzstraße 2
84419 Schwindegg

Victorian Gallery
Stefanstraße 1
40599 Düsseldorf

Technik

Grün-Idee
Gisela Voges
Solarring 17
31860 Emmerthal

STICHWORTVERZEICHNIS

Seiten mit * verweisen auf Abbildungen, fett gesetzte sind Hauptverweise

Bildnachweis

Alle Bilder von Friedrich Strauß, außer:
Baumjohann: 163oml, 163umr, 335or, 335uml, 336ur
Becherer: 334ur, 335umr
Borstell: 311m
GBA/Engelhardt: 266m
GBA/GPL: 104m, 154u, 336or, 336ul
GBA/Nichols: 133o
GBA/Noun: 336o 2.v.l.
Hanke: 163omr
Henseler: 163ol (Einklinker)
Seidl: 336ol, 336omr, 336uml
Reinhard: 163ul, 163ur, 243o
Reithmeier: 163ol, 162ur
Straßberger: 163or, 163uml

Grafiken und Vignetten: Heidi Janiček

Bibliographische Information der Deutschen Bibliothek

Die Deutsche Bibliothek verzeichnet diese Publikation in der Deutschen Nationalbibliographie; detaillierte bibliographische Daten sind im Internet über http://dnb.ddb.de abrufbar.

Überarbeitete Auflage (Neuausgabe) der Titel »Balkonträume« und »Terrassenträume«

BLV Buchverlag GmbH & Co. KG
80797 München

Umschlaggestaltung: Anja Masuch, Fürstenfeldbruck

Umschlagfotos: Strauß (Titelmotiv mit IKEA-Liege)

Layoutkonzept Innenteil: Parzhuber & Partner, München

Lektorat: Dr. Thomas Hagen

Herstellung: Hermann Maxant

Satz: Satz + Layout Peter Fruth GmbH, München

Gedruckt auf chlorfrei gebleichtem Papier

Printed in Germany
ISBN 978-3-8354-0190-7

Eine kleine Auswahl aus unserem Programm

Ute Bauer
Mein Garten am Abend
Die Abendstimmung im Garten genießen: Sitzplätze, Nachtblüher, Nachtdufter, Wärmespender, Sicht- und Windschutz, stimmungsvolle Lichteffekte, schöne und nützliche Accessoires.
ISBN 978-3-8354-0147-1

Andrea Christmann
Kleine Gärten gestalten
Die Gestaltung kleiner Gärten und optische Tricks für mehr Größenwirkung; konkrete Pläne für Vorgärten, Reihenhaus- und Reiheneckhaus-Gärten; Neuanlage und Umgestaltung in der Praxis.
ISBN 978-3-8354-0094-8

Rosa Wolf
Kinder im Garten
Aus der Gartentraum-Werkstatt: Baumhaus, Weidentunnel, Kletterbaum usw.; Kinderspaß Gärtnern: pflanzen, pflegen und ernten; rund ums Jahr: spielen, basteln, feiern und toben; Natur und Tiere beobachten, Nisthilfen, Futterstationen.
ISBN 978-3-8354-0055-9

Rosa Wolf
Party-Garten
Alles, was wichtig ist, damit die Gartenparty gelingt: Planung, Vorbereitung, Bodenbelag, Wind- und Sonnenschutz, Wärmespender, Beleuchtung usw.; Themen für Feste von Frühjahr bis Herbst mit Dekoideen und Rezepten.
ISBN 978-3-8354-0145-7

Rosa Wolf/Fotos: Ursel Borstell
Gartenpflanzen Praxis-Handbuch
Über 450 Gartenpflanzen in detaillierten Porträts mit Partnerpflanzen, Verwendungs- und Pflegetipps; Gestaltungen für alle typischen Bereiche des Hausgartens mit Pflanzplänen und Pflegekalender.
ISBN 978-3-8354-0167-9

Marie-Luise Kreuter
Der Biogarten
In Neuausgabe: das unentbehrliche Standardwerk zum naturgemäßen Gärtnern; einzigartiges Know-how von Deutschlands bekanntester Biogärtnerin; komplett aktualisiert: das im Handel erhältliche Pflanzensortiment; mit Beilage »Pflanzenschutz-Kompass«.
ISBN 978-3-8354-0198-3

Die zuverlässigen Berater

BLV Bücher bieten mehr:

- mehr Wissen
- mehr Erfahrung
- mehr Innovation
- mehr Praxisnutzen
- mehr Qualität

Denn 60 Jahre Ratgeberkompetenz sind nicht zu schlagen!

Dass Sie sich gut beraten fühlen – das ist unser Ziel. Falls Sie Fragen und/oder Anregungen haben, schreiben Sie uns bitte:

BLV Buchverlag GmbH & Co. KG
Lektorat · Lothstraße 19
80797 München
Postfach 40 02 20
80702 München
Telefon 089/12 02 12-0 · Fax -121
E-mail: blv.verlag@blv.de

Unser Buchprogramm umfasst über 750 Titel zu den Themen **Garten · Natur · Heimtiere · Jagd · Angeln · Sport · Golf · Reiten · Alpinismus · Fitness · Gesundheit · Kochen.** Ausführliche Informationen erhalten Sie unter **www.blv.de**

blv

Mehr Erlesen!